Godwin Lämmermann
Elisabeth Naurath
Uta Pohl-Patalong

Arbeitsbuch Religionspädagogik

Ein Begleitbuch für Studium und Praxis

Gütersloher Verlagshaus

Bibliografische Information Der Deutschen Bibliothek

Die Deutsche Bibliothek verzeichnet diese Publikation in der Deutschen Nationalbibliografie; detaillierte bibliografische Daten sind im Internet über http://dnb.ddb.de abrufbar.

ISBN 3-579-05425-1

Umschlag: Init GmbH, Bielefeld
Satz: SatzWeise, Föhren
Druck und Bindung: Těšínska Tiskárna AG, Český Těšín
Printed in Czech Republic

www.gtvh.de

Inhalt

Statt eines Vorworts

Stop!! Bevor Sie anfangen zu lesen, können Sie selbst tätig werden.

1. Machen Sie so etwas wie ein brain-storming zum Thema »Religionspädagogik«. Nehmen Sie dazu ein möglichst großes Blatt Papier und notieren Sie darauf »wild« alles, was Ihnen einfällt. Danach versuchen Sie, durch Striche Verbindungen herzustellen. Vielleicht ergibt sich für Sie ja ein »roter Faden«.

2. Sie haben Erfahrungen und Erinnerungen an religionspädagogische Handlungsfelder wie z. B. den Religionsunterricht, die Jugendarbeit, den Konfirmandenunterricht o. ä. Was ist Ihnen positiv, was negativ in Erinnerung geblieben? Was hat Sie positiv oder negativ geprägt? Was würden Sie auf keinen Fall selbst so machen? Welchen Einfluss hatten diese Erfahrungen auf Ihre Studienwahl?

3. Wo liegen Ihre theologischen Interessen? Sind Sie eher exegetisch oder historisch oder systematisch-theologisch oder praktologisch? Nehmen Sie doch bitte einmal die Position eines Dogmatikers und/oder einer Exegetin ein und formulieren Sie, was Sie dann von einer Religionspädagogik erwarten!
Wo liegen Ihre nicht-theologischen Interessen – bei der Psychologie, der Pädagogik oder welchen anderen Wissenschaften?

4. Was motiviert Sie überhaupt, dieses Buch zur Hand zu nehmen? Zwang? Interesse? Wissenslücken? Examensängste? Neugier? Welche Erfahrungen haben Sie bisher mit religionspädagogischen Veranstaltungen oder Veröffentlichungen? Welche Befürchtungen haben Sie angesichts des vor Ihnen liegenden Buchs? Wie ist Ihr Lese- und Lernverhalten? Wie viel Zeit planen Sie ein?

Zur Motivation noch ein Motto: »Per aspera ad astra« – oder so. Na dann: viel Spaß und ausreichende Frustrationstoleranzen!! Und falls Sie beim Lesen etwas ärgern sollte, schreiben Sie uns einen fiktiven Brief in der Hoffnung, dass der Reflexionsakt des Schreibens bereits Fragen klärt.

Erläuterungen

Ihnen werden in diesem Buch verschiedene Symbole begegnen, die Ihnen das Arbeiten erleichtern sollen.

 verweist auf Kapitel im Buch selbst: hier können Sie weiteres erfahren.

 gibt weiterführende Literatur an, die Sie – wenn möglich – zusätzlich einsehen sollten, weil dort ausführlichere Informationen gefunden werden können. Denn leider kann ein Arbeitsbuch nicht alles so eingehend behandeln, wie es eine Gesamtdarstellung der Religionspädagogik müsste. Zudem ist es immer hilfreich, Originalbeiträge zu lesen. Da kann man dann zum Beispiel überprüfen, ob wir die Sache richtig dargestellt haben.

 ist eine eher skeptische Beobachterin unserer Darstellung und Überlegungen. Sie möchte im Buch die Ebene einer Außenbeobachterin, einer Kommentatorin und manchmal einer Nörglerin einnehmen. Vielleicht können Sie sich manchmal mit ihr identifizieren; vielleicht regt sie Sie gelegentlich zum Widerspruch an. Sie ist aber nicht überall; deshalb müssen Sie als LeserIn ihre Rolle beim Lesen mit übernehmen.

 bietet Arbeitsanweisungen und Aufgabenstellungen. Die Arbeit mit dem Buch soll keine Quasi-Klausur oder Schularbeit sein. Selbstverständlich sind Sie frei, selbst zu entscheiden, welche Aufgaben Ihnen wichtig sind. Manche sind übrigens für SpezialistInnen gedacht, manche für AnfängerInnen, andere für Neugierige. Je nach Ihrem Studium können Sie nicht alle Aufgaben beantworten: Einige fordern weitergehende theologische Kenntnisse, andere pädagogisches Spezialwissen und wieder andere Praxiserfahrungen – je nachdem, ob Sie von einer Fachhochschule, oder einer Universität oder einer praktischen Ausbildung her kommen.

Wir haben uns um Verständlichkeit bemüht. Nicht alle Fachbegriffe und Fremdwörter sind ersetz- oder übersetzbar gewesen. Hier hilft Ihnen möglicherweise das Glossar am Ende des Buchs. Wenn Sie zum Beispiel am Anfang Ihrer Ausbildung stehen, dann würden wir Ihnen empfehlen, eine Kladde anzulegen, in der Sie die Ihnen hier und anderswo immer wieder begegnenden Begriffe aufnehmen, sie sich erläutern und Anwendungsbeispiele einfügen.
Dem besseren Verständnis sollen auch die – kursiv gesetzten – Praxisbeispiele dienen. Nicht überall waren sie möglich oder sinnvoll.
Die Gliederung haben wir gemeinsam entworfen und durchgesprochen. Die

einzelnen Abschnitte sind jedoch von uns individuell verfasst und verantwortet. Vielleicht entdecken Sie deshalb manchmal Unstimmigkeiten oder Widersprüche. Das haben wir bewusst so gewollt, denn das gehört zu unserer Vorstellung von einem selbstbestimmten offenen Lernen. Begleitet hat uns dabei Sibylle Wagner, die mit den Augen zukünftiger LeserInnen die Manuskripte in unterschiedlichen Entstehungsphasen gelesen und korrigiert hat.

1. Religionspädagogik – was ist sie und was will sie?

Godwin Lämmermann

1.1 Zum Ort der Religionspädagogik in Theologie und Pädagogik

Religionspädagogik ist die Theorie und Didaktik des religiös motivierten pädagogischen Handelns in Familie, Kirche, Gesellschaft und Schule. Religionspädagogik ist damit mehr als nur die Fachdidaktik des Religionsunterrichts, die man aus Unterscheidungsgründen deshalb heute gerne mit dem Terminus *»Religionsdidaktik«* versieht und auch mehr als eine Gemeindepädagogik; beide sind Konkretionen oder Teilmengen der Religionspädagogik. *Religionspädagogik* hat es demgemäß mit schulischen Fragen zu tun, mit der frühkindlichen religiösen Sozialisation in Familie, Kindergarten und Kindergottesdienst, mit einer kirchlichen Jugendarbeit von der Gruppenarbeit bis hin zu Jugendfreizeitzentren in kirchlicher Trägerschaft, mit allen Spielweisen kirchlicher Erwachsenenbildung, Seniorenarbeit, Heimerziehung usw., und zwar nicht nur sofern dort die religiösen Fragen explizit angesprochen werden. Dass ein Handlungsfeld als religionspädagogisch zu verstehen ist, macht sich nicht am religiösen Charakter, den Inhalten und Themen fest, sondern ergibt sich aus dem spezifischen theologischen Begründungszusammenhang. Religionspädagogik hat danach zu fragen, welche grundlegenden Kriterien und Ziele in allen religiös motivierten, pädagogischen Bemühungen gelten sollen und wie man in diesen Feldern Lernprozesse initiieren, strukturieren und überprüfen kann.

Selbstverständlich gehören zur Religionspädagogik in diesem Sinne dann auch die Theorie und Didaktik des Religionsunterrichts, soweit Grundsatzfragen damit verbunden sind und soweit sie eine sachliche Beziehung zu den übrigen Handlungsfeldern der Religionspädagogik ergeben. Es wäre m.E. kurzschlüssig, den *Religionsunterricht* isoliert nur als ein schulisches Fach zu betrachten und zu vergessen, welche außerschulischen Einflüsse es gibt. Aus empirischen Untersuchungen wissen wir z.B., dass SchülerInnen für die Beurteilung des Religionsunterrichts andere Gesichtspunkte heranziehen als nur rein schulische. Die Beurteilung des Faches hängt ganz wesentlich davon ab, welche Erfahrungen man sonst mit kirchlicher und religiöser Erziehung gemacht hat. Unzweifelhaft spielen die Erlebnisse im Konfirmationsunterricht bei Jugendlichen eine ganz wesentliche Rolle auch für die Beurteilung des Religionsunterrichts. Andererseits können außerschulische Bildungsbemühungen Ergänzungen zum Religionsunterricht darstellen. Der zeitliche, organisatorische und gesetzliche Rahmen des schulischen Unterrichts ermöglicht es oft nicht, notwendige kreative oder seelsorgerliche Aspekte der Religionspädagogik zu verwirklichen. Von daher ist es sinnvoll und notwendig, nach der Beziehung des schulischen Religionsunterrichts zu den übrigen religionspädagogischen Handlungsfeldern zu fragen; in diesem Sinne vernetzt die Religionspädagogik alle Handlungsfelder.

Religionspädagogik versus Katechetik

Die Anliegen der Religionspädagogik im Sinne einer Theorie des religiösen Lernens ist erheblich älter als ihr Begriff. Denn während der Begriff sich erst Ende des 19. Jahrhunderts als signifikante Kennzeichnung herausbildete, gab es religionspädagogisches Handeln, seitdem es Kirche und Glauben gibt. Allerdings findet sich bis ins 18. Jahrhundert hinein kein Substantiv, das die wissenschaftliche Seite der Sache, mithin deren Theorie, eindeutig bezeichnet. Erst zu diesem Zeitpunkt bürgerte sich ein anderer Begriff ein, nämlich der der *Katechetik*. Er kennzeichnete das wissenschaftliche und didaktisch-methodische Nachdenken über die Inhalte und Strukturen einer religiösen Erziehung bzw. einer Unterweisung in Glaubensdingen. Eine wesentliche Rolle bei der Herausbildung einer wissenschaftlichen Katechetik spielte die Aufklärungstheologie und die sich anbahnende, von der Aufklärungsphilosophie herkommende Pädagogik. Von Anbeginn an war diese Entwicklung allerdings begleitet durch eine Verengung der Katechetik auf methodische Fragen.
Kennzeichnend für die Katechetik des 18. Jahrhunderts ist ihre Anknüpfung an Sokrates. Allerdings setzen hier dann auch die theologischen Kontroversen um die angemessene katechetische Methode an (s. u.). Die pädagogische Bewegung der *Philanthropen* z. B. hingegen sah einen kontradiktorischen Widerspruch zwischen der Sokratik und der Katechetik. Diese Auffassung wurde vice versa von der theologischen Orthodoxie geteilt. Im Vordergrund des Streites stand die Frage nach dem eigenen konstruktiven Anteil des Subjekts bei der Produktion seiner religiösen Vorstellungen. Die klassische sokratische Kunst der Gesprächsführung ging ja davon aus, dass das Subjekt selbst in der Lage ist, bei richtiger Gesprächsanleitung denkend zur Wahrheit vorzustoßen. Die wissenschaftliche Katechetik mit ihrer sokratischen Methode wurde so eine exklusive Angelegenheit der *Neologie* und der *Vermittlungstheologie*. Beide legten Grundsteine für die spätere wissenschaftliche Religionspädagogik.

Gleich zu Anfang etwas für SpezialistInnen: Es wurden eben verschiedene theologie- und philosophiegeschichtliche Zusammenhänge angedeutet: Sammeln Sie Ihr diesbezügliches Wissen. Überprüfen Sie es mit Hilfe von Lexika.

Der klassische Begriff »*Katechetik*« wird zumeist – etwa in theologischen Prüfungsordnungen – synonym zum Begriff »Religionspädagogik« verwendet. Dabei wurde »Religionspädagogik« ursprünglich als Gegen- bzw. Kampfbegriff gegenüber dem alten Verständnis von Katechetik eingeführt. Denn mit dem Begriff »Katechetik« verbanden sich drei Festlegungen, die durch die neue Bezeichnung programmatisch überwunden werden sollten. Die erste betraf das wissenschaftstheoretische Selbstverständnis der Katechese. Diese entfaltete sich als eine rein *theologische Disziplin*, in der pädagogische Überlegungen nur am Rande und sozusagen nur »taktisch-methodisch« eine Rolle spielten. Der aufkommenden Pädagogik jedenfalls wurde keine konstitutive Rolle für die Inhalte der religiösen Erziehung zugeschrieben. Durch die neue Selbstbezeichnung als »Religions*pädagogik*« sollte nun der außertheologische Bezug des Faches herausgestellt werden. Damit war dann allerdings der wissenschaftsorganisatorische und -theoretische Status des Faches unklar: War die Religionspädagogik nun primär eine theologische oder eine pädagogische Disziplin und gehörte sie in den Fächerverbund der Theologie oder der sich entwickelnden Pädagogik bzw. der späteren Erziehungswissenschaft?
Unabhängig von der Theologie und einer kirchlichen Bindung machten sich durchaus auch die Väter der Pädagogik wie Immanuel Kant, Johann Friedrich Herbarth, Johann Heinrich Pestalozzi, Adolf Diesterweg u.a. Gedanken über die Notwendigkeit und Wege religiöser Bildung und Erziehung. Andererseits trugen Theologen wie Friedrich Daniel Ernst Schleiermacher wesentliche Impulse und Theorien zur Allgemeinen Pädagogik bei. Dieser theologisch-pädagogische Diskurs im 19. Jahrhundert beruhte darauf, dass die Universität noch partiell die Einheit der res publica literaria der »Gelehrten Welt« in sich abbildete. Durch die Etablierung der außeruniversitären Pädagogischen Hochschulen sowie durch die Emigration von theologischen Lehrstühlen in die primär pädagogisch profilierten Lehrerbildungsfakultäten drohte dann die Gefahr, dass die Theologie zur Substitution anstatt zur Substanz religionspädagogischen Denkens verkommen könnte; jedenfalls mutmaßen nicht wenige universitäre FachtheologInnen eine religionspädagogische »Verdünnung« des theologischen Denkens in den Lehramtsstudiengängen.

Wenn ich ein klassischer Dogmatiker wäre, würde ich sagen: Natürlich kann es außerhalb der theologischen Fakultäten nur theologische »Klippschulen« geben, wo Bauch statt Kopf regiert – das sieht man doch schon an der theologischen Unbedarftheit von ReligionspädagogInnen. Wenn ich da nur die Examensklausuren sehe! Wo ist da schon »theologische Substanz«? Und dann erst Recht die Katechetinnen oder die Herren Diakone!
Und die so genannte »wissenschaftliche« Pädagogik – das ist doch besten- oder eigentlich »schlechtestenfalls« eine verdünnte, säkularisierte Theologie. Kein Wunder, denn die Pädagogik ist doch nur ein entlaufenes Kind aus dem Schoß der Theologie.

Religionspädagogik und Pastoraltheologie

Die wissenschaftsorganisatorische Zuschreibung von Religionspädagogik bzw. Katechetik stand also als erstes zur Debatte. Die zweite Festlegung betraf den *Gegenstandsbereich*. Hier wird nun für die Religionspädagogik ein Streit relevant, der für die gesamte Praktische Theologie galt und gilt, nämlich die Frage, auf welche Praxis sich die *Praktische Theologie* und damit die Religionspädagogik bezieht: Ist es die *explizit kirchliche Praxis*, möglichst noch bezogen auf die Ortsgemeinde, oder ist es eine darüber hinausgehende gesellschaftliche Praxis, in der in irgendeiner Weise Religion und Christentum direkt oder indirekt eine Bedeutung haben? Die Antwort auf diese Frage hing mit der Lösung der dritten Festlegung zusammen, gegen die im Begriff »Religionspädagogik« opponiert wurde. Im Begriff Katechetik spiegelt sich nämlich eine pastoraltheologische Engführung der Praktischen Theologie wider. Die *Pastoraltheologie* bestimmt ihre Einzeldisziplinen von den Amtshandlungen des Pastors her: Weil eben der »Herr Pastor« predigen muss, gibt es die Homiletik, weil er unterrichtet, die Katechetik, weil er Seelsorge betreibt, die Poimenik, weil er organisiert und die Gemeinde leitet, die Kybernetik, und weil er Gottesdienst halten können soll, die Liturgik.

Das Selbstverständnis der Katechetik ist also eingebettet in das Selbstverständnis der Praktischen Theologie als Pastoraltheologie. Deshalb nimmt es nicht wunder, dass sich der Begriff der Katechetik programmatisch bei den Begründern der Pastoraltheologie findet, so z. B. bei Claus Harms. Mitte bis Ausgang des 19. Jahrhunderts wurde das pastoraltheologische Selbstverständnis brüchig – insbesondere in der protestantischen Theologie. Denn die pastoraltheologische Orientierung ist nur von einer rigiden Amtstheologie her stringent und mit der reformatorischen Lehre vom Priestertum aller Getauften nur schwer vereinbar. Die Wiederentdeckung reformatorischer Vorstellungen und damit die erneute Betonung der Gemeinde und nicht der AmtsträgerInnen als Subjekte der kirchlichen Praxis erschütterte die pastoraltheologische Engführung der Praktischen Theologie und damit das Selbstverständnis der Katechetik.

Verbunden damit war die Frage, ob eine Theorie und Didaktik der religiösen Erziehung dann nicht auch den engen Rahmen einer gemeindegebundenen Kirchlichkeit verlassen sollte. Der damit verbundene Perspektivwechsel konvergierte mit den Überlegungen der oben genannten Pädagogen zur religiösen Bildung des Menschen, die sie von aller Konfessionalität und Kirchentümelei befreien wollten. Mit der liberalen Theologie wurde grundsätzlich dann die Kirchlichkeit der Theologie problematisiert. Theologisches Denken – innerhalb und außerhalb der neuen Religionspädagogik – befreite sich von einer kirchenfixierten Einäugigkeit und versuchte, mit beiden offenen Augen das religionspädagogische Handlungsfeld voraussetzungsfrei zu betrachten.

Katechetik versteht sich als Methodik kirchlicher Unterweisung; Religionspädagogik als Theorie und Didaktik einer religiösen Erziehung/Bildung in Familie, Kirche und Gesellschaft.

Christentum und Kirche

Zweifelsfrei müssen die Theorie und Praxis der Religionspädagogik in allen ihren Elementen genuin *theologisch begründet* sein. Das ist gar nicht so selbstverständlich, wie es auf den ersten Blick scheint, denn in vielen Praxisfeldern verkommt das theologische Argument zur legitimatorischen Präambel und Etikette einer pädagogischen Praxis, die auch ohne ihre theologische Verpackung auskäme. Ein Kindergarten wird kirchlich durch ein »theologisches Argument« in seiner Satzung, der Antrag auf Bezuschussung für ein Jugendprojekt segelt unter kirchlichem Segen, indem ihm ein Bibelzitat beigegeben wird oder das kirchliche Altenheim profiliert sich, indem es auf das christliche Menschenbild verweist. Doch der theologische Gedanke kommt oft nicht der Praxis, sondern nur dem guten Gewissen der kirchlichen Träger zugute. Oder es wird zum Verkaufsargument für die Zustimmung von Leitungsorganen für neue Projekte, denen man ein »theologisches Mäntelchen« meint umhängen zu müssen. Gehandelt hingegen wird wie in jeder anderen Einrichtung auch.
Theologische Argumente, die nicht nur beigefügte Ersatzstoffe (Substitutionen), sondern substanziell für die religionspädagogische Praxis sind, müssen diese strukturieren und inhaltlich spezifisch bestimmen. Allerdings meint »theologisch argumentieren« in der Religionspädagogik keine kirchliche Vereinnahmung. Indem die Definition von Religionspädagogik (s. o.) die Kirche nur neben anderen religionspädagogischen Bezugsfeldern nennt, soll programmatisch auf die kontextuelle Vernetzung u. a. mit der Kirche verwiesen werden. Betont wird dadurch nicht nur, dass die Religionspädagogik einen engen kirchlichen Bezugsrahmen für das Handlungsfeld Religionsunterricht zu überwinden hat. Zudem wird deutlich, dass alle anderen Bildungsaktivitäten der Kirche mehr und anders sein müssen als bloße Rekrutierungs- und Missionsstrategien. Die Religionspädagogik sieht die Kirche als konstitutiv in ihre sozialen Bezüge (Menschen, Gesellschaft, Kultur) eingebettet und mit ihnen vernetzt. Nur so kann verantwortlich von einer *»Bildungsaufgabe der Kirche«* gesprochen werden.
Im Unterschied zu einer kirchlichen Katechetik (s. u.) nimmt die Religionspädagogik so den Zusammenhang von Christentum und Gesellschaft in den Blick; insofern ist sie nicht kirchlich, sondern christentumstheoretisch und -geschichtlich orientiert; sie rechnet mit einem *»Christentum außerhalb der Kirche«* (Trutz Rendtorff) ebenso wie mit einer nicht-kirchlich monopolisierten Funk-

tion der Religion in unserer Gesellschaft. Für alle außerschulischen Bildungsaktivitäten der Kirche ist insofern eine kulturtheoretische, christentumsgeschichtliche Begründung gegeben bzw. zu leisten. Bezogen auf den Religionsunterricht bedeutet das, eine so genannte *schultheoretische* Begründung anzustreben und dass die gesellschaftlichen Funktionen sowohl von Schule als auch von Religion durch den Religionsunterricht befriedigt werden. Auf die *außerkirchliche Bestimmtheit* des Religionsunterrichts weist schon die Tatsache hin, dass er im Grundgesetz unseres weltanschaulich neutralen Staates explizit genannt wird. Was für den Religionsunterricht gilt, gilt mutatis mutandis auch für andere religionspädagogische Handlungsfelder, die ja nicht zuletzt aus diesem Grund von der öffentlichen Hand gefördert werden und die in der öffentlichen Meinung sofort unter Verdacht geraten, wenn sie binnenkirchlich, volksmissionarisch oder exklusiv angelegt werden.

Was verstehen Sie unter einer »kulturtheoretischen« und einer »schultheoretischen« Begründung religionspädagogischen Handelns? Welche andere Begründungen wären denkbar? (☞ Kap. 4.3)

Zur theologischen Anbindung der Religionspädagogik

Über die Notwendigkeit einer theologischen Fundierung des religionspädagogischen Denkens dürfte kein Streit bestehen; Differenzen gibt es allerdings in der Frage, welche Disziplin außerhalb der Praktischen Theologie als *genuine Vermittlungsinstanz zur Theologie* angesehen werden kann. Blickt man unter dieser Fragestellung auf die religionspädagogische Konzeptionsdebatte, so kann man wechselnde Prioritäten feststellen: Mal war es die Exegese, dann die Dogmatik, dann die Ethik, die als die eigentliche theologische Bezugsdisziplin galt. Dies hatte zur »Dogmatisierung« von Lernprozessen geführt oder zu deren »Verexegetisierung«. Heute plädiert eine Mehrheit der ReligionspädagogInnen für ein Primat der Systematischen Theologie als wesentliche Bezugswissenschaft, weil diese sich am stärksten Gegenwartsfragen verschrieben hat und insofern am ehesten den Erfahrungs- und Wirklichkeitsbezug der Religionspädagogik zu garantieren scheint. In der Tat haben ja die Systematische und die Praktische Theologie eine vergleichbare Aufgabe, nämlich die Vermittlung christlicher Inhalte mit der Lebenswelt moderner Menschen. Aber gerade in dieser Gleichartigkeit der Perspektive liegt die Gefahr einer normativen Dominanz der Systematik gegenüber der Religionspädagogik. Dann nämlich würde das Verhältnis von theologischer Theorie und religionspädagogischer Praxis zu einer deduktiven Applikation verkommen.
Doch im Grunde wäre der ›Rangstreit der Jünger‹ müßig, wenn man von der Einheit der Theologie ausginge und die Religionspädagogik darin *enzyklopädisch*

verortete. Denn zu einer theologischen Enzyklopädie gehört klassischerweise – unter dem Stichwort »Einheit der Theologie« – die Beantwortung der Frage, welche Aufgaben welches der theologischen Fächer im Gesamtzusammenhang der Theologie hat und wie sich diese Aufgabenverteilung zueinander verhält, dass sich daraus ein notwendiger Arbeits- und Sinnzusammenhang ergibt. Wenn diese Fragen beantwortet sind, dann wären auch die Strukturen wechselseitiger Vermittlungsprozesse innerhalb des theologischen Denkens zu klären und damit beispielsweise die Frage, welche konstitutive Bedeutung die Lebenswelt von Kindern, Jugendlichen und Erwachsenen für die Theologie insgesamt hat. Aber erst ansatzweise wird in der Religionspädagogik die enzyklopädische Frage nach der Einheit der Theologie und nach dem eigenen Anteil an der innertheologischen Arbeitsteilung gestellt.

Wenn Sie die Frage der theologischen Enzyklopädie näher interessiert, können Sie lesen: Ritter W./Rothgangel M. (Hg.) (1998): Religionspädagogik und Theologie. Enzyklopädische Aspekte, Stuttgart u. a.

Die Verdrängung solcher prinzipieller Fragestellungen in der Religionspädagogik kann nicht zuletzt auch als bedauernswerte Folge der empirischen Wende verstanden werden, obwohl durch sie ja überhaupt erst die Lebenswelt nicht theologisch-fiktiv, sondern realistisch und faktisch dem theologischen Denken zugänglich wird. Empirische Methodik geht nicht nur in der Religionspädagogik oftmals mit konzeptionellem Reduktionismus einher. Auf der anderen Seite zeigt die Theologiegeschichte jedoch auch, dass enzyklopädische Fragestellungen – falsch verstanden – zu einer hermetischen Abschottung der Theologie gegen andere Wissenschaften führen und den interdisziplinären, transitiven Diskurs behindern kann. Doch die Zeiten theologischer Selbstgenügsamkeit sind längst vorbei – das zeigt nicht zuletzt die religionspädagogische Konzeptionsdebatte. Nur eine erfahrungsoffene, lernfähige und lernbegierige Theologie wird in der Lage sein, zwar kritisch, aber konstruktiv und konstitutiv zugleich mit anderen Disziplinen umzugehen. Wer theologisch von der Wirklichkeit spricht, der muss sich auch dieser und damit den säkularen Wirklichkeitswissenschaften stellen.

Die empirische Wende in der Religionspädagogik (Klaus Wegenast) entspricht der Forderung nach einer realistischen Wende (Heinrich Roth) in der Pädagogik. Gemeint ist die Abwendung von normativen Vorgaben und ihre deduktiven Anwendungen auf die Praxis. Gefordert wurde eine radikale, voraussetzungsfreie und methodisch gesicherte Tatsachenforschung im Sinne der empirischen Sozialforschung. Religionspädagogische Argumente sollen nicht länger auf Vermutungen oder dogmatischen Voraussetzungen beruhen, sondern sie sollten »empirisch verifiziert« sein.

Der Begriff »Wirklichkeit« spielt in der Theologie eine große Rolle – doch in höchst unterschiedlichen Bedeutungszusammenhängen – könnten Sie einige nennen? Sie können dabei an die Systematische oder Biblische Theologie denken – oder schon einmal in die tabellarische Übersicht der Konzeptionen für den Religionsunterricht schauen (Kap. 4.1.2.l).

Da brat mir doch einer einen Storch – jetzt soll die Theologie auch noch mit dieser Fliegenbeinzählerei beginnen. Und letztlich kommt doch nur immer etwas raus, was man auch vorher schon wusste. Bekanntlich glaubt man nur den Statistiken, die man selbst gefälscht hat. Und eine Statistik kann man so oder so lesen. Im Religionsunterricht z. B. ist ein gutes Gespür für Kinder und eine echte Überzeugung wichtiger und besser als alle empirischen Untersuchungen zu SchülerInnenverhalten und -einstellungen! Letztendlich ist das doch alles Marktforschung wie bei Persil!

Religionspädagogik zwischen Theologie und Pädagogik

ReligionspädagogInnen haben einen gewissen Hang zu Typologisierungen – möglicherweise als Erbe verinnerlichter ›Tafelanschriften-Mentalität‹. So hat man auch versucht, die möglichen Beziehungen zwischen Sozial- und Humanwissenschaften auf der einen sowie der Theologie auf der anderen Seite in vier Typologien oder ›Modellen‹ auf den Begriff zu bringen, die man das Autarkie-, das Dominanz-, das Konvergenz- und das Exodusmodell genannt hat. Wenn z. B. von einer offenbarungstheologischen Position her behauptet wird, dass jede Pädagogik letztendlich auf den Illusionen der Menschen über sich selbst beruhe, dann kann und darf das, was im Religionsunterricht geschehen soll, ausschließlich durch die gegenüber der Pädagogik autark zu verstehende Theologie bestimmt werden. Dementsprechend gilt folgerichtig eine schultheoretische Begründung für den Religionsunterricht als illegitim, weil sie eine heteronome, pädagogische Bestimmung enthalten muss. Religionspädagogik hat sich als rein theologische Disziplin zu begreifen, die mit dem gängigen methodischen Repertoire und mit theologischen Einsichten ihre Aufgabe voll und ganz sachgemäß erfüllen kann. Denn im Vordergrund aller Überlegungen – so behauptet etwa die Religionsdidaktik der Evangelischen Unterweisung – stehe doch die theologische Sache; einzig von ihr her könne man Inhalte und Ziele des Religionsunterrichts bestimmen. Man kann dieses religionsdidaktische Selbstverständnis in der Tat dann als *»Autarkiemodell«* bezeichnen.

Sein Gegenstück wäre das *Exodusmodell;* es entspricht dem Selbstverständnis der Religionspädagogik als einer rein pädagogisch-didaktischen Disziplin und als Teilgebiet der Allgemeinen Pädagogik; theologische Sachverhalte müssten sich deshalb vor dem Richterstuhl der Erziehungswissenschaft verantworten,

wobei deren Gesetze und nicht die der Theologie gelten sollen. Beide Modelle gehen letztlich von einer Unvereinbarkeit zwischen Theologie und Pädagogik aus, die sich weder geschichtlich noch wissenschaftstheoretisch sinnvoll begründen lässt. Historisch schon deshalb, weil ja die Pädagogik sich aus der Theologie entwickelte hat. Weil die Aussagen einer theologischen Anthropologie eo ipso Erziehungsperspektiven entwickeln müssen, kann die Entstehung der Erziehungswissenschaft als ein Spezialisierungs- und als Emanzipationsprozess verstanden werden, der ein ursprüngliches Verwandtschaftsverhältnis vergessen hat lassen. Die These von der Unvereinbarkeit von Pädagogik und Theologie ist insofern als Selbstmissverständnis zu werten. Wissenschaftstheoretisch steht im Hintergrund, dass die Theologie sowie die Sozial- und Humanwissenschaften, zu denen eben auch die Pädagogik zählt, es mit demselben Gegenstand zu tun haben, nämlich mit dem Menschen und seiner Wirklichkeit. Beides wird nur aus anderen Perspektiven und Traditionen sowie gelegentlich auch mit anderen Methoden betrachtet.
Wissenschaftsgeschichtlich und -theoretisch beinhaltet das so genannte *Dominanzmodell* die traditionelle Qualifizierung nicht-theologischer Disziplinen als ancilla theologiae, als Hilfswissenschaft. Das Traditionelle daran ist, dass die Theologie schon immer Anleihen machte – allerdings ohne dass damit eine Identitätskrise ausgelöst wurde. Die Dogmatik wäre z. B. überhaupt nicht ohne Anleihen an philosophische Methoden und Inhalte entstanden und die Bibelwissenschaften standen stets in einer Wechselwirkung mit den philologisch-historischen Disziplinen. Bereits in der didaktischen Wende der Katechetik und dann in der nach-dialektischen Religionspädagogik wurde die neue Wissenschaft Pädagogik »taktisch« vereinnahmt. Sie wird als eine Anwendungswissenschaft verstanden, die dabei hilft, theologische Inhaltsvorgaben sekundär durch Assistenz didaktischer, psychologischer und methodologischer Überlegungen besser auf den Unterricht hin aufzubereiten.
Gegenüber dieser Tradition hat in der Gegenwart eine Tendenzwende stattgefunden; zunehmend setzt sich in der Religionspädagogik wieder ein Selbstverständnis durch, das Theologie und Pädagogik als gleichberechtigte Verbundwissenschaften begreift. An die Stelle eines Gegensatzes zwischen Theologie und Pädagogik ist ein konvergenztheoretischer Ansatz getreten, der die Fachdidaktik des Religionsunterrichts in wechselseitiger Verschränkung von theologischem und pädagogischem Denken zu entwickeln versucht. Diese kritisch-konstruktive Vermittlung von theologischen und didaktischen Fragen und Einsichten stellt eine eigenständige wissenschaftliche Aufgabe dar, die der relativ autonomen Religionsdidaktik zukommt. Demgemäß geht dieses Arbeitsbuch von der Gleichursprünglichkeit und Gleichwertigkeit des theologischen und des pädagogischen Argumentierens aus, wie es sich in der Selbstbezeichnung der »Religionspädagogik« seit Einführung des Begriffs programmatisch ausdrückt. Dieser Anspruch wurde von Karl Ernst

Nipkow durch den Terminus »*Konvergenzmodell*« auf den Begriff gebracht. Konvergenztheoretisch begründet ist die Religionspädagogik stets zu einer doppelten Begründungsleistung verpflichtet, durch die sich theologische wie pädagogische Argumente wechselseitig ergänzen bzw. beschränken. Denn die Pädagogik bietet Kriterien und Kategorien, um theologische Einsichten neu zu strukturieren und quasi pädagogisch zu »filtern« und Gleiches umgekehrt. Genuin religionspädagogisches Denken muss die Abwege mancher Dogmatismen ebensowenig mitgehen wie die mancher pädagogischer Machbarkeits- und Dressierakrobaten.

1. Beschreiben Sie eine kritische, konstruktive und konstitutive Auseinandersetzung der Theologie mit den Human- und Sozialwissenschaften im Rahmen der Religionspädagogik. Suchen Sie nach Konkretionen.

2. Kennen Sie klassische Lösungen der enzyklopädischen Frage?

Vergleichen Sie dazu: Meyer-Blanck, M./Weyel, B. (1999): Arbeitsbuch Praktische Theologie. Ein Begleitbuch zu Studium und Examen in 25 Einheiten, Gütersloh, 12ff.

3. Die Bezugsgrößen der Religionspädagogik könnte man didaktisch auch als die »Curriculumsdeterminanten« für religiöse Lernprozesse bezeichnen. Nipkow nennt – neben den allgemeinpädagogischen Determinanten Kind, Gesellschaft und Wissenschaft – als viertes noch die Kirche; aus dem oben Ausgeführten würde an die Stelle der Kirche das Christentum treten. Erläutern Sie die Unterschiede zwischen »Christlichkeit« und »Kirchlichkeit« und deren Konsequenzen für die religionspädagogische Praxis.

Die Relativierung der Systematischen Theologie steht in einem gewissen Gegensatz zum didaktischen Selbstverständnis der Systematiker; lesen und vergleichen Sie Zehner, J. (1998): Arbeitsbuch Systematische Theologie. Eine Methodenhilfe für Studium und Praxis, Gütersloh, 140ff.

1.2 Zur Geschichte der Religionspädagogik

Soweit wir wissen, wurde der Begriff »*Religionspädagogik*« erstmals 1889 gebraucht. Das Programm einer theologischen und pädagogischen Konzeptualisierung verfolgte dann die erste religionspädagogische Zeitschrift, die ab 1908 unter dem Titel »Monatsblätter für den evangelischen Religionsunterricht« erschien. Die wissenschaftliche Religionspädagogik erlebte ihre Geburtsstunde also erst mit der Wende zum 20. Jahrhundert. Sie entwickelte sich aber aus einer älteren Problemgeschichte, die weit über das katechetische Selbstverständnis des 18. Jahrhunderts hinausreicht und in der frühchristliche und antike Elemente eine Rolle spielen. Der Sache nach hat sich die Religionspädagogik aus einer Tätigkeits- und einer Amtsbezeichnung entwickelt, die im Zusammenhang mit dem frühkirchlichen Taufunterricht stand. In diesem Kontext hatte zunächst Paulus jenes Verb verwendet, aus dem die spätere Bezeichnung *»Katechetik«* hervorgegangen ist, nämlich *»katechein«*, das ursprünglich so etwas wie ›berichten, unterweisen, belehren‹ in einem ganz allgemeinen Sinne, aber auch ›entgegentönen, umtönen‹ bedeutet. In der allgemeinen Bedeutung des ersten Verständnisses findet man es etwa bei Lk 1,4 oder Apg 21,21. In den Paulinischen Briefen wird das Verb dann »theologisiert«; es bezieht sich dort bereits auf die christliche Lehre und meint genauer eine »Unterweisung in Glaubensdingen« wie etwa in Röm 2,18, 1. Kor 14,19 oder Gal 6,6. Röm 2,18 spricht z.B. von »katechumenos ta tou nomou«, also von einer Belehrung durch das Gesetz. Durch die Pastoralbriefe letztendlich wird dann der Begriff »katechein« mit dem urchristlichen Taufunterricht zusammengebracht und zu einem spezifischen terminus technicus für eine frühe Form religionspädagogischer Praxis gemacht.

Melanchthon (1497-1560), ein Kind taufend. Ausschnitt aus dem Altar von Lukas Cranach d. Ä., Wittenberg, Stadtkirche

Vom Taufunterricht zur Katechetik

Auf dieser Entwicklungslinie geht die *Alte Kirche* in ihrer Begriffsbildung weiter. Bei den Kirchenvätern – wie etwa bei Tertullian (~150-~225) – wird der Taufbewerber als »Katechumene« bezeichnet. Derjenige, der die *Unterweisung des Taufbewerbers* vornimmt, erhält die Amtsbezeichnung »Katechet« bzw. »Katechist«. Beide Begriffe spiegeln eine katechetische Praxis wider, die sich in der Alten Kirche zwischenzeitlich herausgebildet hatte. Als Dokument dafür lässt sich eine der ältesten uns bekannten Kirchenordnungen anführen, nämlich die des Hippolyt aus dem 3. Jahrhundert: Sie sieht eine – in der Regel – dreijährige Unterrichtung des Katechumenen durch den Katecheten mit anschließender Prüfung vor; erst danach erfolgt die Taufe. Im Übrigen kennzeichnete der Begriff des Katchumenen einen besonderen Status, der zwischen Heiden und Christen angesiedelt ist. Niemand wurde direkt in die Gemeinde aufgenommen, sondern musste erst den Status des Katechumenen absolvieren, in dem er nicht nur lernen, sondern sich auch bewähren musste. Die Gemeindeordnungen der Zeit sahen Aufnahmebestimmungen vor und begrenzten somit die Teilnahme der Katechumenen am kirchlichen Leben.

Auch der Begriff der »Katechese« findet sich bereits frühzeitig, allerdings nicht im gegenwärtigen landläufigen Verständnis. Die Katechese im altkirchlichen Verständnis hat es demgegenüber überhaupt nicht mit einer Anweisung zur Unterrichtung zu tun; nicht das »Wie«, sondern *das »Was« der Lehre* stand im Mittelpunkt der Katechese. Sie verstand sich als eine Vereinfachung der Glaubenslehre, mithin als eine »Theologie des kleinen Mannes«. Zu den katechetischen Schriften des Tertullian zählt in diesem Sinne z. B. die Schrift »Über die Taufe«, die dem Katecheten den Sinn der Taufe erklären will. Schriften mit dem Titel »Katechese« wandten sich nicht nur an die Taufbewerber, sondern an alle Christen; sie sind so etwas wie frühe »Elementartheologien«. Und diese frühen Katechesen wurden durchaus nicht zu Unterrichtszwecken verfasst. Sie stellten vielmehr eine eigene Gattung theologischer Schriften dar. Dieser Sachverhalt gilt bis weit in die Reformationszeit hinein; die Katechismen sind ja keine pädagogischen Werke, sondern so etwas wie »Minimaldogmatiken«.

Zunehmend forderte die Praxis des Taufunterrichts bzw. des Katechumenats auch eine entsprechende Theorie, die über das »Weshalb« und das »Wie« der Taufbelehrung Auskünfte gibt. Etwa seit Augustin (354-430), also seit dem 4. Jahrhundert gibt es Ansätze zu einer »Lehre von der christlichen Verkündigung«; hier bildet sich also langsam die Katechetik heraus, deren Gegenstand aber eigentlich noch nicht genau beschrieben werden konnte. Das lag u. a. auch daran, dass eine klare Abgrenzung der Katechese von der *Predigt* im Urchristentum noch nicht zu ziehen war, weil beide sich im Gottesdienst vollzogen. Eine eigene Form der Katechisation hat sich in der Alten Kirche noch nicht entwickelt; sie war entweder in die Predigt selbst integriert oder fand vor bzw.

nach ihr als Vor- bzw. Nachbereitung statt. Das blieb bis in die Reformationszeit so. Grob eingeteilt kann man sagen, dass Predigten mit vorrangig lehrmäßigem Inhalt als Katechesen zu gelten hatten im Unterschied zur Erbauungspredigt. Diese sprach nämlich das Gemüt an, die Lehrpredigt hingegen den Verstand.

Die Kindertaufe und das Ende kirchlicher Unterweisung

Bereits im Urchristentum vollzog sich ein *Funktionswandel* der Katechese, der auch eine Änderung ihrer Struktur forderte. Denn die Katechese hatte rasch ihre eigentliche Aufgabe verloren. Daraus erklärt sich auch die unklare Abgrenzung zur Predigt. Ihre ursprüngliche Funktion hatte sie im Zusammenhang der Erwachsenentaufe bekommen, insofern Neubekehrte erst über die Grundlagen des neuen Glaubens informiert wurden. Diese pragmatische Veranlassung der Erwachsenentaufe wurde programmatisch gewendet und mit dem Katechumenat verbunden. So sah bereits der schon erwähnte Tertullian z.B. im Katechumenat eine notwendige Vorbereitungszeit, wie wir aus seiner Polemik gegen die Kindertaufe ersehen können. Der Streit um die Kindertaufe ist so einer um das Katechumenat. Im Hintergrund steht der Umstand, dass der Bestand der Kirche zunehmend durch innerkirchliche Reproduktion und nicht mehr durch Mission gesichert war; parallel dazu wurde die Erwachsenentaufe von der Kindertaufe abgelöst. Damit war die Funktion des Katechumenats als Taufvorbereitung hinfällig. Es stellte sich die Frage nach dem Sinn eines der Taufe nachfolgenden Unterrichts in Glaubenssachen. Sofern man nicht meinte, dass die Kinder von bereits Getauften ohne eine zusätzliche Unterweisung auskommen und insofern eine Unterweisung grundsätzlich überflüssig sei, wurde die Unterweisung der Getauften den Eltern zur Pflicht gemacht. Nur an den Rändern der Kirche, dort wo sie noch längere Zeit als Missionskirche lebte, hielt sich die Praxis des Katechumenats länger.

Als kirchliche Veranstaltung verlor der nun nachgeholte Taufunterricht seine Bedeutung: Die Kirche verzichtete in den folgenden Jahrhunderten auf ein eigenständiges Erziehungshandeln. Die religiöse Erziehung der Getauften wurde ganz ihren Eltern überlassen. Daneben erhielten sich Reste des ursprünglichen Erwachsenenunterrichts. Bis zum ausgehenden *Mittelalter* gab es allerdings diese ganze Epoche hindurch auch Lektionen für Erwachsene, in denen sie die Hauptstoffe des Vaterunsers, das Glaubensbekenntnis und das Ave Maria erlernen konnten. Da das Lesen und Schreiben fast ausschließlich den Klerikern vorbehalten war, konnte für den Laien nur ein mündlicher Unterricht stattfinden. Für die Katecheten, d.h. in diesem Falle die Priester, gab es aber weiterhin Bücher, die die Inhalte des Unterrichts umschrieben; sie waren aber nur *»kleine*

Dogmatiken« und keine pädagogischen Werke. Die entsprechenden Abhandlungen erhielten ab den 16. Jahrhundert die Bezeichnung »De catechesi«. Ihre Inhalte leiteten sich aus der Dogmatik ab; methodische Überlegungen hingegen finden sich überhaupt noch nicht. Dies wäre aber für eine im Wortsinn verstandene Katechetik notwendig.

Mittelalterliche »Erziehung des ganzen Hauses«: Mädchen macht der Mutter das Spinnen nach, Junge dem Vater das Rechnen

Ursächlich für das Fehlen methodisch-didaktischer Reflexionen ist ein sozialgeschichtlicher Umstand: Bis ins Mittelalter hinein und noch weit darüber hinaus gab es noch nicht die Vorstellung von einer intentionalen Erziehung. In der ständischen Gesellschaft gab es – außer in der »gelehrten Welt« des Gelehrtenstandes – nicht einmal Ansätze zu dem, was man heute eine pädagogische Maßnahme nennen würde. Demgemäß war den Menschen didaktisches Denken ebenso fremd wie die Vorstellung von Lernprozessen und Lehrvorgängen. Erst das 18. Jahrhundert nennt man das »pädagogische Jahrhundert«; in ihm bildete sich die Vorstellung von Kindheit und Jugend eigentlich erst aus. Daraus entwickelten sich dann auch Erziehungstheorien und Erziehungsmethodiken. Für das Mittelalter galten die sozialgeschichtlichen Bedingungen der Ständegesellschaft und ihrer Institutionen. Was Unterricht und Erziehung anbelangt, ist zunächst das zu nennen, was man heute sozial- und bildungsgeschichtlich als die traditionelle »Erziehung des ›ganzen Hauses‹« bezeichnet. Darunter versteht man, dass die Heranwachsenden bereits durch die einfache Teilnahme am häuslichen Leben alle notwendigen Kenntnisse für die Fortführung des Hauses erwarben. Das galt selbst für die berufliche Bildung, weil Handwerker und Kaufleute eben »zu Hause« arbeiteten und von ihren Söhnen beobachtet wurden; durch diese Beobachtung erlernten sie die notwendigen Fähigkeiten und eigneten sich die relevanten Kenntnisse ihres Standes und ihres Handwerks an. Lerntheoretisch gesehen war der Modus des Lernens in der Ständegesellschaft der des *Imitationslernens;* eine Lernstufe mithin, die – im Unterschied etwa zum höherwertigen Problemlösungslernen – nur für relativ einfache Verhältnisse hinreichend ist.

Gleiches galt auch für das kirchlich-religiöse Leben: Auch in der primären religiösen Sozialisation wurde den Kindern der Stoff der Katechese ja nicht explizit beigebracht, sondern sie lernten das Vaterunser, das Glaubensbekenntnis usw. nur, indem sie die Erwachsenen beobachteten und ihnen nachsprachen. Weder die Notwendigkeit noch die Möglichkeit einer Katechisation waren gegeben. Katechese als eine didaktische Aufgabe zu verstehen, setzt kulturgeschichtlich die Entdeckung der Kindheit als eigenständiger, spezifisch strukturierter Lebensphase mit altersspezifischen Denk- und Lernfähigkeiten voraus. Ein spezifisches Nachdenken über die Art und Weise, wie man Kinder im Glauben unterrichten könnte, konnte so auch erst im so genannten »pädagogischen Jahrhundert« einsetzen. Unter sozialgeschichtlicher Perspektive gesehen waren die sozialen Bedingungen für eine explizite Erziehungslehre bis zum Beginn der bürgerlichen Gesellschaft also noch nicht gegeben. Dementsprechend übernahm auch *Luther* die Form der mittelalterlichen Katechese als einer Sammlung von fundamentalen Glaubenswahrheiten, die vorrangig nicht zum Zweck ihrer unterrichtlichen Aneignung verfasst worden waren, auch wenn sie dazu taugten.

Der kleine Katechismus Martin Luthers von 1529 (Erstausgabe)

Die Katechismen und die protestantische Katechese

Aus dieser traditionellen Form der Katechese entwickelte Martin Luther dann seinen *Katechismus*, der in der Folgezeit zur Grundlage für einen eigenständigen protestantischen Katechismusunterricht wurde. Gegenstand dieser Katechese blieben die traditionellen Stoffe der Katechesis: Vaterunser, Glaubensbekenntnis und die Zehn Gebote, ergänzt durch Artikel zu Taufe und Abendmahl. Damit war die Substanz des Glaubens elementar umschrieben. Didaktisch gesehen stellen die Katechismen Luthers Elementarisierungen dar. Unter *Elementarisierung* versteht man heute eine didaktisch zu verantwortende Vereinfachung von (Unterrichts-)Inhalten im Sinne einer Konzentration auf das Wesentliche; durch das Elementare soll ein fundamentaler Sachverhalt zugäng-

lich gemacht werden. In den Elementarisierungen der Katechismen soll das Fundamentale methodisch zugänglich gemacht werden durch ein Frage-Antwort-Schema; es wurde zum formalen Kennzeichnen aller Katechismen, die man vielleicht als eine urprotestantische katechetische Gattung bezeichnen könnte.
Neben dem großen und kleinen Katechismus Luthers wurden vor allem der Heidelberger und der Genfer Katechismus bedeutsam. Der Grundbestand des lutherischen Katechismus stammt aus den frühen Lehrpredigten des Reformators: 1516/17 predigte Luther über den Dekalog, später dann über das Vaterunser und das Glaubensbekenntnis. Diese Predigtreihe wurde zum Vorläufer für seine Katechismen, die beide erstmals 1529 erschienen. In ihnen werden im Grunde genommen nur die klassischen Inhalte des traditionellen Taufunterrichts gelehrt und interpretiert. Die Katechismen sollten die Hörer dazu bringen, verständig die Sakramente entgegenzunehmen und die Grundlagen der Heiligen Schrift zu kennen. Mit Luthers Katechismus-Büchern wurden die Voraussetzungen für einen genuin reformatorischen Unterricht geschaffen, der einerseits wieder Elemente des urkirchlichen Taufunterrichts aufnahm und andererseits den geschichtlichen Wandel von einer Missionskirche hin zur Volkskirche konstruktiv berücksichtigte. Bedingung der Möglichkeit dazu war ein Erosionsprozess innerhalb der Taufpraxis schon der Alten Kirche.

Informieren Sie sich über moderne Katechismen.

Schauen Sie sich einen der folgenden an: Ev. Erwachsenenkatechismus (1975), Aufschlüsse. Ein Glaubensbuch (1977), Ev. Gemeindekatechismus(1979), Glaubensverkündigung für Erwachsene (»Holländ. Katechismus«) (1967), Kath. Erwachsenenkatechismus (1985/95), Katechismus der Kath. Kirche (1993).

Indem die Taufe zur Kindertaufe geworden war, hatte sie ihre ursprüngliche Funktion des Bekenntnisses zum christlichen Glauben verloren. Innerhalb einer ekklesiologischen Vorstellungswelt von einer objektiven Heilsanstalt, wie in der vorreformatorischen und der katholischen Kirche, hatte das subjektive Bekenntnis nur eine akzidentielle, d.h. hinzukommende, aber nicht zentrale Bedeutung; im Protestantismus als Gewissensreligion hingegen wurde das wieder anders: Die persönliche Zustimmung zum Glauben wurde »substanziell« für die Kirchenzugehörigkeit. Das führte zur Neubildung einer anderen Kasualie, nämlich der *Konfirmation*. Liturgischer Haftpunkt dieser neuen Kasualie ist ein ursprünglich zur Taufe gehörendes Moment, nämlich die Firmung. Die urchristliche Taufe bestand ja ursprünglich aus zwei Elementen, nämlich die eigentliche Taufe mit Wasser und die Firmung als Akt der Salbung. Allerdings wurde schon sehr früh die Firmung von der Taufe getrennt und zu einem eigenen Sakrament erhoben.

Man kann sagen, dass die Firmung die Tradition der Taufprüfung und des Taufbekenntnisses fortsetzte. Aus diesem Sachverhalt hat sich dann die gängige katholische Firmpraxis entwickelt. Luther lehnte diese Firmpraxis zwar ab, aber missbilligte nicht grundsätzlich, dass ein Pastor die Kinder prüfe, ihnen die Hände auflege und sie konfirmiere. Abgelehnt hingegen wird das sakramentale Verständnis der Firmung. Die zur Konfirmation mutierte Firmung war so – theologisch gesehen – eigentlich ein Zwitter oder – bildlich anders gesagt – ein ›uneheliches Kind der Reformation‹; sie hatte es deshalb schwer, sich als urprotestantischer Ritus durchzusetzen. Nach langanhaltenden Geburtswehen der Konfirmation kommt es im Nachschlag der Reformation zu einer Neubelebung der Katechese als Konfirmationsunterricht im weitesten Sinne.

Die Konfirmation als Reform der Katechese

Mit der Anbindung der Katechese an die Konfirmation hatte sich die Zielsetzung der Katechese grundlegend geändert. Ursprünglich lag ihr Sinn darin, dass sich der noch nicht getaufte Christ die glaubensnotwendigen Kenntnisse und Fähigkeiten erwarb. Das bedeutete, dass er sich festliegende Stoffe aneignen und diese reproduzieren sollte. Der Taufunterricht diente damit der Traditionssicherung und der Einordnung des Einzelnen in die vorgegebenen Gemeinde- und Gottesdienststrukturen. Schon ab der Reformation, die die Freiheit der Christenmenschen aufs Schild gehoben hatte und erst recht ab dem *Pietismus* mit seiner Kritik an den tradierten Kirchenstrukturen und seinem Ideal von einem persönlichen Christentum wurde dies nun anders. Jetzt wurde als Ziel der mündige und handlungsfähige Christ gesehen; diese Intention kann als grundlegend für die gesamte evangelische Pädagogik gelten. Denn während es im katholischen Unterricht um die Einordnung des einzelnen Christen in die Kirche ging, musste der Protestantismus – um der Freiheit des Christenmenschen willen – für die Befähigung des Einzelnen zu einem selbstverantworteten Glauben sorgen. Die Katechese zielte also auf *Kompetenzzuwachs in Glaubenssachen;* sie ist damit an die reformatorische Lehre vom allgemeinen Priestertum angekoppelt. Allerdings wird man feststellen müssen, dass in der Durchführung letztlich nur wenig von der geforderten Mündigkeit des Christenmenschen übrig blieb. Für die Katechetik scheint zu gelten, dass der Weg nicht das Ziel ist, d.h. Mündigkeit steht am Ende eines Erziehungs- und Lernprozesses, der selbst nicht auf Mündigkeit beruht.
Aus der Tatsache, dass als Ziel der Katechese das eigenverantwortliche Bekenntnis zum Glauben stehen sollte, wird deutlich, weshalb sich insbesondere der Pietismus und die Erweckungsbewegung für eine wissenschaftliche Katechetik eingesetzt haben. Die zentralen theologischen Stichworte dieser Bewegung waren bekanntlich »Bekehrung«, »Wiedergeburt« und »Umkehr«. Diese

theologischen Begriffe verweisen darauf, dass der Pietismus – wie die Philosophie seinerzeit – die Selbstverantwortung des menschlichen Subjektes betonte. Während für das mittelalterliche Denken der Mensch eingebettet war in eine vorgegebene Ordnung, wuchs nun die Einsicht, der Mensch selbst sei für seine Stellung zu Kirche, Religion und Gesellschaft verantwortlich. Aufgrund der Überakzentuierung einer theologischen Erbsündenlehre betonte der Pietismus, der Mensch könne von sich aus aber nicht zu einem guten Leben gelangen, weil der alte Adam ihn stets wieder in die Bahnen des Bösen zwingen würde. Daraus erwuchs die Einsicht in die pädagogische Beeinflussbarkeit von Kindern und damit der Gedanke, dass auch in Glaubensdingen Unterricht notwendig wäre. Dies führte zur Ausbildung des pädagogischen Denkens innerhalb des Pietismus auf der einen Seite und davon abgeleitet zur wissenschaftlichen Katechetik auf der anderen. Von hierher wird verständlich, weshalb der Pietismus in der Begründung der Konfirmation das katechetische mit dem biografischen Moment verbindet. Biografisch signalisiert die Konfirmation den bekehrten, wiedergeborenen Menschen. Weil der natürliche, d.h. mit Erbsünde belastete Mensch als solcher nicht von sich zur Bekehrung kommen kann, muss er zunächst belehrt werden. Die Wiederbelebung des katechetischen Moments durch den Pietismus hängt neben diesem »theologischen« Grund auch an einem zeitgeschichtlichen Phänomen, nämlich der »Erfindung« der Pädagogik. Neben Aufklärungstheologie und Aufklärungsphilosophie hat gerade der Pietismus über eine Erziehungslehre nachgedacht.

Der katechetische Streit um Sokrates

In der Katechetik des *18. Jahrhunderts* verbindet sich also das neue pädagogische Denken mit der theologischen Tradition des Taufunterrichts. Sie erlebt als wissenschaftliche Disziplin ihre erste Hochblüte, weil sie nicht nur tradierte Praxis fortzuschreiben versuchte, sondern die kirchliche Erziehung neu zu begründen suchte. Durch die aufkommende Pädagogik wurde die Einsicht vermittelt, dass der Mensch durch Erziehung verändert werden könne. Während z.B. Rousseau dies negativ wertete, sahen die Pietisten in der Erziehbarkeit des Menschen einen pädagogischen Weg zur Überwindung der natürlichen Sündhaftigkeit. Aus der zeitgenössischen Pädagogik übernimmt die Katechetik den Gedanken von der *Formbarkeit des Menschen* durch gezieltes pädagogisches Handeln – auch in der Form der Unterweisung. Theologischerseits geht es in der Katechetik darum, eine spezifische Laientheologie zu entwickeln. Grundlage der protestantischen katechetischen Theologie blieb Luthers Katechismus. Dessen dominante Stellung blieb im Konfirmationsunterricht bis in die 60er Jahre des 20. Jahrhunderts bestehen; erst danach gesellten sich zu ihm andere Stoffe. Theologisch gesehen beinhaltet die Katechetik seit dem 18. Jahrhundert den

Versuch, eine Minimaltheologie für Laien, also eine Elementarlehre des Glaubens, zu konzipieren. »Katechetisch denken« meinte damit, theologisch in der *Perspektive des Laien* zu denken. Dieser Ansatz ist heute zu einem Vorurteil geronnen, nämlich dahingehend, dass man es in der Katechetik mit einer Form von vulgarisierter Primitivtheologie zu tun habe. Es wurde bereits darauf hingewiesen, dass die Kontroverse um die Sokratik zum zentralen Kristallisationspunkt für die wissenschaftliche Katechetik wurde. Bekanntlich wird die sokratische Methode der Gesprächsführung (s. o.) als *»Mäeutik«* bezeichnet. Dahinter steht die Vorstellung, dass Erziehung eine Analogie zur Tätigkeit der Hebamme habe; sie sei Hilfe zur selbstständigen Bildung von Begriffen. Die Methode der Mäeutik konkretisiert sich als dann so genannter *sokratischer Dialog*. Lehren und Lernen ist ein Frage- und Antwortspiel. Aus dieser sokratischen Einsicht entwickelte sich die Grundform jeder Katechese, nämlich das Fragen und Antworten. Allerdings wurde immer weniger die produktive Selbstständigkeit des Gefragten beachtet, so dass es zu einem stupiden Fragen und Antworten kam. Ursächlich dafür ist, dass der Pietismus den sokratischen Optimismus nicht teilen konnte. Denn dieser ging davon aus, dass der Jugendliche im Grunde aus sich selbst heraus zur Bildung richtiger Begriffe fähig wäre. So verkam die Sokratik zu jener Stupidität eines katechetischen Examens, die von Aufklärungspädagogen und -theologen wie Christian Gotthilf Salzmann (1744-1811) karikiert und der die echte Form sokratischer Unterredung entgegengesetzt wurde.

Wilhelm Löhe (1808-1872)

Unter die Fittiche von Aufklärung und Neologie genommen verlor die Didaktik des Sokrates ihr katechetisches Renommee. So z. B. bei Wilhelm Löhe (1808-1872), der als führender Vertreter einer lutherischen Pastoraltheologie zu gelten hat. In seinem pastoraltheologischen Hauptwerk ›Der evangelische Geistliche‹ betonte er diesbezüglich, dass man nicht auf sokratische Weise die christliche Lehre entwickeln könne, sondern dass man bei der Katechese erst mitteilen müsse, worüber man sich mit dem Schüler zu verständigen und von seiner Auffassung zu überzeugen habe. Den Inhalt christlicher Lehre im Gespräch mitzuteilen sei ein langer, Zeit und Kraft fruchtlos verschwendender Weg. Möglicherweise können wir in diesem Zitat von Löhe bereits einen

Grundzug der Katechetik im Unterschied zur Religionspädagogik entdecken: Katechetik versteht sich hier als Überzeugungsarbeit, wobei der Inhalt der Überzeugung bereits feststeht. Katechetik ist Aneignungstaktik, Religionspädagogik hingegen ist eine Strategie zum ergebnisoffenen Suchen und Finden von religiösen Lernprozessen. Damit wird eine weitere mögliche Unterscheidung zwischen Katechetik und Religionspädagogik deutlich: Ziel der Katechetik ist eine individuelle Frömmigkeit und eine persönliche Glaubenshaltung. Ziel der Religionspädagogik ist vorrangig ein *reflektierter Glaube* oder ein Nachdenken über Glaubensfragen. Insofern räumt die Religionspädagogik dem Subjekt einen Vorrang ein, während sich die Katechese einem dogmatischen Objektivismus unterstellt.

1. Schwingen Sie sich zum Verteidiger der Katechetik auf. Halten Sie ein (schriftlich skizziertes) Plädoyer.

2. Begründen Sie die Behauptung Karl Barths, dass die Konfirmationsnot eigentlich eine (Kinder-)Taufnot sei. Was könnte er gemeint haben?

3. Sie haben schon einiges über den Sinn der Konfirmation erfahren; fassen Sie es in Stichpunkten so zusammen, dass sich daraus Rückfragen an den Konfirmationsunterricht ergeben (☞ Kap. 5.3).

4. Informieren Sie sich über die »Theologie der Taufe« (Hinweise finden Sie auch in: Zehner, J. (1998): Arbeitsbuch Systematische Theologie. Eine Methodenhilfe für Studium und Praxis, Gütersloh.

5. Rekonstruieren Sie das Programm einer Pastoraltheologie in Unterscheidung zu einer wissenschaftlichen Praktischen Theologie.

Hinweise finden Sie auch in: Meyer-Blanck, M./Weyel, B. (1999): Arbeitsbuch Praktische Theologie. Ein Begleitbuch zu Studium und Examen in 25 Einheiten, Gütersloh, oder in: Lämmermann, G. (2001): Einleitung in die Praktische Theologie. Handlungstheorien und Handlungsfelder, Stuttgart, 28ff.

2. Religiöses Lernen und seine Didaktik

2.1 Religionspädagogische Grundbegriffe: Lernen, Sozialisation, Erziehung, Bildung

Godwin Lämmermann

Kann man Glauben lernen?

»Was Hänschen nicht lernt, lernt Hans nimmermehr« – sagt der Volksmund und meint, dass wir alles, was wir wissen und können, erlernt haben müssen. Die Verhaltenstherapie geht ihrerseits davon aus, dass wir alles, was wir erlernt haben, auch wieder verlernen können. »Es wird einem nichts geschenkt« – lautet eine andere Volksweisheit. Doch gilt das auch für den Glauben? Kann man auch ihn erlernen oder gar verlernen; oder ist er – wie eine lange theologische Tradition sagt – ein pures Geschenk Gottes und extra nos? Darf man – wie wir – überhaupt von einem *religiösen Lernen* sprechen? Für die frühe Religionspsychologie und -pädagogik zu Beginn des letzten Jahrhunderts war die Antwort selbstverständlich: Ja, Religion und Glaube kann man lehren und lernen, wie man alles, z. B. Gefühle und Einstellungen, durch geplantes Einwirken auf den Lernenden in diesem erzeugen kann. Unter Berücksichtigung der Gesetzmäßigkeit eines Lehr- und Lernprozesses ist auch religiöses Gefühl lehrbar. Aber die Selbstverständlichkeit dieser liberal-theologischen Antwort wurde bald brüchig; gegen den Erziehungsoptimismus in Sachen Religion erhob sich schärfster Protest von Seiten der Dialektischen Theologie: Widerspricht die Behauptung von der Erlernbarkeit der Religion nicht dem Offenbarungscharakter der christlichen Religion?
Muss der Glaube in einem langen Lernprozess sukzessive entwickelt und gefördert werden oder ergibt er sich aus einer aktuellen Glaubensentscheidung, einer Bekehrung, die sich dort spontan vollzieht, wo jemand »Jesus« bzw. dem »Evangelium« oder der »frohen Botschaft« begegnet und von ihm ergriffen ist? Die Antwort auf diese Fragen ergab dann eine Ablehnung aller psychologischen und pädagogischen Ansätze für die Religionspädagogik und eine neue religionspädagogische Parole: Verkündigung statt Lehre, Unterweisung statt Unterricht, hören statt lernen. Kann diese Parole heute noch leitend sein?

Lernen als Verhaltensänderung

Lernen erscheint zunächst als eine ganz einfache, ja selbstverständliche Sache; kaum ist der Mensch geboren, fängt er schon damit an und hört eigentlich sein ganzes Leben über niemals damit auf. BildungspolitikerInnen wie BerufsforscherInnen erheben seit langem das lebenslange Lernen zur Überlebensmaxime der Zukunft in einer mobilen, sich ständig verändernden Lebens- und Arbeitswelt. Denn in jeder neuen Situation, für deren Bewältigung dem Menschen noch keine erlernten Strategien zur Verfügung stehen, müssen wir neu lernen. Der Säugling lernt, sich in seiner Familie zurechtzufinden, seine Bedürfnisse z.B. mit dem Zeitplan der Eltern zu koordinieren, er lernt Spielregeln, sprechen, laufen, und in der Schule soll man dann – sagt man – fürs Leben lernen. Mit Abschluss der Berufsausbildung endet das Lernen noch lange nicht – Fort- und Weiterbildung, Umschulung, Zusatzqualifikationen und andere Forderungen pflastern den Weg durch das Berufsleben. Und danach muss neu gelernt werden: wie geht man mit seiner freien Zeit um, wie arrangiert man sein Leben nach Partnerverlust, wie komme ich mit den neuen Technologien und Anforderungen in meiner nächsten Umwelt zurecht u. v. m. Ja, selbst im Augenblick des Todes muss man noch etwas lernen, nämlich wie man mit dem eigenen Sterben fertig werden kann. Wegen der Notwendigkeit eines *lebenslangen Lernens* bezeichnet man unsere Gesellschaft auch als »Lerngesellschaft«.

Neue Situationen stellen demnach immer neue Lernanforderungen, angesichts derer man aber auch scheitern, d.h. nichts lernen kann. Diese Situationen müssen zumeist gar nicht erst künstlich geschaffen werden, wie z.B. in der Schule; die Regel ist vielmehr, dass sie sich naturwüchsig ergeben. Entsprechend erscheinen viele Lernprozesse als etwas Selbstverständliches; sie werden als pädagogische Aktion überhaupt nicht wahrgenommen und doch handelt es sich um Lernvorgänge. Denn Lernen vollzieht sich nicht nur in expliziten Lernsituationen und beruht nicht nur auf geplanter, gesteuerter und zweckgerichteter Einwirkung, sondern es kann sich dabei auch um einen un- bzw. vorbewussten Prozess handeln, der von selbst abzulaufen scheint. Lernprodukte, die derartig zu Stande gekommen sind, bezeichnet man in manchen Fällen dann als Angewohnheiten. Fast alle menschlichen Verhaltensweisen sind erlernt, weil der Mensch ein Wesen ist, dem kaum Instinkte zur Verfügung stehen. In der Regel geht man davon aus, dass spontane Verhaltensänderungen entweder auf endogene, d.h. sich im Inneren vollziehende Reifungsvorgänge oder auf Beschädigungen des menschlichen Organismus, also beispielsweise einem unfallbedingten Gehirntrauma, zurückgehen – eine spontane Verhaltensänderung durch exogene, d.h. von außen kommende Einflüsse sind in der Lernpsychologie undenkbar. Auf unsere obige Frage bezogen bedeutet das: Die »Entstehung« von Glaube durch reine Offenbarung ohne die Beteiligung von Lernprozessen ist nicht denkbar.

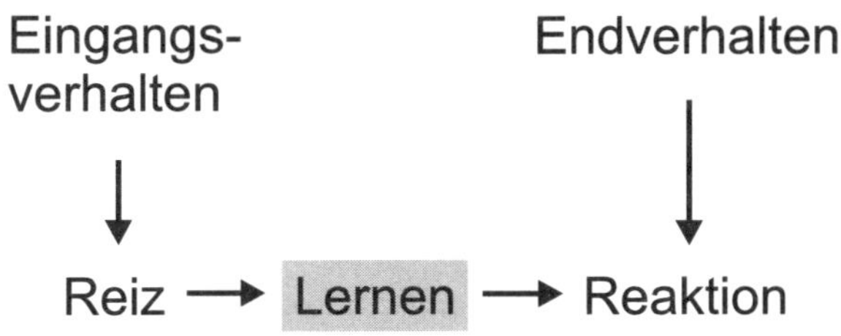

Eine klassische behavioristische, d.h. eine nur das beobachtbare Verhalten berücksichtigende Definition von Lernen lautet demgemäß: Veränderungen in der Wahrscheinlichkeit, mit der Verhaltensweisen in bestimmten Reizsituationen auftreten, bezeichnet man als Lernen, sofern diese nicht durch die Verletzung eines Organismus oder spontan im Zuge einer Reifung zustande kommen, sondern auf frühere Begegnungen mit dieser oder einer ähnlichen Reizsituation zurückgehen.

Als Lernen bezeichnet man jede Veränderung des Verhaltens oder zumindest der Verhaltensmöglichkeiten, die *nicht biologisch bedingt* ist, sondern auf Erfahrungen beruht und relativ dauerhaft ist. Dass die Verhaltensmodifikation auf Lernen beruht, ist allerdings eine hypothetische Annahme, denn man kann nicht wirklich sagen, was eigentlich während des Lernprozesses im Menschen vorgegangen ist. Den Lernvorgang selbst kann man nicht beobachten, sondern nur seinen Ausgangspunkt, nämlich ein beobachtbares Eingangsverhalten, und sein Ergebnis, nämlich ein verändertes Verhalten. Diese *Verhaltensänderung* ist als Reaktion auf einen Reiz zu verstehen. Beobachtbar sind nur der Reiz und die Reaktion, nicht die Verarbeitung, die zu dieser Reaktion geführt hat. Weil der Mensch in diesem Sinne eine black box ist, kann man nicht bestimmen, wodurch die Veränderung genau bewirkt wurde. Der Verarbeitungsmechanismus im Menschen bleibt unbekannt. Dieser unbekannte Prozess wird mit dem Begriff »Lernen« beschrieben. Empirisch beobachtbar ist jedoch nur das Ausgangs- und das Endverhalten. Will man wissen, ob tatsächlich etwas gelernt wurde, so muss man den Unterschied zwischen dem Anfang und dem Ende eines Lernprozesses erfassen können. Diesen Sachverhalt nennt man dann *Lernkontrolle*.

Lernmodelle

Eine Taube ist in einer so genannten »Skinner-box« eingesperrt; sie hüpft darin herum. Durch Zufall pickt sie an eine Scheibe; in diesem Augenblick fällt Futter in den Fressnapf. Der Vorgang wiederholt sich mehrmals. Immer kürzer werden die Abstände, in denen die Taube gegen die Scheibe pickt. Offensichtlich geschieht dies jetzt nicht mehr zufällig. Bald klopft die Taube gegen die Scheibe, wenn sie Hunger hat: Sie hat gelernt, dass ein Druck auf diese Scheibe das Futtermagazin öffnet.

Da Lernen selbst nicht beobachtbar ist, lässt es sich nur in theoretischen Modellen beschreiben; deshalb gibt es verschiedene *Lerntheorien,* z.B. die vom Lernen durch Dressur oder Einsicht. Den theoretischen Aussagen liegen häufig Experimente zu Grunde wie das obige. Mit diesem Experiment wurde dann die Theorie vom Lernen durch Versuch und Irrtum belegt. Demnach können spontane Verhaltensweisen durch positive oder negative Verstärkung (Belohnung oder Strafe) zu dauerhaften werden. Solche Strategien nennt man *»instrumentale Konditionierung«;* sie findet nicht nur bei der Tierdressur Anwendung, sondern liegt auch vielen der so genannten Lernprogramme zu Grunde; auch Testverfahren, wie wir sie aus der Führerscheinprüfung kennen, sind Ergebnisse dieser Lerntheorie.
Damit verwandt ist die *klassische Konditionierungstheorie* von Iwan Pawlow. Während beim Lernen durch Versuch und Irrtum zufällige, spontane Reaktionen ausgenutzt und durch Verstärkung gelernt werden, beruht hier das Lernen auf einem Übertragsvorgang: Ein Verhalten, das ursprünglich durch einen natürlichen Reiz ausgelöst wird, soll durch einen anderen, eigentlich damit nicht verbundenen Reiz ausgelöst werden: Pawlows berühmter Hund reagierte wie jeder normale Hund auf den Anblick von Fressen mit der Produktion von Speichel. Da ihm Fressen aber immer nur gemeinsam mit einem bestimmten Ton verabreicht wurde, fing er bald an, auch ohne den Anblick von Fressen, allein beim Erklingen des Tones Speichel zu produzieren: Er hatte etwas Neues gelernt, etwas das ihn von allen ungebildeten Hunden unterschied. Der unbedingte (natürliche) Reiz wurde in diesem Lernprozess durch einen bedingten (künstlich herbeigeführten) ersetzt.
Dieses Erklärungsmodell vom Lernen, das zunächst an Tieren experimentell gefunden wurde, ist auf menschliches Verhalten übertragbar, sagen ihre Erfinder, weil es keinen Grund zur Annahme gibt, dass sich der Mensch prinzipiell vom Tier unterscheidet, auch wenn hier die Instinkte weniger bedeutsam sind als natürliche, mithin angeborene Verhaltensweisen, die ausgenutzt werden, um auf sie aufbauend andere zu erlernen; man nennt das dann eben »Verhaltensmodifikation«. Praktische Anwendung findet es z.B. dort, wo der natürliche Spieltrieb von Kindern umfunktioniert wird, um zusätzlich etwas zu lernen; so etwa bei Lernspielen, bei Lernmaschinen, die die technische Faszination ausnutzen, aber auch beim Turnen, wo der natürliche Bewegungsdrang verwendet wird, um Kunstturnübungen einzustudieren. Es gibt viele derartige Konditionierungstheorien, denen immer die Betonung des Verhaltens und der *Verhaltensmodifikation* zu Grunde liegt.

Lernen als Erkennen

Ein neues, erlerntes Verhalten ist Folge einer Verhaltenssteuerung, d.h. selbst eines (Trainings-)Verhaltens während des Lernprozesses. Weil dieser Ansatz Verhalten durch Verhalten erklärt, nennt man ihn eben *»behavioristisch«* (s.o.); Erkenntnisse und andere kognitive Prozesse spielen in dieser Sichtweise von Lernen keine oder nur eine sekundäre Rolle. Gegenteilige Auffassungen hingegen vertreten die *kognitiven* bzw. *»kognitivistischen« Lerntheorien.* Diese behaupten, dass Lernen immer nur durch Verstehen und Informationsverarbeitung möglich ist; denn in irgendeiner Weise muss das Bewusstsein des Menschen am Lernfortschritt beteiligt sein. Hier kann man nun nicht mehr vom Lernen überhaupt, sondern nur von menschlichem Lernen sprechen. Seine Aufgabe sieht dieser Forschungsansatz darin, die Gesetzmäßigkeiten für den Aufbau *kognitiver Strukturen* zu finden. Auch hier gibt es wiederum sehr verschiedene Ansichten.

Von der *Gestaltpsychologie* ausgehend meinen einige TheoretikerInnen, dass der Lerngegenstand quasi von selbst zu einem Lernfortschritt führt, wenn der Lernende seine Funktion und seine Struktur erkannt hat. Weil »das Ganze anders ist als die Summe seiner Teile« (Guski 1989, 53), kann echtes Lernen nicht durch Einzelreize ausgelöst werden, sondern – so lautet die »antibehavioristische« These der Gestaltpsychologie – der *Lerngegenstand als Ganzer* »affirmiert« bzw. »be-eindruckt« das Bewusstsein. Dazu muss der Lerngegenstand allerdings *prägnant* (gestaltpsychologisches Gesetz der Prägnanz) sein und Aufforderungscharakter haben. Die Lernenden ihrerseits brauchen die Kenntnis von ähnlichen Dingen (gestaltpsychologisches Gesetz der Ähnlichkeit) sowie die logische Fähigkeit, eine einmal gewonnene Erkenntnis auf andere Sachverhalte zu übertragen. Wer z.B. ein Quadrat und seine Gesetzmäßigkeit kennt, dem dürfte es nicht schwer fallen, auch ein Parallelogramm zu begreifen. Wer weiß, dass man mit einem Stock entfernt liegende Dinge heranziehen kann, der wird auch den Stock benutzen können, um z.B. einen Apfel vom Baum zu holen.

»Nicht durch Reize, sondern an Gegenständen lernen« ist die Grundeinsicht dieser Theorie. Von hierher ist es nicht weit zu der Behauptung, der Mensch *lerne an Modellen.* Modelllernen kann allerdings sehr unterschiedlich aussehen. In der Erziehungspsychologie von Tausch/Tausch beispielsweise wird eine Auffassung von Lernen vertreten, die den gestaltpsychologischen Vorstellungen sehr nahe kommt und die man *Wahrnehmungslernen* nennt. Der Begriff des Wahrnehmungslernens besagt, dass wir sozusagen mit unseren ganzen Sinnen, also ganzheitlich lernen. Und es besagt, dass der Lernende nicht nur die sprachlichen Äußerungen des Lehrenden rezipiert, sondern dessen Gesamtverhalten. Dieses Verhalten kann in Übereinstimmung aber auch in Widerspruch zu den verbalen Äußerungen stehen. Erst ein positiver Gesamteindruck führt zu einem Lernerfolg. Damit bestätigen auch die erziehungspsychologischen

Untersuchungen das kommunikationstheoretische Axiom Paul Watzlawicks von der Überordnung der Beziehungsebene vor der Inhaltsebene. Oder anders gesagt: Jedes Lernen ist zugleich und zuerst immer »soziales Lernen«. Heranwachsende werden primär nicht durch die Worte, sondern durch das Verhalten ihrer ErzieherInnen »be-eindruckt«; sie »tendieren aufgrund des Wahrnehmungslernens dazu, sich ähnlich wie ihre Erzieher zu verhalten« (Tausch/Tausch 1977, 31). Daraus schließen sie dann, dass Erwachsene Kinder und Jugendliche nur dann fördern können, wenn sie selbst dieses Verhalten leben. Wahrnehmungslernen vollzieht sich oft un- bzw. vorbewusst. In diesem Lernmodus werden nicht einzelne Komplexe gelernt, sondern ein ganzes Ensemble von sozialem und gefühlsmäßigem Verhalten wirkt direkt auf die Kinder ein; es ist also ein ganzheitliches Geschehen. Weil Kinder hier ganz unterschiedliche Verhaltensweisen weitgehend unreflektiert erlernen, ist es notwendig, dass sich der Erzieher bzw. die Erzieherin das eigene Verhalten und dessen Wirkung bewusst machen. Denn nicht nur prosoziales Verhalten, sondern auch aggressives, unsoziales Verhalten wird hier erlernt: der Erzieher/die Erzieherin wird zum so genannten *»Hidden-Curriculum«* – zum verborgenen Lehrplan. Die (Lehr-)Person selbst ist sozusagen das Lernprogramm.

1. Erinnern Sie sich! Wie waren Ihre LehrerInnen? Wirkte ihr soziales bzw. unsoziales Verhalten auf das Lernen der SchülerInnen ein? Bei welchen Lehrkräften lernten Sie gerne, bei welchen nicht? Weshalb war das so?

2. Was stellen Sie sich unter einem »Hidden-Curriculum« vor? Neben Personen könnte auch anderes zu heimlichen Lernzielbestimmungen werden – sammeln Sie! Denken Sie dabei an Räume, Regeln, Zeiten u. ä.

Lernmodelle und Lebensphasen

Dem Wahrnehmungslernen verwandt ist das *Imitationslernen*, allerdings hat es weniger Freiheitsgrade als jenes: Während Wahrnehmen stets vom wahrnehmenden Subjekt ausgeht, bestimmt im Imitationslernen primär das Imitierte das Lerngeschehen. Wir alle kennen bei Kindern, dass sie ihre Eltern nachmachen, sowie bei Jugendlichen, dass sie versuchen, wie ihre Idole zu sein und zu erscheinen. Die Geschlechtsrolle z. B. lernen die meisten Kinder am Modell des gleichgeschlechtlichen Elternteils. Wenn wir sagen, Vorbilder seien die besten LehrmeisterInnen, dann unterstellen wir eine derartige Lerntheorie. Vielen LernforscherInnen sind diese Erklärungen aber zu einfach. Sie meinen, dass sich Lernen nicht immer in gleicher Weise vollzieht, sondern entwicklungsbedingt ist. Kleinkinder lernen anders als Erwachsene, Hänschen eben nicht so wie Hans. Demgemäß hat der amerikanische Lernpsychologe Robert

M. Gagné (1969) acht unterschiedliche Typen von Lernen aufgestellt, die aufeinander aufbauen. So schafft Lernen selbst erst die Bedingungen für weitere Lernschritte, und man kann deshalb auch nicht mehr von Lernen überhaupt sprechen, auch nicht von menschlichem Lernen generell, sondern immer nur von Lernmöglichkeiten, die mit einer bestimmten Entwicklungsstufe des Kindes gegeben sind. In seinem Leben lernt der Mensch immer Schwierigeres zu lernen, d.h. er muss zunächst mit ganz einfachen Dingen anfangen. Dabei kommt es in der frühen Phase zu Lernformen, die dem tierischen Lernen vergleichbar sind. Denn auch das Kind lernt die Reaktion auf bestimmte Signale (etwa beim Anblick der Eltern lächeln usw.), fängt dann aber an, mehrere Signale und Reaktionen zu verbinden. Dies ist z.B. der Fall, wenn das Kind Hunger verspürt (Reiz), schreit (Reaktion) und weiß, dass die primäre Bezugsperson kommt, wobei es bei deren Anblick gleich den Schnabel aufsperrt.

Die Stufen, die alltagssprachlich mit »Lernen« bezeichnet werden, nennt Gagné *Begriffslernen, Regellernen* und als letztes *Problemlösungslernen.* Ein Beispiel zum Fortschritt vom Begriffslernen zur Problemlösungskompetenz: Solange das Kind alle runden Dinge für Bälle hält, hat es den Begriff Kugel noch nicht gebildet. Wenn es aber weiß, dass Bälle Sonderformen von Kugeln sind, dann kann es damit etwas anfangen und eine Regel lernen: alle Kugeln rollen; das kann jetzt auf Bälle, Äpfel usw. angewendet werden. Ist das Kind so weit, dann kann es die letzte Stufe erreichen, nämlich Probleme zu lösen, die sich nicht unmittelbar durch die Anwendung einer Regel lösen lassen. Dazu muss es z.B. einsehen, dass man manchmal bestehende Regeln nicht anwenden kann oder mehrere Regeln kombinieren muss, wie z.B. die Anwendung einer schiefen Ebene, um etwas ins Rollen zu bringen, oder die Verwendung eines Keils, um dieses, trotz eines Gefälles, zu verhindern. Diese Theorien machen darauf aufmerksam, dass je weiter das Lernen fortschreitet, der Lernende mehr an eigenen Leistungen und Vorkenntnissen einbringen muss und Lernen insgesamt nicht auf ein einfaches Reiz-Reaktion-Schema reduziert werden darf.

Lernen als Assimilation und Akkommodation

Der Mensch lernt an Modellen, durch Wahrnehmung und durch Imitation. Dies vollzieht sich entwicklungsbedingt in Stufen, die aufeinander aufbauen. Der *Entwicklungspsychologe* Jean Piaget (☞ Kap. 2.3.2) hat gezeigt, weshalb es überhaupt zu bedeutsamen *Lernfortschritten* kommt: Wenn der Mensch ein bestimmtes Verständnis von den Dingen erlernt hat, besitzt er damit ein (Denk-)Schema, in das er neue Erfahrungen einbeziehen und diese sodann interpretieren kann; diesen Vorgang der Bewältigung von neuen Anforderungen durch bereits vorhandene kognitive Strukturen nennt Piaget *Assimilation*. Diese stellt jedoch nur einen geringen Lernfortschritt dar, weil zwar die Dinge geordnet werden können, im Grunde sich aber die Denkstruktur des Menschen nicht geändert hat. Das geschieht erst, wenn er Problemen begegnet, die er in kein vorhandenes Schema einfügen kann. Dann fängt er an, mit neuen Interpretationen zu experimentieren und neue Schemata zu entwickeln; dieser Vorgang wird *Akkommodation* genannt. Gelernt wird nach Piaget immer nur, wenn sich Außenanforderungen stellen, die die Kinder kognitiv aus dem »Gleichgewicht« bringen, weil sie dafür entweder noch keine Denkmöglichkeit haben (und sie deshalb akkommodieren müssen) oder weil ihnen die Sache bisher unbekannt war (und sie sie deshalb assimilieren müssen). Der Mensch ist bestrebt, ein Gleichgewicht zwischen den Anforderungen der Umwelt und seinen kognitiven Strukturen herzustellen *(Äquilibration)* und das ergibt die Notwendigkeit zu lernen.

Lernen und Motivation

Die zuletzt vorgestellten Lerntheorien gelten in der modernen Pädagogik als die plausibelsten, weil sie einerseits experimentell bestätigt und andererseits besonders komplex sind. Sie belegen, dass für alles, was man lernen soll, erst die richtige Zeit gekommen sein muss, wenn Lernen gelingen soll. Damit erklären sie, weshalb Kinder oder auch Erwachsene durch manche Anforderungen einfach überfordert sind, aber auch weshalb sich Menschen gelegentlich von einem Lernanspruch unterfordert fühlen und sich deshalb langweilen. Wer ohne Berücksichtigung von Lern- und Entwicklungstheorien unterrichten möchte, der hat sein Scheitern schon vorprogrammiert. Lernansprüche müssen die Lerngesetze berücksichtigen; vor allem müssen sie angemessen sein zum Entwicklungsstand der Lernenden. Allerdings gehen sie dabei davon aus, dass Entwicklung selbst auf Lernen und nicht auf einfache biologische Reifung beruht. Zudem kann man ohne Lust und Motivation überhaupt nicht lernen; das hat die *pädagogische Motivationsforschung* gezeigt.

> ☹ Da laust mich doch der Affe! Lernen setzt Lernen voraus?! In Wirklichkeit ist es doch so, dass die Entwicklung des Großhirns die Lernfortschritte und -möglichkeiten bedingt – oder?

Kleinkinder sind wahre Weltmeister im Lernen. Ohne pädagogische Nachstellung lernen sie ganz von selbst und mit Spaß, nämlich – wie gesagt – laufen, sprechen, spielen, sich durchzusetzen, Mitgefühl zu haben usw. Das tun sie aber nur, weil sie dazu Lust und damit eine entsprechende *Motivation* haben. Kinder im Vorschulalter sind zum Lernen hoch motiviert, in pädagogischen Feldern wie der Schule jedoch kämpft man gegen Motivations- und Lustlosigkeit. SchulkritikerInnen behaupten, dass in der Schule als allererstes einmal das Lernen verlernt wird, weil für organisiertes Lernen in institutionalisierten Zu-

sammenhängen der natürliche Wissens- und Tatendrang kontraproduktiv erscheint. Jetzt sollen fremde Fragen und nicht die eigenen beantwortet werden. Ist das Kind zu dieser Einsicht gebracht, dann wird mit viel pädagogischem Geschick eine *Lernmotivation* aufgebaut, weil – wie man aus der Lernforschung weiß – niemand ohne Motivation lernen will und kann.
Man unterscheidet zwischen so genannten *extrinsischen*, d.h. äußerlichen, und *intrinsischen*, d.h. inneren, Motivationen. Zu ersteren gehören zum Beispiel die Arbeitsmotive gute Noten, den Eltern gefallen, Familienkrach vermeiden usw.; innere Motivation hingegen speist sich aus Neugier und Interesse an der Sache. Je mehr ein Mensch eine Aufgabe zu seiner eigenen Sache machen kann, umso lernwilliger und auch lernfähiger ist er. Motivation erwächst aber auch durch positive Verstärkung. Im Widerspruch zur behavioristischen Lerntheorie lässt sich nachweisen, dass negative Verstärkung, also Strafe, die Lernmotivation und damit den Lernerfolg nicht fördert. Eine besonders wichtige positive Verstärkung ist es, wenn die Lernenden mit dem Gelernten unmittelbar auch etwas anfangen können. Lernt man hingegen nur für das spätere Leben, wirkt dies demotivierend. Motivation ist also eine entscheidende innere Voraussetzung für den Lernerfolg. Sie ist dann besonders hoch, wenn man einen sichtbaren Erfolg mit dem Gelernten erzielen kann; darauf beruhen neuere Lernverfahren wie z.B. der Projektunterricht.

Es gibt behavioristische, kognitivistische, gestaltpsychologische und motivationspsychologische Lerntheorien. Lernen kann als Verhaltensmodifikation, durch Wahrnehmungslernen, durch Imitationslernen oder als Äquilibration verstanden werden. Alles Gelernte kann verlernt werden.

Mehrdimensionales Lernen

Die Tatsache, dass man ohne Lust nicht lernen kann, zeigt auch, dass Lernen nicht nur eine Sache des Bewusstseins und des Verstandes ist. Man unterscheidet deshalb zwischen drei Dimensionen des Lernens, auf denen dann z.B. Lernziele angesiedelt und so genannte Artikulationsstufen verortet werden können: die ***kognitive*** Ebene des Inhalts, die ***emotionale*** oder psychomotorische, mithin die Gefühle, die mit dem Lernen verbunden sind, und die ***pragmatische*** Handlungsebene. Lernen – so weiß man schon seit Johann Heinrich Pestalozzi – vollzieht sich dann optimal, wenn alle drei Ebenen beteiligt sind. Es reicht also nicht aus, etwas, was man lernen soll, nur in Gedanken nachzuvollziehen, man muss das Gelernte auch subjektiv wertschätzen und damit sogleich etwas bewerkstelligen können. Pädagogische Ansätze, die den ganzen Menschen im Blick haben, versuchen dies in ihrer Arbeit zu realisieren. Zumeist finden sie sich jedoch nicht in öffentlichen, sondern in freien Schulen.

Ganzheitliches Lernen ist eine Maxime, die eng mit der Bildungsvorstellung zusammenhängt; so hat schon Johann Amos Comenius, nach Luther der zweite Ahnvater evangelischer Bildungsverantwortung, das ganzheitliche, lebenslange Lernen propagiert. Während in schulisch institutionalisierten und durchorganisierten Lernprozessen ganzheitliches Lernen eher strukturell verunmöglicht ist, kann vor allem die Jugendarbeit – aber auch ein revidierter Konfirmandenunterricht – zu einem Lernfeld werden, wo diese Bedingungen am besten realisiert werden können. Das Prinzip der *Ganzheitlichkeit des Lernens* wird auch von der lerntheoretischen Grundregel unterstrichen, nach der man mehr lernt, wenn man nicht nur etwas gehört, sondern es auch gesehen und möglichst auch noch getan, d.h. geübt hat. Diese Lernregel besagt, dass wir 10% dessen, was wir lesen, 20% dessen, was wir hören, 30% dessen, was wir sehen, 40% dessen, was wir hören und sehen, 60% dessen, was wir hören, sehen und diskutieren, 80% dessen, was wir durch eigenes Suchen und Verarbeiten entdeckt haben und 90% dessen, was wir entdeckt haben, wofür wir kämpfen und leiden mussten, auch wirklich behalten können.

»Ganzheitlichkeit« – das ist auch so eine Ideologie der Moderne; so wie »Identität«, »Persönlichkeit« und anderes mehr. Sagte doch schon der alte Adorno: »Das Ganze ist eine Lüge« oder so ähnlich. Und auch der Dekonstruktivismus hat mit seinem Ideologieverdacht Recht!

Lernen ist zu wenig – auf Ziele kommt es an

Lernen ist zunächst ein technischer Vorgang, der durch Lerntheorien beschrieben wird. Technisch gesehen kann der Mensch alles lernen: kritisches Denken ebenso wie Vorurteile, soziales Verhalten ebenso wie asoziales. Lerntheorien geben keinen Hinweis auf sinnvolle Ziele von Lernprozessen. Dass Lernen positive wie auch negative Wirkungen haben kann, wird deutlich, wenn fehlerhafte oder störende Verhaltensweisen verlernt und durch neue ersetzt werden sollen. Dies kann dann positiv sein, wenn dadurch der Mensch zu sich selbst findet; problematisch ist es, wenn z.B. durch Verhaltenstherapie ein Verhalten antrainiert werden soll, das sozial als wünschenswert gilt, den Menschen aber eher deformiert – man denke z.B. an die Sexualerziehung in bestimmten religiösen Kreisen. Lernen kann als bloße Technik zur *Manipulation* des Menschen missbraucht werden. Im Zusammenhang mit den »neuen Jugendreligionen« wurde z.B. die Möglichkeit der Deprogrammierung heftig diskutiert; die Betroffenen sollten durch Gegenmanipulation dem Einfluss der SektenführerInnen entzogen und ihre Selbstbestimmungsfähigkeit sollte dadurch wieder hergestellt werden. Zweifellos sind diese Versuche lerntechnisch kein Problem – wohl aber ethisch.

Unterrichten geht ohne Berücksichtigung von Lernregeln nicht, aber das allein garantiert noch keinen sinnvollen, befriedigenden und Kindern förderlichen Prozess. Die Orientierung der Religionspädagogik primär am Lernverständnis wäre eine problematische technokratische Wende.

Im Lernbegriff liegt zum einen die Verführung, dass das, was lern-technisch möglich ist, auch zu realisieren sei (»can means must«); Jürgen Habermas hat das die »Technik als Ideologie« bezeichnet; wer sie sich zu eigen macht, wird zum Unterrichts- und Lehrtechnokraten. Zum anderen macht ein technisches Verständnis von Lernen blind für die Verantwortung, die Lehrende für die Kinder und für die Sache tragen. Darüber hinaus jedoch hat der Lernbegriff an sich keine implizite Ethik. Anders verhält es sich bei den Begriffen *»Sozialisation«* und *»Erziehung«*; diese beschreiben nicht nur (Lern-)Wege, sondern auch (Lern-)Ziele und beinhalten spezifische, nicht unproblematische anthropologische Vorannahmen. Beide Termini können pars pro toto synonym verwendet werden, denn »Sozialisation« ist nur die sozialwissenschaftliche (und funktionalistische) Variante des pädagogischen Begriffs »Erziehung«. Noch stärker als dieser verweist der Terminus »Sozialisation« auf den Vorrang der Gesellschaft und ihrer Interessen vor denen des Individuums: Die Gesellschaft setzt durch Sozialisation ihre Ansprüche auf das Einzelsubjekt durch und macht es zum Gesellschaftswesen – auch auf Kosten möglicherweise abweichender, nicht-kompatibler Subjektivität. Man geht dabei davon aus, dass der Mensch ein unfertiges Wesen und per se nicht gesellschaftsfähig ist. Zum Sozialwesen muss der Mensch überhaupt erst gemacht werden; der soziale Charakter des Menschen muss ihm von außen aufgrund von Sozialisation zukommen; als naturhaftes Individuum hingegen ist der Mensch eigentlich »asozial«; deshalb spricht man in der Sozialisationsforschung auch von einer »zweiten Geburt« durch Sozialisation.

Sozialisation – Erziehung ohne Erzieher

Im Unterschied zu Erziehungsprozessen, die intentional angelegt und bewusst vollzogen werden, sind Sozialisationsvorgänge eher vorbewusst und nicht-intentional. Man spricht dann davon, dass sie *»funktional«* seien: Sie vollziehen sich nebenbei, indem Menschen Tätigkeiten ausüben, die eigentlich nicht erzieherische Absichten haben, aber zugleich erzieherisch wirken. So z. B. das ganz normale Familienleben, das einfach gelebt wird und gerade dadurch auf die Kinder sozialisierende Einflüsse ausübt. Sind religiöse Elemente in das Familienleben integriert, dann findet beiläufig auch eine *religiöse Sozialisation* statt. Weil diese Einflüsse unbewusst und nicht-intentional sind, können ihre Wirkungen problematisch werden; das Konzept des sozialisationsbegleitenden Religionsunterrichts nimmt das z. B. auf. In der Nachfolge von Emile Durkheim gibt es in der *neueren Religionssoziologie* Theorien, die die religiöse Sozialisation

als Zentrum der Sozialisation überhaupt ansehen und Religion mit Sozialisation identifizieren, weil religiöse Sozialisation die von der Religion geforderte soziale Integration leisten würde (☞ Kap. 2.2).
Nicht nur in der Erziehungswissenschaft war der Sozialisationsbegriff für lange Zeit grundlegend; auch die Religionspädagogik schloss sich zeitweilig dieser Modebewegung an, während heute der Begriff hier kaum noch Konjunktur hat. Positiv daran war, dass der Blick auf die *unbewussten Erziehungseinflüsse* gelenkt wurde und manche Schwierigkeiten für religiöses Lernen als Folge ausgefallener primärer religiöser Sozialisation interpretiert werden konnten. In genereller Hinsicht gewann man Einblick z.B. in die Vermittlung einer schichtenspezifischen Sprache und ihres impliziten Wertesystems. Vorbewusst ist vor allem auch der Erwerb der Geschlechterrolle. Solche Sozialisationseffekte sind besonders veränderungsresistent, weil sie ihre Wirkung ohne den Einfluss bewusster Reflexion erzielen. Das liegt u.a. daran, dass Sozialisation weitgehend – trotz der Behauptung interaktiver Mitwirkung der Subjekte – dem Lernmodus des Prägens oder des Imitationslernens folgt.
Zu Recht hat man den (auch religiösen) Sozialisationstheorien vorgeworfen, dass sie die »Eigenaktivität der Sozialisanden« ignorieren (Preul 1980, 149) und fälschlicherweise unterstellen würden, »dass das Kind in der Frühphase völlig passiv dem Sozialisationsprozess ausgeliefert wäre« (Fraas 1973, 47). Im Gegenteil hat die neueste Säuglingsforschung nachgewiesen, dass Kleinstkinder durchaus aktiv und selbstgesteuert ihre Welt zu begreifen suchen. Auch die neuere Sozialisationsforschung geht von einer *aktiven Mitwirkung* der SozialisandInnen aus – allerdings bliebt die Dominanz der objektiven Mächte, Forderungen, Wertsetzungen usw. Man kann deshalb sagen, dass die Beteiligung des Individuums hier bestenfalls taktisch ist und als Mithilfe eines Rezipienten bei der Rezeption verstanden wird. Zweifelsfrei finden aber solche Prozesse statt, so dass der Begriff der Sozialisation in diagnostischer Hinsicht weiterhin bedeutsam bleibt. Man verwendet ihn heute in der Religionspädagogik deshalb nicht mehr programmatisch, sondern eher analytisch-deskriptiv, um die vorbewussten und deshalb relativ stabilen Umwelteinflüsse auf das Individuum zu beschreiben. Allerdings ist dann auch zu sagen, dass die gesellschaftlich vermittelte »religiöse Sozialisation« zu Gunsten einer eher »a-religiös« zu nennenden geschwunden ist. (☞ Kap. 3)

Zum Verhältnis von Geschlechtersozialisation und religiöser Sozialisation lesen Sie z.B. den Beitrag von R. Sommer, in: Becker, S./Nord, I. (Hg.)(1995): Religiöse Sozialisation von Mädchen und Frauen, Stuttgart, 146ff.

Suchen Sie nach Beispielen und Belegen für geschlechtsspezifische Gottesbilder.

Erziehung: Sozialisation durch Instanzen

Auch der Erziehungsgedanke geht konstitutiv von der Passivität und Prägbarkeit des Subjekts aus. *Erziehung* wird dabei verstanden als eine beobachtbare Veränderung eines Menschen durch *intentionale Einflussnahme* von anderen Menschen. Damit ist Erziehung weitgehend behavioristisch interpretiert, nämlich als Verhaltensänderung. Insofern gilt für sie grundsätzlich das, was zum Lernbegriff gesagt wurde: Auch Erziehung kann z. B. als Konditionierung verstanden werden; auch hier können positive Sanktionen (Belohnung) und negative (Strafe) als *Verstärker* eingesetzt werden usw. Besonders deutlich wird dies in der frühkindlichen Reinlichkeitserziehung, die eben kein singulärer Fall ist, sondern uns die Grundstruktur von Erziehung erschließt.

Das behavioristische Verständnis von Erziehung steht im Hintergrund, wenn z. B. Wolfgang Schulz Erziehung folgendermaßen definiert: »Erziehung nennen wir das Gesamt aller Einflussnahmen, mit denen Menschen oder deren Objektivationen Veränderungen von Menschen erreichen oder erreichen wollen, die den Auffassungen der jeweiligen Bezugsgruppe von wünschenswerter menschlicher Zuständigkeit entspricht« (Schulz 1970, 17). Beobachtet werden kann z. B. 1. ein Ausgangsverhalten, 2. ein Endverhalten, 3. Einflussfaktoren, die eine Verhaltensänderung bewirkt haben könnten und 4. die Vorstellungen über wünschenswerte Zustände; letzteres wäre durch Befragung von Experten möglich.

Der Begriff Erziehung ist nicht unbelastet, weil er eine *implizite Ethik* und damit bestimmte pädagogische Prämissen enthält, nämlich eine pädagogische Wertung über den Umgang mit jenen, die man früher entlarvenderweise »Zögling« nannte. Schon Schleiermacher hatte als »Nervus der Erziehung« die gegenwirkende Einflussnahme der älteren auf die jüngere Generation herausgestellt, und moderne ErziehungsfanatikerInnen schreiben die Parole »Fordern statt Verwöhnen« (Cube/Alshuth 1986) auf das Panier ihrer Erziehungsfeldzüge. Schon etymologisch wird die ethische Orientierung, die sich im Begriff versteckt, deutlich: Im Begriff Erziehung steckt eben das Wort Zucht. Tatsächlich kommt der Begriff von der ursprünglichen Funktion der Erziehung her, nämlich der *Aufzucht der Nachkommenschaft*. Insofern verweist der Erziehungsbegriff zurück auf den Naturzustand des Menschen und meint ein ganz natürliches, noch nicht auf die Kultivierung des Menschen abzielendes Verhältnis zwischen Eltern und ihren Kindern. Von seinem Ursprung her hat der Begriff »Erziehung« also nicht den Anspruch einer Enkulturation oder Kultivierung des Menschen in dem Sinne verstanden, dass der selbstbestimmungsfähige Mensch zum Gestalter seiner Umwelt wird. Erziehung vermittelt vielmehr die notwendige Kompetenz, um in einem vorgegebenen Feld zu agieren. Dieses Feld kann dann unterschiedlich bestimmt werden: Kultur, Religion, Sexualität, Moral, Verkehr usw.

In der pädagogischen Erziehungslehre unterscheidet man zwischen *intentionaler und funktionaler Erziehung.* Intentionale Erziehung ist ein absichtsvolles zielgerichtetes Handeln von PädagogInnen an Kindern. Funktionale Erziehung sind alle direkten und indirekten Einflüsse auf Kinder, die erzieherisch wirken, für die aber weder spezielle Personen noch Methoden angegeben werden können. Man kann diese Form der Erziehung deshalb funktional nennen, weil sie beiläufig geschieht, indem man eine ganz andere Funktion wahrnimmt, z.B. die der Mutter als Ernährerin und Pflegerin ihrer Kinder. Intentionale Erziehung ist also immer durch Erziehungsinszenierungen gekennzeichnet, während eine funktionale Erziehung sich im Alltag naturwüchsig vollzieht. Die bereits genannte ständische »Erziehung des ganzen Hauses« wäre insofern funktional zu nennen.

Strukturell gesehen sind die Termini »Sozialisation« und »Erziehung« wesensverwandt; in beiden dominieren objektive Vorgaben (Werte, Normen, Orientierungen usw.); das Subjekt hat eine nur rezipierende Rolle. Die Begriffe unterscheiden sich im Grad ihrer bewussten Intentionalität: Sozialisation wirkt primär durch Strukturen, Erziehung primär durch Agenten und Institutionen. Man unterscheidet intentionale (zielgerichtete) und funktionale (»beiläufige«) Erziehung.

Umgangssprachlich werden auch *Bildung und Erziehung* in eins gesetzt; so sprechen wir vom Bildungswesen ebenso wie vom Erziehungssystem, von einer Bildungs- und von einer Erziehungsaufgabe usw. Auch in der pädagogischen und gesellschaftlichen Diskussion herrscht gelegentlich eine Begriffsverwirrung; in vielen Veröffentlichungen werden beide Begriffe synonym verwendet. Oder man spricht von Bildung und Erziehung als wäre es ein Hendiadyoin (eins durch zwei). Sprachlich kaschiert man so eine begriffliche Vergleichgültigung in der Sache selbst, denn Erziehung und Bildung meinen – zumindest tendenziell – Gegensätzliches und sind deshalb kategorial streng zu unterscheiden.
Die Tatsache, dass Bildung und Erziehung Unterschiedliches meinen, erhellt sich schon daraus, dass diese Begriffe in der innerpädagogischen Diskussion benutzt werden, um einen so genannten »Paradigmenwechsel« anzuzeigen. Der Begriff des Paradigmenwechsels wurde von Thomas Kuhn 1962 geprägt, der damit einen radikalen Bruch im Selbstverständnis einer Wissenschaft bezeichnen wollte. Unter einem Paradigmenwechsel versteht man die grundsätzliche Änderung eines wissenschaftlichen Bezugssystems: andere Begriffe, andere Forschungsstrategien und andere Methoden werden zentral; traditionelle Erklärungsmuster und Theorien hingegen werden über Bord geworfen. Ein derartiger Paradigmenwechsel findet immer dann statt, wenn die gängigen Forschungsmethoden und Theorien nicht mehr hinreichend zu sein scheinen (oder es tatsächlich sind). So mauserte sich die Pädagogik zur Erziehungswissenschaft. Damit unterstreicht man bereits äußerlich die zentrale Rolle, die der Erziehungsbegriff für das Selbstverständnis der modernen Pädagogik spielen

soll. In der klassischen Pädagogik und insbesondere in ihrer geisteswissenschaftlichen Form war hingegen der Bildungsbegriff die zentrale Kategorie. Die Verdrängung des Bildungsbegriffs hängt insofern mit dem neuen paradigmatischen Selbstverständnis der Erziehungswissenschaft zusammen, weil er sich gegen eine operationale Definition wehrt. Im Sinne eines empirisch-analytischen Ansatzes können allerdings nur solche Begriffe als wissenschaftlich gelten, die sich eindeutig operationalisieren lassen. Operationalisierung bedeutet, dass man in der Definition des Begriffs diesen mit eindeutig beobachtbaren empirischen (Verhaltens-)Phänomenen in Verbindung setzt. Beim Erziehungsbegriff ist dies durchaus der Fall, weil ja Erziehung (s. o.) verstanden wird als eine beobachtbare Veränderung vom Menschen durch intentionale Einflussnahme von anderen Menschen.

Bildung statt Erziehung?

Die Verwechselbarkeit von Bildung und Erziehung kommt nicht von ungefähr: Beide sind zunächst Begriffe, die die Struktur einer (pädagogisch-didaktischen) Vermittlung beschreiben wollen, nämlich die Vermittlung zwischen einem Subjekt (z. B. SchülerInnen) und einem Objekt (z. B. Unterrichtsstoff). In beiden Vorgängen stehen sich also jeweils Subjekt und Objekt, Mensch und Umwelt, Person und Kultur usw. gegenüber – und insoweit besteht eine strukturelle Konvergenz. Doch der Prozess einer Vermittlung zwischen den beiden Seiten muss auf einer anfangen; er kann entweder von Seiten des Subjekts, des Menschen, der Person beginnen oder aber von Seiten des Objektes, der Umwelt und der Kultur. Im Hintergrund der Unterscheidung zwischen Erziehung und Bildung steht also eigentlich die Frage, was in Bildungs- und Erziehungsprozessen einen Vorrang haben soll: das Subjekt oder die Objektivität, der Mensch oder seine soziale Umwelt, die Person oder die Kultur, in der er leben soll. Das wird in der Pädagogik unter der Frage nach dem Primat diskutiert.

Für den *Erziehungsprozess* ist es nun charakteristisch, dass er seinen Ausgang stets bei der Objektivität, bei der Umwelt und bei der Kultur nimmt. Diesen wird eine eigene Dignität zugeschrieben, und darin liegt die wesenshafte Übereinstimmung mit dem Begriff »Sozialisation«. Erziehung will den Einzelnen, das Subjekt, die Person anpassen und einordnen in die objektiven Vorgaben von Umwelt und Kultur. Durch Erziehung soll der Mensch also *integriert* werden; dazu muss aber dieser Mensch angepasst, umgestaltet, d. h. erzogen werden. Erziehung fasst Jugendliche und Kinder primär als passive Objekte auf, als zu Erziehende. Aktiv und dominant sind entweder – je nach Position – die LehrerInnen und ErzieherInnen, die Gesellschaft, die herrschenden Werte und Normen, die überlieferte Kultur und ihre Güter, die ältere Generation, der

Staat, die Kirche, eine christliche oder weltanschauliche Lehre usw. – also ein ganzes Ensemble von so genannten »Objektivationen«.

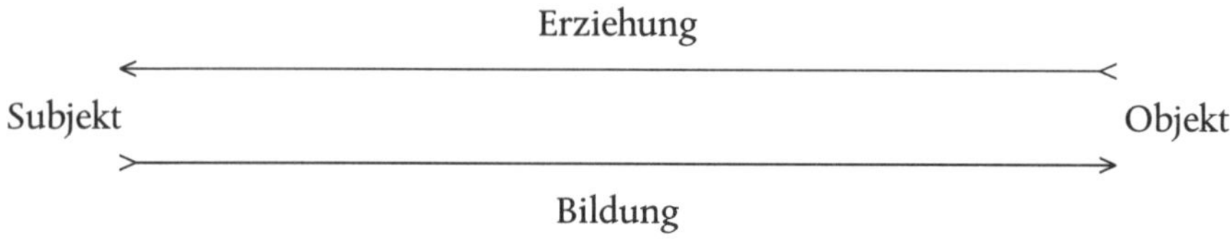

Bildung ist insofern als Gegenbegriff zur Erziehung zu verstehen, weil sie demgegenüber ihren Ausgang ganz wesentlich beim Subjekt, beim Menschen und bei der Person nimmt. Bildung versucht den Prozess zu beschreiben, in dem sich ein Mensch mit der Kultur, seiner Umwelt und den Objektivationen vergangener Generationen auseinandersetzt und diese für sich so strukturiert, dass es seine Kultur, seine Umwelt und seine Objektivationen werden. In der Bildung geht es um die Ermöglichung der selbstbewussten und selbstverantworteten Teilnahme am Gesellschaftsleben. Insofern geht es auch bei der Aneignung und Auseinandersetzung mit pädagogischen Umfeldfaktoren letztlich um eine *aktive und konstruktive Tätigkeit des Subjekts* selbst. Die Begriffe »Subjekt« und »Subjektivität« allerdings werden – zumindest alltagssprachlich – missverstanden. Nämlich so, als sei dabei ein reiner selbstbezüglicher Subjektivismus und abstrakter Individualismus gemeint, der ganz in sich selbst ruhe.

»Subjekt« kommt vom lateinischen »subicere« = »zugrunde legen«. Ursprünglich war ein Subjekt bekanntlich in der Grammatik der Satzgegenstand; in der Philosophie versteht man darunter eine bewusstseinsfähige Person. Wenn diese sich selbst und ihre Umwelt tatsächlich reflektiert, also ein »Selbstbewusstsein« entwickelt, spricht man von einer »Subjektivität«. Sie ist der personenhafte Kern der Wahrnehmung und des Denkens im Kontext ihrer Lebensgeschichte und Lebenswelt. Man kann Subjekt und Subjektivität auch unterscheiden als »Person«, die jeder Mensch von Natur aus ist und »Persönlichkeit«, die man werden kann. Subjekt/Person ist insofern Voraussetzung und Kern für Subjektivität/Persönlichkeit.

Doch zur Subjektivität wird ein Subjekt nicht durch das Ignorieren der objektiven Welt um sich herum, sondern durch eine kritische und konstruktive Auseinandersetzung mit der geschichtlich-gesellschaftlichen Wirklichkeit. Insofern kann man Bildung auch als Entgrenzung des natürlichen Menschen und als seine Befreiung von abstrakter Selbstbezüglichkeit verstehen. Begrenzung und Begrenztheit sind deshalb ebenso wenig die Sache der Bildung wie ihre Funktionalisierung. Wer Bildung richtig buchstabiert, der/die darf sie nicht als taktische Maßnahme zur Selbstrekrutierung und Selbststabilisierung der Institution missbrauchen. Bildung, religiöse wie nichtreligiöse, bleibt vielmehr um der Menschen selbst willen wichtig. Bildung hat es in ihrer Grundbestimmung mit Menschen als Subjekten zu tun und deshalb heißt »jemanden bilden«, den Menschen zum *Subjektsein* zu befähigen.

Eine Gleichsetzung von Erziehung und Bildung übersieht wesentliche strukturelle Differenzen. Erziehung vollzieht sich unter dem Primat von Objektivitäten, Bildung hingegen unter dem Primat des Subjekts. Insofern ist Bildung nur als Selbstbildung zu verstehen, die allerdings auf Außenanregungen angewiesen und insofern nicht solipsistisch zu verstehen ist.

»Bildung« ist heute wieder in aller Munde und man könnte sogar von einer »bildungstheoretischen Wende« oder Renaissance sprechen; doch gelegentlich verbreitet sich der Verdacht eines Etikettenschwindels. Der Bildungsgedanke lässt sich nur in Einklang bringen mit einer subjektivitätsorientierten Religionspädagogik, die zugleich eine »kritische« ist. Durch die strenge kategoriale Absetzung vom Erziehungsdenken gewinnt der Begriff der Bildung seinen *kritischen Gehalt* zurück, der nicht zuletzt durch inflationären Wortgebrauch verloren ging. Ziel von Bildung ist weder der – im ökonomischen Sinn – reibungsfrei funktionierende, disponible und profitable Mensch noch der an- und eingepasste Konsument, Kirch- oder Parteigänger, sondern eine denk- und selbstbestimmungsfähige Subjektivität, die in der Lage ist, die Welt in globaler Verantwortung zu ihrer eigenen zu machen. »Bildung« ist ein schillernder, teilweise gar ambivalenter Begriff; er entstammt der hermeneutisch-geisteswissenschaftlichen Tradition und tritt bewusst das spekulative Erbe der Aufklärung und ihrer Selbstbewusstseinsphilosophie bzw. -theologie an.

Bildung – ein komplexer Begriff

»Bildung« lässt sich – wie gesagt – im Unterschied zu »Lernen«, »Erziehen« und »Sozialisation« nicht »operational« und eindeutig definieren. Die *Uneindeutigkeit der Bildungsvorstellung* spiegelt wider, dass es sich bei Bildung um einen – logisch gesehen – synkategorematischen Begriff handelt, mithin um einen, der eben gerade nicht definitorisch eindeutig feststellbar ist, sondern der sich durch und in anderen komplexen Begriffen wie Freiheit, Subjektivität, Selbsttätigkeit usw. auslegt. Wer den Begriff »Bildung« benutzt, will damit ein ganzes Bündel an Assoziationen auslösen. Überschneidungen und Vieldeutigkeiten gehören sozusagen zu seinem Wesen. Die immanente Vieldeutigkeit von »Bildung« macht diese zu einem emphatischen, d. h. tieferdringenden Begriff. Traditionell hat man das »spekulativ« genannt: Spekulation ist die Freiheit und Weite eines unvoreingenommenen Denkens, das in der realen Wirklichkeit, so wie sie uns erscheint, immer auch neue und andere Möglichkeiten entdecken möchte. Insofern hat es Bildung mit Erneuerung, Veränderung u. ä. zu tun, aber auch mit Selbstrelativierung und Selbstkritik.

Wer »Bildung« auf den Begriff bringen will, der/die muss – im Sinne des hermeneutisch-kritischen Wissenschaftsverständnisses – eigentlich die Geschichte des europäischen Bildungsdenkens nacherzählen. Denn darin würde sich eine ambivalente Tradition mit widersprüchlich erscheinenden Bedeutungsgehalten zeigen lassen: Bildung wurde einmal als mystische Kontemplation und Weltflucht verstanden, dann wieder als ganzheitliches Geschehen; sie wurde elitär und egalitär, individualistisch und universalistisch begriffen oder als ein auf die Seele, dann wieder auf den Kopf bezogener Vorgang interpretiert. In einer historischen Perspektive könnte dieses so widersprüchliche Erbe des Bildungsdenkens gesichtet und dabei dessen kritische Füllung wiedergewonnen werden, denn nur in einer hermeneutisch-kritischen Auseinandersetzung mit unterschiedlichen Auffassungen von Bildung lassen sich überhaupt erst die mit dem Begriff verbundenen Probleme und seine potenziellen Lösungen erschließen. Die Auseinandersetzung mit einem angemessenen Bildungsverständnis erfordert also ein kritisches und konstruktives Geschichtsbewusstsein und den Mut, sich nichts »vormachen« und »vorsetzen« zu lassen.

Aber hallo – was macht ihr denn hier? Ihr setzt mir aber auch was vor! Und wo bleibt eure Selbstkritik, von der ihr sagt, sie gehört notwendig zur Bildung? Gebt doch zu, dass »Bildung« einfach nur ein »Gewäsch« ist und ihr hinter den Wörtern »kritisch« und »spekulativ« nur versteckt, dass ihr nichts zu sagen habt. Was ist denn nun eigentlich Bildung? Redet ihr vielleicht wie der Blinde von der Farbe?

Bildende Erziehung

Der Begriff Bildung umschreibt sowohl einen Vorgang (sich bilden) wie auch ein Ergebnis (gebildet sein). Im Sinne kritischer Bildung müssen die beiden Momente *Bildung als Prozess* und *Bildung als Resultat* konvergieren. Demgemäß sind alle pädagogischen Vorstellungen und Methoden auszuschließen, die zwar die Subjektwerdung von Menschen zum Ziel haben, aber auf dem Weg dahin den Subjektstatus der Teilnehmenden ignorieren wollen. Das ist in vielen wohlmeinenden Alltagskonzepten ebenso der Fall wie in allen neueren Erziehungstheorien. Bildung geht vom Vorrang des Subjekts aus. Gleichwohl umschließt eine im kritischen Sinne realistische Bildung auch Erziehungsmomente, insofern sie von der durch die Natur des Menschen vorgegebene Notwendigkeit zu pädagogischen Interventionen ausgeht. Sei es z. B., weil der Mensch von Natur aus bestimmte Dinge nicht kann oder weil die natürlichen Verhaltensmöglichkeiten viel zu unspezifisch sind, um (Über-)Leben zu ermöglichen. Man denke dabei etwa an die Breite möglicher sexueller Verhaltensweisen oder an die Diffusität und Potenzialität der menschlichen Aggression, die zu Tatendrang hin kultiviert werden kann.

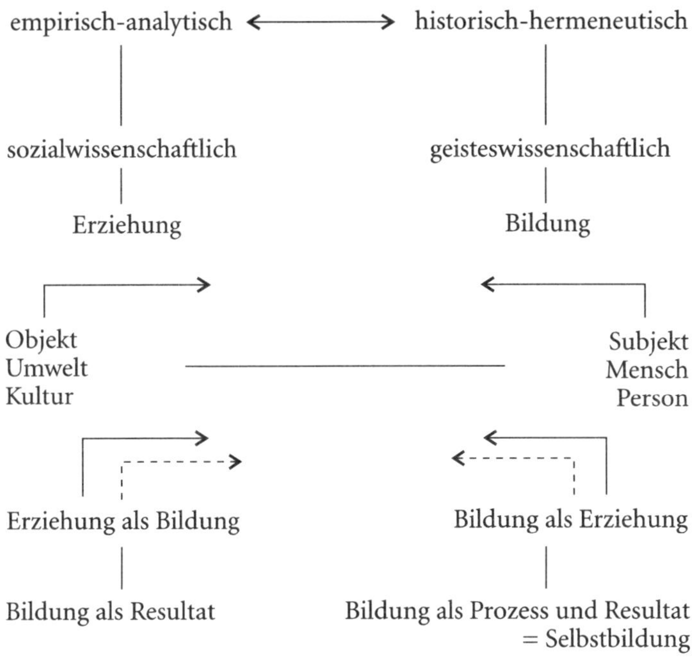

Bildung und Erziehung kennzeichnen zwei unterschiedliche Wissenschaftsparadigmen; die Grafik zeigt dies sowie ihre Doppelstruktur (durchgezogen = Hauptaspekt; gestrichelt = Nebenaspekt) und das Verhältnis von Resultat und Prozess.

Bildung hat ein spekulatives, kritisches Moment. Vom Erziehungsdenken unterscheidet sie sich durch ein »Primat des Subjekts«. »Bildung« kennzeichnet einen Prozess und ein Resultat, die konvergieren müssen. Insofern gilt: das Subjekt (Person) wird schon als Subjektivität (Persönlichkeit) verstanden, obwohl es erst dazu werden soll.

Ursächlich für erzieherische Elemente im kritischen Bildungsdenken ist also die Einsicht, dass angesichts der Unstrukturiertheit des natürlichen Menschen und angesichts der nicht gänzlich illegitimen Ansprüche der sozialen Welt auf das Individuum auch Erziehung stattfinden muss und zwar in den frühesten lebensgeschichtlichen Phasen. Man kann diese mit der Bezeichnung »bildende Erziehung« umschreiben. Jederzeit erkennbar muss dabei bleiben, dass bildende Erziehung in Verantwortung vor dem und für das Subjekt geschieht, dem sie gilt. Bildung hat so – strukturell gesehen – eine Doppelstruktur. Gleiches gilt auch dort, wo der Erziehungsbegriff nicht auf Prägung reduziert wird. In der Geschichte der Pädagogik gibt es – seit Aristoteles und Plato – derartige Vorstellungen, die einer Verwechslung von Bildung und Erziehung zugearbeitet haben.

Die Doppelstruktur dieses Erziehungsverständnisses unterscheidet sich von dem der Bildung dadurch, dass der Einfluss der objektiven Seite gegenüber den Bedürfnissen und der Selbsttätigkeit des Subjekts dominiert, während er im Bildungsgeschehen eine untergeordnete, förderliche Dimension ist. Insofern bleibt das Prinzip der Selbstbildung so etwas wie eine regulative Idee (im Sinne Kants), die der in der Erziehung liegenden Verführung zur Verfügbarmachung von Menschen entgegensteuert – oder so etwas wie stellvertretendes Denken und Handeln in Verantwortung für den noch nicht selbst bestimmungsfähigen Menschen. Scheinbar vermag Erziehung im besten Sinne ihrer Doppelstruktur Ähnliches z.B. dort, wo das Ziel einer freien Individualität oder der Emanzipation intendiert wird; kennzeichnend dabei ist allerdings, dass zum einen eben dieses Ziel von der Seite der Objektivität vorgegeben wird und zum anderen durch diese Zieldefinition die Grenzen des Erziehungsprodukts festgelegt sind; beides zusammen führt dann zu einem Erziehungsprozess, in dem der Mensch durch andere geleitet wird.
Erziehung und Bildung unterscheiden sich am klarsten, wenn man sie als bloße Prozesse betrachtet; wie gesehen ergeben sich Eindeutigkeiten primär im Blick auf das intendierte Ergebnis. Natürlich wird beispielsmäßig eine demokratische Erziehung zur Wahrnehmung politischer Freiheitsrechte anleiten, aber die damit vorausgesetzten normativen Vorgaben für das, was Demokratie meint und worin Freiheitsrechte bestehen dürfen, begrenzen von vornherein die Selbstbestimmung des Individuums. Auch Bildung kann zu diesen Ergebnis führen, dann aber nur als Folge einer reflektierten, freiwilligen Selbstbegrenzung des Subjekts selbst. Eben in dieser Fähigkeit zur Selbstbegrenzung liegt eines der Konvergenzmomente von Bildung und Rechtfertigung (☞ Kap. 4.1.l), denn auch die Lutherische Rechtfertigungslehre spricht von der Selbstbegrenzung der Freiheit durch Liebe.

Bildung als Erneuerung

Kritische Bildung bedenkt dabei allerdings, dass dies ein stets unabgeschlossener Prozess ist und dass der Mensch nicht dort zu sich selbst kommt, wo er auf sich selbst beharrt. Zum Menschsein des Menschen gehört vielmehr stetiges Weiterentwickeln und die Fähigkeit zur Selbstrevision der eigenen Lebensgeschichte und des eigenen Selbstkonzepts. In traditioneller theologischer Begrifflichkeit wurde dieser hier als Bildung charakterisierte Vorgang als Erneuerung oder Bekehrung bezeichnet, so dass man von Bildung als einem Vorgang geistiger Erneuerung sprechen kann. Nicht nur in der Dialektischen Theologie wurde zwischen Glaube und Bildung allerdings ein kontradiktorischer Widerspruch behauptet: Bildung sei Ausdruck der Selbstmächtigkeit des Menschen, während im Glauben sich nicht der Mensch zum Mittelpunkt macht, sondern

Gott; zugleich wurde die falsche Alternative aufgestellt zwischen Autonomie und Theonomie, zwischen hybridem Selbstbewusstsein und frommem Gottesbewusstsein. Wenn man Glaube jedoch als geistige Erneuerung betrachtet, schließt sich der Kreis zur Bildung. Allerdings nur, wenn sie – dem eigenen Anspruch tatsächlich genügend – wirklich umfassend ist und auch die religiöse Frage einbezieht. Deshalb sind im Prozess geistiger Erneuerung Bildung und reflektierender Glaube ineinander verwoben. Allerdings muss dazu das landläufige verkürzte Verständnis von Bildung als einer bloßen Wissensakkumulation aufgegeben werden; vom kritischen Bildungsverständnis her gesehen wäre das als »*Halbbildung*« zu qualifizieren.

Bildung ist zu verstehen als *Welt- und Selbsterneuerung* und damit als ein ganzheitlicher Vorgang, der nicht nur die Einheit von Leib und Seele, von Handeln, Wissen und Fühlen umfasst, sondern den Menschen als eingebettet in seine natürlichen wie sozialen Bezüge betrachtet. Kritische Bildung muss *Mut zur Verantwortung* machen – und zwar zur Verantwortung für sich selbst wie für seine soziale und natürliche Umwelt. Verantwortung ist das pädagogisch-ethische Prinzip nicht nur für das Resultat jeder Bildung, sondern auch für den Prozess. Bildung ist insoweit kompatibel mit einem erweiterten Lernverständnis, dem durch den Bildungsbegriff die angemessene Struktur und das Ziel vorgegeben wird. Lernen – auch religiöses – prostituiert sich nicht gegenüber jedweder beliebiger Inhalte, sondern Lernen vollzieht sich in der Verantwortung für eben diese Subjektwerdung des Individuums. Vom Bildungsgedanken her sind religionspädagogische Konzeptionen ausgeschlossen, die z. B. so etwas wie eine religiöse Nachsozialisation für das in primären Sozialisationsprozessen entstandene säkularisierte Bewusstsein oder eine Art von religiösem Nachhilfeunterricht sein wollen. Als Rekrutierungsstrategie oder als volksmissionarische Offensive verstanden würde der Religionsunterricht jedenfalls jeden Bildungsanspruch verlieren.

1. Bereiten Sie die verschiedenen Lerntheorien grafisch (z. B. als Flussdiagramm des Lernens oder als Interaktionsmuster zwischen Subjekt und Objekt, Kind und Umwelt) auf.

2. Können Sie die kategoriale Unterscheidung zwischen Erziehung und Bildung teilen? Erläutern Sie die Behauptung, dass auch im Bildungsverständnis Erziehungsmomente notwendig sind. Sammeln Sie Beispiele dafür.

3. Gegen den Begriff der »religiösen Sozialisation« wurden theologische Bedenken geäußert – welche könnten das sein? Inwieweit treffen sie auch auf die anderen Grundbegriffe zu?

2.2 Religion und Gesellschaft – eine sozio-kulturelle Bedingung religiösen Lernens

Godwin Lämmermann

In der Didaktik hat sich zwischenzeitlich eingebürgert, zur Unterrichtsvorbereitung und -analyse nach den intervenierenden spezifischen Bedingungen zu fragen, unter denen sich Unterricht vollzieht. Eines dieser Bedingungsfelder ist das sozio-kulturelle. Die sozio-kulturellen Determinanten des Unterrichts stammen zum einen aus dem Handlungsfeld selbst, zum anderen aus dem allgemeinen gesellschaftlichen Umfeld. Relevante Faktoren der ersten Art sind dabei z. B. das Gruppen- bzw. Klassenklima, die Schulart und Altersstufe, gruppendynamische Prozesse unter den Schülern, die Schulordnung, die Zusammensetzung des Kollegiums usw. Alle diese Faktoren gehen in irgendeiner Weise in den Unterricht ein und müssen deshalb einer rationalen Kontrolle unterzogen werden. Faktoren der zweiten – also gesellschaftlicher – Art sind gegenwärtige politische Zeitströmungen, aktuelle Diskussionsthemen in der Öffentlichkeit, gesellschaftliche Traditionen und Konventionen, Konfessionszugehörigkeiten usw.

Mit letzteren ist ein religiöses Element angesprochen, das wir – über die ursprüngliche Auffassung der Berliner Didaktik hinausgehend – als den Entstehungs-, Wirkungs- und Verwertungszusammenhang von Religion und Gesellschaft in deren historischen Wandlungsprozessen betrachten; dabei zeigen sich Chancen, Grenzen und Holzwege für eine zeitgemäße, realistische Religionspädagogik. Sollte sich bestätigen, dass soziologisch gesehen Religion und damit religiöse Bildung eine konstitutive Funktion für die Gesellschaft insgesamt hat, dann kann und darf z. B. der Religionsunterricht nicht preisgegeben werden und andere religionspädagogische Aktivitäten hätten zum einen ihre übergreifende allgemeine Verpflichtung zu berücksichtigen und könnten zum anderen zu Recht öffentliche Förderung beanspruchen. Die religionssoziologische Gretchenfrage lautet: Wie hält es die Gesellschaft mit der Religion und hat sie selbst ein Eigeninteresse an ihr oder ist sie nur eine kirchliche Besonderheit, der bestenfalls eine Verkirchlichung der Gesellschaft, nicht aber das Leben in einem weltanschaulich und religiös neutralem Staat dient.

Die Wiederbelebung der kirchlichen Katechese im 18. Jahrhundert war zu ihrer Zeit im Grunde bereits überholt, denn diese setzte – sofern es ihr um Breitenwirkung ging – eine geschlossene kirchlich-religiöse Sozialisation und die intakte Einheit von Kirche und Gesellschaft voraus. Doch beide waren – zumindest tendenziell – in der unmittelbaren Folge von Reformation und Gegenreformation bereits spätestens mit dem Westfälischen Frieden obsolet geworden. Ursprünglich kirchlich geprägte Handlungsfelder wurden zunehmend *säkularisiert* und zu gesellschaftlichen Praxisfeldern, in denen nicht mehr Katechese, sondern Religionspädagogik zur Anwendung kam oder kommen musste. Am deutlichsten lässt sich diese Entwicklung an der Schule ablesen, die von einer kirchlichen Sonntagsschule herkommend über die spätere Kirchengemeindeschule zu einer staatlichen Angelegenheit wurde. Sofern der Religionsunterricht in diesem Schulwesen seinen Ort behalten wollte, musste er für sich den Struktur- und Funktionswandel der öffentlichen Schule nachvollziehen. Für den schulischen Religionsunterricht musste jedenfalls anderes gelten als für kirchliche Erziehungsveranstaltungen; die Aufgabe, die sich hier stellte war eine religionspädagogische und keine katechetische.

Die Gesellschaft als religionsdidaktisches Grunddatum

Als wesentlichen Unterschied zwischen *Katechetik* und *Religionspädagogik* kann man deshalb den weitaus engeren Bezug der Katechetik zur Kirche ansehen. Historisch gesehen waren es zwei scheinbar entgegengesetzte Bewegungen, die zur Auflösung einer geschlossenen Kirchlichkeit und zu einer Differenzierung von Kirche und Gesellschaft geführt haben: nämlich der Pietismus mit seiner Betonung einer individuellen, institutionenunabhängigen Frömmigkeit und die Aufklärung mit ihrer Forderung nach Befreiung von kirchlicher Bevormundung und nach einer Trennung von Kirche und Staat.

Der Begriff Aufklärung wird prägnant formuliert in Kants Schrift »Was ist Aufklärung«. Darin bestimmt er Aufklärung als den Ausgang des Menschen aus seiner selbstverschuldeten Unmündigkeit. Unmündig sei der Mensch, weil er es nicht wage, sich seines Verstandes zu bedienen. Selbstverschuldet sei diese Unmündigkeit deswegen, weil es keine äußeren Kräfte und Mächte gibt, die den Menschen daran hindern, seinen Verstand und seine Vernunft einzusetzen. Ursächlich dafür sind vielmehr Faulheit und Feigheit. Deshalb forderte Kant: »Habe Mut, dich deines eigenen Verstandes zu bedienen!«

Seit Pietismus und Aufklärung ist grundsätzlich mit der Möglichkeit einer nicht kirchlich gebundenen Religiosität und damit eines Glaubens außerhalb der Kirche zu rechnen. Wenn nach diesem Ort einer übergeordneten, nicht kirchlich fixierten und ungebundenen Religiosität gefragt wird, kommt man zwangsläufig auf die *Gesellschaft* und die in ihr enthaltenen impliziten (religiösen) Werte und Vorstellungen. Wenn sich eine Mehrheit von Gesellschaftsmitgliedern überhaupt nicht mehr als religiös empfindet, besagt dies ja noch lange nicht, dass diese Gesellschaft als solche nicht religiöse Grundorientierungen enthalte und Religion ihre soziale Funktion prinzipiell nicht mehr habe. Daraus folgt dann allerdings, dass auch kirchliche Veranstaltungen gesellschaftliche Relevanz haben können bzw. müssen, wenn man keinem kirchlichen Inselbewusstsein das Wort reden will.

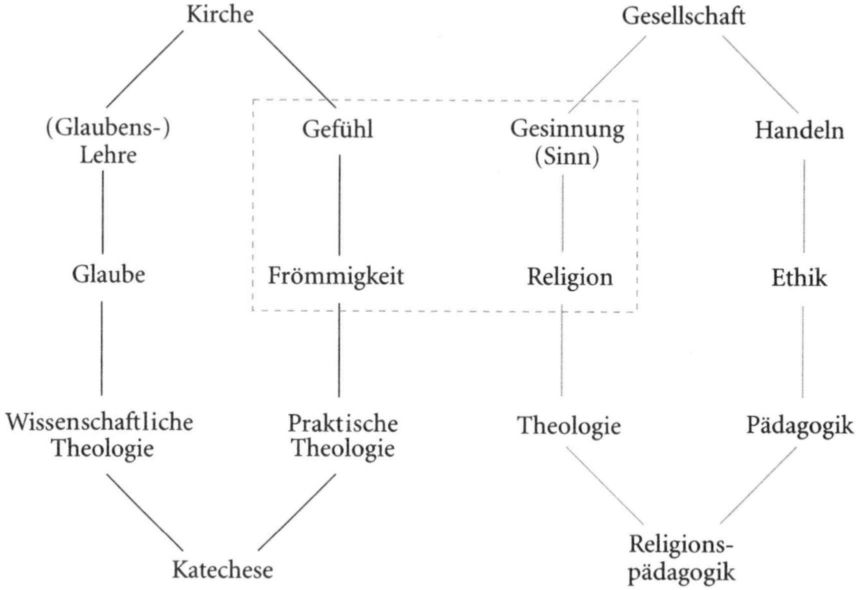

Religion als »Schnittstelle« zwischen Kirche und Gesellschaft nach Schleiermacher; Zuordnung von Religionspädagogik und Katechetik.

Friedrich Daniel Ernst Schleiermacher

Gehen wir von der Gesellschaft als religionsdidaktischem Grunddatum aus, dann ist der spezifische Gegenstand der Religionspädagogik das Phänomen religiöser Bildung in dieser Gesellschaft. Zur Problemgeschichte der Religionspädagogik gehört also der Perspektivwechsel hin zum Zusammenhang von Religion und Gesellschaft. Schon Schleiermacher hat diesen Zusammenhang explizit dargestellt, lange bevor sich der Begriff der Religionspädagogik mitsamt der damit angezeigten Perspektive entwickelte. Religionspädagogik ist für Schleiermacher deutlich zu unterscheiden von einer Theorie und Didaktik des Religionsunterrichts. Schleiermacher versteht diese ganz in katechetischer Tradition, weil der Religionsunterricht für ihn eine kirchliche Veranstaltung der ehemaligen kirchlichen Schule darstellt.

Wegen seines kirchlichen Charakters hat nun aber der Religionsunterricht seine Berechtigung und Funktion im öffentlichen Schulwesen verloren und könnte deshalb – so Schleiermacher – »völlig erspart bleiben«. Er sei nämlich »nur ein Rest aus früherer Zeit, in der diese Anstalten kirchlichen Ursprungs der Kirche untergeordnet waren« und insofern sei er obsolet geworden. Bereits im ersten Drittel des 19. Jahrhunderts forderte Schleiermacher nichts anderes als die Eliminierung des Religionsunterrichts aus der öffentlichen Institution Schule und seine Ersetzung durch einen eigenen kirchlichen Unterricht, weil die religiöse Unterweisung eben eine Aufgabe der christlichen Gemeinde, nicht aber des Staates sei. Denn für Schleiermacher sind *Staat* und *Kirche, Politik* und *Religion, Ethik* und *Glauben* zwei ganz unterschiedliche und zu trennende Bereiche, die nicht vermischt werden dürfen, soll nicht einer von ihnen Schaden erleiden. Die Verquickung von Religion, Glauben und Kirche mit Staat, Politik und Ethik würde, so meint er, zu Ungunsten der Religion ausfallen. *Religion* ist für Schleiermacher keine öffentliche, sondern eine höchst *private* Sache und ihr Ort ist die Kirche und nicht das öffentliche Leben. Nur solange die Schule noch eine kirchliche Institution war und der Religionsunterricht direkt eine kirchliche Funktion übernahm, konnte er auch an der Schule verbleiben. Durch die Etablierung eines allgemeinen Schulwesens löste sich die kirchliche Schulaufsicht zu Gunsten einer staatlichen Beaufsichtigung auf. Diese Entwicklung beurteilte Schleiermacher, der daran ja selbst nicht unwesentlich beteiligt war, durchaus positiv.

Friedrich Daniel Ernst Schleiermacher (1768-1834), der »Kirchenvater des 19. Jahrhunderts«

Gleichwohl bedeutet für Schleiermacher die Eliminierung des Religionsunterrichts aus der Schule keineswegs, dass Religion überhaupt für schulische Erziehungs- und Bildungsprozesse überflüssig sei. Doch das Interesse an Religion in der Schule erwächst nicht aus dem kirchlichen Interesse, sondern aus dem *Eigeninteresse* der bürgerlichen Gesellschaft an der Religion. Für Schleiermacher gilt ein Konnex von Gesellschaft und Religion jenseits von Kirchlichkeit. So beinhaltet jede – und nicht nur die explizit religiöse – Erziehung auch etwas Religiöses. Unter den gegebenen historischen Bedingungen – so behauptet Schleiermacher weiter – ist das Religiöse mit dem Christlichen zu identifizieren und zwar mit einer positiven Form der Christlichkeit, die konfessionelle Grenzen überschreitet. In dieser Form ist die Religion für den Staat notwendig, und der Staat hat deswegen ein Interesse an religiöser Erziehung. Die Integration religiöser Momente in die »weltliche« Erziehung begründet er aus dem Verhältnis von *Bildung und Religion*. Religion ist ein menschliches Grundphänomen und gehört deshalb zu den gesellschaftlichen Grundmächten oder – wie Schleiermacher es ausdrückte – zum »Gesamtleben«. Wenn es die grundsätzliche

Aufgabe von Bildung ist, den Menschen zur Teilnahme an diesem Gesamtleben zu befähigen, dann erwächst daraus als Teilfunktion die Erziehung im religiösen Bereich.

Für die Problemgeschichte der Religionspädagogik existiert seit Schleiermacher eine konstitutive Unterscheidung von Christentum und Kirche, Religion und Glaube. Dabei werden Christentum und Religion auf das Konto von Gesellschaft, Kultur und Bildung verbucht und vom Kirchenglauben unterschieden. Für Schleiermacher war die *Auflösung der Deckungsgleichheit* von Christentum und Kirche eine Frage der Theorie und eine geistesgeschichtlich gewachsene Herausforderung. Mit der Auflösung des landesherrlichen Kirchenregiments und daraufhin mit der Trennung von Thron und Altar wurde die Unterscheidung von Christentum und Kirche auch juristisch fassbar. Die Weimarer Reichsverfassung von 1919 bestimmt, dass keine Staatskirche mehr existiere. Gleichzeitig nimmt sie aber Bestimmungen über den Religionsunterricht in ihre Verfassung auf, die über das Grundgesetz bis heute fortwährenden Bestand haben (☞ Kap. 4.3.1). Daraus ergibt sich ein scheinbarer Widerspruch: Auf der einen Seite soll der Staat weltanschaulich neutral und von der Kirche unbeeinflusst sein, auf der anderen Seite jedoch wird weiterhin Religionsunterricht im staatlichen Auftrag, an staatlichen Schulen und von staatlichen ReligionslehrerInnen erteilt.

Troeltsch und die Folgen

Das daraus erwachsende Problem hat Ernst Troeltsch bereits 1907 formuliert. Troeltsch stellte die These auf, dass die Trennung von Staat und Kirche keine Trennung von Religion und Gesellschaft bedeuten darf. Die heutige Gesellschaft habe vielmehr ein lebendiges Interesse an einer nicht kirchlich definierten Religiosität bzw. Christlichkeit. »So bleibt für den Unterricht nichts als ein Unterricht, in dem von unserer geistigen Welt und unserem Staat nicht zu trennenden Christentum.« Ganz eindeutig wird hier also der Religionsunterricht von der Gesellschaft her und nicht von der Kirche her bestimmt. Dementsprechend ist für Troeltsch die Theologie auch keine kirchliche Wissenschaft; sie vollzieht sich vielmehr im *Auftrag der Gesellschaft*, die ein Interesse daran hat, ihre eigenen geistigen Grundlagen zu klären. Deshalb dürften die theologischen Fakultäten auch nicht konfessionell sein. Geht man vom Gesellschaftsbezug des Religionsunterrichts aus, so ist seine konfessionelle Orientierung im Grunde ein Anachronismus, denn diese stammt aus der Zeit des landesherrlichen Kirchenregiments und des Staatskirchentums. Wie man auch immer zum konfessionellen Charakter stehen mag, eines ist deutlich: Im Unterschied zur Katechese ist für die Religionspädagogik die Gesellschaft eine ganz wesentliche Determinante.

Troeltsch macht die Religionspädagogik darauf aufmerksam, dass sie ihre Aufgabe unwiderrufbar primär von der gesellschaftlichen Wirkung der Religion her und auf sie hin bestimmen muss. In der modernen *Religionssoziologie* besteht ein allgemeiner Konsens in der Einschätzung, dass keine Gesellschaft ohne Religion oder deren funktionale Äquivalente funktionieren kann und von daher stets eine religiöse Erziehung notwendig bleiben wird. In diesem Sinne hat Gert Otto 1974 in seinem Aufsatz »Was heißt Religionspädagogik?« den Bezugsrahmen der Religionspädagogik abgesteckt: »Der generelle Bezugsrahmen, innerhalb dessen religionspädagogische Probleme zu behandeln sind, ist durch die Begriffe Religion und Gesellschaft markiert.« Zusammenfassend antwortete er auf seine im Titel genannte Frage Folgendes: »Religionspädagogik ist – in Analyse, Reflexion und Konzeption – im Zusammenhang diverser Materialien und Problemkombinationen kritische Theorie religiös vermittelter und religiös fundierter Verhaltensweisen, die im Zusammenhang von Erziehung und Unterricht die Lebenspraxis von Kindern, Jugendlichen und Erwachsenen in verschiedensten Bereichen der Gesellschaft – außerhalb wie innerhalb von Kirchen und Konfessionen – in Geschichte und Gegenwart bestimmen.« Trotz mancher Differenzen spiegelt sich bei Otto eine Problemanzeige wider, die wir bereits bei Schleiermacher erstmalig vorfanden. Schon Schleiermacher forderte eine religiöse, nicht konfessionelle Erziehung als Aufgabe der Gesellschaft, weil Religion eine notwendige kritische wie konstruktive Funktion eben auch für das Sozialwesen hat.

Ernst Troeltsch (1865-1923), Historiker und Theologe; Vertreter einer ›liberalen Theologie‹

Die kulturprotestantische Grundüberzeugung von der sozialen und kulturellen Verantwortung des Christentums und dessen Funktionen, die auch von der heutigen Religionssoziologie im Wesentlichen geteilt wird, traf auf den fundamentalen Widerspruch der Dialektischen Theologie, die in der gesellschaftlich-kulturellen Wirkung der Religion deren Todsünde sah. Berechtigt an ihrer Kritik war der Hinweis auf Gefahren, die in einer Funktionalisierung der Religion bzw. des Glaubens auf gesellschaftlich-kulturelle Zwecke hin liegen können. Sie liegen allerdings weniger in einer inhaltlichen Ausdünnung der

Offenbarung als in einer unkritischen Anpassung, die sich den Interessen der Mächtigen dienstlich macht. Davon waren die Väter der liberalen Religionspädagogik sicher nicht frei (☞ Kap. 4.1.2.a); auf der anderen Seite führte der antagonistisch gedachte Widerspruch der Dialektiker Religion und Religionspädagogik in eine gesellschaftliche Isolation, die zu einer partiellen Wiederkehr der Katechetik im Gewand einer dialektischen Religionspädagogik führte. Religionspädagogik jedoch hat den Spagat zwischen Auswanderung und Anpassung, zwischen Isolation und Affirmation zu schaffen, insofern hat sie – wie Gert Otto betont – eine selbst- und gesellschaftskritische Option.

☹ **Ich glaub es nicht! Kaum laufen die Leute der Kirche weg, behauptet die Religionspädagogik, sie sei ja überhaupt keine kirchliche Angelegenheit, sondern eine gesellschaftliche! Und dann auch noch beides: einerseits schön brav »konstruktiv« und andererseits – damit man es euch allen Recht mache – »kritisch«.**

Religionskritik und Religionssoziologie

Die sozialen Funktionen der Religion beschreibt die *Religionssoziologie*, wobei sie das Erbe der Religionskritik konstruktiv antritt. In der klassisch gewordenen *Religionskritik* laufen zwei unterschiedliche europäische Traditionen zusammen, nämlich der englische Deismus und der französische Materialismus. Auf dem Höhepunkt der philosophischen Religionskritik vollzieht sich durch Karl Marx (1818-1883) eine Hinwendung zur Gesellschaft; mit Marx ist somit der eigentliche Beginn einer expliziten Religionssoziologie anzusetzen, die nach dem gesellschaftlichen Entstehungs- und Verwertungszusammenhang von Religion fragt. Marx übernimmt dabei Ludwig Feuerbachs ursprünglich anthropologisch fundierte These vom projektiven Charakter der Religion, wendet sie aber nun quasi soziologisch und formuliert damit die erste religionssoziologische Basisthese: »Der Mensch macht die Religion, die Religion macht nicht den Menschen«. Für Marx ist die Religion zwar substanziell ein Ausdruck des Selbstbewusstseins und des Selbstgefühls des Menschen, aber dieses hat der Mensch historisch entweder noch nicht erworben oder schon wieder verloren. Im Unterschied zu Ludwig Feuerbach (1804-1872), für den die *Selbstentfremdung* des Menschen ein psychisches Phänomen darstellt, versucht Marx, diese Selbstentfremdung auf ihre geschichtlich-gesellschaftlichen Wurzeln zurückzuführen: Religion ist die Selbstentfremdung des Bewusstseins in einer Gesellschaft, in der der Mensch durch die Bedingungen der materiellen Produktion seiner selbst entfremdet ist. Gleichzeitig emanzipiert sich Marx von der vermeintlichen Fixierung Feuerbachs auf Religion und Christentum, weil sie ihm als Überbau- und Epiphänomene erscheinen. Aber weil die Religion einen – wie sein Zeitgenosse Bruno Bauer (1809-1882) es nannte – »Schleier« über die wahren sozialen Verhältnisse gelegt hat, ist für Marx die Kritik der Religion Voraussetzung für die Kritik der Gesellschaft. Deshalb müsste man konsequenterweise die religionstheoretischen Frühschriften von Marx von seinem ökonomischen Hauptwerk »Das Kapital« (1867-1894) her lesen. Marx bezeichnet das Kapital als einen sich selbst verwertenden Wert und gibt ihm damit eine quasi religiöse Qualität. Was einst in der Religion dem Schöpfergott zugeschrieben wurde, wird im Kapitalismus zu Eigenschaften des Kapitals erklärt und mystifiziert. Der Gott verdrängende Mammon ist eine neue Heiligenfigur geworden und heischt Verehrung und Opferbereitschaft.

Karl Marx (1818-1883)

Marx spricht zwar von »der« Religion, meint aber primär die christliche und die jüdische. Für ihn haben diese durchaus einen janusköpfigen, d.h. selbstwidersprüchlichen Charakter: Einerseits ist sie Affirmation des gesellschaftlichen Elends und andererseits ist sie zugleich der Protest dagegen. Religion birgt beides: Rebellion und Beruhigung, Aufschrei und Vertröstung. Aber der der Religion implizite Protest verliert sein revolutionäres Potenzial dadurch, dass die Lösungen ins Jenseits verschoben werden. Die Vorstellungen des Jenseits jedoch seien – um mit Ernst Bloch (1885-1977) zu sprechen – utopische Entwürfe eines Noch-nicht, das seiner sozialen Verwirklichung harrt. Damit hat Marx jene ambivalente Funktion der Religion angedeutet, die in der Religionssoziologie weiterhin als *Kompensationsthese* (s.u.) reflektiert wird; sie erfährt in der neueren Religionssoziologie nur insofern eine konstruktive Wendung, als der Kompensation eine notwendige humane Funktion zugeschrieben wird: Religion bietet positiv gesehen eine Möglichkeit, sich von übergroßem Leid zu entlasten. In der neueren Religionssoziologie wird dies unter dem Schlagwort *»Kontingenzbewältigung«* behandelt. Als »kontingent« bezeichnet man Lebensereignisse, die unberechenbar, zufällig, ja willkürlich erscheinen. Kontingent ist das Unwägbare, dem keine plausible Logik und Notwendigkeit zu Grunde zu liegen scheinen.

Von der Kritik zur Analyse der Funktion von Religion

In gewisser Weise kann man den Beginn der eigentlichen Soziologie mit Marx ansetzen, weil dieser die Strukturen und Gesetze der Gesellschaft nicht mit theologischen oder philosophischen, sondern mit den ihr eigenen, also soziologischen und ökonomischen Kategorien zu beschreiben versucht hat. Als soziales Phänomen kam so die Religion in den Blick. Die folgende, im engeren Sinne als »religionssoziologisch« zu charakterisierende Diskussion führte zu klassisch gewordenen Hypothesen bzw. Thesen über den Zusammenhang von Religion und Gesellschaft. In den Vordergrund der genuin religionssoziologischen Betrachtung rückt nicht – wie in der Religionskritik – primär der gesellschaftliche Entstehungszusammenhang als vielmehr der soziale Verwertungszusammenhang und damit die soziale »Funktion« der Religion. Diesen Funktionszusammenhang benannte bereits Marx in seiner Kompensationsthese. Im Grunde genommen ist diese These nur sekundär eine soziologische, denn hinter ihr steht eine anthropologische Annahme, nämlich die, dass Menschen grundsätzlich und weltweit dazu tendieren, ihre sozialen Verhältnisse, insbesondere aber ihre sozialen Schwierigkeiten, religiös zu interpretieren (Fürstenberg 1964, 13f.). Im echten Sinne »soziologisch« wäre diese These nur dann, wenn – wie Marx annahm – hinter dem Verhalten des Menschen ein gesellschaftlicher Zwang wirkt.

Neben diese zwei klassischen Hypothesen vom projektiven und vom kompensatorischen Charakter jeder Religion tritt als dritte klassisch gewordene religionssoziologische These die *Integrationsthese;* sie besagt, »dass die Religion vor allem als verhaltensstabilisierende, sozial integrierende Kraft in der Gesellschaft wirksam wird, ja deren eigentliches Fundament darstellt« (Fürstenberg 1964, 15). Zwar sprach schon Marx von einer integrativen Wirkung der Religion, aber die moderne Fassung dieser These ist keine konstruktive Weiterführung seiner Kritik, sondern eine direkte Umkehrung seiner Verhältnisbestimmung von Gesellschaft und Religion nach den Schema »Überbau und Basis«, denn die Religion wird zur Basis der sozialen Wirklichkeit erhoben. Die Umkehrung dieses Verhältnisses von Sozioökonomie und Religion findet ihren prägnantesten Ausdruck in der These von Max Weber (1864-1920) über den protestantischen Geist des Kapitalismus. Die Auffassung von der gesellschaftsprägenden Kraft von Religion und damit die Behauptung einer konstitutiven und konstruktiven Bedeutung der Religion kennzeichnet generell den Bedeutungswandel, der sich seit der Religionskritik des 19. Jahrhunderts in der Religionssoziologie vollzogen hat – und zwar weitgehend unabhängig vom jeweiligen Wissenschaftsparadigma.

Der genannte M. Weber ist einer *hermeneutisch verfahrenden Religionssoziologie* zuzuordnen; die Integrationsthese hingegen ist klassischer Bestand des funktionalistischen Paradigmas; ihr eigentlicher Vertreter ist Emile Durkheim

(1858-1917). Wie für viele seiner Nachfolger ist Religion für ihn fast identisch mit dem Begriff der Sozialisation, weil die nachwachsenden Generationen über die religiöse Sozialisation zugleich in die Gesellschaft integriert werden. Denn durch die Religion werden die grundlegenden Werte und Normen einer Gesellschaft repräsentiert; die religiöse Sozialisation sorgt dafür, dass diese von den Heranwachsenden übernommen und internalisiert werden. Auf diesen Sozialisationszusammenhang rekurrieren in neuerer Zeit vor allem Thomas Luckmann (*1927) und Peter L. Berger (*1929), wobei sie einen »wissenssoziologischen« Zugang wählen. Beide wurden besonders durch ihr gemeinsames Buch »Die gesellschaftliche Konstruktion der Wirklichkeit« bekannt. Mit dem Stichwort von der gesellschaftlichen Konstruktion wollen sie darauf verweisen, dass die jeweilige Sicht der Wirklichkeit sich aus der alltagsweltlichen, sozial festgelegten Wahrnehmung der Menschen ergibt. Konstitutiv für unser Wissen ist die jeweilige soziale Lebenswelt. Deshalb muss eine Wissenssoziologie nicht den abgehobenen abstrakten Ideen der TheoretikerInnen nachgehen, sondern muss den vortheoretischen Bereich des »Allerweltbewusstseins« zum Gegenstand machen: Dem »Allerweltwissen, nicht Ideen gebührt das Hauptinteresse«, lautet ein Basissatz ihrer *Wissenssoziologie*. Beide gehen nun davon aus, dass bei der sozial determinierten Produktion von Ideen und von Wissen auch die Religion eine wesentliche Rolle spielt.
Vor allem Luckmann interpretiert Religion durchgängig unter dem Stichwort der Sozialisation (☞ Kap. 2.1): Religion meint Enkulturation et vice versa und insofern sind Kultur und Religion nahezu identisch. Jedes neue Gesellschaftsmitglied findet bereits vorgegebene Strukturen vor, in denen er/sie sich orientieren muss. Nach Luckmann führt die Gesellschaft ein Eigenleben, das höher ist als das Individuum. Der Mensch muss im Rahmen seiner Sozialisationsgeschichte lernen, Gesetze, Strukturen und Normen so zu betrachten, als wären es seine eigenen, obwohl sie ihm von außen zugekommen sind. Luckmann fragt nun, wie der Mensch dazu kommt, die angebotenen Strukturmuster auch dann zu akzeptieren, wenn Zwang und Gewohnheit nicht unbedingt im Spiel sind. Der Mensch muss demnach die gesellschaftlich geprägten Normen, Werte und Strukturen verinnerlichen, internalisieren. Durch die Religion werden dem Menschen jene verbindlichen Ideen und Normen vermittelt, die den Zusammenhang eines Gesellschaftssystems überhaupt erst gewährleisten. Diese Internalisation wird durch Externalisation ergänzt, denn im Wandel der Gesellschaft muss sich auch das jeweilige Sinn- und Deutungssystem ändern. Menschen übernehmen vorgegebene Deutungsschemata nicht, sondern entwerfen unter Berücksichtigung ihrer jeweiligen Lebenslage neue Deutungsmuster. Diese werden dann der nachwachsenden Generation wiederum als verpflichtend erscheinen und müssen auf dem Wege der Internalisation angeeignet werden. Nur durch die Dialektik von *Externalisation und Internalisation* ist eine dynamische Entwicklung denkbar; der »Motor« dieser dialektischen Vermittlung ist die Religion.

Für »Sozialisation« werden auch die Begriffe »Enkulturation« oder »Personalisation« verwendet. Gemeint ist die »Anpassung« eines Kindes an seine sozio-kulturelle Umwelt. Die Umwelt setzt Werte und Normen (Externalisation), die das Subjekt sich zu Eigen macht (Internalisation). ☞ Kap. 2.1.

Die Säkularisierungsthese

Kompensations- und Integrationsthese bestimmten die Funktionen der Religion unabhängig von den jeweiligen kulturellen Ausprägungen. Neben diese beiden klassischen »funktionalistischen« Thesen von der Integration und Kompensation tritt unter hermeneutischer Prämisse die so genannte Säkularisierungsthese, deren Grundbestand auf oben genannten Ernst Troeltsch, vor allem aber auf den mit ihm befreundeten Max Weber zurückgeht. In der Säkularisierungsthese begegnet uns also eine geschichtliche Interpretation des Verhältnisses von Gesellschaft und Religion im Unterschied zu den funktionalen Interpretationen. Religionssoziologie wird hier verstanden als »Genealogie der modernen Gesellschaft« (Trutz Rendtorff). Wenn man so vorgehen will, dann lassen sich für unseren Kulturkreis zwei Zugangsweisen unterscheiden. Die eine wäre mit dem Stichwort *»Theorie des Christentums«* zu kennzeichnen, die andere mit dem Stichwort *»Kirchensoziologie«*. Die Kirchensoziologie geht davon aus, dass sich Religion immer in ihren Institutionen konkretisiert, d.h. dass man auch nur über die Institution Kirche einen Zugang zu dem Phänomen Religion in unserer Gesellschaft erhält. Die christentumstheoretische Sichtweise hingegen lebt von der Differenz zwischen Kirche und Christentum. Für sie ist die Kirche eine mögliche Form der Wahrnehmung des Christentums, aber nicht die einzige.

Die christentumstheoretische Säkularisierungsthese wird auch außerhalb der Soziologie diskutiert, etwa bei den Philosophen Hermann Lübbe (*1926) und Hans Blumenberg (1920-1996), wobei dort geistes- und kulturgeschichtliche Ableitungen hinsichtlich der ideengeschichtlichen Folgen der Säkularisierung vorgenommen werden. Die *religionssoziologische Säkularisierungsthese* fragt nicht nach den Folgen für das Denken und das Weltbild der Menschen, sondern sie will das Verhältnis von Religion und Gesellschaft in einem zwar genetisch-historischen, aber zugleich auch in einem genuin soziologischen Wirkzusammenhang bestimmen. Ihre Kernthese ist, dass sich die Religion zunehmend in das Gesellschaftssystem selbst hinein aufgelöst habe. Die institutionellen Formen sind nur notwendige Restbestände eines alten Zustands.

Säkularisierung meint dann den andauernden Prozess der Emanzipation weltlicher Verhaltensweisen und Gedanken aus dem ursprünglich religiösen Bereich. Religiöse Inhalte würden sich so von Heilsaussagen zu vernünftigen

Weltinterpretationen wandeln. Im Säkularisierungsprozess werden also bestimmte ursprünglich religiöse Motive, Inhalte und Verhaltensweisen von ihrem ursprünglichen religiösen Begründungszusammenhang abgelöst; sie werden unmittelbar aus sich selbst plausibel. So ist die Verbindlichkeit des Gebotes der Nächstenliebe in unserer Gesellschaft längst zu einem Gebot innergesellschaftlicher Humanität geworden, obwohl es eindeutig aus einem biblisch-theologischen Traditionszusammenhang stammt und in anderen Gesellschaften durchaus nicht diesen Stellenwert hatte. Die Säkularisierungsthese interpretiert also den gesellschaftlichen Wertekonsens als eine Folge der Christentumsgeschichte.

Max Weber entwickelte seine Form der Säkularisierungsthese im Zusammenhang seiner Rationalisierungs- und Kapitalismusthese. Hinsichtlich der *Rationalisierungsthese* ging er von der Beobachtung aus, dass sich die orientalen von den okzidentalen Welten radikal durch das Fehlen einer rationalen Lebensführung unterscheiden. Und er fragte danach, aus welchen religionstheoretischen Gründen es wohl zur Verwissenschaftlichung in der abendländisch christlichen Welt kam. Die Tugenden der bürgerlichen ökonomischen und rationalen Lebensführung seien – so behauptete er – in einem ursprünglichen religiösen Kontext entstanden, von diesem aber entfremdet und so zu einer gesamtgesellschaftlichen Lebenshaltung umdefiniert worden. Damit konnte Weber auch die Frage beantworten, weshalb sich der moderne Kapitalismus vor allem in der okzidentalen Welt und insbesondere in Amerika und Mitteleuropa entwickelte und welche Rolle dabei die protestantische Religion spielte: Das ursprünglich religiös motivierte (Prädestination, Askese) Prinzip der rationalen Lebensführung mutierte zur Maxime der Kapitalakkumulation.

Halt! Das klingt aber sehr nach Eurozentrismus und intellektuellem Imperialismus! Und »rationale Lebensführung« – das ist doch »Schaffe, schaffe, Häusle baue« und auch nicht das Gelbe vom Ei!

Die Neutralisierungsthese

An die Weber-These hat sich eine lange und anhaltende Diskussion angeschlossen. Weniger bekannt hingegen ist eine religionssoziologische These, die man als *Neutralisierungsthese* bezeichnen könnte und die aus dem Umfeld der *»Kritischen Theorie«* stammt. In seinen »Studien zum autoritären Charakter« beschreibt nämlich Theodor W. Adorno (1903-1969) einen ganz ähnlichen Prozess, den er allerdings nicht Säkularisierung sondern eben »Neutralisierung« nennt. Mit dem Begriffswechsel ist zugleich eine andere Wertung des Prozesses verbunden. Für Weber und Troeltsch war im Grunde der Säkularisierungspro-

Theodor W. Adorno (1903-1969)

zess nichts Negatives, sondern eine logische Konsequenz des Christentums selbst. Weil die christliche Botschaft letztendlich ja auf ethisches Handeln abzielte und die Verkündigung nur ihre Funktion hinsichtlich dieser Handlungsnormierung hatte, muss das Christentum von einer dogmatischen zu einer ethischen Religion werden. Für Adorno hingegen ist dieser Prozess äußerst ambivalent. Zum einen drückt er natürlich den Sieg der Aufklärung über das mythologische Denken aus, zum anderen hat die Absprengung des ursprünglichen Begründungszusammenhangs auch eine kalte Rationalität der Gesellschaft zur Folge. Gegenüber dieser könnte der ursprüngliche religiöse Zusammenhang eine kritische Funktion haben.

Was Adorno hier kritisiert, ist die Zerstörung der ursprünglichen Beziehung von Glauben und Leben. Durch den Säkularisierungsprozess ist einerseits der Begründungszusammenhang für christliches Handeln von diesem abgelöst worden und abgewandert in eine eigenständige, vom Handeln unabhängige Ideologie. Die Kirchen mutierten so zu Lehranstalten, deren Verkündigung folgenlos bleiben muss. Religion geriert sich zum Konsumgut, zur beliebigen und folgenlosen Beschäftigung. Durch ihre Neutralisierung verliert die Religion ihren ursprünglichen kritischen Bezug auf die Gesellschaft. Indem die ursprünglichen religiösen Inhalte zu innergesellschaftlichen, selbstreferenten Motiven geworden sind, haben sie auf der anderen Seite auch einen Teil ihres ursprünglichen Inhaltes verloren. Sie sind nicht nur – wie Troeltsch und Weber meinten – in ihrer Form verändert worden, sondern ganz wesentlich auch in ihren Inhalten. Durch die Rückführung auf den ursprünglichen religiösen Begründungszusammenhang könnten sie möglicherweise wieder innovatorische Kräfte freisetzen. Durch ihre Neutralisierung allerdings haben die ehemalig authentischen religiösen Gehalte des christlichen Glaubens sich um ihre eigene Wirkung gebracht.

Religion und Gesellschaft stehen in einem wechselseitigen Bedingungs- und Wirkzusammenhang. Die vier klassischen religionssoziologischen Thesen sind: Projektions-, Kompensations-, Integrations- und Säkularisierungsthese. Die Religionspädagogik hat zwangsläufig an den sozialen Funktionen der Religion teil.

Kontingenzbewältigung

Ebenso wie die klassische Integrationsthese kehrt auch die Kompensationsthese in der modernen Religionssoziologie wieder, und zwar bei Niklas Luhmann (1927-1998), der Religion als soziales System versteht. Dabei greift er Ansätze von Talcott Parsons (1902-1979) auf, der den strukturell-funktionalen Ansatz in die Soziologie einführte. Strukturell-funktionale Theorien sind zumeist auch Systemtheorien. Ihren Namen haben Systemtheorien daher, dass sie die Gesellschaft oder ihre Teile als soziale Systeme betrachten. Systeme haben immer eine innere Struktur: daher die Bezeichnung »*strukturell*-funktional«. Und sie üben jeweils gewisse Funktionen aus: daher »strukturell-*funktional*«.
Nach Parsons etwa haben alle sozialen Systeme vier Grundfunktionen zu erfüllen, nämlich 1. Anpassung an die äußere Situation (besonders deutlich beim Wirtschaftssystem: z.B. Weltwirtschaft); 2. Zielbefriedigung. Jedes System will ein Ziel erreichen und sucht nach den optimalen Mitteln dazu (Prototyp: das politische System). Zum Zweck der Zielerreichung müssen alle Mitglieder einer Gesellschaft auf dieses gemeinsame Ziel bzw. auf die zur Erreichung des Zieles notwendigen gemeinsamen Grundeinstellungen hin verpflichtet werden; 3. Integration (Prototyp: Kultur). Das meint: Jede Gesellschaft will sich als eine soziale Einheit darstellen und dazu alle Gesellschaftsteile in sich einschließen. Zu diesem Zweck erfindet sie Subsysteme wie z.B. das Schulwesen, aber auch die Religion. Derartige gesellschaftlich organisierte Instanzen übernehmen eine integrative Funktion dadurch, dass sie – unter Bezug auf gemeinsame geschichtlich entwickelte und kulturelle Traditionen – ein Bewusstsein der Zusammengehörigkeit unter den Mitgliedern einer Gesellschaft aufbauen; 4. Aufrechterhaltung des Systems, d.h. seiner Strukturen. Dazu bemüht sich die Gesellschaft, ihre eigenen Merkmale zu erhalten und die geltenden Maßstäbe ganz im Zentrum der Gesellschaft selbst zu verankern; zentraler Sozialisationsträger dieser Strukturerhaltung ist die Familie; sie wird deshalb häufig auch als »Herz« oder »Kern« der Gesellschaft betrachtet.
Luhmann geht davon aus, dass die Lebensbedingungen der Menschen in unserer Gesellschaft immer komplexer werden. Diese ausufernde Komplexität muss der Mensch notwendigerweise reduzieren; er tut dies, indem er eben solche Systeme schafft, die spezifische Funktionen übernehmen und die typische

Strukturen entwickeln. Systeme sind spezifische Strategien zur Reduktion von Komplexität. Solch ein System ist auch die Religion. Für Luhmann liegt die spezifische Funktion der Religion in der Bereitstellung letzter und grundlegender Reduktionen, denn sie versucht, menschliches Verhalten überhaupt auf grundlegende Prinzipien (z.B. Zehn Gebote) zurückzuführen. Religion – so könnte man sagen – vereinfacht die ethische und weltanschauliche Orientierung der Menschen. Generell machen Systeme das Leben einfacher, aber – und das ist ihr Pferdefuß – sie verkomplizieren es zugleich.
Das gilt auch für das Religionssystem: Wie bei jeder anderen Systemdifferenzierung involviert auch diese Reduktion von Komplexität zugleich deren Steigerung, weil – im Fall der Religion – nun zusätzlich ein Wissen um die letztgültigen Reduktionen präsent sein muss: Zwar sind einerseits die Auswahlmöglichkeiten ethischer Orientierungen reduziert, nämlich auf die christlichen Grundüberzeugungen, aber andererseits muss der Mensch jetzt etwas über dieses System selbst wissen, also über Bibel, Tradition, Kirche usw. – und das macht das Leben eben wieder komplexer und komplizierter. Aber das müssen wir eben als Folge unserer gesellschaftlichen Entwicklung in Kauf nehmen. Durch die notwendige Segmentierung des religiösen Wissens scheint es so, als könnten die anderen Teilsysteme und damit die Menschen ohne dieses auskommen. Doch das stellt sich als ein Trugschluss dar, wenn die notwendige ethische Orientierung nicht aufgegeben werden soll. Wer funktionalistisch meint, die gesamtgesellschaftliche Funktion der Religion auf die Ethik des Christentums reduzieren und von dem Wissen um christliche Inhalte ablösen zu können, der irrt.
Reduktionen von Komplexität meint in Grunde nichts anderes als Sinngebung. Die wesentliche Aufgabe der Religion sieht Luhmann darin, *Kontingenzerfahrungen* zu bewältigen, dem Unbegreifbaren einen Sinn zu verleihen. Zweck der Religion ist es, vermeintliche Zufälligkeiten dem Individuum als notwendig und damit akzeptabel erscheinen zu lassen. Dank der Religion sind Menschen in der Lage, mit für sie unfassbaren, sinnlos erscheinenden Situationen fertig zu werden: Die plötzliche unheilbare Krankheit oder der Tod sind solche Kontingenzerfahrungen, deren scheinbare Sinnlosigkeit durch die religiöse Interpretation doch noch Sinnhaftigkeit (z.B. als »Wille Gottes«) erhält. Dieser (religiöse) Sinn ist aber nur dann für die Menschen plausibel, wenn das dahinter stehende religiöse Wissen noch plausibel ist. Der Wille Gottes als Interpretament ist nur solange überzeugend, als subjektiv Gott als die alles bestimmende Wirklichkeit oder als Weltregent geglaubt wird. Grundlegende Aufgabe der Religion und damit auch des religiösen Lernens ist also die *Sinnvermittlung und -deutung*. Von Seiten der neueren Religionssoziologie her gesehen bleibt religiöse Bildung eine unaufgebbare gesellschaftliche Aufgabe.

1. Sammeln Sie Pro- und Kontraargumente für die These, die Religionspädagogik habe sich primär an der sozialen Funktion der Religion und damit an der Gesellschaft zu orientieren. Wie könnte eine »religionssoziologische Begründung« für religionspädagogisches Handeln aussehen?

2. Wenn Sie jemand fragen würde, was Sie denn überhaupt unter »der Gesellschaft« verstehen, was würden Sie antworten?

3. Die religionssoziologischen Grundthesen sind weitgehend religionstheoretisch und nicht empirisch begründet. Können Sie ihnen Fakten aus der empirischen Religionssoziologie zuordnen?

Ergänzend können Sie z. B. den Artikel »Gesellschaft« in einem der größeren Lexika, z. B. der TRE, lesen.

2.3 Mensch und Religion. Zur anthropogenen Bedingung religiösen Lernens

2.3.1 Religiosität – experimentell und tiefenpsychologisch

Godwin Lämmermann

Religiöse Bildung und Lernen vollzieht sich unter spezifischen Bedingungen; die so genannten »sozio-kulturellen« haben wir als religionssoziologisch beschreibbare Konditionen bereits kennen gelernt. Andere Voraussetzungen für religiöse Bildungsprozesse liegen im Menschen selbst; didaktisch nennt man sie die *anthropogenen*, d. h. vom Menschen herrührenden Bedingungen. Im Sinne der lerntheoretischen (Berliner) Didaktik zählt zu den anthropogenen Voraussetzungen vor allem die Lehr- und Lernkapazität, die Leistungshöhe bzw. Leistungsrückstand, die Alterstypologie und ähnliches mehr. Dabei ist zu fragen, inwieweit die TeilnehmerInnen fähig sind, Probleme zu erfassen, Zusammenhänge zu erkennen, sich zu verbalisieren usw. Versteht man die Frage nach den anthropogenen (und sozio-kulturellen) Bedingungen von Lernprozessen genereller als die nach den lebensweltlichen und lebensgeschichtlichen Vorweg-Bestimmtheiten von Themen im Bewusstsein der TeilnehmerInnen, dann wird Religion nicht nur als soziales (☞ Kap. 2.2), sondern auch als anthropologisches Faktum – und damit die Religionspsychologie – in den Blick kommen müssen.
Im Unterschied zur Religionssoziologie ist die wissenschaftliche Beschäftigung der Psychologie mit dem Phänomen der Religion relativ neu. Das ist insofern

erstaunlich, als Religion es ja immer mit seelischen Phänomenen zu tun hat. Bereits in der frühchristlichen Literatur – z. B. in den »Confessiones« des Augustinus – findet sich eine Art psychologischer Betrachtung der Religion. Dort beschreibt er bekanntlich seine Bekehrung zum Christentum im Jahre 387. Möglicherweise ist die Verdrängung des Religionsthemas in der allgemeinen Psychologie selbst nur psychologisch zu beschreiben, denn zweifelsfrei gibt es das psychische Phänomen der »Religiosität«. Wenn dem aber so ist, dann kann man diesem auf die gleiche Weise wie anderen auf die Spur kommen. In der Psychologie unterscheidet man drei große psychologische Richtungen: die tiefenpsychologische, die behavioristisch-empirische und die »strukturgenetische«, die auch als kognitiv-strukturell bezeichnet wird. Alle drei Strömungen finden sich demgemäß auch in der Religionspsychologie. Sie stellen unterschiedliche Zugangsweisen, Interpretationsmodelle und Forschungsansätze dar.

Religionspsychologie will religiöse Erscheinungen mit psychologischer Begrifflichkeit und Fragestellung untersuchen; im eigentlichen wissenschaftlichen Sinn beginnt sie Ende des 19. Jahrhunderts.

Experimentell-empirische Religionspsychologie

»Dann, in dem großen Aufruhr meines inneren Menschen, den ich mit meiner Seele so heftig entfacht hatte in der Kammer meines Herzens, stürzte ich, verstört im Gesicht und im Geist, zu Alypius und rufe ihm zu: ›Wie halten wir das aus? Was bedeutet das? Hast du es gehört? Ungelehrte stehen auf und reißen das Himmelreich an sich, und wir mit unserer herzlosen Wissenschaft, sieh, wir wälzen uns in Fleisch und Blut. Schämen wir uns, ihnen zu folgen, weil sie die ersten waren, oder müssen wir uns nicht eher schämen, dass wir ihnen nicht einmal folgen?‹ So ungefähr sprach ich zu ihm, dann riss mich meine Erregung von ihm los, denn er stand wie vom Blitz getroffen schweigend da und starrte mich an. Das waren ja auch ungewohnte Töne. Und mehr als die Worte, die ich hervorstieß, drückten Stirn und Wangen, Augen, Gesichtsfarbe und Stimmlage meinen geistigen Zustand aus.«

Das autobiographisch beschriebene Bekenntnis des Augustinus zeigt, dass eine Bekehrung ein inneres Geschehen mit erkennbaren psychosomatischen Begleiterscheinungen darstellt. Religionspsychologisch nennt man eine solche »Bekehrung« eine »Konversion«. Eine *Konversion* ist augenscheinlich primär kein äußerlicher, sondern ein seelischer Vorgang. Deshalb verwundert es nicht, dass in den Anfangsjahren der neueren Religionspsychologie die Frage der Konversionen das zentrale Forschungsgebiet ist. Zur Vorgeschichte des Versuchs, Religion als psychisches Phänomen zu betrachten, gehören vor allem die deutschen Mystiker; sie hatten bereits mit ihrer Theorie der religiösen Versenkung implizit eine psychologische Interpretation der Religion vorgenommen. Denn die Mystik betonte – gegen die Begriffsakrobatik der Scholastik – die religiöse Innerlichkeit und das religiöse Erleben. Die mystische Erfahrung zielt auf eine spirituelle Vereinigung der menschlichen Seele mit dem Göttlichen, mithin auf die unio mystica. Religion und Glaube werden hier als individuelle psychische Akte verstanden. Neben der Konversion (z. B. bei Edwin Diller Starbuck) ist die mystische Erfahrung (z. B. bei James H. Leuba) nach wie vor ein wichtiges Forschungsfeld gerade der empirischen Religionspsychologie.

Obwohl es immer wieder Versuche gab, den Glauben primär als Gefühl und damit eben als eine psychologisch beschreibbare Leistung des Seelenlebens zu charakterisieren, blieben diese bis ins 19. Jahrhundert hinein zunächst eine innertheologische Fragestellung, so dass die Religionspsychologie – wie etwa bei Georg Wobbermin – primär Gegenstand der theologischen Glaubenslehre, der Dogmatik, und nicht der sich entwickelnden wissenschaftlichen Psychologie wurde. Erst Ende des Jahrhunderts kamen aus Nordamerika Anstöße zu einer nicht-theologisch, sondern psychologisch betriebenen wissenschaftlichen Religionspsychologie. Hier ist besonders William James (1842-1910) zu nennen, der als einer der ersten sich aus psychologischer Perspektive mit der Religion beschäftigte und sie als Emotion beschrieb. Erstaunlicherweise hat die zeitgenössische *Emotionsforschung* diesen Ball nicht aufgegriffen, obwohl James festgestellt hat, dass sich religiöse Emotionen nicht spezifisch von allen möglichen anderen Emotionen unterscheiden: »Es gibt keinen Grund für die Annahme, es bestünde eine einfache abstrakte ›religiöse Emotion‹ […] für sich selbst« (James 1979, 33). Als Mitbegründer des so genannten »Pragmatismus« geht James davon aus, dass Wahrheit auf Konsens beruht. Das Wahre ist damit eine Frage der sozialen Kommunikation und der sozialen Praxis. Grundlage jeder möglichen Aussage ist die Erfahrung. Dementsprechend kann Religion auch nicht als ein Für-wahr-halten von dogmatischen Aussagen verstanden werden, sondern muss auf eine *religiöse Erfahrung* zurückgeführt werden. Derartige Erfahrungen können experimentell überprüft werden. Mit James wird insofern die Tradition einer *empirisch-experimentellen Religionspsychologie* begründet.

1907 übersetzte der evangelische Theologe Georg Wobbermin das religionspsychologische Hauptwerk von James ins Deutsche. Gleichzeitig entwickelte sich auch in Deutschland eine Religionspsychologie, mit der insbesondere der Name von Wilhelm Wundt (1832-1920) verbunden ist, der das erste Institut für experimentelle Psychologie gründete. Wundt verband den Ansatz einer experimentellen Bewusstseinspsychologie mit einer Völker- und Massenpsychologie und in religionspsychologischen Fragen Psychologie mit Religionsgeschichte. Dabei suchte er zu begründen, dass die phylogenetische Entwicklung, also der Prozess, in dem sich in der Geschichte der Menschheit sukzessiv eine Höherentwicklung des religiösen Bewusstseins ergeben hat, in seiner Regelhaftigkeit ganz dem ontogenetischen Prozess der Persönlichkeitsentwicklung des einzelnen Menschen entspricht: Wie die ganze Menschheit durchläuft auch das Individuum eine Entwicklung vom Animismus zum Monotheismus. Dementsprechend sind kleine Kinder noch animistisch bestimmt, in einer späteren Phase besteht ihre Religion in einem Geisterglauben, der dann von einem Stadium abgelöst wird, in dem bestimmte Dinge und Gegenstände quasi göttlichen Charakter bekommen. Erst danach ist der Mensch in der Lage, abstrakte Religion auszuüben. Derartige Entwicklungsvorstellungen bestimmten später auch die pädagogische Psychologie. Wundt leitete – könnte man sagen – die Tradition für eine *religionspsychologische Entwicklungstheorie* ein, die in neuerer Zeit entweder auf kognitiv-strukturalistischer Basis oder unter Integration tiefenpsychologischer Auffassungen wieder aufgenommen wird (☞ Kap. 2.3.2).

Dimensionen von Religiosität

Nicht zufällig spricht schon der Urahne der wissenschaftlichen Religionspsychologie William James von der »Vielfalt der religiösen Erfahrung«. Wenn man allgemeine religionspsychologische Aussagen treffen will, dann muss man jedenfalls die Vielfalt der religiösen Erfahrungen oder Erlebnisse reduzieren oder typisieren. Das kann man auf zweierlei Weise tun: Erstens könnte man von theoretischen Vorannahmen über seinen Forschungsgegenstand aus diesen dimensionieren. Wir haben solche Dimensionierung ja schon in der Unterscheidung von emotional, kognitiv und pragmatisch gesehen. In der Religionspsychologie und in der Religionssoziologie gibt es noch andere Versuche solcher Dimensionierungen. Oder aber man kann postfaktum, also nachträglich, z. B. mit Hilfe mathematisch-statistischer Verfahren versuchen, die Vielfalt der Einzelergebnisse zu reduzieren. Das macht man z. B. mit einer Faktorenanalyse, in der Korrelationen zwischen verschiedenen Forschungsdaten berechnet werden. Es wird also gefragt, ob es Zusammenhänge zwischen religionspsychologischen Phänomenen gibt und ob sich diese Zusammenhänge dadurch erklären lassen, dass begründend hinter ihnen eine spezifische religiöse Grundeinstellung steht. Auch auf dem Gebiet der Religionspsychologie und Religionssoziologie hat man solche Faktorenanalysen durchgeführt und so unterschiedliche religiöse Grundtypen empirisch nachzuweisen versucht.
Eine der bekanntesten theoretischen Dimensionierungen geht auf Gordon W. Allport zurück. Er entwickelte sie im Zusammenhang mit seiner Vorurteilsforschung zur Überprüfung der These, dass religiöse Menschen vorurteilsvoller sind als nichtreligiöse. Dabei kommt er zu einer Unterscheidung, die wir schon im Zusammenhang mit der Lern- und Motivationspsychologie kennen gelernt haben, nämlich die zwischen extrinsisch und intrinsisch. Nach

Allport gibt es eine vergleichbare *extrinsische und eine intrinsische Religiosität*. Ein religiös extrinsisch motivierter Mensch benutzt die Religion instrumentell, d.h. nach eigenem Gusto, während ein intrinsisch motivierter die Religion aus seinem Innersten heraus lebt; sie ist fester Bestandteil seines Lebens und bestimmt selbst die kleinsten, alltäglichen Handlungsweisen. Diese Form der Religiosität ist selbstlos. Allport u.a. haben zur Erfassung extrinsischer und intrinsischer Religiosität eine Messskala entwickelt (Religious Orientation Scale = ROS), die allerdings umstritten ist, weil nicht immer ganz klar ist, ob sie wirklich das misst, was sie zu messen vorgibt, und ob sie das, was sie misst, auch angemessen misst. Im Sinne der Logik der empirischen Forschung kann man sagen: Es bestehen erhebliche Zweifel an der Validität und Reliabilität dieser Skalen. Dennoch ist sie nach wie vor ein beliebtes Testverfahren in der experimentellen empirischen Religionspsychologie.
Nicht zwei- sondern mehrdimensional sind andere Versuche, die aus der Religionssoziologie stammen und zwar vor allem vom amerikanischen Soziologen Charles Glock. Er unterscheidet fünf Dimensionen: erstens die ritualistische Dimension, die das religiöse Verhalten misst; zweitens die ideologische Funktion, die die Zustimmung zu den zentralen Dogmen der Religion umfasst; drittens die experimentelle Dimension, die danach fragt, inwieweit der/die Betroffene von seiner/ihrer Religion erlebnismäßig und gefühlsmäßig erfasst ist; viertens die konsequentelle Dimension, in der gefragt wird, ob die religiöse Einstellung auch Auswirkungen auf das allgemeine nicht religiöse Handeln hat, und fünftens die intellektuelle Dimension, in der nach dem expliziten religiösen Wissen gefragt wird. Religiosität wird hier nicht – wie bei Allport – auf psychische Motive reduziert, sondern sehr viel komplexer erfasst. Allerdings bleibt fraglich, ob dieses aus der Religionssoziologie entliehene Interpretationsmodell von Religion auch tauglich ist für die religionspsychologische Erforschung von Religiosität.

Freud und die Ambivalenz der Religion

»Jeden Abend habe ich dich um Gnade angefleht. Es gab Zeiten, da konnte ich nicht mehr schlafen, wenn ich's nicht tat, denn mit dir nicht versöhnt zu sein, war lange das Schrecklichste, was ich mir denken konnte. Hier sind alle nur möglichen Ängste zusammengeflossen. Du hast es fertiggebracht, daß ich während langer Zeit mein Leben als ein grausames Experiment in deiner Hand erfuhr, bei dem du unentrinnbar der Stärkere warst. Du brauchtest dich nur einzunisten im Zentrum des Schuldgefühls, und schon warst du unerreichbar mächtig an diesem archimedischen Punkt der kindlichen Neurose. Ich versuche, dir dieses Gottesgeschenk der seelischen Erkrankung zurückzugeben. Ich habe darunter gelitten, so gut es mir möglich war, und du hattest dein Wohlgefallen daran. Du mußt dir jetzt andere zur Wohnung suchen, weil ich ohne den ungebetenen Gast weiterleben

möchte und meinen inneren Raum vielleicht für Menschen brauche, denen ich, neben dir und mir, zu wenig Platz gelassen habe«.

Eine ganz andere Art von Religionspsychologie begegnet uns dann in den tiefenpsychologischen Schulen, insbesondere bei Sigmund Freud (1856-1939) und Carl Gustav Jung (1875-1961). Für die religionspsychologische Diskussion in diesem Jahrhundert ist die *psychoanalytische Sicht der Religion* besonders einflussreich gewesen. Im Unterschied zu den bisher genannten Richtungen fragt sie nicht nach der konstruktiven Bedeutung der Religion, sondern nach deren destruktiver Wirkung. Insofern stellt Freuds Religionstheorie nicht nur eine Religionspsychologie, sondern auch eine Religionspsychopathologie dar. In seinem Aufsatz »Zwangshandlungen und Religionsausübung« (1907) geht er von der Beobachtung aus, dass religiöse Riten auffällige Parallelen zu den Handlungen eines Zwangsneurotikers haben und meint deshalb, die *Zwangsneurose* als pathologisches Gegenstück zur Religionsausübung auffassen zu müssen; die Neurose sei eine individuelle Religiosität, die Religion hingegen eine universelle Zwangsneurose. Die rituelle Zwangshandlung ist eine Abwehr- und Schutzmaßnahme, in der sich der Zwangsneurotiker vor möglicher Strafe durch das Über-Ich schützt. In gleicher Weise dienen auch die religiösen Riten dazu, ein als Gott interpretiertes universelles Über-Ich milde zu stimmen.
Die Analogie von Zwangsneurose und Religionsausübung hat bei Freud eine religionskritische und eine religionsbegründende Komponente. Positiv gesehen geht es sowohl in der Neurose wie auch in der Religion um die Gestaltung eines ursprünglichen Triebes bzw. um Triebverzicht. Deshalb ist die Religion – trotz ihrer psychischen Schädigungen – eminent wichtig für den kulturellen Fortschritt, der ja auf *Sublimation* beruht. Doch das verdrängte Lustprinzip kehrt im Leben des Menschen immer wieder, nämlich in den Träumen. Träume sind für Freud Wunscherfüllungen, und zwar Erfüllungen der verdrängten Triebwünsche. Freud bestimmt die Religion nun in Analogie zum Traum. Sie ist eine Illusion, aber eine Illusion ist kein Irrtum oder eine Unwahrheit, sondern eine Illusion ist charakterisiert durch ihre Ableitung aus menschlichen Wünschen. In der Illusion meldet sich sozusagen das Lustprinzip gegen das Realitätsprinzip wieder zu Wort. Im Reich der Religion erscheint dem Menschen die Welt nicht so, wie sie ist, sondern so, wie er sie sich wünscht. Daraus folgerte Freud, dass die Religion als Illusion keine Zukunft haben darf, wenn Menschen zu sich selbst kommen sollen.
Eine relativ positivere Würdigung der Religion findet sich in der Abhandlung des »älteren« Freuds »Der Mann Mose und die monotheistische Religion« aus dem Jahr 1939; hier wird der Religion eine historische Wahrheit zugesprochen. In ihr sind nämlich Erfahrungen von Menschen zusammengefasst, die früher Realität besessen haben. Die historische Wahrheit der monotheistischen Religion geht zurück in die Zeit Mose, denn in der Moses-Geschichte spiegelt sich

der gelungene Versuch, innerhalb einer patriarchalen Gesellschaft den grundlegenden *ödipalen* Konflikt zu lösen, indem dieser entsexualisiert und vergeistigt wurde. Wenn man nun aber versuchen wollte, diese Lösungsmöglichkeiten in unsere Gegenwart zu übertragen, dann stellt das entwicklungsgeschichtlich eine Regression dar. Der religiöse Mensch fällt in diesem Sinne dann in ein kindliches Stadium zurück, Religion ist insofern *infantiles Wunschdenken*. Der persönliche Gott ist »psychologisch nichts anderes als ein erhöhter Vater«. Doch die Menschen können nicht ewig Kinder bleiben, die Religion muss deshalb realitätsnäher werden. Die eigentliche Konsequenz aus Freuds Religionstheorie ist nicht die Abschaffung der Religion, sondern die Überwindung einer kindlichen Religiosität.

Sigmund Freud (1856-1939)

Der Psychoanalytiker und Theologe Oskar Pfister, ein Zeitgenosse und Parteigänger Freuds, hat versucht, hier positive Wege aufzuzeigen. Dort wo an die Stelle eines strafenden Gottes als einer Über-Ich-Figur der liebende, solidarische Gott, für den Jesus steht, tritt, würden die positiven Kräfte der Religion als Erlösung von Angst frei. Pfister arbeitet mit dem gleichen psychoanalytischen Modell wie Freud, kommt aber zu einem konträren Ergebnis; augenscheinlich ist die Religionsauffassung in dieser tiefenpsychologischen Richtung ambivalent. Religion kann beides: Sie kann psychisch stabilisierend und integrativ wirken, sie kann aber auch pathologisch entarten. Ursächlich ist nach Auffassung der Psychoanalyse Inhalt und Form der religiösen Sozialisation. Die Frage, wie eine authentische, erwachsene Religiosität aussieht, müsste in der psychoanalytischen Tradition jeweils individuell verschieden beantwortet werden. Denn ein Ergebnis der Freudschen Religionstheorie ist ja, dass die Religion ihren spezifischen Stellenwert im individuellen psychischen Haushalt eines Menschen findet. Was für den einen eine positive Funktion haben kann, kann – wie beim oben zitierten Tilmann Moser – bei einem anderen krankhafte Züge erhalten.

Religion nach Jung – ein kollektives Unbewusstes

Trotz eines gewissen Allgemeingrads der psychopathologischen Wirkung von Religion als kollektiver Zwangsneurose kommt es letztendlich auf deren individuelle Funktion an. Das haben wir als »Ambivalenz« der Religiosität in der Psychoanalyse bezeichnet. Für Freuds Schüler und Gegenspieler Carl Gustav Jung hingegen ist Religion ein kollektives Phänomen; er sieht sie als die Heimat und den Ort eines kollektiven Unbewussten mit seinem großen Reservoir an *Archetypen*. Jung kennt zwei Arten des Unbewussten, nämlich einmal das persönliche Unbewusste, das sich ganz und gar aus individuellen Elementen zusammensetzt und sodann das *kollektive Unbewusste*, das allen Menschen über alle Nationen und Kulturen hinweg gleich ist.

Zur Annahme eines kollektiven Unbewusstseins kam Jung, als ihm Übereinstimmungen in den symbolischen Vorstellungen von Schizophrenen und dem ethnologisch-religionswissenschaftlichen Material über archaische Vorstellungen auffielen. Diese Übereinstimmung über Zeit- und Kulturgrenzen hinweg, so mutmaßte er, konnten unmöglich zufällig sein. Es müssen offensichtlich in jedem Menschen bestimmte unbewusste Symbolbildungen vorliegen. Nach Jung ist der Mensch von Natur aus religiös veranlagt, weil die *Archetypen* letztendlich religiöser Natur sind. Und zwar deshalb, weil er ein Gottesbild als kollektiven Archetypus in sich trägt. Entsprechend dem Grundcharakter des Unbewussten, eben nicht bewusst zu sein und damit nicht benennbar, bezeichnet Jung den religiösen Archetypus als das »Numinose«. Dieses Numinose ist eine Wirklichkeit jenseits des Willens des Einzelmenschen. Das Bewusstsein kann das zwar negieren und in die »Persona« eines Ungläubigen oder Atheisten schlüpfen, aber die verborgene religiöse Energie aus dem archetypischen Erbe wirkt gleichwohl unbewusst weiter. Wenn sich nun das Bewusstsein, der Ich-Komplex, gegen diese Energie stemmt, entstehen seelische Störungen.

Die Verdrängung des Religiösen führt nach Auffassung Jungs zu Neurosen und Persönlichkeitsspaltungen. Ein areligiöser Mensch kann nicht zur Individuation und zum Selbst kommen, er bleibt im Ich und im Bewusstsein gefangen. Denn Gott ist – so könnte man Jung interpretieren – nichts anderes als der Archetyp des Selbst. Dieser Archetyp setzt Energien für den *Individuationsprozess*, für die Selbst-Werdung des Menschen frei. Allerdings ist nach Auffassung Jungs dieser Prozess für das einzelne Individuum nicht wirklich vollendbar. Ganz Selbst wird also kein einziger konkreter Mensch, sondern der Inbegriff verwirklichten Selbst ist und bleibt Gott. Wo jedoch die Energien des archetypischen Selbst positiv ins individuelle menschliche Selbst fließen können, dort kommt es zu inneren Erfahrungen und damit zu echter Religiosität. Diese innere Erfahrung hat nach Jung allerdings mit Glauben nichts zu tun; für ihn besteht vielmehr ein tiefer Gegensatz zwischen Glaube und religiöser Erfahrung.

Die Bewusstseinspsychologie betrachtet Religion als eine spezifische Form der Erfahrung; die Tiefenpsychologie sieht in der Religion unbewusste Prozesse am Werk, die entweder pathologischer Natur (Sigmund Freud) oder Selbst- bzw. Ich-konstituierender Natur (Carl Gustav Jung) sein können.

Religion als Urvertrauen

Unter den nachfreudianischen Tiefenpsychologen ist vor allem Erik Erikson (1902-1994) zu erwähnen; auf seiner ***Ich-Psychologie*** basiert u.a. die religionskonstituierende Wende der Tiefenpsychologie. Erikson hat nicht nur Entwicklung als einen lebenslangen Prozess interpretiert und damit die ursprüngliche Begrenzung auf die frühe Kindheit überwunden, sondern versuchte auch, die Dynamik der (Weiter-)Entwicklung zu erfassen. Diese tiefenpsychologische Entwicklungstheorie ist aus zwei Gründen religionspsychologisch relevant: Zum einen bildet vor allem die Weiterentwicklung durch Erikson eine Säule in der Theorie der Glaubensentwicklung nach Fowler. Und zum anderen wird sowohl in der Religionspsychologie also auch in der Religionspädagogik und selbst in der theologischen Anthropologie der Begriff des Urvertrauens aufgenommen. Nach Erikson ist das Ich kein Produkt der vorpubertären Entwicklung, sondern das Ich ist im »status nascendi« bereits vorhanden und steuert den weiteren Gang der Persönlichkeitsgenese.

Anlässe zum Fortschreiten der Entwicklung sind – nach Erikson – grundlegende *Krisen*, die jeweils durch ideell entgegengesetzte Begriffspaare, die nach einem Ausgleich streben, gekennzeichnet werden können. Dieser Ausgleich wird durch einen ständig wachsenden »Ich-Kern« veranlasst, bis das Ich als solches zu Tage tritt. Zugleich werden dabei religionsdidaktisch relevante Werte existenziell erschlossen, wobei die erste Lebensphase von zentraler religionspsychologischer Bedeutung ist. Der Begriff und das psychische Phänomen des Urvertrauens scheint besonders geeignet, um die Basis des Religiösen überhaupt psychologisch zu beschreiben: Nur wer Urvertrauen erworben hat, ist zur Religion fähig. Damit hat Religion eine entwicklungsbedingte Voraussetzung und A-Religiosität lässt sich als Entwicklungsdefizit beschreiben. Vor allem der Religionspädagoge und Religionspsychologe Hans-Jürgen Fraas hat dann die psychologische Behauptung vom basalen Urvertrauen mit der Rechtfertigungslehre in Verbindung gebracht.

Die lebensgeschichtliche Herausforderung nach einer Vermittlung von *Urvertrauen gegen Urmisstrauen* bestimmt die erste (orale) Epoche menschlichen Lebens; gelingt die Konfliktbewältigung, so wird das Ur-Vertrauen zum »Eckstein der gesunden Persönlichkeit« (Erikson 1977), die allerdings auf der Grundlage eines dominanten Vertrauens auch fähig zu gesundem Misstrauen ist. Der psychologisch-existenzielle Inhalt von Hoffnung setzt sich in dieser Entwicklung (Erikson 1988); wer die Fähigkeit zur Hoffnung nicht gelernt hat, wird sie auch später nicht erfahren können. In der Erfahrung einer vertrauensvollen Bezugsperson wird auch die Möglichkeit einer vertrauensvollen Gottesbeziehung angelegt. Psychoanalytisch gesehen ist das Gottesbild von Kindern eine Spiegelung ihrer negativen wie positiven Elternerfahrungen.

In tiefenpsychologischer Sicht wird Religiosität als Ergebnis frühkindlicher Erfahrungen mit Primärobjekten verstanden. Nach Auffassung der an der Ich-Psychologie von Erik Erikson orientierten Religionspsychologie ist dabei entscheidend, wie und wie weit »Urvertrauen« erworben wurde.

1. Eingangs wurde behauptet, dass es in der Psychologie drei Hauptströmungen gibt, die für die Religionspsychologie relevant wären. Zwei der drei Richtungen wurden dargestellt: Skizzieren Sie sie kurz und suchen Sie nach religionspädagogischen Konsequenzen.

2. Sammeln Sie Beispiele für psychische Folgen einer fehlgeschlagenen religiösen Erziehung.

3. Erinnern Sie sich an die religionspädagogischen Grundbegriffe? Können Sie sie den religionspsychologischen Grundpositionen zuordnen?

2.3.2 Kognitiv-strukturalistische Entwicklungstheorien

Elisabeth Naurath

»Neulich habe ich ein Seminar zum Thema ›Erwachsen glauben‹ besucht. Was ich dort gelernt habe, war für mich ganz aufregend. Der Gott meiner Kindheit war immer sehr streng, sehr distanziert und sehr misstrauisch. Ich habe lange unter diesem kalten Gott gelitten und ihn schließlich verabschiedet. So wie man sich von einem Kleidungsstück verabschiedet, wenn es einem nicht mehr passt.« (Frau I., Sprechstunde im Sonntagsblatt vom 1.12.2002, Nr. 48, 19).

Ist das möglich, sich von seinem Gottesbild zu lösen als wäre es ein nicht mehr adäquates Kleidungsstück? Kann Glauben wachsen? Wie entwickelt sich Religiosität? Gibt es hier überindividuelle Strukturen, die man in anthropogenetischen Modellen verallgemeinern kann? Haben diese Modelle eine Stufenabfolge, die eine Wertigkeit einschließt? Und überhaupt: Widerspricht nicht schon die bloße Vorstellung einer Glaubensentwicklung dem ›sola gratia‹ der Rechtfertigungslehre?

Religionspädagogik und empirische Entwicklungspsychologie

Die Genese von Religiosität kann als eines der zentralen Themen gegenwärtiger Religionspädagogik bezeichnet werden. Die so genannte ›Empirische Wende‹ hat zu einer breiten Rezeption entwicklungspsychologischer Erkenntnisse in der Religionspädagogik geführt.
Wie beispielsweise an der evidenten Rolle von William James (1842-1910) und Wilhelm Wundt (1832-1920) für die Liberale Religionsdidaktik zu sehen ist, hat die religiöse Entwicklungspsychologie Vorläufer (☞ Kap. 2.3.1). So wird die Frage nach der Lehrbarkeit des Glaubens bei Gerhard Bohne durchaus an die Vorstellung einer Entwicklungsmöglichkeit und -fähigkeit von Religiosität geknüpft (vgl. Bohne 1922).
Bis in die 1960er Jahre waren in der Religionspädagogik ›Endogenistische Phasentheorien‹ vorherrschend, d.h. die Religiosität eines Menschen entwickelt sich endogen aus Anlagen heraus, die jedem Menschen angeboren sind. In den Hintergrund tritt bei den endogenen Erklärungen der Einfluss der Sozialisation, aber auch der Blick auf individuelle Lebensprozesse. Problematisch ist zudem eine theologische Distanzierung von Personen, deren endogene Religiosität sich überhaupt nicht oder aber nicht adäquat entwickelt.
Der religionspädagogische Diskurs orientierte sich in den 1960er Jahren stark an psychoanalytischen Modellen bzw. deren kritischer Weiterentwicklung, aber auch an persönlichkeitspsychologischen Konzepten wie dem von Erik Erikson. Die Koppelung der Entstehung von Gottesbild und Über-Ich-Entwicklung in der von Freud als ödipal bezeichneten Phase wurde lange rezipiert und bis heute modifiziert; zum Beispiel durch die Untersuchungen der Psychoanalytikerin Ana Maria Rizzuto, die ausgehend von der Objekttheorie Winnicotts zeigt, dass die frühe Mutter-Kind-Beziehung ontogenetisch für die religiöse Entwicklung ausschlaggebend sei.
Für die Religionspädagogik erwies sich der Blick auf die frühkindliche Phase und die Dependenz von Religiosität und prägendem Einfluss der Eltern (Eltern-imagines) als weiterführend. Auch die lebensgeschichtliche Perspektive, die in dem Identitätskonzept Eriksons zum Ausdruck kam, brachte in der Kor-

relation von Lebensthemen (wie beispielsweise Urvertrauen versus Misstrauen) und religiösen Fragestellungen konstruktive Neuansätze.
Die nachfolgende Kritik am Identitätskonzept als solchem erfolgte unter dem Einfluss der Sozialisationsforschung, die mit Beginn der 70er Jahre die Perspektive revolutionierte. Seitdem stellt der exogene Blickwinkel die persönlichkeitspsychologische Entwicklung von Identität unter die Bedingungen von Gesellschaft und Lebenskontext. Und eben diese erweisen sich zunehmend als entchristlicht und im Licht der Postmoderne-Diskussion als fragmentarisch, pluralistisch und unter dem Anspruch von wachsender Rollenflexibilität als zunehmend unabgeschlossen.
Erst der Einfluss der Kognitionspsychologie durch die – in Deutschland sehr späte – Rezeption der Arbeiten Piagets setzte den gegenläufigen Konzepten von endogener und exogener Entwicklung ein interaktionistisches Modell entgegen. Weder sei das Subjekt a priori (unabhängig aller Erfahrung) seinen Anlagen unterstellt noch vorbehaltlos (als ›tabula rasa‹) den gesellschaftlichen Einflüssen ausgesetzt. Vielmehr ist für die anthropogenetische Entwicklung in jeder Hinsicht von einem wechselseitigen Einfluss von Subjekt und Objekt auszugehen, d.h. das Subjekt nimmt interaktiv und konstruktiv an seiner Subjektwerdung teil.
So wurde die Rezeption der interaktionistisch-konstruktivistischen Theorien von Piaget und Kohlberg in ihrem Einfluss auf die religiöse Entwicklung dominierend.

Diskutieren Sie aufgrund eigener Erfahrungen die Notwendigkeit der Kenntnis entwicklungspsychologischen Basiswissens für Religions- bzw. GemeindepädagogInnen.

- *Lesen Sie: Bucher, A. A. (1995a): Religionspädagogik und empirische Entwicklungspsychologie, in: Ziebertz, H.-G./Simon, W. (Hg.)(1995): Bilanz der Religionspädagogik, Düsseldorf, 28-46.*

- *Zentrale Texte zu den kognitiv-strukturalistischen Entwicklungstheorien finden Sie in dem Sammelband von Büttner, G./Dieterich, V.-J. (Hg.)(2000): Die religiöse Entwicklung des Menschen, Stuttgart. Verschaffen Sie sich hier einen Überblick.*

Jean Piaget als Vertreter der kognitiv-strukturellen Psychologie

Eine Religionslehrerin singt in ihrer 1. Klasse das Lied ›Gott hat alle Kinder lieb‹, in dem es am Ende heißt: ›hält uns alle, alle in der Hand‹. Daraufhin schüttelt eine Schülerin ihren Kopf und meint: »Wie soll denn das gehen? Da müsste Gott aber große Hände haben. Und wie würde er dann aussehen?«

Die Denkstrukturen der Religionslehrkraft und der SchülerInnen sind auf verschiedenen Niveaus: Während Erwachsene ganz selbstverständlich metaphorische Rede benutzen, denken Grundschulkinder konkret-operational, d.h. sie bedürfen der konkreten Anschauung, um zu verstehen, aber auch: sie verstehen Bilder als konkrete Anschauungen. Aufgabe der Lehrkraft ist es daher, Übersetzungsarbeit zwischen den verschiedenen Welten des Denkens und Verstehens zu leisten. Entwicklungspsychologisches Basiswissen ist hierzu nötig.

Jean Piaget (1896-1980)

Erst Ende der 60er Jahre wurden die entwicklungspsychologischen Studien Jean Piagets im deutschsprachigen Raum entdeckt. Jean Piaget (1896-1980) gilt als *der* Entwicklungspsychologe schlechthin: Seine Forschungen zur ›genetischen Epistemologie‹, also zur Entwicklung der menschlichen Erkenntnis, waren nicht nur sehr umfassend, sondern auch bahnbrechend.

Schon als Kind untersuchte er die verschiedenen Strukturen von Muscheln und Schnecken in Schweizer Seen und führte ihre Variabilität der Formen auf deren Prozess der Adaption (auf wechselseitig sich beeinflussende Anpassungsvorgänge, ob sie nun am Grund des Sees oder dem Wind und den Wellen ausgesetzt leben) zurück. Dieser biologische Blick auf die Gesetzmäßigkeiten der Entwicklung bestimmte auch seine Arbeiten zur kognitiven Entwicklung des Menschen, wobei er hierzu die ›klinische Methode‹ entwickelte: Die Denkstrukturen des Menschen lassen sich nicht messen, sondern nur in Gesprächen und Interviews erfragen.

Die aktive Rolle des Subjekts bei der Entwicklung des Denkens ernst zu nehmen, begründete eine neue Sicht des Kindes: Der heranwachsende Mensch wird nun in seiner aktiven Mitgestaltung des Sozialisationsprozesses wahrgenommen. Das Kind ist nicht ein defizitärer Erwachsener, sondern qualitativ anders. Als *konstruktivistisch* beschreibt Piaget die Auseinandersetzung des Kindes mit der Welt, d.h. nach und nach werden die Erkenntnisstrukturen durch aktives Handeln des Subjekts aufgebaut. Der Ursprung der Erkenntnis liegt in einer unaufhörlichen Wechselbeziehung von Subjekt und Objekt.

Man stelle sich das Bild einer Wippe vor: Auf der einen Seite das Subjekt mit seinen bereits erworbenen Erkenntnisstrukturen, auf der anderen die Welt der

Objekte, der neuen Erfahrungen, die das erkennende Subjekt zunächst herausfordern um nicht zu sagen: über-fordern. Ziel der *Äquilibration* als Selbstregulierungsprozess ist nun, das Gleichgewicht zwischen *Assimilation* (d.h. Neues wird immer an bereits aufgebaute Strukturen angeglichen) und *Akkomodation* (vorhandene Erkenntnisstrukturen werden durch die assimilierten Elemente modifiziert) wiederherzustellen. Der Widerstand der Phänomene und Erfahrungen, wenn also die Assimilation an die vorhandenen Erkenntnisstrukturen nicht gelingt, führt quasi zur Weiterentwicklung des Denkens: die Struktur des Denkens liegt nun auf einem qualitativ höheren Niveau!
Das berühmteste Beispiel für die kognitive Entwicklung ist der Versuch mit den beiden Trinkgläsern.

Ein leicht nachzuvollziehender Versuch: Sie brauchen ein Trinkglas mit kleinem und eines mit weitem Durchmesser. Fragen Sie doch mal ein fünfjähriges Kind, in welchem Glas (in beiden Gläsern ist die gleiche Flüssigkeitsmenge!) mehr drin sei. Es wird Ihnen antworten: »In dem schmalen, hohen Glas!« Wenn Sie nun vor seinen/ihren Augen die Flüssigkeit in zwei gleichförmige Behälter gießen, so dass das Kind es sehen kann, dass es ganz sicher die gleiche Menge ist, wird es beim nächsten Versuch mit den verschiedenen Gläsern auf seiner Antwort beharren. Auf die Frage hin, wie das denn sein könne, bekam ich bei meinem fünfjährigen Sohn die Antwort: »Da hast du gezaubert!«

Was bedeutet dieser Versuch für die Erkenntnis über die Entwicklung des Denkens? Die Möglichkeiten der logischen Verknüpfung, hier die Koordination von Durchmesser und Höhe des Glases, sind bei Vorschulkindern noch nicht gegeben. Dieses Stadium der kognitiven Entwicklung nennt Piaget ›*präoperational*‹ (ca. 2-7 Jahre). Das Kind befindet sich in der Phase des ›Egozentrismus‹, d.h. dass es noch nicht zwischen psychischen und physischen Ursachen unterscheiden kann.
Ist es möglich, die inneren (Denk-)Handlungen (Operationen) aufgrund der konkreten Anschauung durchzuführen, d.h. logische Zusammenhänge zu erkennen, befindet sich das Kind im *konkret-operationalen* Stadium (ca. 7-11 Jahre). Das Denken löst sich allmählich von der Wahrnehmungsebene.
Erst wenn ein Mensch fähig ist, unabhängig von der konkreten Anschauung, logisch und abstrakt zu denken, hat er das letzte Stadium der *formal-operationalen* Stufe (ca. ab 12 Jahren) erreicht. Solche Entwicklungsfortschritte sind keine bloßen Reifungsprozesse. Sie beruhen vielmehr auf Interaktionen, in denen Denk- und Veränderungsanstöße gegeben werden. Das Lösen von mathematischen Textaufgaben (ohne Anschauungsmaterial) beispielsweise fördert die Entwicklung hin zum formal-operationalen Denken, das bei den meisten Menschen im frühen Jugendalter vorauszusetzen ist.
Grundlegend ist für die kognitive Entwicklung nach Piaget die Beziehung zwischen Subjekt und Objekt. Um Objekte erkennen zu können, muss das Subjekt

auf diese im Sinne eines Transformationsprozesses einwirken: wahrnehmen, bewegen, verbinden, auseinander nehmen (Analyse), zusammensetzen (Synthese) etc. Erst aus dieser Interaktion zwischen Subjekt und Objekt erwächst Erkenntnis, wobei das Kind von seiner Geburt an (und die neuere Säuglingsforschung schließt bereits den pränatalen Bereich ein!) aktiv an seiner Entwicklung beteiligt ist.

So vollzieht das Kleinkind in der so genannten ›*sensumotorischen* Phase‹ (ca. 0-2 Lebensjahre; im Zentrum steht die sinnliche Wahrnehmung durch Beobachten und Begreifen, aber auch die Verinnerlichung von Bewegungsabläufen) bereits elementare Entwicklungsschritte: Während der Säugling ganz auf das Betrachten und Begreifen aktueller Wahrnehmungsbilder angewiesen ist, beginnt das Krabbelkind am Ende des ersten Lebensjahres beispielsweise den Schnuller, der eben noch da war, unter der Bettdecke zu suchen. Hier ist es mit der Erkenntnis der ›*Objektpermanenz*‹ in ein Stadium der logischen Rückschlüsse gekommen, so dass mit der Weiterentwicklung des begrifflichen Denkens zunehmend Zusammenhänge entdeckt werden können. Es kann sein, dass beispielsweise ein zweijähriges Kind alle vierbeinigen Tiere ›Hoppa, hoppa‹ nennt, wenn einmal ein Pferd mit dieser Bezeichnung benannt wurde. Erst mit erweitertem Differenzierungsvermögen wird es vom Allgemeinen auf das Besondere schließen können.

Während die Studien Piagets für die Religionspädagogik vor allem in der Rezeption und Weiterführung des ›genetischen Strukturalismus‹ durch die Arbeiten Kohlbergs (moralische Entwicklung), dann aber in den Konzepten zur religiösen Entwicklung bei Oser/Gmünder und James Fowler wichtig wurden, sind seine Untersuchungen zum ›Weltbild des Kindes‹ von hohem religionspsychologischem Interesse.

So zeigt die Antwort des Kindes auf den Umschütt-Versuch ›da hast du gezaubert‹, dass nicht logische Zusammenhänge, sondern Magie, Animismus und Artifizialismus sein Denken bestimmen. Das Abhängigkeitsgefühl zu den Eltern wird in dieser frühen Periode des ›diffusen Artifizialismus‹ ganz selbstverständlich transzendiert, indem ihnen magische Kräfte zugeschrieben werden.

Die Entwicklung des kindlichen Weltbildes nach Piaget

Sabine, zwei Jahre alt, stößt sich mit dem Kopf an der Tür. Daraufhin schlägt sie auf den ›Übeltäter‹ ein und beschimpft sie als ›böse Tür!‹.

Zentral war für Piaget, von der Egozentrizität des kindlichen Denkens auszugehen. So sei es für ein Kind unmöglich, sich in die Perspektive eines/einer anderen hineinzuversetzen. Erst allmählich entwickelt es die Fähigkeit, zwischen sich selbst und dem anderen zu unterscheiden. Die Grenzen zwischen Subjekt und Objekt sind noch fließend. Es wird eine teilweise Identität bzw. ein Wirkungszusammenhang zwischen Dingen angenommen, die in keinem kausalen Abhängigkeitsverhältnis stehen. Auch Gedanken, Träume, Empfindungen, Erfindungen werden außerhalb des Selbst lokalisiert und als real angesehen (Realismus). Gegenstände wiederum werden – so wie bei Sabine – personifiziert und mit Absichten und Bewusstsein vorgestellt (Animismus).

Auch im kindlichen Artifizialismus wird diese Sichtweise fortgesetzt, indem alle Dinge als um den Menschen kreisend angenommen werden: Alles ist von Menschen geschaffen, um eine Funktion für den Menschen zu erfüllen. Das Phänomen der aufgehenden Sonne erklären Kinder beispielsweise so, dass am Ende der Welt ein Mann jeden Morgen die Sonne wie einen Ball hochwirft und abends wieder auffängt (diffuser Artifizialismus).

In dem späteren Stadium des ›mythologischen Artifizialismus‹ (im Schulalter) sucht das Kind nach Deutungen, die die Dinge als zugleich fabriziert und doch lebendig erweisen (z.B. die Sonne wurde vom Menschen mit Hilfe eines Streichholzes gemacht). Ein achtjähriges Kind kann es durchaus als real empfinden, dass sein Kuscheltier Schmerzen oder Hunger verspürt.

Zu dem Zeitpunkt, da es erfährt und erlebt, dass seine Eltern nicht allwissend sind, gerät sein Weltbild jedoch in eine Krise. Der Artifizialismus wird bei Piaget nicht in einen menschlichen oder göttlichen unterschieden, da bis zum Alter von sieben bis acht Jahren beide in eins zu sehen sind. »Loslösung von der Ausschließlichkeitsbindung an die Eltern und Loslösung vom eigenen Standpunkt oder vom Ich, das scheinen die beiden wichtigsten Faktoren zu sein, um das schrittweise Verschwinden des Animismus und des Artifizialismus zu erklären.« (Piaget 1978, 304)

So wie sich das Weltbild Heranwachsender verändert, so ist auch die Gewissensbildung ein Prozess, der psychosozial bedingt ist. Doch kann man über die äußeren Einflüsse hinaus eine strukturelle Entwicklung erkennen, die anthropologisch begründet ist?

Die Entwicklung des moralischen Urteils nach Kohlberg

Den strukturgenetischen Ansatz von Piaget und dessen Untersuchung ›Das moralische Urteil beim Kinde‹ (1937) aufgreifend, konzentrierte Lawrence Kohlberg (1927-1987) in den 50er Jahren sein Forschungsinteresse auf die Moralentwicklung. Kohlberg versuchte nachzuweisen, dass es vergleichbar zur Denkentwicklung des Menschen eine Struktur des moralischen Urteils gäbe.

Analog zu Piagets methodischen Ansatz der ›klinischen Befragung‹ arbeitete Kohlberg mit Hilfe von Dilemmageschichten: d.h. ein Proband wird mit einem

Konflikt konfrontiert, zu dem mit Hilfe einer moralischen Abwägung Stellung bezogen wird.

Berühmt wurde das so genannte ›*Heinz-Dilemma*‹: *Die Ehefrau von Heinz litt an einer lebensbedrohlichen Krankheit und war dringend auf ein Medikament angewiesen. Als sich der Apotheker weigerte, ihm das Medikament zu einem Preis zu geben, den Heinz bezahlen konnte, entschied sich Heinz zum Diebstahl. Ist diese Entscheidung gerechtfertigt? Warum?*

Entscheidend ist nun nicht die moralische Position (z. B. ›wie würdest du handeln?‹ oder ›welche Entscheidung ist die ethisch richtige?‹), sondern die Begründung des moralischen Urteils über den von der Person in der Dilemmageschichte vollzogenen Schritt. Es wird quasi unabhängig von der Einschätzung der zu Grunde liegenden Moral (die ja soziokulturell bedingt sehr unterschiedlich sein kann) eine Metaebene eingenommen, die nach der Struktur moralischen Urteilens fragt.

Beim empirischen Vergleich von Antworten auf diese Dilemmasituation lässt sich mit Kohlberg eine *Struktur des moralischen Urteils* und seiner Entwicklung erkennen, die in drei Niveaus mit jeweils zwei Stufen zu untergliedern ist:

1. Auf dem ersten Niveau (präkonventionelle Moral) orientiert sich ein Mensch an Autoritäten, die mit Bestrafung bzw. Belohnung auf das Handeln reagieren könnten, d. h. zum Beispiel: Heinz soll das Medikament nicht stehlen, um nicht ins Gefängnis zu kommen!
2. Auf dem zweiten Niveau (konventionelle Moral) urteilt ein Mensch so, dass er sich an den geltenden Normen und Regeln (Konventionen) seines gesellschaftlichen Bezugssystems ausrichtet, d. h. zum Beispiel: Heinz soll nicht stehlen, weil die Gesetze dies verbieten und die Wahrung der Gesetze unsere Gesellschaft vor Chaos schützen!
3. Auf dem dritten Niveau (postkonventionelle Moral) wird nun das gesellschaftliche System selbst kritisch hinterfragt, insofern es gilt, ein höheres moralisches Prinzip wie Gerechtigkeit, Frieden, Bewahrung des Lebens etc. zu erreichen; d.h. zum Beispiel: Heinz darf das Medikament stehlen, denn ein Menschenleben zu retten ist moralisch besser als ein Gesetz einzuhalten.

Präkonventionelles Niveau (soziale Perspektive fehlt weitgehend)	
Stufe 1 Heteronom bestimmt	Ziel ist die Vermeidung von vorwiegend körperlich befürchteten Sanktionen (Strafvermeidung). Dies hat blinden Gehorsam gegenüber Autoritäten zur Folge!
Stufe 2 Stärkeres Bewusstsein der eigenen Individualität führt zu Zweck-Mittel-Denken.	Im gegenseitigen Austausch bringt es am meisten, den konkurrierenden Bedürfnissen von sich und anderen gerecht zu werden, wobei der eigene Vorteil (Hedonismus) im Vordergrund steht.

Konventionelles Niveau (soziale Normen gelten unhinterfragt)	
Stufe 3 Perspektivenwechsel: Das eigene Verhalten wird nun aus der Sicht der anderen betrachtet.	Richtig ist, Regeln einzuhalten und den Erwartungen von anderen an die eigene Person gerecht zu werden! Diesem Verständnis liegt ein Bedürfnis nach Anerkennung zu Grunde.
Stufe 4 Größere soziale Bezugssysteme kommen in ihrer Funktion in den Blick.	Es entwickelt sich ein soziales Verantwortungsgefühl gegenüber der Gesellschaft, die Recht und Ordnung gewährleistet.
Postkonventionelles Niveau (wachsende Autonomie und Freiheit)	
Stufe 5 Prinzipiengeleitete Moralität	Gesellschaftliche Regeln und Normen werden kritisch auf ihre ethische Funktion hin geprüft; das Gemeinwohl (Sozialvertrag), aber auch das Recht des Einzelnen spielt eine wesentliche Rolle.
Stufe 6 Universale ethische Prinzipien	Diese empirisch nicht verifizierbare Stufe geht vergleichbar dem Kategorischen Imperativ Kants von einer höheren humanen Vernunft aus.

Kohlbergs Stufenmodell zur moralischen Entwicklung ist nicht unhinterfragt geblieben! Neben dem Vorwurf, dass moralisches Urteilen auf der Grundlage vorgegebener, aber lebensferner Dilemmageschichten nichts mit einer realitätsbezogenen Einsicht in moralische Entscheidungen und schon gar nichts mit dem daraus resultierenden Handeln zu tun habe, hat die nachfolgende Forschung aufgrund empirisch verifizierbarer Anomalien der moralischen Entwicklung (wie auffällige Regressionen in der Adoleszenzkrise oder schwer einzuordnende Schwebezustände zwischen zwei Entwicklungsstufen) das Strukturschema überarbeitet. Kritisiert wurde zudem, dass Kohlbergs Fixierung auf die kognitive Entwicklung dem komplexen Phänomen von Moral, das schließlich die affektive Ebene auch einschließe, nicht gerecht wird.

Zu einem Forschungsschwerpunkt feministischer Ethik wurde die basale Kritik Carol Gilligans (Gilligan 1982), einer ehemaligen Mitarbeiterin Kohlbergs, an seinem Anspruch auf universalisierbare und damit geschlechtsneutrale Entwicklungsstufen der Moral. Sie kritisierte nicht nur Kohlbergs Konzentration auf männliche Probanden, sondern stellte sein Stufenschema unter Ideologieverdacht: Ein moralisches Urteil werde umso höher bewertet je abstrakter und prinzipienorientierter seine Beurteilung ausfalle! Diese Sichtweise widerspreche weitgehend dem für Frauen typischen, moralischen Urteil, das sich weniger an Prinzipien als an Beziehungsstrukturen orientiere.

Die eher weibliche Moral der Fürsorge (care-Struktur) suche nach kontextgebundenen und kommunikativen Lösungen eines Konflikts, während das oberste Bewertungskriterium eher männlicher Urteilsstruktur von einem Prinzip der Gerechtigkeit ausgehe.

Während Gilligan die Integration beider Moralkonzepte anstrebte, also dass Männer und Frauen zu unterschiedlichen Zeiten verschiedene Urteilsstrukturen vorziehen und so ein komplexeres Moralverständnis entwickeln könnten (Gilligan 2000), entstand in der feministisch-ethischen Forschung eine breite Diskussion um geschlechtsspezifische Moral.

1. Betrachten Sie den Kasten mit Umspringbild: Warum können Sie nur A oder B sehen, doch nicht beide Bilder zugleich? Und was bedeutet ein ›sowohl als auch‹ für die Entwicklung des moralischen Urteils?

2. Diskutieren Sie aufgrund eigener Erfahrungen, ob die Polarisierung von prinzipienorientierter und fürsorgeorientierter Moralentwicklung so haltbar ist.

- *Lesen Sie von Kohlberg, L.: Kognitive Entwicklung und moralische Erziehung, in: Büttner, G./Dieterich, V. -J.(Hg.)(2000): Die religiöse Entwicklung des Menschen. Ein Grundkurs, Stuttgart, 50-66.*

- *Lesen Sie den Aufsatz von Buse, G. (1995): Weibliche Moral – feministische Ethik? Zur Bedeutung von Carol Gilligans Thesen über die Moral von Frauen für die aktuelle Debatte um eine feministische Ethik, in: EvErz 47, 262-270.*

Die religiöse Entwicklung des Menschen

Religiosität ist lebensgeschichtlich und damit individuell bedingt: nicht nur Kontingenzerfahrungen (wie Krankheit, Tod etc.), sondern auch allgemeine Lebensbedingungen und -veränderungen haben Einfluss auf religiöse Sinnsuche und persönliche Deutungen. Dennoch ist es der Entwicklungspsychologie gelungen, Strukturen einer überindividuellen Entwicklung von Religion aufzuzeigen, die den Anspruch auf Universalität erheben.
Zwei Modelle sind hierbei für die Religionspädagogik grundlegend: ›Die Stufen des Glaubens‹ (stages of faith) von James Fowler und die Entwicklung des religiösen Urteils von Fritz Oser und Paul Gmünder. Obwohl Fowler sein Konzept zeitlich früher entwickelte (engl. bereits 1974), soll zunächst die Entwicklung des religiösen Urteils von Oser/Gmünder beschrieben werden, da es sich eng an Kohlbergs Theorie der Entwicklung des moralischen Urteils anlehnt.

Fritz Oser und Paul Gmünder: Stufen des religiösen Urteils

Angesichts gegenwärtiger Entchristlichung von Religiosität gehen Oser/Gmünder in ihrer Theorie des religiösen Urteils (1984) von einer anthropologisch geltenden Religiosität aus, die sich nicht in einem personalen Gottesbild oder gar in Kirchlichkeit festmachen lassen muss. Um den Gottesbegriff weit zu fassen, sprechen Oser/Gmünder von dem ›Ultimaten‹ als dem letzten Grund menschlicher Anbindung oder dem Letztgültigen, dem Unbedingten und Transzendenten. Entscheidend ist für sie nicht, ob oder in welcher Weise geglaubt wird, sondern wie religiöse Urteile entstehen.

Ihre Frage lautet: Gibt es eine Struktur religiösen Urteilens, die nicht nur unabhängig von ihrer inhaltlichen Ausrichtung, sondern auch in Analogie zur Entwicklung der Kognition zu sehen ist?

Einerseits ja, denn – so die These – basiert religiöse Urteilsfähigkeit auf der Entwicklung von Rationalität und Autonomie des Menschen, andererseits geht jedoch Religiosität als die Suche nach Sinn und Weltverstehen, als ›Tiefenstruktur der Wirklichkeitsbewältigung‹ (Oser/Gmünder 1984, 42) über den kognitiven und moralischen Bereich hinaus.

Oser und Gmünder arbeiten wie Kohlberg methodisch mit Dilemmageschichten: Das berühmte Paul-Dilemma veranschaulicht, dass der Konflikt des religiösen Urteilens weder kognitiv noch moralisch, sondern nur in einer umfassenden Beziehung (von Denken, Sprechen, Fühlen und Handeln) zu einem Letztgültigen geschehen kann. Folgender Konflikt soll beurteilt werden:

Paul, ein junger Arzt, befindet sich in einer lebensbedrohlichen Situation aufgrund eines Flugzeugabsturzes, so dass er zu Gott betet und verspricht – falls er überlebt – seine geplante Zukunft mit Heirat und gut bezahlter Klinikstelle aufzugeben und sein Leben für Menschen in der Dritten Welt einzusetzen. Nachdem er gerettet wurde und zudem für eine aussichtsreiche Stelle ausgewählt wurde, steht er im Konflikt einer Entscheidung.

Die Zuordnung in ein strukturgenetisches Phasenmodell geschieht nicht aus inhaltlichen Gründen, sondern unabhängig davon aufgrund der Begründungsform des Urteils: nämlich wie die Verhältniszuschreibung der Autonomie des Menschen zur Autonomie eines Ultimaten (in Bezug auf die Gegensatzpaare Heiligkeit – Profanes, Transzendenz – Immanenz, Freiheit – Abhängigkeit, Sinn – Absurdität, Vertrauen – Angst, Dauer – Vergänglichkeit und Unerklärliches – funktional Durchschaubares) beschaffen ist.

Das Stufenmodell von Oser/Gmünder beschreibt folgende fünf Niveaus, wobei eine Vorstufe als vorreligiöse Haltung angenommen wird: Das Kind kann auf

Stufe Null noch nicht zwischen verschiedenen Wirklichkeiten unterscheiden und daher keine religiösen Urteile fällen.

Stufe 1	Sicht einseitiger Macht und Autorität eines Ultimaten (Deus ex machina)
Stufe 2	Sicht der Beeinflussbarkeit alles Ultimaten durch Riten, Erfüllungen, Gebete usw. Erste Subjektivität (Do ut des)
Stufe 3	Autonomie der Person durch Abtrennung des Ultimaten vom genuin humanen Bereich (Deismus)
Stufe 4	Autonomie der Person durch Annahme apriorischer Voraussetzungen aller menschlichen Möglichkeiten durch Ultimates (Apriorität)
Stufe 5	Sicht einer kommunikativ-religiösen Praxis, in der Ultimates in jedem Handeln Voraussetzung und Sinngebung bildet; höchste menschliche Autonomie (Kommunikativität)

aus: Stufen des religiösen Urteils nach Oser/Gmünder 1984, 87 f.

Vergleichbar dem moralischen Niveau bei Kohlberg ist die Strafvermeidung die Motivation des religiösen Urteils auf *Stufe 1*, wobei der Mensch in absoluter Abhängigkeit (Heteronomie) zu einem autonom vorgestellten Gott (bedingt durch das Gefühl des unbedingten Angewiesenseins auf die Eltern im frühen Kindesalter) steht.

Sowohl Rationalität als auch Autonomie des Menschen haben zugenommen, wenn auf *Stufe 2* konditional (in einer wenn-dann-Struktur) geurteilt wird. Im Sinne eines ›do ut des‹ wird mit Gott verhandelt, werden Leistungen und Verzichtszusagen versprochen, um im Gegenzug Bitten erfüllt zu bekommen. Die Möglichkeit der Beeinflussbarkeit Gottes zeigt, dass die Eigenständigkeit des Subjekts stärker in den Blick kommt.

Diese Entwicklung hat sich auf *Stufe 3* dann deutlich fortgesetzt: Hier sieht sich der Mensch in Unabhängigkeit zu Gott und schließt die Möglichkeit eines Handels aus. Grund hierfür kann sein, dass auf der zweiten Stufe zunehmend die vermeintliche Beeinflussung bzw. Bestechlichkeit Gottes als ein religiöser Irrtum realisiert wird.

Die Enttäuschung hierüber führt nicht selten zu einem – gerade in der Pubertät – offensichtlichen Beziehungsabbruch im Sinne absoluter Autonomie bzw. einer deistischen Gottesvorstellung, d.h. der Mensch meint, es gäbe Gott, aber dieser habe keinen Einfluss auf die Welt. Diese Trennung von Gott und Mensch wird auf *Stufe 4* zugunsten eines neuen Freiheitsbegriffs aufgehoben: die Fähigkeit zur Selbstreflexion bewirkt einen Zugewinn an Autonomie, der als negative Freiheit von (auch selbst auferlegten) Zwängen verstanden wird.

Dieser in seiner Negativität gefangene Freiheitsbegriffs als ›Freiheit von‹ wird in *Stufe 5* positiv zugunsten einer ›Freiheit zu‹ aufgelöst. Höchste menschliche Autonomie befähigt den Menschen nunmehr zur Intersubjektivität und Kommunikativität. Die Beziehung zum Ultimaten kann nicht länger abgelöst von

menschlichen Beziehungsstrukturen verstanden werden. Der Grund aller Freiheit und auch der Impuls zum sozialen Engagement für die Freiheit aller Menschen wird in Gott gesehen.
Auf das Stufenschema folgt eine hypothetische *Stufe* 6, die universalisierend die rechtfertigungstheologische Prämisse der Freiheit auf das Angenommensein aller Menschen durch Gott gründet und im Sinne einer Allversöhnung Christen wie Nichtchristen ins Heilsgeschehen einschließt.
Auffallend ist die empirisch verifizierte, strukturierende Kraft des Alters in den ersten 25 Lebensjahren, die unabhängig vom soziokulturellen und religiösen Hintergrund der Befragten zur Geltung kommt. Während die letzten beiden Stufen keiner spezifischen Altersgruppe zugewiesen werden können, sind Kinder im Grundschulalter regelhaft den Stufen 1 und 2 zuzuordnen. Die Zuschreibung zu Stufe 3 beginnt im Alter von elf Jahren stetig zuzunehmen, um im Erwachsenenalter von 20-25 Jahren (bei einem Anteil von ca. 10 % der Antworten auf Stufe 4) die bestimmende Phase des frühen und mittleren Erwachsenenalters auszumachen (vgl. Grafik bei Schweitzer [2]1991, 128). Interessanterweise scheint im Alter eine rückläufige Tendenz der Stufenabfolge einzutreten, die als ›Zweite Naivität‹ (Paul Ricoeur) bekannt ist.
Welche religionspädagogische Relevanz kommt diesem Entwicklungsmodell zu? Wie Bucher und Oser empirisch zeigen konnten (Bucher/Oser 1987a), hat die strukturgenetische Theorie zur religiösen Entwicklung für die Arbeit mit biblischen Texten weitreichende Folgen: So ist nicht nur rezeptionsästhetisch die aktive Rolle des Lesers/der Leserin in die Auslegung eines Textes einzubeziehen, sondern eben auch die jeweilige Stufe der religiösen Entwicklung. Für das Verstehen von Gleichnissen ist es demnach elementar, nicht nur die kognitive Entwicklung (also die Fixierung auf die Bildhälfte im konkret-operationalen Stadium) einzubeziehen, sondern auch die Entwicklung der religiösen Urteilsbildung mit zu bedenken. So ist es beispielsweise für Kinder auf der ersten Stufe nicht möglich, die neutestamentliche Parabel von den Arbeitern im Weinberg (Mt 20,1 ff.) so zu verstehen, dass der Weinbergbesitzer Gott sein könnte, da Gott doch sicher denen, die mehr gearbeitet haben, auch gerechterweise mehr Geld geben würde! Problematisch wird es, wenn auf der exegetischen Deutung (hier wurde für die meisten Kommentare die Stufe 4 verifiziert!) beharrend, die Kinder den Transfer im Blick auf ihr Gottesbild leisten sollen und es hier zwangsläufig zu Missverständnissen und Verwirrungen kommen muss, wie z. B. der Ärger darüber, dass Gott so ungerecht sei!

Rezeptionsästhetik

Nicht nur ein Text ist in einen spezifischen Kontext (historisch-kritische Methode z.B. für die Arbeit an biblischen Texten) eingebunden, sondern auch seine Leser und Leserinnen. Die Kommunikationswissenschaft hat die aktive Rolle des Empfängers (Rezipienten) von Botschaften herausgestellt und damit die Rede von *der* Bedeutung eines Textes (Sender) kritisch hinterfragt. Die Rezeptionsästhetik (Warning 1975) betont die schöpferische Aktivität eines Subjekts beispielsweise beim Lesen eines Textes, diesen nämlich in den eigenen Sinn- und Verstehenshintergrund einzupassen.

Lesetipp: Huizing, K./Körtner, U. H. J./Müller, P. (1997): Lesen und Leben. Drei Essays zur Grundlegung einer Lesetheologie, Bielefeld.

1. Beschreiben Sie zu jeder Stufe des Modells eine adäquate Antwort auf das Paul-Dilemma. Mögliche Antworten finden Sie bei Schweitzer, F. (²1991): Lebensgeschichte und Religion. Religiöse Entwicklung und Erziehung im Kindes- und Jugendalter, Gütersloh, 121-137 .

2. Auch die Wunderdidaktik im Religionsunterricht ist umstritten: Diskutieren Sie mit Hilfe Ihres entwicklungspsychologischen Wissens, welche Gründe für oder gegen die Vermittlung von Wundertexten in der Grundschule sprechen.

Lesen Sie hierzu: Kollmann, B.: Neutestamentliche Wundergeschichten: biblisch-theologische Zugänge und Impulse für die Praxis, Stuttgart u. a., 178ff.

3. Diskutieren Sie das Problem der Gleichnisdidaktik.

Lesen hierzu einführend den Artikel von Kropac, U.: Biblisches Lernen, in: Hilger, G./Leimgruber, S./Ziebertz, H.-G. (Hg.)(2001): Religionsdidaktik. Ein Leitfaden für Studium, Ausbildung und Beruf, München, 385-401.

Weiterführend empfiehlt sich: Bucher, A. A./Oser, F. (1987): »Wenn zwei das gleiche Gleichnis hören …«. Theoretische und empirische Aspekte einer strukturgenetischen Religionsdidaktik – exemplifiziert an der neutestamentlichen Parabel von den Arbeitern im Weinberg (Mt 20,1ff.), in: ZfPäd 33, 167-183.

Charakteristisch für Fowlers Entwurf ist die Komplexität seines Modells: Er verknüpft das strukturgenetische Modell der Entwicklung des Denkens (Piaget) und des moralischen Urteils (Kohlberg) mit dem persönlichkeitspsychologischen Ansatz von Erik H. Erikson. Damit nimmt er der Kritik eines reduktionistischen, da nur auf die kognitive Dimension begrenzten Menschenbildes, den Wind aus den Segeln.

Deutlich wird dies an der Wahl seines Untersuchungsgegenstands und an seiner Methodik. Fowler entwirft nicht wie nach ihm Oser/Gmünder eine Theorie der Entwicklung des religiösen Urteils, das sich eng an die kognitivistischen Theorien anlehnt, sondern er weitet den Rahmen, indem er vom Begriff des Glaubens ausgeht. Glaube (faith) ist für Fowler weniger ein Substantiv als ein Verb, denn es sei vorrangig durch seine aktive, sinnschaffende (meaning making) Funktion zu verstehen: »In seinem Bestreben, uns auf diese letzten Bedingungen unserer Existenz hin auszurichten, umfasst der Glaube drei wichtige Formen des Konstruierens: 1. ein bestimmtes Muster des Erkennens […]; 2. ein bestimmtes Muster des Wertens […]; 3. ein bestimmtes Muster der Sinnkonstruktion […]« (Fowler 1989, 81).

›Faith‹ ist als ›Lebensglauben‹ (vgl. Nipkow 1983, 174) eine Lebenseinstellung, die die ganze Person in ihrem Streben nach Sinn umfasst (theologisch: fides qua creditur) und abzugrenzen von ›belief‹ als einem Für-Wahr-Halten bestimmter Glaubensinhalte (fides quae creditur). Entsprechend dem weit gefassten Glaubensbegriff glaubt jeder Mensch, unabhängig von seinem Alter, seiner religiösen oder konfessionellen Bindung oder Nichtbindung.

Fowlers Herangehensweise ist methodisch nicht nur anspruchsvoll, sondern geradezu kompliziert. Uneindeutigkeiten in den Ergebnissen seiner Auswertungen sind vorprogrammiert, doch plausibel: So muss die Komplexität des Gegenstands ›Glaube‹ die Akzeptanz von vorläufigen, nur annäherungsweisen bzw. schwer zu kategorisierenden Ergebnissen einschließen. Methodisch arbeitete Fowler so, dass er mit seinen ProbandInnen halboffene Interviews von 2,5 Stunden Dauer führte, in denen deren Leben, Schlüsselerlebnisse, Beziehungen, Werte, religiöse Erfahrungen und Deutungen zur Sprache kamen. Sein Ziel, universalisierbare Strukturen der Glaubensentwicklung (faith development) zu erkennen, verfolgte er, indem die InterviewpartnerInnen sowohl vom Alter, Geschlecht, religiöser Orientierung, beruflichem und sozialem Hintergrund her äußerst disparat gewählt wurden.

Sein Stufenschema unterteilt Fowler in sechs Niveaus, wobei in einer Vorstufe ›Erster Glaube‹ (primal faith) dem Kind noch vor dem Spracherwerb eine Form von Glauben im Sinne von Vertrauen zugesprochen wird.

Stufe 1	**Intuitiv-projektiver Glaube:** Da das Kind erst mit wachsendem Spracherwerb ein Wirklichkeitsverständnis entwickelt, das Phantasie und Reales unterscheiden kann, ist die religiöse Vorstellungskraft vorrangig durch die Einflüsse der nahen Bezugspersonen bestimmt. Religiöse (Be-)Deutungen, aber auch Ängste sind noch wenig kommunikabel und logisch.
Stufe 2	**Mythisch-wörtlicher Glaube**: Die Offenheit der Kinder für (biblische) Geschichten, die sie in ihrem konkret-operationalen Denken wörtlich (noch nicht symbolisch) verstehen, gibt Impulse zu einem Blickwechsel, die Perspektive anderer einzunehmen und damit die bisherige Egozentrik beginnend zu überwinden. Mit Hilfe der Erzählungen bahnt sich gesellschaftliches, geschichtliches und Raum-Zeit-Vorstellungsvermögen an.
Stufe 3	**Synthetisch-konventioneller Glaube**: Diese für das Jugendalter charakteristische Phase schließt einerseits die Orientierung an vorgelebten Deutungen und Vorbildern ein und andererseits die Suche nach einer Verknüpfung (Synthese) für die eigene Person. Es liegt noch eine weitgehende Abhängigkeit von Autoritäten und mangelnde Kritikfähigkeit vor.
Stufe 4	**Individuierend-reflektierender Glaube**: Erst im späten Jugendalter ist die Fähigkeit zur Selbstreflexivität und kritischen Distanznahme gegenüber bisherigen Autoritäten und Traditionen möglich. Die Herausbildung eines Identitätsbewusstseins befähigt zur Selbstrelativierung als Bedingung dafür, Glaubensaussagen zu hinterfragen, biblische Geschichten zu entmythologisieren und zur Eigenverantwortlichkeit zu kommen.
Stufe 5	**Verbindender Glaube**: Kennzeichen dieser Stufe ist die Kommunikations- und Dialogfähigkeit, die nicht vorschnell bewertet (Schwarz-Weiß-Malerei), sondern kontextuell denkt und nach Hintergründen und Bedingungen fragt. Der Wahrheitsbegriff wird relativiert.
Stufe 6	**Universalisierender Glaube**: Diese höchste Stufe ist nahezu beispiellos (Mahatma Gandhi und Mutter Theresa werden genannt) und wird beschrieben als Phase der Auflösung jeglicher Egozentrik aus Liebe und höchster Ehrfurcht vor dem Sein.

Positiv ist zunächst festzustellen, dass Glaube nach Fowlers Entwicklungsschema ein wandelbarer Prozess ist: die theologische Vorstellung, dass Glaube – von Gott geschenkt – unveränderlich sei, muss daher erweitert werden zugunsten einer Glaubensgenese, die kontextgebunden ist: das aber »bedeutet für die Kirchen und für pastorale Tätigkeit, dass sie Bedingungen und Anregungen zur Verfügung stellen muss, um Entwicklung im Glauben zu unterstützen und zu fördern« (Klessmann 2004, 514).
Hinsichtlich der strukturellen Kriterien seiner Auswertung (vgl. Schweitzer 1987, 141 f.), die nach Logik, Rollenübernahme, Form des moralischen Urteils, Grenzen des sozialen Bewusstseins, Verortung von Autorität, Form des Weltzusammenhangs und Symbolfunktion fragen und klassifizieren, erfuhr Fowlers Modell Kritik. Ob diese Aspekte wirklich dem Glaubensbegriff gerecht werden (z.B. scheint die emotionale Dimension weitgehend ausgeklammert) und wie eindeutig die Antworten zu kategorisieren und dann auf einer Stufe zu verbinden sind, bleibt hinterfragbar und empirisch ungesichert.
Problematisch ist zudem der Anspruch auf Universalisierbarkeit der Stufenabfolge bei einer gleichzeitigen inhaltlichen Ausrichtung, die doch deutliche Züge christlicher Prägung in sich birgt.

Lesen Sie die einführenden und kritischen Aspekte zu Fowlers Stufenmodell bei Schweitzer, F. (^{2}1991): Lebensgeschichte und Religion. Religiöse Entwicklung und Erziehung im Kindes- und Jugendalter, Gütersloh, 137-167 (mit weiterführenden Literaturangaben).

Diskutieren Sie die Frage, ob Glaube nach protestantischem Verständnis überhaupt wachsen kann. Steht die Rechtfertigungstheologie gegen ein Wachstumsmodell oder müssen wir hier zwischen Rechtfertigung und Heiligung unterscheiden?

Lesen Sie dazu den klärenden Aufsatz von Karl Ernst Nipkow, Wachstum des Glaubens – Stufen des Glaubens. Zu James W. Fowlers Konzept der Strukturstufen des Glaubens auf reformatorischem Hintergrund, in: Müller, H.-M./Rössler, D. (Hg.) (1983): Reformation und Praktische Theologie, Göttingen, 161-189.

Entwicklungspsychologische Stufenmodelle in der Religionspädagogik

Religiöse Entwicklung ist zum einen individuell bestimmt im Zuge lebenslanger Erfahrung und Deutung, zum anderen aber auch ein Prozess, der verallgemeinerbare und typisierbare Strukturen aufweist.

Wir sollen heiter Raum um Raum durchschreiten,
an keinem wie an einer Heimat hängen,
der Weltgeist will nicht fesseln uns und engen,
er will uns Stuf' um Stufe heben, weiten.

Kaum sind wir heimisch einem Lebenskreise
und traulich eingewohnt, so droht Erschlaffen,
nur wer bereit zu Aufbruch ist und Reise,
mag lähmender Gewöhnung sich entraffen.

(aus: Hermann Hesse, Stufen)

Welche konstruktiven Impulse kann die Religionspädagogik für Theorie und Praxis aus den Strukturtheorien ziehen? Unterrichtspraktisch haben sie eine basale Bedeutung für die Vorbereitung von Religionsstunden: so werden im Rahmen einer Analyse des didaktischen Bedingungsfeldes nicht nur die soziokulturellen, sondern auch die anthropogenen Faktoren der spezifischen Klasse einbezogen, d. h. es wird altersspezifisch der Rahmen des anzunehmenden kognitiven, moralischen und religiösen Niveaus einbezogen. Religionsdidaktisch bedeutsam ist, dass Kinder religiöse Fragen und Interpretationen so assimilieren, dass diese in die ihnen verfügbaren Strukturen des Verstehens passen bzw. eingefügt werden können (Schweitzer/Nipkow/Faust-Siehl/Krupka 1995, 17). Mit Hilfe der Theorien religiöser Entwicklung können Assimilationsprozesse also kalkulierbarer werden. Dies kann der Gefahr eines un- bzw. missverständlichen Unterrichts vorbeugen, denn nicht selten sind Kinder durch Vorgaben der Lehrerinterpretationen, die ihrer Entwicklungsstufe nicht entsprechen, überfordert.
Demgegenüber lässt die Einsicht in die Individualisierung von Lernprozessen vor einer pauschalen Kategorisierung der Kinder warnen: Oft erweist sich eine Klasse in ihren Verstehensmöglichkeiten als heterogen, so dass der Blick auf jedes einzelne Kind in seiner Entwicklung nicht zu kurz kommen darf. Schließlich ist mit zu bedenken, dass auch außerschulische Anregungen (z. B. Familienreligiosität) dem Kind Anlass geben, seine Glaubensentwicklung zu vollziehen und dass zudem diese Entwicklung natürlich komplexer zu verstehen ist als die Stufenschemata suggerieren.
Schließlich steht religiöse Bildung vor der Herausforderung, Entwicklungsprozesse nicht nur zu begleiten, sondern auch in Gang zu setzen.
Interessanterweise kann durch den Einsatz von Dilemmageschichten im Unterricht die Weiterentwicklung der religiösen Entwicklung gefördert werden: So zeigte Oser (Oser [2]1990), dass die wertfreie Diskussion um religiöse Konflikte im Vergleich zu Kontrollklassen stimulierend wirkt.

Im Sinne der strukturalistischen Theorien können Lernprozesse nach dem Prinzip »n+1« initiiert werden: Durch entsprechende Fragen und Diskussionen werden Anregungen gegeben, um eine neue Ebene des Verstehens zu erreichen. Dies hat eine höhere Autonomie der Subjekte in ihren religiösen Anschauungen zum Ziel.

Konzeptionell grundlegend ist hierbei die Einsicht, dass Kinder nicht Adressaten theologischer Inhalte oder vorgegebener Deutungen sind, sondern in ihrem jeweiligen Verstehenshorizont wahr- und ernstgenommen werden (☞ Kap. 3.3–3.5).

Im Sinne der Rezeptionsästhetik ist das Kind in seiner aktiven, schöpferischen Tätigkeit im Umgang mit biblischen Texten zu bestärken und religionspädagogisch zu begleiten – selbstverständlich auch indem weiterführende Perspektiven diskursiv eingebracht werden.

Problematisch für alle Stufenmodelle bleibt deren implizit hierarchischer Charakter: Beinhaltet eine Weiterentwicklung nicht zwangsläufig auch eine Höherentwicklung? Biblisch bekannt sind zwar Wachstumsbilder für den Glauben (z.B. Ps 1,3), doch keine Gewichtungen. Auch wenn dem Vorwurf einer Wertung zum Teil widersprochen wurde, setzt das Stufenmodell doch Assoziationen an eine Himmelsleiter – je höher, desto besser! – frei.

Die Unterschiedenheit der Stufen ist bedingt durch eine qualitativ andere Form des Urteils, die ein differenzierteres Bewusstsein zur Voraussetzung hat. Positiv impliziert ein stufenweiser Aufbau die unabdingbar aufeinander aufbauende Reihenfolge (invariante Sequenz), die einschließt, dass kein Schritt übersprungen werden kann. Und doch stellt sich die Frage, ob nicht weitere Modelle nötig wären, die Komplexität von Persönlichkeitsentwicklung aufzuzeigen und gleichzeitig die uneingeschränkte Wertigkeit jeder einzelnen lebensgeschichtlich bedingten Stufe zu gewährleisten.

1. Diskutieren Sie Vor- und Nachteile von Stufenmodellen zur menschlichen Entwicklung.

Gibt es Bilder, Symbole, Gesten, die für Ihre eigene religiöse Entwicklung veranschaulichend denkbar wären? Haben Sie Mut zu einem spielerischen Ausdruck und zur reflektierenden Diskussion.

Vertiefend können Sie dazu lesen: Moran, G.: Alternative Bilder der Entwicklung zur religiösen Lebensgeschichte des Indivdiuums, in: Büttner, G./Dieterich, V.-J. (Hg.)(2000): Die religiöse Entwicklung des Menschen. Ein Grundkurs, Stuttgart, 159-174.

2. Beschäftigen Sie sich mit der vor allem von Karl Helmut Reich vorgestellten Entwicklung komplementären Denkens als einer Denkentwicklung, die zwei gegeneinander stehende Aussagen in Einklang zu bringen versucht (so z.B. die Zweinaturenlehre oder die Spannung zwischen naturwissenschaftlichen und religiösen Schöpfungsvorstellungen).

Für SpezialistInnen empfiehlt sich hierzu die Lektüre von:

Fetz, R. L./Reich, K. H./Valentin, P.: Weltbildentwicklung und Gottesvorstellung. Eine strukturgenetische Untersuchung bei Kindern und Jugendlichen, in: Schmitz, E. (Hg.) (1992): Religionspsychologie. Eine Bestandsaufnahme gegenwärtiger Forschung, Göttingen u. a., 101-130.

2.4 Religionspädagogik und Gender-Perspektive

Elisabeth Naurath

»Bitte nichts Feministisches!« – so lautet die gegenwärtige Parole von Studentinnen in religionspädagogischen Seminaren. Der feministische Aufbruch der Müttergeneration befindet sich momentan in der zu erwartenden Gegenbewegung. Doch schon in der ersten Sitzung eines nun ›genderorientiert‹ genannten Seminars holen uns die ›alten‹ Frauenthemen wieder ein: zum Beispiel bei der Reflexion der Frage, warum sie sich ausgerechnet für das Grundschulstudium entschieden haben. Plötzlich werden Fragen wie Selbstbewusstsein, Erwartungen der Eltern oder die Vereinbarkeit von Familie und Beruf als Zukunftsproblem reflektiert und wir sind mitten in der geschlechtsspezifischen Diskussion – ohne das Reizwort ›feministisch‹ zu gebrauchen.

Dieses Streiflicht in die universitäre Praxis spiegelt eine wissenschaftstheoretische Entwicklung wider: Die Feministische Religionspädagogik als Zweig der Feministischen Theologie hat sich zu einer gender-orientierten oder gender-reflektierenden Religionspädagogik entwickelt. Sie nimmt damit das grundlegende Konzept des Feminismus auf, dass die Reflexion der Frauenwirklichkeit die der Männer mit einschließt und sich letztlich befreiungstheologisch für beide Geschlechter versteht (☞ Kap. 6.3).
Die Entwicklung von Frauen- zur Geschlechterforschung ist zum einen Ausdruck der wissenschaftlichen Notwendigkeit, auch die Lebenswirklichkeit von Jungen und Männern einzubeziehen, und zum anderen Ausdruck der politischen Forderung nach Gender-Mainstreaming (Art. 2 und 3 des EG-Vertrags mit dem Anspruch, die Gender-Thematik in alle Entscheidungsprozesse einzubeziehen) nachzukommen.
Hierbei wird nicht nur das biologische (sex) vom sozialen (gender) Geschlecht unterschieden, sondern auch von ›doing gender‹ gesprochen, d.h. dass sich Männer und Frauen aktiv an der Aufrechterhaltung geschlechtsspezifischen Rollenverhaltens beteiligen und nicht nur passiv zu Männern oder Frauen gemacht werden. Wir leben in einem ›kulturellen System der Zweigeschlechtlichkeit‹ (Hageman-White 1988), das auf einer historisch und kulturell gewachsenen Rollenzuschreibung und Normierung von männlicher und weiblicher Identität basiert, wobei die Machtverhältnisse zu Gunsten der Männer konsti-

tuiert sind. Aus diesem Grund wird es sich in Zukunft erweisen, ob grundlegende feministische Anliegen in die Gender-Diskussion integriert werden oder die ›Gender-isierung‹ der Wissenschaften zum ›Weichspüler‹ feministischer Patriarchatskritik wird.
Frauen als Subjekte der Theologie ernst zu nehmen und damit die Theologie selbst einer androzentrischen Ideologiekritik zu unterziehen, hat in den letzten dreißig Jahren die feministisch-theologische Forschung bestimmt. Ausgangspunkt dieser sich als kontextuell verstehenden Theologie ist der Erfahrungsbezug. Die Lebenswirklichkeit in den Vordergrund zu stellen, führte u.a. dazu, die Einengung der theologischen Disziplinen aufzubrechen und in den konstruktiven Dialog mit anderen Humanwissenschaften zu treten. So basieren die Studien zur feministischen bzw. genderorientierten Religionspädagogik auf der Integration wissenschaftlicher und praxisorientierter Erkenntnisse der (feministischen) Pädagogik, Psychologie, Soziologie, der historischen Schulentwicklung, der Wissenschaftstheorie etc.
Entsprechend breit sind ihre Themengebiete gefächert: Wie verläuft die religiöse Sozialisation von Mädchen und Frauen im Vergleich zur männlichen Entwicklung? Welchen Einfluss hat das männliche Gottesbild auf die weibliche Religiosität? Wie ist der Zusammenhang von Sprache und religiöser Sozialisation zu beurteilen? Wie androzentrisch, d.h. auf die männliche Perspektive ausgerichtet, sind die theologischen Inhalte, Lehrformen und Unterrichtsmaterialien im Religionsunterricht?
Der Parameter ›Geschlecht‹ ist in seinem Einfluss auf alle Bereiche religiöser Bildungsprozesse – der religiösen Sozialisation in Familie, der kirchlichen Kinder- und Jugendarbeit, dem Religionsunterricht und der theologischen bzw. kirchlichen Erwachsenenbildung – zu untersuchen.

Religiöse Sozialisation

Meine zweijährige Tochter versucht mit Begeisterung Weihnachtslieder mitzusingen. Der Text ist noch ziemlich unverständlich, doch als sie mit großer Deutlichkeit ›Vater im Himmel‹ singt, wird mir klar, wie scheinbar ganz automatisch ein männlich definiertes Gottesbild in ihrer religiösen Entwicklung entsteht.

Sozialisation als interaktiver Prozess zwischen Individuum und Gesellschaft hat von Geburt an ein geschlechtsspezifisches Vorzeichen, das in seiner normativen Festschreibung von männlichem und weiblichem Rollenverhalten in der soziologischen Genderforschung als prägend analysiert wurde. Problematisch kann hierbei nicht nur die einengende Wirkung auf die Persönlichkeit (beider Geschlechter), sondern auch der hierarchische Charakter der Geschlechterzuschreibung sein, dass sich nämlich die weibliche Identitätsent-

wicklung immer noch in dem ›anderen‹, als minderwertig angesehenen Rahmen vollzieht.
In besonderem Maße trifft dies auf die religiöse Entwicklung zu: Diese wird von einem überwiegend männlichen Gottesbild, einer Dominanz männlicher Idealtypen wie Sankt Martin oder dem Nikolaus als prägende Figuren mit Transzendenzbezug im Kleinkindalter, sowie der kirchlichen und schulischen Glaubensvermittlung anhand archetypischer Glaubensvorbilder wie Abraham, Jakob, Moses, Petrus entscheidend geprägt. Weibliche Gottesbilder und Identifikationsfiguren für christlichen Glauben fehlen oder sind nur von marginaler Bedeutung.
Für die religiöse Sozialisation in der frühen Kindheit ergibt sich ein paradoxes Bild: Einerseits sind Frauen die dominierenden Tradentinnen (☞ 3.6.1) des christlichen Glaubens und gelebter Glaubenspraxis (die Männer fehlen häufig in den ersten Lebensjahren bei der Vermittlung biblischer Geschichten sowie bei der häuslichen Gestaltung christlicher Feste, Gebete und Lieder), andererseits sind jedoch sprachlich und inhaltlich Theologie und Liturgie mit männlichem Vorzeichen versehen.
So wie die feministische Sozialisationsforschung nach Nancy Chodorow (Chodorow 1985) auf den Zusammenhang der vaterlosen Gesellschaft mit einer strukturellen Abwertung des Weiblichen (v. a. in der männlichen Entwicklung) verwiesen hat, wird auch in der religiösen Sozialisation die notwendige Patriarchatskritik als (Selbst)Bewusstwerdungsprozess weitergeführt.

Lernen in der frühen Kindheit beruht auf Imitationslernen oder auf Lernen an Modellen. Eine spezifisch weibliche Glaubenshaltung braucht deshalb auch weibliche exempla fidei!

Religionsunterricht und Gender

Ein neu aufgelegtes Heft mit Gebeten für die Grundschule verwendet fast ausschließlich die Gottestitel ›Herr‹ und ›Lieber Vater‹. Auf die kritische Rückfrage an die Herausgeber kommt die Antwort, die Lehrkraft könne ja – wenn sie es wolle – anhand der vorliegenden Gebete die Gottestitel mit den Kindern problematisieren.

Die Erkenntnisse der feministisch-theologischen Forschung scheinen in der Praxis des Religionsunterrichts nicht angekommen zu sein, wie Christine Lehmann in ihrer 2003 erschienenen Untersuchung ›Heranwachsende fragen nach Gott‹ belegt. Als zentral erweist sich hierbei das Gottesbild, von dem wiederum Bibelverständnis, Schöpfungstheologie, Christologie und Anthropologie abhängen. Die Abhängigkeit des Selbstverständnisses vom männlich bestimmten Gottesbild hat nicht nur für die religiöse Entwicklung von Mädchen negative

Folgen, die sich in einer Abwertung des eigenen Geschlechts niederschlägt, sondern werden auch dem biblischen Gottesbild und einem auf Gleichwertigkeit angelegten Menschenbild (in der für Mann und Frau konstatierten Gottebenbildlichkeit) in keiner Weise gerecht.
So hat beispielsweise Stefanie Klein anhand von Zeichnungen und Interviews mit Mädchen gezeigt, dass die christliche Normativität von männlichen Gottesbildern dem Glaubensleben und der Identitätsentwicklung von Mädchen entgegensteht (Klein 2000a, 126).
Neben der inhaltlichen Dimension ist auch eine kritische Reflexion des LehrerInnenverhaltens nötig, das wiederum auf die gruppendynamische Struktur der SchülerInnen zurückwirkt.

Praxisbeispiel: Ein neunjähriges Mädchen antwortet auf die Frage ihrer Lehrerin, warum sie im Unterricht nicht mitmache, sondern immer nur in ihrem Heft herummale: »Ich möchte viel länger über die Fragen in Religion nachdenken und sprechen, aber die Jungen stören ja nur. Da kann man ja gar nicht reden.«

Nach wie vor bestimmen Geschlechtsrollen die Unterrichtsdynamik: Auch mit dem Vorsatz der Lehrkraft, die Mädchen stärker in das Unterrichtsgeschehen einzubinden, ist erwiesenermaßen keine Gleichberechtigung der sozialen Interaktion von Mädchen und Jungen gewährleistet. In zahlreichen Studien (vgl. Spender 1985; Brehmer 1982) wurde gezeigt, dass das geschlechtsspezifische Rollenverhalten als bestimmender Faktor des Bildungsprozesses gesehen werden muss. Der Rede von einer Feminisierung der Bildungsinstanzen muss kritisch die Sexismusthese entgegen gehalten werden: Der reale Schulalltag wird verkannt, wenn es gegenwärtig Stimmen gibt, die einer angeblich feministischen Pädagogik die Schuld dafür in die Schuhe schieben, dass die Jungen in der PISA-Studie (☞ Kap. 3.6.2.1) so schlecht abgeschnitten hätten. Noch immer sind Jungen mit ihren Interessen der Maßstab der Schülerorientierung, noch immer überwiegen die männlichen Identifikationsfiguren (trotz eindeutiger Lehrplan- und Lernmittelkritik), noch immer bestimmt ein ›geheimer Lehrplan‹ (Kreienbaum 1992, 59) die rollenspezifischen Erwartungen, so dass nach wie vor empirisch verifizierbar ist: »Schülerinnen erhalten in der Schule weniger Aufmerksamkeit und erwerben weniger Selbstvertrauen, was sich entscheidend auch auf die berufliche Laufbahn auswirkt.« (Jakobs 2003, 84). Wie könnte sonst die bleibende Diskrepanz zwischen der schulischen Leistung und dem beruflichem Werdegang von Mädchen erklärt werden?

Was ist denn mit den Jungen?
Die leiden doch an einer Feminisierung des LehrerInnenberufs! Immer nur Frauen! Wie sollen Jungen da ohne Vorbilder oder »verleiblichte« Korrekturen eine vernünftige Geschlechter-Identität gewinnen?

Chance einer gender-orientierten Religionspädagogik

Nur eine Religionspädagogik, die sowohl in Theorie als auch in der Praxis den Parameter Geschlecht als bestimmenden Faktor ihres Handelns einbezieht, wird sich im Bildungsprozess als relevant behaupten. Hierbei kann es nicht um eine Assimilierung als Gleichmacherei der Geschlechter gehen: Vielmehr ist nach dem feministischen Modell der Pädagogin Annedore Prengel (Prengel 1995) ein emanzipatorisches Konzept von Verschiedenheit zu entwickeln. Dies bedeutet, geschlechtsspezifische Identitäten in ihren Verschiedenheiten wahrzunehmen und zuzulassen, gleichzeitig jedoch für die Persönlichkeitsentwicklung einengende Rollenmuster bewusst zu machen und befreiende Impulse zu setzen.

Will christliche Religionspädagogik zukunftsfähig sein, kann sie nicht am Lebensbezug ihrer AdressatInnen vorbeisehen: Subjektorientierung schließt Gender-Orientierung ein, denn es gibt keine geschlechtsneutrale Identitätsentwicklung. Wie sehr dies auch auf die religiöse Entwicklung zutrifft, zeigen empirische Studien deutlich (vgl. z. B. Klein 2000).

Hierbei bleiben die Inhalte feministisch-theologischer Forschung relevant, denn die Religiosität von Frauen und Männern kann nicht ohne den ideologiekritischen Blick auf gesellschaftliche Strukturen und Patriarchatsgeschichte ablaufen.

Christine Lehmann zeigt in ihrem Plädoyer für den Dialog zwischen Feministischer Theologie und Religionspädagogik, dass deutliche Berührungspunkte der religiösen Vorstellungen Heranwachsender und des feministisch-theologischen Programms zu finden sind: Neben der Forderung nach Erfahrungsbezug und einer grundsätzlichen Traditionskritik wird auch der Wandel der Geschlechterverhältnisse die theologischen Fragen stärker als bisher betreffen. So zeichnet sich beispielsweise der Einfluss feministisch-theologischer Kritik an einer leibverneinenden oder leibvergessenen Theologie in dem Bedeutungsgewinn der Ästhetik für die Religionspädagogik in den letzten Jahren ab. Auch die kirchliche Jugendarbeit beginnt mädchen- bzw. jungenspezifische Konzepte des Konfirmationsunterrichts (Ahrens u. a. 1999/Knauth u. a. 2002) zu erarbeiten und greift damit die geschlechtsspezifische Brisanz der Körpersozialisation als herausragendes Thema der Pubertät konstruktiv auf. Last not least zeigt auch die Bibliodramabewegung, die im Anschluss an die Erwachsenenbildung zunehmend auch im Religionsunterricht Eingang findet, eine deutliche Trendwende zum erfahrungs- und leiborientierten Umgang mit biblischen Texten.

1. Sammeln Sie weibliche »Identifikationsfiguren« aus der biblischen und kirchlichen Tradition. Welche Kenntnisse haben Sie zu diesen Frauen und welche unterrichtspraktischen Anregungen können Sie einbringen?

2. Diskutieren Sie das Thema ›Koedukation‹ für den Religionsunterricht. Wo sehen Sie Vor- bzw. Nachteile?

3. Sehen Sie einige Kinderbibeln, Religionsbücher und Lehrpläne unter geschlechtsspezifischem Blickwinkel durch. Was fällt Ihnen auf?

- *Vgl. zum Thema geschlechtsspezifische, religiöse Sozialisation auch: Leicht, I./ Rakel, C. u. a. (Hg.)(2003): Arbeitsbuch Feministische Theologie. Inhalte, Methoden und Materialien für Hochschule, Erwachsenenbildung und Gemeinde, Gütersloh, 198-214.*
- *Becker, S./Nord, I. (Hg.)(1995): Religiöse Sozialisation von Mädchen und Frauen, Stuttgart u. a. 1995.*

2.5 Interreligiöse Bildung

Uta Pohl-Patalong

Seit zwei Jahren gibt es regelmäßige Treffen zwischen Mitgliedern einer christlichen Gemeinde und einer benachbarten Moscheegemeinde. Anlass war ein Elternabend in dem Kindergarten der christlichen Gemeinde, in dem auch muslimische Kinder aufgenommen werden: Die muslimischen Eltern tolerieren die christlichen Elemente im Kindergarten, einige haben ihre Kinder auch bewusst in einem religiösen Kindergarten angemeldet, weil sie dem eine ihnen näher stehende Erziehung mehr zutrauen als den säkularen. Sie würden es aber begrüßen, wenn auch die muslimischen Feste – Zuckerfest, Ramadan etc. – im Kindergarten thematisiert würden. Dies führte zunächst zu Irritationen bei den Eltern der christlichen Kinder und auch bei den Erzieherinnen, beide äußerten einen Gesprächs- und Informationsbedarf. Es erfolgte eine Einladung in die Moschee, erste Kontakte entstanden. Seitdem trifft sich eine offene Gruppe abwechselnd im christlichen Gemeindehaus und in der Moschee zu Themen wie »Die islamischen und die christlichen Feste«, »Wie feiern wie Hochzeiten?«, »Welche Werte sind uns in der Erziehung unserer Kinder wichtig?«. Die Begegnungen werden als Einladungen mit einem gemeinsamen Essen gestaltet, dem zwei Vorträge aus muslimischer und aus christlicher Perspektive mit anschließender Diskussion vorausgehen. Die Gemeinden laden sich gegenseitig zu ihren Gemeindefesten etc. ein und schicken sich Grüße zu den jeweiligen religiösen Feiertagen. Vereinzelt sind persönliche Bekanntschaften, meist zwischen Eltern von Kindern im Kindergarten, entstanden.

Anlass und Anspruch interreligiöser Bildung

Wer heute religionspädagogische Bedingungen, Herausforderungen und Handlungsfelder in den Blick nimmt, wird auch auf interreligiöse Fragen gestoßen sein. Die Pluralisierung von Religion erstreckt sich nicht nur auf den ehemals christlichen und immer synkretistischer werdenden Bereich, sondern wir leben faktisch in einem Land, in dem Menschen mit unterschiedlichen Religionen zu Hause sind. Längst haben wir in Deutschland nicht nur die multikulturelle, sondern auch die multireligiöse Gesellschaft – unbeschadet dessen, dass das Christentum nicht nur die zahlenmäßig dominante Religion ist, sondern es die Geschichte und Kultur Deutschlands und Europas wesentlich geprägt hat. Neben der relativ großen Gruppe der Muslimas und Muslime, die sich ihrerseits wieder in unterschiedliche Gruppen aufgliedern, gibt es Jüdinnen und Juden, BuddhistInnen, HinduistInnen und Anhängerinnen und Anhänger diverser anderer Religionsgemeinschaften. Hamburg bildet dabei sicher ein gewisses Extrem innerhalb Deutschlands, wenn der Hamburger Religionsatlas 105 organisierte religiöse Gemeinschaften identifiziert (vgl. Grünberg/Slabaugh/Meister-Karanikas [2]1995). Selbst in kleineren Städten und Dörfern wohnen längst Menschen mit nichtchristlicher Konfessionalität. Die Frage nach »interreligiösem Lernen« stellt sich zunächst einmal schlicht durch die faktische Existenz unterschiedlicher Religionen in Deutschland nebeneinander und die dadurch entstehende Notwendigkeit, dass sich Angehörige dieser Religionen miteinander arrangieren. Spätestens nach dem 11. September 2001 wurde die schon oft geäußerte Vermutung, dass ein friedliches Zusammenleben in der globalisierten Welt nur mit einem friedlichen Zusammenleben der Religionen möglich ist, auf drastische Weise bestätigt. In einer offenen Gesellschaft, die von Migration und kultureller Pluralität geprägt ist, ist interreligiöse Bildung unabdingbar. Interreligiöse Bildung ist also heute ein unverzichtbarer Teil religiöser Bildung.

Interreligiöses Lernen in der Schule

Besondere Brisanz gewinnt die Frage nach interreligiösem Lernen bzw. interreligiöser Bildung (die beiden Termini werden weitgehend deckungsgleich verwendet) in der Schule. Denn diese ist eine der wenigen Institutionen, in denen Angehörige verschiedener Religionsgemeinschaften notwendig viel miteinander zu tun haben. Gleichzeitig zählt dieser Aspekt zum Bildungsauftrag der Schule hinzu – und erst recht kann der Religionsunterricht sich dem nicht entziehen. Dem Gegenstand wird jedoch ein reiner Informationsunterricht über die anderen Religionen, wie es seit Jahrzehnten Bestandteil der curricularen Lehrpläne ist, kaum gerecht. Der Notwendigkeit eines interreligiösen Lernens in dem Sinn, dass Angehörige unterschiedlicher Religionsgemeinschaften gemeinsam voneinander und miteinander lernen, widerspricht jedoch in den meisten Bundesländern die Umsetzung der vom Grundgesetz vorgegebenen konfessionellen Orientierung, die ja gerade zu einer Separierung der Schülerinnen und Schüler nach Konfessionen und Religionen führt. Es dürfte eine wesentliche Herausforderung für die Religionsdidaktik in den nächsten Jahren sein, Modelle für einen Religionsunterricht zu entwerfen und umzusetzen, in denen die Prinzipien echter interreligiöser Bildung praktiziert werden können, ohne das konfessionelle Profil aufgeben zu müssen. Ein möglicher Anknüpfungspunkt wäre etwa das so genannte »Hamburger Modell«, in dem ein Religionsunterricht für alle Kinder unter evangelischer Verantwortung durchgeführt wird (vgl. dazu Doedens 2001), oder ein paralleles Modell wie der konfessionell-kooperative Religionsunterricht. Eine Voraussetzung dafür dürfte sein, dass sich der in manchen Bundesländern bereits etablierte Islamunterricht durchsetzt und sich interreligiös öffnet, damit die institutionellen Voraussetzungen für die unterschiedlichen Religionen ähnlich sind. Interreligiöses Lernen kann und darf aber keinesfalls auf die Schule beschränkt bleiben. Im gemeindepädagogischen Kontext ist das Terrain aufgrund anderer Rahmenbedingungen vielfach offener und in gewisser Hinsicht einfacher als in der Schule. Andererseits spielen hier Vorurteile aufgrund mangelnder Kenntnis und Sorge vor vermeintlichem Verlust der eigenen religiösen Identität eine größere Rolle. Umso wichtiger sind gerade hier gemeindepädagogische Projekte, die interreligiöses Lernen fördern.

Wozu dient interreligiöses Lernen?

In der Religionspädagogik und Religionsdidaktik (vgl. Ziebertz 2002 und Leimgruber 2003) ist »interreligiöses Lernen« bzw. »interreligiöse Bildung« noch ein relativ junger Begriff. Er meint: »Angehörige einer religiösen Tradition sind bereit, religiöse Erfahrungen anderer Traditionen achtsam wahrzunehmen und für das eigene Leben und Glauben schöpferisch zu verarbeiten« (Ziebertz/Leimgruber 2002, 254). Interreligiöse Bildung hat zum einen die gleichen Ziele wie religiöse Bildung überhaupt, nämlich beizutragen zu »lebensbegleitender, erfahrungsnaher Identitätshilfe [...], gesellschafts-diakonischer, politischer Verantwortung [...], dem Wagnis kritischer Religiosität [...]« (Lähnemann 1998, 294f.). Darüber hinaus zielt sie besonders auf ein friedliches Miteinander von Menschen unterschiedlicher Religionen und auf ein gemeinsames Leben in sozialer Gerechtigkeit.

Worum geht es beim interreligiösen Lernen?

Sowohl der Bildungs- als auch der Religionsbegriff beinhalten, dass es nicht um reine Informationen über Religionen, wertneutral und die Person nicht berührend, gehen kann. Interreligiöses Lernen ist also kein religionswissenschaftliches Panoptikum in Sinne einer neutralen Religionskunde (vgl. die Ausführungen zu LER). Dennoch sind Kenntnisse und Informationen natürlich unverzichtbar, zumal damit oft die Klärung von Vorurteilen und das Ausräumen von Fehlinformationen – auf allen Seiten – verbunden ist. Interreligiöses Lernen bzw. interreligiöse Bildung im eigentlichen Sinne findet aber erst dann statt, wenn sich eine lebendige Begegnung zwischen Angehörigen verschiedener Religionen ereignet, deren unterschiedliche Erkenntnisse und Erlebnisse reflektiert und mit dem eigenen Denken und Handeln vermittelt werden. Denkverbote sind kontraproduktiv, Irritationen hingegen können im Sinne kritischer Bildung als produktiv gelten. Die Themen für interreligiöse Lern- und Begegnungsprozesse können ganz unterschiedlich gelagert sein: »alltägliche, ethische und religiöse Dinge [...], allgemeine Fragen wie auch Sinnfragen, die religiöse Praxis wie auch die Zeugnisse der Religionen, ja: es geht um Bildung betreffend ›Gott und die Welt‹, weil Glauben und Leben zusammengehören und die Menschen betreffen« (Leimgruber 2003, 160).

Interreligiöse Bildung meint eine dialogische Begegnung zwischen Angehörigen unterschiedlicher Religionen, die eine vertiefte Kenntnis des und der Anderen und eine persönliche Auseinandersetzung mit diesen zur Folge hat. Eine anschließende Veränderung des eigenen Standpunktes ist möglich, ohne dass die Differenz überspielt wird.

Die Frage nach der Wahrheit

Interreligiöse Bildung muss sich dabei selbstverständlich mit dem jeweiligen Wahrheitsanspruch der Religionen, auch der christlichen, auseinander setzen. Als eine sinnvolle und angemessene Grundhaltung kann zunächst gelten, dass das jeweilige eigene Lernen im Blick ist und keine »Missionierung« beabsichtigt wird im Sinne einer Überredung des Gegenübers. Der Missionsbegriff muss dabei nicht notwendig verworfen werden; er kann vielmehr dann sinnvoll verwendet werden, wenn er als ein Zeugnis-Geben verstanden wird, »als eine Rechenschaftsabgabe über die Hoffnung, die uns trägt (1 Petr 2,15)« (Leimgruber 2003). Ziel interreligiöser Bildung kann deshalb nicht sein, sich auf religiöse Aussagen zu einigen, gar einen Kompromiss zu finden und sich sozusagen auf dem kleinsten gemeinsamen religiösen Nenner zu treffen. Es geht nicht um Einigung auf eine Mischreligion, sondern um ein Kennenlernen des und der Anderen und damit in der Regel gleichzeitig um eine Profilierung des Eigenen:

Oft erkenne ich erst am Anderen, was meine Überzeugungen ausmacht und meine religiösen Leidenschaften wirklich sind! Interreligiöses Lernen will im Anderen sich selbst finden; es nimmt also die religiöse Pluralität ernst, ohne die Differenzen zu neutralisieren. Im Gegenteil ist sie der Überzeugung, dass gerade an den Differenzen Entscheidendes gelernt wird. Hier kann das interreligiöse Lernen wiederum an die allgemeine Bildungstheorie anknüpfen. Eine wesentliche Fähigkeit zum Umgang mit Pluralität und Differenz ist die Fähigkeit zum Perspektivenwechsel, zum Hineindenken und -fühlen in die andere Position und Sichtweise. Gerade diese wird im Prozess des interreligiösen Lernens eingeübt.

Andererseits beinhaltet Begegnung immer die Möglichkeiten der Veränderung – auf beiden Seiten. Es können durchaus Aspekte und Impulse von anderen Religionen aufgenommen werden, die möglicherweise auch die eigene Religiosität kritisch hinterfragen.

Die Frage nach interreligiösem Lernen berührt die Diskussion um die religionstheologischen Modelle, die gegenwärtig engagiert geführt wird. Neben das exklusivistische Modell – Heil gibt es nur in einer Religion, aus christlicher Perspektive, also im Christentum – und das inklusivistische Modell – Angehörige andere Religionen können als »anonyme Christinnen und Christen« am Heil in Christus teilhaben – sind mittlerweile die pluralistischen Modelle getreten, die anderen Religionen ebenbürtige Heilswege zugestehen. Diese werden gegenwärtig wieder stärker kritisiert, insbesondere mit dem Argument, dass es in der Frage nach der Wahrheit keine neutrale Position gibt. Favorisiert werden heute Modelle, die ein relationales, dialogisches Wahrheitsverständnis vertreten, das den Wert gemeinsamer Suchbewegung und die Kontextgebundenheit von Erkenntnissen betont (vgl. z.B. Leonhard Swidler). »Ein dynamisch-relationales Wahrheitsverständnis förderte die Einsicht, dass die Beschäftigung mit anderen Religionen nicht davon abhält, Gott zu entdecken. Religiöses Suchen hat vielmehr eine dislogische Dimension, d.h. wir brauchen die anderen sogar, um der Wahrheit Gottes näher zu kommen« (Ziebertz 2002, 131).

Die Diskussion ist bei weitem nicht abgeschlossen. Für die Frage interreligiöser Bildung ist nicht zuletzt festzuhalten, dass eine Klärung der eigenen Position gegenüber dem Wahrheitsgehalt und der Heilsqualität anderer Religionen zum interreligiösen Lernen dazugehört und die Begegnung prägt.

Interreligiöse Bildung konkret

Was bedeutet nun interreligiöse Bildung konkret? Impulse aus der interkulturellen Philosophie und Pädagogik aufnehmend, werden in der interreligiösen Bildung mehrere Aspekte des interreligiösen Lernens unterschieden, die in unterschiedlicher Schwerpunktsetzung und Gewichtung in jedem interreligiösen Lernvorgang vorkommen (vgl. Leimgruber 2003).

Ästhetischer Aspekt

Der logisch am Anfang erfolgende Schritt ist der der gegenseitigen Wahrnehmung. Wahrnehmung impliziert, dass ein wertendes Urteil zunächst zurückgestellt wird zugunsten einer fragenden, durchaus auch staunenden Haltung. Interreligiöse Bildung beginnt also nicht damit, religiöse »Fahnen« hochzuhalten und Bekenntnisse zu formulieren, sondern mit einem behutsamen Herantasten aneinander, im Ernstnehmen des Andersseins und der Fremdheit. »Wahrnehmung« ist dabei durchaus auch ganz wörtlich gemeint, indem sie alle Sinne einschließt: mit den Augen den fremden Raum wahrnehmen – z. B. eine Moschee von innen –, mit den Ohren die Geräusche und Klänge hören – z. B. die Liturgie eines Synagogengottesdienstes –, mit der Nase fremde Gerüche einatmen – vielleicht von Gerichten –, und mit der Zunge diese möglicherweise schmecken, wenn zum Essen eingeladen wird. Interreligiöses Lernen reicht auf diese Weise tiefer als das Lesen eines Buches über den Islam oder das Judentum. Dabei werden vermutlich sowohl Gemeinsamkeiten als auch Unterschiede auf sehr verschiedenen Ebenen deutlich.

Dialogischer Aspekt

Damit ist schon deutlich geworden, dass die persönliche Begegnung ein wesentliches Element interreligiösen Lernens ist. Es können sich ja nicht Religionen abstrakt begegnen, sondern nur Menschen, die unterschiedlichen Religionen angehören – und die Begegnung ist wesentlich für den Lernprozess. Gleichzeitig erfordert eine gelingende Begegnung Verschiedener durchaus auch Kompetenzen auf beiden Seiten, die nicht einfach gegeben sind. Ein gewisses Maß an Selbstdistanz ist nötig, auch eine gewisse Stabilität in der eigenen religiösen Identität, schließlich Einfühlungsvermögen und die Fähigkeit, Anderes neben dem Eigenen stehen zu lassen (die so genannte »Ambiguitätstoleranz«). Für interreligiöse Bildungsprozesse bedeutet dies, dass das Lernen nicht erst mit der Begegnung beginnt, sondern möglicherweise vorauslaufende Arbeit an der Begegnungs- und Dialogfähigkeit erfordert. Dazu gehören auch ganz praktische Verhaltensfragen, die mögliche Fallen, die die Gegenüber verletzen können, vorwegnehmen und Unsicherheiten klären. Wie gehe ich mit einem möglichen Geschenk um? Wann und auf welche Weise spreche ich die Frage nach der Stellung von Frauen im Islam an?

Affektiver Aspekt

Wie Bildung grundsätzlich auch einen affektiven, also emotionalen Aspekt besitzt, gilt dies ebenso und vielleicht erst recht für die interreligiöse Bildung, da Religion und Glauben nicht losgelöst von Emotionalität zu begreifen sind. Die Gefühle wahrzunehmen und auch anzusprechen, die beim Betreten eines religiösen Raumes, bei einer gottesdienstlichen Feier, möglicherweise einer Bestattung entstehen, ist ein wichtiger Teil interreligiösen Lernens, insbesondere, wenn dies von beiden Seiten getan wird. Je mehr wir andere Menschen auch in ihren Gefühlen und Empfindungen begreifen, desto besser verstehen wir sie: was empfindet eine muslimische Frau, wenn sie Mädchen im bauchfreien Outfit sieht? Auf welche Weise verletzt es genau einen Juden, wenn unsensibel mit der deutschen NS-Vergangenheit umgegangen wird?

Inhaltlicher Aspekt

Trotz der Bedeutung ästhetischer und affektiver Dimension: zur interreligiösen Bildung gehört auch das Lernen von Inhalten und die Reflexion. Der kognitive Aspekt darf keinesfalls ausgeblendet werden. Die bisherigen Kenntnisse über die jeweilige andere Religion sind zu sichten und kritisch auf ihren Wahrheitsgehalt und ihre Kontextabhängigkeit zu prüfen. Informationen sind einzuholen und zu vermitteln. Wie wird die Person Jesu Christi im Judentum gesehen? Wie im Buddhismus? Was bedeutet der »Heilige Krieg« nach muslimischem Verständnis genau? Welche unterschiedlichen Traditionen gibt es hier und wie werden sie begründet? Wichtig dabei ist, dass die Ebenen genau wahrgenommen werden und vergleichbare Ebenen zwischen den Religionen gesucht werden: fundamentalistische Extremposition einer Religion sollten mit denen der anderen Religion verglichen werden, gemäßigte mit gemäßigten.

Handlungsbezogener Aspekt

Interreligiöses Lernen kann zu einer Veränderung des Handelns, auch zu einem gemeinsamen Handeln Angehöriger unterschiedlicher Religionen führen. Ein gemeinsames Einsetzen für die Belange des Stadtteils beispielsweise kann aus eine interreligiösen Begegnung entstehen, ebenso wie ein gemeinsames ökologisches Engagement.

3. Kindheit

Elisabeth Naurath

Die wissenschaftliche Erforschung der Kindheit ist nicht neu: ob in Medizin, Pädagogik oder Psychologie wird seit mehr als zweihundert Jahren die dem Jugend- und Erwachsenenalter vorausgehende Lebensphase in ausdifferenzierten Teilbereichen untersucht. Doch obwohl schon vor über 100 Jahren das ›Jahrhundert des Kindes‹ (Ellen Key) ausgerufen wurde, kann man für die Gegenwart geradezu von einem Boom der Kindheitsforschung sprechen.

Es scheint nicht zufällig, dass in einer Gesellschaft, die in nie da gewesener Weise überaltert und die in volkswirtschaftlicher Dringlichkeit sich ihres eigenen nachwachsenden Potentials bewusst wird, das Thema ›Kind‹ in der öffentlichen Diskussion an der Tagesordnung ist.

Kindheitsforschung hat sich in den letzten Jahren zu einem breit angelegten und interdisziplinär ausgerichteten Zweig der Sozial- und Humanwissenschaften entwickelt. Der forschungsgeschichtliche Hintergrund, der zu diesem fachübergreifenden Kindheitsdiskurs geführt hat, ist vor allem im Paradigmenwechsel der klassischen Entwicklungspsychologie (☞ Kap. 2.3.2) zu sehen: wenn Entwicklung in interaktionistischer, d.h. in aktiver Auseinandersetzung des Subjekts mit seiner Umwelt verläuft, dann sind alle sozialen, kulturellen, politischen und auch religiösen Faktoren konstruktiv einzubeziehen. Will der Kindheitsdiskurs also der Komplexität seines Gegenstandsbereichs gerecht werden, dann kann er nur interdisziplinär geführt werden. Einblicke in die sozialwissenschaftliche und psychologische Kindheitsforschung zeigen jedoch eine weitgehende Ausblendung der religiösen Dimension von Kindheit und die bleibende, wichtige Aufgabe für die Theologie bzw. Religionspädagogik, diese vergessene Dimension des Menschseins in seiner Relevanz deutlich zu machen. Dabei ist es unabdingbar, die religionspädagogische Geschichte zur Sichtweise von Kindheit selbstkritisch aufzuarbeiten (vgl. v.a. Schweitzer, 1992). Hier hat sich in den letzten Jahrzehnten sicher viel getan: während 1964 Werner Loch noch von der Verleugnung des Kindes in der Religionspädagogik sprach, zeigt heute das Schlagwort ›Kindertheologie‹ einen Perspektivenwechsel auf, der den religionspädagogischen Prozess hin zu einer verstärkten Wahrnehmung der Kinder als Subjekte ihrer Theologie verdeutlicht.

Folgende Themen sind heute für die Lebensphase der Kindheit von aktueller religionspädagogischer Bedeutung:

- Das Stichwort vom Wandel der Kindheit bedarf einer differenzierten Klärung, um den Lebenskontext heutiger Kinder angemessen wahrzunehmen und religionspädagogisch konstruktiv im Blick zu haben.
- Die Bedingungen religiöser Sozialisation haben sich so entscheidend ver-

ändert, dass grundlegende (empirische) Analysen nötig sind, um die Entwicklung von kindlicher Religion im disparaten multireligiösen und -kulturellen Kontext zu überschauen.

- Angesichts der Entkirchlichung unserer Gesellschaft steht die kirchliche Kleinkind- und Kinderarbeit vor ganz neuen Herausforderungen, öffentlichkeitswirksam ihre Relevanz (das Recht des Kindes auf Religion; vgl. Schweitzer 2000) und ihre Verbindungslinien zum schulischen Religionsunterricht deutlich zu machen.
- Der Diskurs um die Kindertheologie bedarf einer konzeptionellen Klärung und einer breit angelegten empirischen Forschung.
- Die Religionspädagogik ist in Theorie und Praxis interdisziplinär auszurichten, nicht nur um die lebensgeschichtliche Bedeutung von christlicher Bildung zu erweisen, sondern auch um elementare Kenntnisse sozialwissenschaftlicher Grundlagenforschung in die Religions- und Gemeindepädagogik konstruktiv-kritisch einzubeziehen.

3.1 Der Begriff ›Kindheit‹

Die Schwierigkeit, das Thema Kindheit begrifflich zu fassen, liegt wohl daran, dass die Selbstverständlichkeit und Selbstsicherheit des Zugangs (schließlich hat sie ja jeder/jede Erwachsene durchlebt) gerade dadurch aufgehoben wird, dass diese Lebensphase sich eo ipso der reflexiven Begrifflichkeit sperrt: Mit der Reflexion dessen, was Kindsein ausmacht, ist das Kindsein selbst eben geradezu aufgehoben. Letztlich kann kein Begriff von Kindheit dem, was Kindsein wirklich ist, gerecht werden. Erlebte Kindheit kann immer ganz anders sein als sie von Erwachsenen erinnert oder in Projektionen ersehnt wird – wobei über das Erleben hinaus natürlich Kinder selbst auch über ihr Kindsein reflektieren können.

In Anknüpfung an die Diskussion um die zeitliche Einordnung des Jugendalters ist auch die Lebensspanne ›Kindheit‹ durch einen sowohl individuell als auch gesellschaftlich bestimmten Eintritt in die Adoleszenz zu umgrenzen. Als Phasen der Kindheit werden üblicherweise das Säuglingsalter, Kleinkindalter, Vorschulalter, Grundschulalter und die Phase der Voradoleszenz beschrieben. Die Verknüpfung dieser Zeiträume mit konkreten Altersangaben ist eigentlich nicht möglich: so hat beispielsweise die neuere Säuglingsforschung deutlich gemacht, dass ein Neugeborenes nicht als tabula rasa (unbeschriebenes Blatt) auf die Welt kommt, sondern bereits in der pränatalen Zeit eine über die rein physiologische Entwicklung hinausgehende Kompetenz ausgebildet hat. Auch motorische, soziale, sprachliche u. a. Entwicklungsschritte differieren in den

ersten Lebensjahren so stark, dass pädagogisch eine größere Flexibilität zum Übergang ins Vorschulalter (das letzte Kindergartenjahr), zum Schuleintritt und zum Übertritt in eine weiterführende Schule gefordert wird. Besonders undeutlich stellt sich die Grenze von Kindheit zum Jugendalter aufgrund der in unserem Kulturkreis auffälligen Tendenz zur Verfrühung der körperlichen Reife dar (☞ Kap. 5.1) dar. Hier sind auch – wie für die gesamte Kindheit – deutliche Unterschiede zwischen den Geschlechtern feststellbar, die im Allgemeinen eine schnellere Entwicklung der Mädchen zeigt.
Zum Problem der zeitlichen Einordnung von Kindheit und Kindheitsphasen tritt der historische Aspekt, der deutlich macht, dass Kindheit einem psycho- und soziogenetischen Wandel unterworfen ist. Das, was wir heute ›Kindheit‹ nennen, ist begrifflich erst in der Neuzeit entstanden und unterliegt damit einem zeitgeschichtlich bedingten Prozess der Bewusstwerdung bzw. der sozialen Konstruktion von Wirklichkeit, die wir Kindheit nennen.

Vergegenwärtigen Sie sich – am besten in einer Arbeitsgruppe – Ihre eigene Kindheit. In welchen Phasen sind Ihnen deutliche Entwicklungsschritte in Erinnerung und wann würden Sie für sich persönlich den Beginn des Jugendalters benennen?

3.2 Geschichte der Kindheit

Die Pioniersarbeit zur historischen Entdeckung der Kindheit hat Philippe Ariès 1960 vorgelegt, auch wenn zeitgleich Jan van den Berg feststellte, dass mit Beginn des industriellen Zeitalters das Kind nun zum Kind geworden sei. Ariès hat nicht nur materialreich, sondern auch interdisziplinär, nicht nur sozialgeschichtlich, sondern auch im Blick auf Gefühle und Mentalitäten seine These erhärtet, dass es Kindheit als eigenständige Lebensphase im Mittelalter noch nicht gab. Kinder hatten noch keine eigenen Lebensbereiche, d.h. sie lebten mit ihren Möglichkeiten das Leben der Erwachsenen, ob dies die Arbeit, die Kleidung, die Ernährung, die Spiele und vieles mehr betraf. Erst mit dem Entstehen von Kernfamilien (eingebunden in einen grundlegenden gesamtwirtschaftlichen und sozialen Wandel) erwachte ein pädagogisches Bewusstsein, das letztlich auch zum Beginn der Schulgeschichte führte.
Denn – so die These – erst die entstehende bürgerliche Gesellschaft hat das Potential zu einer Intensivierung des Gefühls zwischen Eltern und Kindern entwickelt und so trat nach und nach die Bedeutung moralischer, religiöser und allgemeiner Erziehung als familiäre bzw. auch als gesellschaftliche Aufgabe ins Blickfeld.
Auch wenn Ariès' Thesen als zu pauschal (z.B. dass im Mittelalter die Eltern-

Januarius Zick, »Frau mit Kindern«, 1771

Kind-Beziehung von Gleichgültigkeit bestimmt war) kritisiert wurden (vgl. Bucher 1995b), bleibt doch der Mentalitätswandel hin zu einer wachsenden Wertschätzung der als eigenständige Phase des Menschseins anzusehenden Lebenszeit ›Kindheit‹ von Bedeutung. Als Triebfeder dieser Entwicklung ist nicht zuletzt auch die Körper- bzw. Medizingeschichte des Menschen zu sehen: das Aufblühen der medizinischen Ratgeberliteratur trug nicht nur dazu bei, nach und nach die Säuglings- und Kindersterblichkeit zu senken, sondern auch das Verantwortungsgefühl in Familie und Gesellschaft für das heranwachsende Potential zu fördern.

Während Ariès diese Entwicklung wegen der einhergehenden Domestizierung, Disziplinierung und des Verlusts an Vielfalt und Ungezwungenheit negativ sieht, wird dies von Lloyd de Mause in seiner vielbeachteten psychogenetischen Studie zur Kindheit bestritten. Mit seinen Augen liest sich die Geschichte der Kindheit als Albtraum einer defizitären Eltern-Kind-Beziehung, die sich in Gewalt, sexuellem Missbrauch und Kindstötungen äußerte. Auch wenn die Geschichte kindlichen Leidens wohl nie ein Ende finde, so habe sich doch die Sichtweise von Kindern zum Positiven gewandelt, indem seit dem 19. Jahrhundert »öffentliche Institutionen anfingen, Kinder als Kinder zu sehen, die wegen ihrer Hilflosigkeit und Verletzlichkeit besonderer Fürsorge bedurften, statt als kleine Erwachsene, die das Recht hatten, sich für sechzehn Stunden am Tage zu verdingen, oder als bewegliches Eigentum ihrer Eltern« (de Mause 1980, 596 f.). So spiegelt beispielsweise die Gründung des ›Vereins zum Schutz der Kinder vor Ausnutzung und Misshandlung‹ im Jahre 1898 ein wachsendes öffentliches Fürsorgeinteresse wider.

Die Diskrepanz beider Sichtweisen zur Geschichte der Kindheit zeigt die Komplexität des Themas, das sich einer pauschalen Beurteilung entzieht. Es handelt sich hier nicht nur um große Zeiträume und das heißt um vielfältige, (gesellschafts)politische und ökonomische Bedingungen, sondern auch innerhalb jeder Epoche um derart große und schwerwiegende soziale Unterschiede, dass Kindheit gleichsam in verschiedenen Welten stattfinden konnte: so war Kinderarbeit für die Unterschicht üblich, während Bürgerkinder das Privileg einer Schulbildung genossen!

Dieses Problem eines gleichermaßen diachronen (die geschichtliche Entwicklung übergreifenden) wie synchronen (innerhalb einer Epoche spezifizierenden) Blickwinkels setzt sich auch für die Gegenwart fort und erfordert ein differenziertes Erforschen und Analysieren, ein die Komplexität beachtendes, sensibles Abwägen von Urteilen. Denn auch wenn sich die zivilisatorischen Errungenschaften beispielsweise in der Kinderheilkunde, im Verbot der Kinderarbeit, dem Recht des Kindes auf eine gewaltfreie Erziehung als grundlegend positiv darstellen, so ist doch bei näherem Hinsehen ein undifferenzierter Kulturoptimismus nicht angebracht, betrachtet man beispielsweise die – durch das öffentliche Interesse – zunehmend aufgedeckten Fälle von sexuellem Kindesmissbrauch, die immer noch ungleichen Bildungschancen von Kindern aus sozial schwachen Herkunftsfamilien oder die bedrohlich wachsende Kinderarmut.

Sonneberger Puppenfabrikation, 1905

Infantilisierung der Armut

Immer mehr Kinder und Jugendliche müssen auch in Deutschland in Armut, d. h. unterhalb des Existenzminimums aufwachsen. Mit steigender Tendenz ist Arbeitslosigkeit das auslösende Moment für Armut, aber auch die hohe Scheidungsrate der Eltern erhöht das Armutsrisiko der Kinder. Konsequenzen dieser oft ›verdeckten‹ Armut sind soziale Stigmatisierung, Bildungsnachteile, Gesundheitsprobleme und Depression, wachsende Aggressions- und Gewaltbereitschaft.

Lesetipp: Butterwegge, Chr. (Hg.) (2000): Kinderarmut in Deutschland. Ursachen, Erscheinungsformen und Gegenmaßnahmen, Frankfurt/New York.

J. A. Lee hat Kindheit in drei Paradigmen beschrieben, die einerseits eine historische Entwicklung aufzeigen und andererseits gegenwärtig weiter wirken. Lesen Sie den grundlegenden Aufsatz (Lee, J. A.: Kindheit: Drei begriffliche Modelle, in: Büttner, C./Ende, A. (Hg.)(1985): Jahrbuch der Kindheit, Bd. 2, Weinheim, 237-249) hierzu und diskutieren Sie die Thesen.

Lesetipp für SpezialistInnen: Neumann, K.: Zum Wandel der Kindheit vom Ausgang des Mittelalters bis an die Schwelle des 20. Jahrhunderts, in: Markefka, M./Nauck, B. (Hg.)(1993): Handbuch der Kindheitsforschung, Berlin, 191-205.

3.3 Wandel der Kindheit

Kein Schlagwort beschreibt zutreffender den gegenwärtigen Kindheitsdiskurs wie dieses: ›Kindheit im Wandel‹! Charakteristisch ist, dass es sich hierbei nicht um die Perspektive der Kinder handelt, sondern um die meist besorgte Sicht der Erwachsenen, die Veränderungsprozesse von ihrer eigenen Kindheit hin zum heutigen Kindsein beschreiben. Für Kinder sind die gesellschaftlichen Veränderungen im so genannten ›Zeitalter der Beschleunigung‹ so nicht durchschaubar, so dass vor einem vorschnellen Urteil über die Qualität heutigen Kindseins nur zu warnen ist.

3.3.1 Kindheit im Wandel – Problem einer Bewertung

Die Veränderungen im Erleben heutiger Kindheit sind grundlegend und umfassen alle Bereiche des individuellen und sozialen Lebens. Um nur die wichtigsten Schlagworte zu nennen: durch die Ausdifferenzierung der familiären Lebensformen haben sich sowohl die Beziehungsstrukturen (patchwork-family, Flexibilität und Mobilität der Arbeitswelt, phasenweises Zusammenleben mit unterschiedlichen Familienmitgliedern etc.) als auch die zeitlichen (›Terminkindheit‹) und räumlichen (›Isolationskindheit‹) Bedingungen des Aufwachsens im Vergleich zu früheren Kindheiten verändert. Besonderer Einfluss wird auch dem Thema ›Medienkindheit‹ zugemessen: so wird vielfach beklagt, dass für heutige Kinder ein fortschreitender Wirklichkeitsverlust auszumachen sei, da sie zunehmend in virtuellen Welten durch Fernsehen, Video, Computerspiele, Internet etc. lebten.
Doch wie ist dieser Wandel der kindlichen Lebenswelt zu bewerten? Paradigmatisch sollen zwei Positionen im gegenwärtigen Kindheitsdiskurs vorgestellt werden, die mit guten Argumenten gegenteilige Positionen vertreten.
In der 1994 von der Synode der evangelischen Kirche in Deutschland herausgegebenen Kundgebung ›Aufwachsen in schwieriger Zeit – Kinder in Gemeinde und Gesellschaft‹ zeigt schon der Titel, dass die gesellschaftlichen Bedingungen heutiger Kindheit als belastet und belastend analysiert werden: Es gibt insgesamt weniger Kinder (Einzelkindheit), die in einem Umfeld variabler Lebensformen (Scheidungskindheit) und oftmals multikultureller und multireligiöser Lebenswelten (Kindheit ohne gesicherte Wertvorstellungen) aufwachsen.
Die Individualisierungstendenzen der westlichen Gesellschaften und der wachsende Druck der Vereinbarkeit von Familie und Beruf führt zu einem Mangel an Zeit für Kinder und der ›Armutsfalle Kind‹. Insgesamt steht Kindheit unter stark funktionalisierten Ansprüchen, d.h. dass die Erwartungen heutiger El-

tern an das einzelne und oft einzige Kind enorm gewachsen sind und leichter enttäuscht werden können, was wiederum ein gestiegenes Maß an Gewalt und Aggression zur Folge hat: »Psychische Vernachlässigung geht einher mit roher Gewalt, Überfürsorglichkeit mit ›Wohlstandsverwahrlosung‹« (EKD 1995, 18).

Diese Studie, die für die evangelische Kirche einen Kurswechsel anzeigt, Kinder als Subjekte kirchlicher Wahrnehmung und praktisch-theologischen Handelns deutlicher aufzuwerten, erhebt mit ihrer Analyse heutiger Lebenswirklichkeiten von Kindern ihre prophetische Stimme hin zu sozialethischer Verantwortung. Dies tut sie zu Recht, auch wenn – wie in den meisten aktuellen Lebensweltanalysen – ein negatives Bild heutigen Kindseins überwiegt.

Harald Duwe, »Wolfram«, 1976, © VG Bild-Kunst, Bonn 2004

Im Gegensatz hierzu spricht der katholische Religionspädagoge Anton A. Bucher von einer ›Katastrophensemantik‹ des gegenwärtigen Kindheitsdiskurses und relativiert bzw. korrigiert die überwiegend negative Sicht von Kindheit in seiner Studie ›Was Kinder glücklich macht‹ (Bucher 2001). Nicht nur der kritische Blick in die Geschichte der Kindheit oder – mittels autobiographischer Hinweise in die Geschichten der Kindheit – zeigen, dass die ökonomischen, gesundheitlichen und erzieherischen Bedingungen heutiger Kindheit äußerst positiv zu bewerten sind. Auch empirisch kann Bucher zeigen, dass sich die Kinder selbst als überwiegend glücklich einschätzen.

Hierbei ist die »aktivitätstheoretische Konzeptualisierung von Glück« (Bucher 2001, 187) aus Sicht der Glückpsychologie interessant: Wo den Kindern Möglichkeiten und Freiräume zum eigenen Erleben und Tätigwerden gegeben werden, ist ihr Glückserleben stärker. Hierbei spielen der familiäre Rahmen, die Schule und der Freundeskreis die herausragende Rolle. Diese Prämisse für Glücksempfinden liegt sozusagen quer zu den von Erwachsenen aufgestellten Kriterien gelingender Kindheit. Aus diesem Grund stellt Bucher den gegenwärtigen Kindheitsdiskurs unter Projektionsverdacht: Eigene subjektive Deutungen von glücklicher Kindheit unter Bedingungen, die der Vergangenheit angehören und deren Verlust bedauert wird, haben wenig mit den Einschätzungen heutiger Kinder zu ihrem Glücksempfinden zu tun.

Deutlich wird in der Gegensätzlichkeit der Einschätzung, dass die Bewertung heutiger Lebenswirklichkeit von Kindern nur sehr differenziert möglich ist. Die sozialkritische Option der Kirche für die Kinder ist im gesellschaftspolitischen Diskurs eindringlich notwendig. Zu warnen ist jedoch vor einer kulturpessimistischen Sicht, die an den konkreten Gegebenheiten individuellen Kindseins und vor allem an den subjektiven Einschätzungen der Kinder vorbeigeht. An dieser Stelle soll für den Wandel der Kindheit exemplarisch das Thema ›Veränderungen der kindlichen Raumerfahrungen‹ herausgegriffen und die Problematik einer differenzierten Beurteilung aufgezeigt werden.

Sammeln Sie Charakteristika der Kindheitsbedingungen Ihrer Großeltern und Ihrer eigenen Kinderzeit. Diskutieren Sie in einer Arbeitsgruppe Vor- und Nachteile.

3.3.2 Kindliches Raumerleben im Wandel

Die räumlichen Gegebenheiten (Verfügung über Wohn- und Spielraum, Spielzeug, Wohnungsausstattung, Spielräume außerhalb der Wohnung etc.) werden für die kindliche Entwicklung zu den bedeutsamen Einflussfaktoren gezählt. Bereits seit den 70er Jahren hat die Sozialisationsforschung im sozialökologischen Ansatz (Bronfenbrenner 1977) den Stellenwert der räumlichen Mikro- und Makrosysteme beschrieben und die entwicklungsfördernde Bedeutung von räumlichen Umweltbedingungen herausgehoben, die die Eigenaktivität der Kinder erlaubt. Man könnte auch vereinfacht sagen: Kinder brauchen Räume, die sie zur Erforschung und Gestaltung in Eigenregie oder mit Spielkameraden einladen.
Hier ist der Wandel der Kindheit in den letzten Jahrzehnten offensichtlich: Die räumlichen Bedingungen von Kindheit werden beschrieben als Entwicklung von der ›Wald- und Wiesenkindheit‹, in der die Kinder sich ihre Welt mit allen Sinnen eroberten, über die zunehmend eingeschränkte und gefährliche ›Straßenkindheit‹ zur ›Kinderzimmer- bzw. Isolationskindheit‹, die dem Kind zwar nun einen eigenen Raum zugestehe, aber gleichzeitig zur Vereinsamung führe. Eine Bestandsaufnahme der räumlichen Wirklichkeit fällt nicht selten so aus: »Der ganze Bereich der Öffentlichkeit ist in seiner Funktionalität und in seinen Standards ausschließlich auf die Gewohnheiten und Bedürfnisse der Erwachsenen zugeschnitten. Für die Kinder […] sind bestenfalls für sie freigehaltene Reservate vorgesehen; ihr Gestaltungsspielraum bewegt sich aber meistens auch hier in vorgegebenen Grenzen« (Mette 1992, 202).
Die Urbanisierung und Betonisierung (v.a. durch Straßenbau) unserer modernisierten Lebenswelten lässt den Kindern in der Tat wenig Freiräume, die ein unkontrolliertes, d.h. ungefährliches Erleben ermöglichen. Eltern haben zunehmend Angst – und übertragen diese Angst natürlich auch auf die Kinder!

– die Kleinen zum Spielen einfach ›raus‹ zu lassen. Das führt dazu, dass sie wegen des Straßenverkehrs oder der Sorge um sexuelle Gewaltverbrechen an Kindern entweder gemeinsam mit ihnen Spielplätze aufsuchen oder aber die Kinder zunehmend verhäuslichen. Als Ausgleich zum Verlust der Natur-, Spiel- und Bewegungserfahrungen, die im Garten, auf der Wiese oder im Wald möglich wären, wird nicht selten das Kinderzimmer mit Spielzeug gefüllt. Dahinter stehen natürlich auch ökonomische Interessen, die Kinder zu begeisterten Konsumenten zu machen; eine Rechnung, die zumindest für die Spielzeugindustrie aufzugehen scheint.
Die Entwicklung von Raumgefühl, die eigentlich mit dem Entstehen eines ›Zuhause‹- und Zugehörigkeitsgefühls einhergeht, wird dadurch gestört, dass kleine Kinder nicht mehr – wie in konzentrisch wachsenden Kreisen – ihr Haus, ihren Hof oder Garten, ihre Wohnstraße, ihr Viertel mit den vertrauten Wegen zum Bäcker, Kindergarten etc., auf eigenen Beinen und selbst erkundend kennen lernen, sondern zunehmend im Auto zu Freunden, zur Musikstunde, zum Turnverein gefahren werden. Raumerfahrung geschieht so medial über – zumindest für das Kind – unübersehbare Distanzen und kann letztlich ein wachsendes Gefühl von Orientierungslosigkeit zur Folge haben. Wie wichtig für Kinder der vertraute Ausgangspunkt ist, um mit wachsendem Selbstbewusstsein auch fremde Räume zu entdecken, betont Peter Biehl (Biehl 1998) in einer phänomenologischen Reflexion der kindlichen Raumerfahrung. Bedeutsam für religiöse Gefühle sind hierbei auch geheime, dunkle Räume, in die sich das Kind nur langsam und fasziniert vorwagt. So genannte ›Kontroll-Löcher‹ vor der ständigen Aufsicht der Eltern sind hierfür natürlich Bedingung.
Sind Kinder heute also nur noch eingeengt, einbetoniert, eingezäunt in einer phantasieberaubenden Plastikwelt? So pauschal kann dies sicher nicht behauptet werden, denn der Wandel der kindlichen Räume bietet auch Vorteile: das außerhäusliche Angebot zum Spielen (Abenteuer- und Schlammspielplätze, Waldburgen, Zaubergärten etc.) und zur Förderung der Kinder (wie musikalische Früherziehung an Musikschulen, Selbstverteidigungskurse, Schwimm- und Tauchkurse, Töpferkreise und Bastelgruppen) ist enorm gestiegen und hat deutlich an Attraktivität gewonnen. Hier werden Kinder meist von Fachkräften geschult und bekommen motorische, sensorische und künstlerische Anregungen, die ihnen Spaß machen und ihre Persönlichkeitsentwicklung fördern.
Stimmt es also, wie Bucher feststellt: »Populärer Kindheitsdiskurs und die Empirie klaffen in vielem weit auseinander. Postmoderne Kindheit ist besser als ihr Ruf« (Bucher 2001, 131)? Vorschnelle Urteile wie ›Früher war alles viel besser‹ oder ›Was will man von einer solchen Jugend schon erwarten?‹ stehen deutlich unter dem benannten Projektionsverdacht. Kultur- als Jugendpessimismus wird weder dem Erleben der Kinder gerecht, die sich oft mit einer erstaunlichen Kreativität und Biophilie (Lebensliebe) auf ihre Lebensbedingungen einlassen, noch trägt es konstruktiv etwas aus. Hinzu kommt, dass das Raumverhalten

der Kinder nicht nur von äußeren Bedingungen, sondern auch von sozialer Reglementierung (Alter, Geschlecht, Nationalität, soziale Herkunft) abhängt. Sozialökologische Studien belegen, dass Kinder sich nach wie vor öffentliche Räume erobern und gestalten.

Zukunftsweisend dürfte daher sein, weniger pauschal als situativ, weniger plakativ als konkret den Wandel kindlicher Lebenswelten im Blick zu behalten und subjektorientiert, d.h. im Dialog mit den Kindern und ihren Wahrnehmungen zu reflektieren. Darüber hinaus liegt es an uns Erwachsenen, den Kindern nicht nur Schon-, sondern Lebensräume, nicht nur Spiel-, sondern auch Freiräume zu erhalten oder wieder herzustellen.

1. Teilen Sie sich in einer Arbeitsgruppe das spannend zu lesende Buch ›Kindheit im Wandel‹ von Hans-Günter Rolff und Peter Zimmermann (Weinheim/Basel ^{5}1997) in kleine Referate auf und diskutieren Sie die Thesen.

2. Als zukünftige Lehrerinnen und Lehrer werden Sie ständig mit den soziokulturellen Veränderungen von Kindsein heute konfrontiert. Welche Möglichkeiten sehen Sie, die Kinder selbst in ihrem Erleben zu Wort kommen zu lassen? Welche Themen des Religionsunterrichts können die Reflexion fördern? Gibt es Ideen und Ansatzpunkte für einen Elternabend hierzu?

Mette, N. (1992): Macht Sozialisation Sinn? – Kindheit in der Risikogesellschaft, in: EvErz 44, 199-210.

3.4 Kinder fragen nach Religion

Auf einer Fahrradtour fragt der vierjährige Benjamin plötzlich: »Mama, wo war ich eigentlich, bevor ich in deinem Bauch war?« »Was meinst du denn selber?«, fragt die Mutter zurück. »Ich glaube, dass ich ein Stern war. Gott hat den Stern geplatzt und dann war ich bei euch.« »Das ist eine schöne Vorstellung«, antwortet die Mutter erstaunt. Nach kurzer Pause meint Benjamin weiter: »Und wenn ich ganz alt bin, werde ich wieder ganz klein und komme in deinen Bauch zurück!«

Religiöse Bildung lässt anthropologische Sinnfragen (Wer bin ich? Woher komme ich? Wohin gehe ich? Wozu lebe ich? etc.) nicht nur zu, sondern provoziert sie geradezu. Hier ist der Raum zur Selbstreflexivität als ein Vermögen, sich spielerisch, phantasierend oder selbst-distanzierend zu beobachten. In diesem Sinn ergeben sich Grenzüberschreitungen: Die Wirklichkeit ist zwar Ausgangs- und Bezugspunkt des Fragens, aber die Antworten überschreiten die

Wirklichkeit, indem sie Möglichkeiten eröffnen. Religiöse Bildung kann so bedeuten, einen Sinn für Möglichkeiten im begrenzten und eingeschränkten Spektrum der Wirklichkeiten zu entwickeln. Der Bezugspunkt zum protestantischen Freiheitsverständnis liegt darin, dass die gegebene Unmittelbarkeit transzendiert wird, d. h. dass dem Menschen zugetraut wird, über sein bisheriges Denken und Handeln hinauszugehen und die in ihm liegenden Potentiale zur Entfaltung zu bringen. Aus diesem Grund wird in der Religionspädagogik von ›Selbstbildung als Befähigung zur Freiheit‹ gesprochen (☞ Kap.2.1).

Kleine Frage

Glaubst du
du bist noch zu klein
um große
Fragen zu stellen?
Dann kriegen die Großen
dich klein
noch bevor du
groß genug bist.

Erich Fried

Es macht Kindsein geradezu aus, Fragen zu stellen, auf der Suche zu sein, sich die Welt zu erklären, nach Hintergründen und Zusammenhängen zu forschen. Die Entwicklung des kindlichen Fragens kann so eingeteilt werden, dass nach der ersten Stufe, die vor allem mit dem Erlernen der Sprache verknüpft ist (Fragen nach dem Benennen, imitatives Fragen, Entscheidungsfragen) ein zweites Fragealter bei den Drei- bis Fünfjährigen als »Epoche der Warum-Fragen« (Ritz-Fröhlich 1992, 41) bestimmt wird. Für die Entwicklung eines Kindes ist es elementar, in seinen Fragen ernstgenommen zu werden, den Dingen auf den Grund gehen zu können und so Zusammenhänge und Begründungen für Lebenserfahrungen zu finden.
Für Erwachsene haben Kinderfragen oft einen im positiven Sinn dekonstruktiven Charakter, d. h. sie verunsichern ihr Weltbild, indem sie Selbstverständliches hinterfragen. Auch die kindliche Suche nach letzten Erklärungen und Bedeutungen erschüttert nicht selten eine auf Vordergründiges und Funktionales eingerichtete Erwachsenenwelt.
Da Kinder in ihrer Neugier manchmal methodische und moralische Grenzen überschreiten, ist es verständlich, wenn Erwachsene ignorierend oder belehrend reagieren, anstatt mit den Kindern gemeinsam Zusammenhänge zu konstruieren. Doch insbesondere Fragen mit philosophischem oder religiösem Hintergrund bedürfen eines Freiraums, der den Kindern zugesteht, Wirklichkeiten und Möglichkeiten miteinander auszuloten. Vorschnelle Antworten brechen diesen Prozess ab und fördern eher die Orientierung an Autoritäten als das

eigene Reflektieren und kritische Hinterfragen. Aus diesem Grund ist es wichtig, die Fragehaltung der Kinder zu fördern: ihnen die Bestätigung der Relevanz ihres Fragens zu geben; sie darin zu unterstützen, eigene Antworten zu entdecken; Position zu beziehen, aber auch Ratlosigkeiten auszuhalten. Der gemeinsame Prozess des Überlegens und Diskutierens gibt dem Kind den nötigen Freiraum, die Meinung eines Erwachsenen als mögliche, aber nicht absolute Antwort kennen zu lernen.

Gerade für die frühe Kindheit, in der eine natürliche Neugier, aber auch eine große Bereitschaft vorhanden ist, Erwachsenen alles zu glauben, ist es für eine christliche Bildungsverantwortung elementar, Kinder als philosophisch und theologisch ernst zu nehmende Subjekte zu respektieren. Dies gilt auch, wenn sie in ihrer Denk-, Sprach- und Glaubensentwicklung selbstverständlich immer wieder auf Impulse und Korrekturen von Erwachsenen angewiesen sind.

Ein anderer Weg, religiöse Vorstellungen von Kindern kennen zu lernen und zu begleiten findet sich über deren Ausdruck in gemalten oder gezeichneten Bildern. Gerade Klein- und Vorschulkinder mit eher geringen sprachlichen Ausdrucksmöglichkeiten drücken auf Papier Sichtweisen aus, die auch unbewusste Ebenen umfassen. Es gibt mittlerweile eine materialreiche und konzeptionell durchdachte Forschung zum bildnerischen Ausdruck kindlicher Religiosität (vgl. Fischer/Schöll 2000), die für alle Erwachsenen im Umgang mit kleinen Kindern sehr hilfreich sein kann. Kinder zum bildnerischen Ausdruck religiöser Vorstellungen zu ermutigen, aber auch mit ihnen über die Bilder in ein konstruktives Gespräch zu kommen, ist eine bleibende Aufgabe religiöser Bildung und bedarf einer kompetenten Aus- und Weiterbildung von ErzieherInnen und LehrerInnen.

1. Diskutieren Sie anhand eigener Erfahrungen mögliche geschlechtsspezifische Unterschiede der Entwicklung des Gottesbildes.

Lesen Sie hierzu: Klein, S.: Gottesbilder von Mädchen als Zugang zu ihrer religiösen Vorstellungswelt, in: Fischer, D./Schöll, A. (Hg.)(2000): Religiöse Vorstellungen bilden. Erkundungen zur Religion von Kindern über Bilder, Münster, 97-128 (mit weiterführender Literatur).

2. Verschaffen Sie sich einen Einblick in die Fülle der Literatur zum Thema ›Kinder als Philosophen‹ mit folgenden Büchern: Matthews, G. B. (1995): Die Philosophie der Kindheit. Wenn Kinder weiter denken als Erwachsene, Weinheim; Zoller, E. (1991): Die kleinen Philosophen. Vom Umgang mit ›schwierigen‹ Kinderfragen, Zürich; Englhart, S. (1997): Modelle und Perspektiven der Kinderphilosophie, Heinsberg.

- *Für SpezialistInnen: Petermann, H.-B.: Wie können Kinder Theologen sein? Bemerkungen aus philosophischer Perspektive, in: Büttner, G./Rupp, H. (Hg.)*

(2002): Theologisieren mit Kindern, Stuttgart u. a., 95-127.

- *Hull, J. M. (1997): Wie Kinder über Gott reden. Ein Ratgeber für Eltern und Erziehende, Gütersloh.*

3.5 Kindertheologie: ein religionspädagogischer Perspektivenwechsel

Eine dritte Klasse hat im Religionsunterricht das Senfkorngleichnis besprochen. In der nächsten Stunde fragt die Lehrerin wiederholend nach dem Verständnis der Kinder. Da meldet sich ein Junge und sagt: »Also für mich ist das so: normalerweise ist mein Glaube so klein wie ein Senfkorn. Ich merke Gott eigentlich gar nicht. Aber wenn es mir schlecht geht, dann ist Gott auf einmal riesengroß für mich da!«

Abgesehen davon, dass die Gleichnisdidaktik für die Grundschule umstritten ist (☞ Kap. 2.3.2), entspringt diese Deutung der kindlichen Umsetzung des Gleichnisses in die eigene lebensgeschichtliche Relevanz und beweist die aktive und kreative Reflexion seines Fragens nach Gott. Weitgehend unabhängig von den im Unterricht gesammelten Bildern für das Reich Gottes und des Phänomens des Wachsens, hat dieses Kind sein subjektives Empfinden dafür, wann die Bedeutung seines Glaubens gering und wann enorm ist, geklärt und in Worte fassen können. Eine Deutung übrigens, die vielen MitschülerInnen sofort einleuchtete und die sie mit ihrer eigenen Lebenserfahrung bestätigten. Ist diese Interpretation legitim, auch wenn sie am exegetisch-theologischen Sachverstand der Reich-Gottes-Gleichnisse vorbeizugehen scheint?

Man kann die Geschichte der religionspädagogischen Konzeptionen (☞ Kap. 4.1) in den letzten 50 Jahren als einen Prozess sehen, der das Kind zunehmend vom Rand in die Mitte gestellt hat: während in der Evangelischen Unterweisung die theologischen Inhalte als Zentrum religionspädagogischen Handelns (Autarkiemodell) galten, wurde im thematisch-problemorientierten Unterricht das Kind in seinem lebensweltlichen und lebensgeschichtlichen Kontext als Adressat neben die Inhalte gestellt und im so genannten Konvergenzmodell die Vermittelbarkeit zum Kernproblem erhoben.

Nun scheint seit einigen Jahren ein Perspektivenwechsel in der Religionspädagogik stattzufinden, der mit dem Programm der Kindertheologie eine von Kindern selbst aktiv hervorgebrachte Theologie entdeckt. Damit vollzieht die Religionspädagogik einen Blickwechsel, den der Praktische Theologe Henning Luther als einer der ersten programmatisch forderte: »Anstatt dass die einzelnen Subjekte aus der Perspektive des Ganzen (der Kirche) betrachtet werden, soll Praktische Theologie das Ganze (Theologie, Kirche) aus der Perspektive der

(betreffenden) Subjekte wahrnehmen« (Luther 1984, 295). Auch Kinder sind in diesem Sinn als Subjekte ihrer Theologie anzusehen.
Wo liegen die geistesgeschichtlichen Wurzeln der Kindertheologie? Anton Bucher betont in seinem Grundsatzartikel zur Kindertheologie (Bucher 2002, 11 ff.) einerseits die kopernikanische Wende in der Sichtweise vom Kind, die Jean Jacques Rousseau (1712-1778) für die Pädagogik begründet hat und andererseits gerade in der Entgegnung zu ihm. So hat Rousseau zwar den Eigenwert des von Natur aus guten (!) Kindes und seiner Sichtweise gefordert und damit das Verständnis von Kindsein revolutioniert, doch gerade im religiösen Bereich vor dem anthropomorphen ›Götzendienst‹ der Kinder gewarnt. Demgegenüber weitete die Romantik das positive Verständnis von Kindheit auf den religiösen Bereich aus und betonte geradezu die schöpferische Nähe der Kinder zum Göttlichen.
Diese idealisierende Sichtweise wurde vor allem reformpädagogisch wirkungsvoll und weist auf ein Problem hin, das für die Kindertheologie von bleibender Relevanz sein wird: nämlich einen differenzierten Klärungsprozess innerhalb der kindertheologischen Debatte zu führen, der die Gratwanderung zwischen begeisterter Bereicherung durch kindertheologische Impulse und kritischer Warnung vor einer naivisierenden Tendenzwende in der Theologie geht. Mit Ullrich ist vor einem romantischen Kindbild zu warnen, das sich weniger an einer realistischen Einschätzung von Kindheit als an Projektionen der Erwachsenen nach Sinnlichkeit, Natürlichkeit und Ganzheit festmacht (Ullrich 1999). Die Hypostasierung und damit Überbewertung kindlichen Glaubens wäre kontraproduktiv: denn so sehr Kinder auch in ihrem alterspezifischen Horizont selbständig theologisch denken und als Subjekte ernstzunehmen sind, so verschieden ist doch der lebensgeschichtliche Kontext erwachsener Religiosität.
Den Boden für das Entstehen der Kindertheologie bereitete letztlich das sich wandelnde Kindbild der Entwicklungspsychologie (☞ Kap. 2.3.2). Seit Piaget wird das Kind als aktiver Konstrukteur der Wirklichkeit gesehen, und – wie beispielsweise an der neueren Säuglingsforschung deutlich wird – in wachsendem Maße seine Kompetenz betont. Dies gilt auch und gerade für die Entwicklung des kindlichen Weltbildes im Blick auf Sinnfragen, so dass das Programm der Kinderphilosophie seit den 90er Jahren einen Boom erlebt, der sich beispielsweise in der gegenwärtigen Bewegung der Kinderuniversitäten einer rasch wachsenden Beliebtheit erfreut.
Doch was ist ›Kinder-theologie‹? Ist nicht schon der Begriff dieser neuen Bindestrich-Theologie paradox? Selbstverständlich haben Kinder schon immer ihre eigenen religiösen Vorstellungen und Deutungen gehabt, man beachte nur die mittlerweile materialreiche und grundlegende Forschung zu kindlichen Gottesvorstellungen. Wurden diese jedoch oft als naiv belächelt und von ihrem theologischen Gehalt weitgehend ignoriert, so wird heute der Anspruch erhoben, einem jeden Menschen (und also auch einem Kind) in seinen eigenständi-

gen religiösen Vorstellungen, Denkmustern und Ausdrucksformen Interesse, Offenheit und Achtung entgegenzubringen.

»Denn jeder Mensch ist als Mensch und Christ Theologe. Denn Theologie ist schließlich nur die umfassende und oberste Bemühung um das reflexive Verständnis unserer selbst, dessen, was wir als Menschen und Christen notwendig sind. Und darum gibt es eigentlich in der Theologie keine saubere Grenze zwischen Fachleuten und Dilettanten. Jeder ist in gewissem Sinn aufgerufen, Theologe zu sein.«

Karl Rahner (zit. n. Bucher 2002, 10f.)

Nicht vorschnelles Abwerten – da noch auf einer Vorstufe der religiösen Entwicklung befindlich – sondern Respekt und Sensibilität sind Vorzeichen kindertheologischen Arbeitens. Es geht hierbei nicht um eine Idealisierung und Romantisierung kindlicher Vorstellungen, sondern um den Versuch, kindliche Deutungen im Horizont ihres lebens-geschichtlichen Prozesses, der als solcher immer unabgeschlossen ist, zu verstehen.

Grundlage dieses Blickwechsels ist eine Erweiterung des Theologiebegriffs in dem Sinne, dass der Anspruch auf Theologie immer nur ein gradueller, aber kein essentieller sein kann (Bucher 2002, 11). Ausgehend vom Priestertum aller Gläubigen ist das Fragen, Denken und Reden über Gott ein Grundrecht, das keinem Menschen abgesprochen werden kann – auch wenn dann natürlich im notwendigen Diskurs Kriterien christlicher Rede von Gott, Kritik und Korrekturen ihren Platz haben müssen.

Nach Friedrich Schweitzer (Schweitzer 2003b, 11ff.) kann Kindertheologie in drei Dimensionen definiert werden: 1. Die Theologie von Kindern (als eigene theologische Reflexion der Kinder), 2. Theologie mit Kindern (als religionspädagogische Praxis gemeinsam mit Kindern) und 3. Theologie für Kinder (als nicht deduktiv verstandene Aufklärung durch Theologie). Schweitzer präzisiert den Begriff der ›Theologie von Kindern‹ dahingehend, dem Kind »eine gleichsam selbstreflexive Form des Denkens über religiöses Denken« (ebd., 10) zuzutrauen.

Man müsse also zwischen religiösem Denken von Kindern und Kindertheologie als kindlichem Reflexionsvermögen über religiöses Denken unterscheiden. Auch wenn die Übergänge hier fließend sind, liegt der entscheidende Impuls für die religionspädagogische Praxis (wie auch für entwicklungspsychologische Forschungen) darin, nicht nur kindliche Vorstellungen zu analysieren, sondern das Reflexionspotential der Kinder hinsichtlich ihrer eigenen religiösen Fragen und Deutungen zu fördern.

Für den Prozess der Kindertheologie als religionspädagogischem Perspektivenwechsel wird es in den nächsten Jahren nicht nur wichtig sein, eine Kriteriologie dessen, was unter Kindertheologie zu verstehen ist, zu entwickeln, diese empirisch zu verifizieren, sondern auch zu klären, in welcher Spannung zwischen Freiheit und Steuerung sich religiöse Bildung vollzieht. Kindertheologie steht damit auch vor der didaktischen Herausforderung, Lernlandschaften zu entwickeln, die es Kindern erleichtert, ihre Religiosität zu benennen, zu reflektieren und weiterzuentwickeln.

1. Diskutieren Sie Ihren Glaubens- und Ihren Theologiebegriff: wer ist fähig und berechtigt, theologisch zu fragen und zu denken? Gibt es hier Grenzen oder Unterschiede – nicht nur in Bezug auf den Lebensbeginn, sondern auch auf das Lebensende?

2. Der zweite Band des Jahrbuchs für Kindertheologie behandelt die Thematik ›Kinder als Exegeten‹. Diskutieren Sie Ihr Verständnis von Exegese und Hermeneutik unter dem Blickwinkel, dass Kinder biblische Geschichten oft in einem sehr alltagspraktischen Verständnis deuten. Welche Möglichkeiten sehen Sie, kindliche Interpretationen beispielsweise im Religionsunterricht zu fördern? Welche exegetischen Grenzen würden Sie setzen?

3.6 Religiöse Sozialisation

In einer ersten Klasse treffen sich 24 Kinder zum evangelischen Religionsunterricht. Neun Kinder sind bekenntnislos, d.h. ungetauft. Zwei Kinder geben an, dass sie regelmäßig den Sonntagsgottesdienst bzw. die Kinderkirche besuchen. Elf Kinder können sich dunkel daran erinnern, dass sie schon einmal in einem Gottesdienst waren und glauben, dass es wohl zu Weihnachten war. Auf die Frage, was Christen denn an Weihnachten feiern, äußern die Kinder übereinstimmend: »Da kommt der Weihnachtsmann!«

Sozialisation ist ein lebenslanger Prozess und hat unter forschungswissenschaftlichem Blickwinkel doch ein Interesse am situativen lebensgeschichtlichen Kontext: wie ist der Mensch zu dem geworden, der er ist? Der milieutheoretische und reifungstheoretische Ansatz ist hierbei zunehmend dem interaktionistischen Konzept gewichen: weder ist der Mensch als unbeschriebenes Blatt (tabula rasa) in seinem Werden gänzlich dem sozialen Milieu ausgeliefert, noch ist seine Persönlichkeit von Lebensbeginn an determiniert und nur noch einem Prozess der Reifung ausgesetzt. Vielmehr ist der Sozialisationsprozess als wechselseitiges Geschehen und Beeinflussen von aktiver, die Wirklichkeit konstruierender Wirksamkeit des Subjekts und passivem Werden in Abhängigkeit von Sozialisationsinstanzen, die auf das Individuum prägend und in die Gesellschaft integrierend einwirken, zu sehen. Hierbei sind primäre (familiäre), sekundäre (institutionelle wie Kindergarten, Schule, Kirche) und tertiäre (Peer-Groups) Sozialisationsinstanzen voneinander zu unterscheiden.

Das Thema ›Religiöse Sozialisation heute‹ ist schillernd wie eine Seifenblase! Ein marginaler Anteil der Bevölkerung ist kirchlich so gebunden, dass deren

Kinder durch den christlichen Glauben ihrer Eltern bzw. durch die Einbettung in ein aktives Gemeindeleben im traditionellen Sinn religiös, d.h. christlich-konfessionell sozialisiert werden. Doch was ist mit der großen Mehrheit? Ist die Religion nach vielen Prophezeiungen nun wirklich am Ende?
Das Gegenteil ist der Fall: Trotz Säkularisierung und Entkirchlichung ist Religion und Religiosität ein gesellschaftlicher Dauerbrenner (vgl. Meyer-Blanck/Weyel 1999, C.4). Religionsphänomenologisch leben wir in einem Gemischtwarenladen gelebter Religion, der weitgehend unerforscht ist. Stichworte wie Individualisierung und Pluralisierung der Lebenswelten sowie Globalisierung der Lebenszusammenhänge in Zeiten der Postmoderne markieren nur die Undurchdringlichkeit des Dschungels, gerade auch auf dem Markt der Möglichkeiten religiöser und pseudoreligiöser Sinnangebote. Der Sinnverdruss durch Überfluss zeigt zum einen Orientierungslosigkeit, die nicht selten in Fundamentalismen mündet, und zum anderen eine so genannte religiöse Baukastenmentalität, die baut und schraubt, destruiert und wieder neu und anders zusammensetzt.
Wir haben es mit einer schwer übersehbaren Vervielfältigung von Religion zu tun, wobei der Religionsbegriff weit gefasst wird. Das Aufwachsen in pluralen, postmodernen Zusammenhängen vollzieht sich nach Friedrich Schweitzer in einer Gesellschaft, die alles verabscheut, was an religiöse Autorität erinnern könnte (Schweitzer 2003a, 48) – und damit sind natürlich in einer traditionskritischen Haltung auch die Kirchen gemeint! Autonomie ist hierbei ein entscheidendes Kriterium: jeder und jede ist auf der Suche nach sinnstiftenden, glücks- und gewinnbringenden Weltanschauungen und Methoden, die adaptiert und bekannt, aber im lebensgeschichtlichen Verlauf genauso gut wieder über den Haufen geworfen werden (☞ Kap 6.1).
Dabei entsteht das, was begrifflich unter ›Synkretismus‹ gefasst wird, d.h. die religiösen Bezüge im Alltag vermischen sich und verwachsen so miteinander, dass die Herkunft einzelner Elemente nicht mehr erkennbar ist. Aus diesem Grund sind auch die heutigen Bedingungsfaktoren religiöser Sozialisation zunehmend undurchsichtig: es fließen (meist religiös-heterogene) Einflüsse der primären Sozialisationsinstanz Familie mit weit gefächerten Impulsen über die Medien, mit gesellschaftlich wirksamen Deutehorizonten bzw. Weltanschauungen im Freundeskreis (Peer-Groups) schließlich mit einer intentionalen religiösen Bildung im kirchlichen und (vor)schulischen Bereich in eins.
Die Religionspädagogik nimmt die Herausforderung an, diese Mixtur religiöser Alltagsphänomene analytisch wahrzunehmen und die einzelnen Menschen in ihrem lebensgeschichtlichen Bildungsprozess (☞ Kap. 2.1) so zu begleiten, dass sie sich als christlich-positionell versteht und eben deshalb auf der Basis des christlichen Menschenbildes der Freiheit des Subjektes verpflichtet weiß. Angebote gelebten christlichen Glaubens, theologische Klärungen und Deu-

tungen im diskursiven Dialog, in seelsorgerlicher Hinwendung und im lebensrelevanten Bezug sind hierbei die entscheidenden Charakteristika.

Lesen und diskutieren Sie den spannenden und grundlegenden Aufsatz von Mette, N.: Religiöser Wandel als Herausforderung für die Religionspädagogik, in: Blum, M./Hölscher, A. (Hg.)(2002): Die Kunst der Glaubensvermittlung. Perspektiven zeitgemäßer Religionspädagogik, Berliner Schriften Bd. 17, Berlin, 53-82.

3.6.1 Religiöse Sozialisation in der Familie

Die Eltern einer Kindergruppe von 12 Vorschulkindern wünschen sich für den geplanten Elternabend das Thema ›Mit kleinen Kindern über den Tod reden‹. In der abendlichen Diskussion wird deutlich, dass sich die meisten der Eltern angesichts der Fragen ihrer Kinder ratlos und überfordert fühlen. Einige Mütter berichten von sehr strenger kirchlicher Erziehung und der daraus folgenden Intention, ihr Kind vor jeglicher Indoktrination zu schützen, andere fühlen sich in religiösen Dingen inkompetent und geradezu sprachlos. Gemeinsam ist fast allen Eltern, dass sie das Gespräch mit ihren Kindern über Sinnfragen des Lebens für sehr wichtig halten, dass sie ihren Kindern mit Geschichten, Deutungen oder Glaubensinhalten Angebote machen wollen. Übereinstimmend äußern die Eltern den Grundsatz, dass dem Kind unbedingt die freie Entscheidung, zu seiner eigenen Antwort zu kommen, gewährt werden müsse.

Die Lebenslaufforschung hat gezeigt, dass religiöse Sozialisation ein lebensgeschichtliches Thema ist, das bis ins hohe Alter einem mehr oder weniger großen, doch ständigen Wandel unterliegt. Im Prozess des Lebens stellen sich Sinnfragen, müssen Krisenerfahrungen verarbeitet und in subjektiven Deutungen beantwortet bzw. als kontingent durchlebt werden. Die Suche nach Sinn begleitet die Lebensthemen und verändert die Religiosität eines Menschen immer wieder aufs Neue.

Die religionspädagogische Literatur legt den Fokus der religiösen Sozialisationsforschung vorrangig auf die ersten Lebensjahre und argumentiert mit der prägenden Bedeutung religiöser Erziehung im frühesten Kindesalter für die Religion eines ganzen Lebens. Gewichtige Gründe sprechen dafür und doch sollte nicht aus dem Blick verloren werden, dass auch spätere Lebensereignisse oder -einflüsse einen nicht religiös erzogenen Menschen auf die Suche nach Religion führen können bzw. negative Ersterfahrungen gerade durch das spätere Entstehen religiöser Gefühle verarbeitet werden können (vgl. die Bedeutung der Bekehrung in der Religionspsychologie ☞ Kap. 2.3.1).

Besonders einflussreich war der tiefenpsychologische Ansatz von Erik H. Erikson, der die psychosoziale Bedeutung der lebensgeschichtlichen Entwicklung erforschte und hierbei der ersten Lebensphase als Krise zwischen Urvertrauen versus Urmisstrauen entscheidende Bedeutung zuschrieb. Im liebenden, dem Kind zugewandten Gesicht der Mutter erfahre der heranwachsende Mensch sein bedingungsloses Angenommensein, das sich so in einer von Vertrauen getragenen Gottesbeziehung lebenslang fortsetzen könne bzw. eben nicht bei der grundlegenden Erfahrung von Abgewiesensein (Urmisstrauen). Diese tiefenpsychologische Fundierung von Religiosität wurde von Hans-Jürgen Fraas für die Religionspädagogik umgesetzt: »Das Umgreifende und damit die ›schlechthinnige Abhängigkeit‹ wird vom Kind also in der fürsorgenden Mutter erlebt. [...] Wenn die Religiosität im Bezogensein des Menschen auf das Umgreifende, im Ergriffensein vom Unbedingten besteht, dann kann die Mutter tatsächlich als der ›erste Gott des Kindes‹, oder, weniger missverständlich, als erstes Gottessymbol verstanden werden, und es ist von vornherein verständlich, dass spätere Gottesbilder Züge dieses ersten Umgreifenden tragen.« (Fraas 1973, 93).

Heute muss angesichts der gesellschaftlichen Bedingungen diese basale Bedeutung der frühen Mutter-Kind-Beziehung für die Religiosität eines Menschen neu reflektiert werden: zum einen haben sich durch den Wandel der familiären Formen die Beziehungsstrukturen der frühen Kindheit verändert und zum anderen kann die religiöse Entwicklung nicht in dieser einseitigen Überforderung auf die Mutterbindung bezogen werden.

Auffallend ist jedoch, dass dort, wo religiöse Sozialisation in der Familie gelebt wird (vgl. Schwab 1995), in besonderem Maß die Frauen das religiöse Leben gestalten. Wie Stefanie Klein zeigt (Klein 1999), sind es vor allem die Mütter und Großmütter, die in allabendlichen Ritualen mit den Kindern beten, biblische Geschichten lesen, christliche Festtage gestalten (in der gemeinsamen Vorbereitung von spezifischen Speisen und dem Schmücken von Räumen), mit den Kindern Krabbelgottesdienste besuchen oder sich ehrenamtlich im karitativen Bereich engagieren. Inwieweit diese geschlechtsspezifische Tendenz des religiösen Erlebens auf die religiöse Entwicklung der Jungen und Mädchen unterschiedlichen Einfluss hat, ist noch weitgehend ein Forschungsdesiderat – auch wenn tiefenpsychologische Studien die Bedeutung von Identifikations- und Ablöseprozessen von der Mutter auf Inhalt und Form der religiösen Orientierung von Kindern und Jugendlichen aufgezeigt haben (vgl. z.B. Thierfelder 1998).

In wachsendem Maß dürfte das Eingebundensein in eine stabile familiäre Ursprungsfamilie und das Aufwachsen in kirchennaher religiöser Sozialisation in Zukunft zur Ausnahme werden. Für viele Kinder sind die ersten Lebensjahre durch Flexibilität der Familienstruktur geprägt. Aus diesem Grund wirken die individuellen religiösen Auffassungen und Stile der einzelnen Familienmitglieder weniger normativ als fakultativ auf die Kinder.

Es ist von einem weitgehenden Nichterleben religiöser Traditionen bzw. von binnenfamiliären religiösen Ritualen auszugehen. Nicht wenige Eltern sind

aufgrund mangelnder eigener Sozialisation religiös sprachlos oder aufgrund negativer Erfahrungen deutlich kirchendistanziert. Oft sind religiöse Fragen Tabuthemen, die jeder für sich selbst beantworten müsse bzw. es herrscht die Auffassung vor, jede(r) müsse nach ihrer (seiner) eigenen Fasson selig werden. Dieser Grundtenor heutiger religiöser Erziehung führt jedoch nicht zur Religionslosigkeit, sondern, wie soziologische Studien gezeigt haben, zu einer Pluriformität weltanschaulicher Einstellungen und Haltungen. Schon früh erlebt das Kind in seinem familiären Umfeld bzw. spätestens im Kindergarten die Vielzahl von Religionen, Konfessionen, religiösen Deutungen (z.B. der populäre Schutzengelglaube) und säkularisierten bzw. pseudoreligiösen Traditionen: Hier spielt der Osterhase eine ebenso gewichtige Rolle wie der Weihnachtsmann; Glückssteine, Nikolaus, Märchenfiguren und Traumfänger werden zu elementaren Bestandteilen des sich entwickelnden, kindlichen Weltbildes.
Kirchliche Angebote stehen unter einem anhaltenden Druck, ihre Relevanz zu erweisen. Im Zuge der gegenwärtigen Debatte um eine Ökonomisierung der Bildungsinstanzen und der sich wandelnden, kirchlichen Zugehörigkeiten wächst die Herausforderung, einen konfessionellen Religionsunterrichts in den Schulen zu legitimieren.
Einerseits wird zu Recht der früheren manipulierenden und heteronomen Sozialisation durch die Kirche eine deutliche Absage erteilt und die individuelle Freiheit der Subjekte gutgeheißen, andererseits gilt es, auch den – in Umfragen immer wieder deutlichen – Erwartungen zu entsprechen, indem mit christlichen Antworten auf relevante Lebensfragen Position bezogen wird. Denn die religiöse Sozialisation heutiger Kindheit steht vielerorts unter dem Eindruck wachsender Beliebigkeit bzw. Orientierungslosigkeit. Schweitzer betont das ›Recht des Kindes auf Religion‹ (Schweitzer 2000) und fordert eine religiöse Kommunikationsfähigkeit, die wesentliche Grundlage dafür ist, das Kind in seiner aktiven Rolle ernst zu nehmen. Aufgabe religiöser Sozialisation heute sei die Begleitung des Kindes gerade in dieser Auseinandersetzung mit der Fülle von Möglichkeiten: »So ist es das Gleichgewicht zwischen religiöser Zugehörigkeit und Offenheit, um das wir uns bemühen müssen, indem wir gleichzeitig eine feste Verwurzelung im eigenen Glauben betonen wie auch die Fähigkeit, den Glauben anderer zu akzeptieren und anzuerkennen.« (Schweitzer 2003a, 56f.).

Beschäftigen Sie sich mit biographischer Forschung und religiöser Entwicklung, indem Sie zum Beispiel eine Fallgeschichte lesen in: Sommer, R. (1998): Lebensgeschichte und gelebte Religion von Frauen. Eine qualitativ-empirische Studie über den Zusammenhang von biographischer Struktur und religiöser Orientierung, Stuttgart u.a.

3.6.2 Religiöse Sozialisation von Kindern in familienunterstützenden Einrichtungen

Religion im Alltag des Kindergartens und der Kindertagesstätte

Der evangelische Jonas besucht den katholischen Kindergarten seines Wohnviertels. Mittags kommt er aufgeregt nach Hause. »Mama, ich möchte mit dir in die Türkei fliegen, denn ich kann jetzt Türkisch sprechen. Esra ist jetzt meine Freundin und sie hat mir türkisch gelernt. Aber wenn wir bei ihr Zuhause sind, dann musst du auch ein Tuch um den Kopf anziehen!«

Der Eintritt in den Kindergarten bedeutet für die meist Dreijährigen einen elementaren Schritt aus dem Elternhaus in die erste, auf ihre sozialen Bedürfnisse ausgerichtete Welt der Öffentlichkeit. Dieser Schritt der Loslösung von zu Hause weitet ihren Horizont auch in kultureller und religiöser Hinsicht: das Kennenlernen und Erleben von Ritualen und Festen im Kindergartenalltag, aber auch die Begegnung mit Kindern aus anderen Ländern und mit anderen Sprachen, Traditionen, Religionen und Konfessionen.
Auch wenn die Vielzahl deutscher Kindergärten in kirchlicher Trägerschaft im europäischen Vergleich einen Sonderfall darstellt, bedeutet dies für die heutige religiöse Sozialisation im Kindergarten weniger Konfessionalismus als mulireligiöser Alltag. Offenheit und Toleranz gegenüber religiösen Anschauungen stellen eine Leitfunktion für die konzeptionell am christlichen Menschenbild orientierten kirchlichen Kindergärten dar, die sich zwar meist im praktischen Vollzug am Kirchenjahr mit seinen Festen und Traditionen orientieren, aber im Gegensatz zu früheren kerygmatischen Ansätzen gemeinsame Gebete, Gottesdienste oder die thematische Arbeit mit biblischen Texten eher als weniger wichtig bewerten.

Geschichte des Kindergartens

Kleinkinderbetreuung begann institutionell bereits im 16./17. Jahrhundert in den Kinderhäusern der Böhmischen Brüder und erfuhr vor allem durch Johann Amos Comenius seine theoretische Berechtigung. Seit 1840 gilt der ›Kindergarten‹ begrifflich als deutsche Erfindung, die mit dem Namen Friedrich Fröbel (1782-1852) verknüpft ist. Das Kindergartenkonzept Fröbels versteht sich als Kopf, Herz und Verstand umfassende Ergänzung der Erziehung in der Familie – die Beweggründe zum Entstehen der institutionalisierten Form Kindergarten waren vorrangig karitativer Art, um Kinder vor Verwahrlosung zu bewahren. Ganz selbstverständlich war die religiöse Erziehung der Kinder in die diakonische Ausrichtung der Kleinkindbetreuung integriert: Erst 1920 wurde rechtlich mit dem Subsidiaritätsprinzip auf die zunehmend säkulari-

sierte Gesellschaft reagiert und der Kindergarten in konfessioneller Trägerschaft festgeschrieben.
Religiöse Erziehung war zu dieser Zeit mit christlicher Erziehung gleichbedeutend und vorrangig katechetisch-kerygmatisch (Gebet, Bibellektüre) bestimmt. Mit fortschreitender Entkirchlichung der Gesellschaft wurde die religiöse Erziehung – auch in konfessionellen Kindergärten – jedoch zum Teilbereich des ›bildungsorientierten Kindergartens‹, d.h. weniger integrativ als additiv. Seit den 70er Jahren wurden in zahlreichen Kindergartengesetzen rechtliche, finanzielle und pädagogische Richtlinien festgelegt, die in erster Linie das bildungspolitische Interesse der Gesellschaft (sozial-emotionale Erziehung, Schulung der Denk- und Sprachfähigkeit, Werteerziehung u.a.) manifestierten.
Es lassen sich in der religionspädagogischen Literatur (vgl. Hofmeier 1995) drei Hauptlinien der Kindergartenkonzeptionen unterscheiden: der *katechetisch-kerygmatische Ansatz*, der weniger am Kind als an den theologischen Inhalten ausgerichtet mit einer klaren Intention religiöser Erziehung arbeitet, der *anthropologisch-hermeneutische Ansatz*, der die Lebenswirklichkeit der Kinder zum Ausgangspunkt für religiöse Fragestellungen und biblisches Verstehen macht und der *gemeinde-pädagogische Ansatz*, der vergleichbar dem Konvergenzmodell in der Religionsdidaktik Leben und Glauben, Pädagogik und Theologie in einen Kommunikationszusammenhang bringt und die Bezüge Familie – Gemeinde – Kindergarten stark machen will.

Gegenwärtige Perspektiven der kirchlichen Arbeit in Kindertagesstätten

Die Profildebatte der 1980er Jahre, die nach Hofmeier einerseits die diakonische Funktion (die dem Berufsleben auch alleinerziehender Elternteile bedarfsgerechte, familienergänzende Einrichtung) und andererseits die pastoralpädagogische Funktion (die zukunftsweisende Institution mit bildungspolitischem Auftrag zu christlicher Erziehung) des kirchlichen Kindergartens betont hat, scheint gegenwärtig in eine neue, vor allem bildungspolitisch bestimmte Phase zu kommen.
Die Relevanz des Kindergartens bzw. der Kindertagesstätte – so der Sammelbegriff für alle Einrichtungen, die Vorschulkinder halbtags oder ganztags aufnehmen – für die Familien- und Bildungspolitik wird in den nächsten Jahren weiter steigen: dies betrifft zunächst die paradoxe Situation, dass Deutschland quasi als Ursprungsland des institutionellen Kindergartens heute im europäischen Vergleich schlecht dasteht. Obwohl das Recht auf einen Kindergartenplatz seit 1996 verfassungsmäßig festgeschrieben wurde, ist es regional längst nicht verwirklicht. Dabei ist die Differenz zwischen den alten und neuen Bundesländern frappierend: so hat das Statistische Bundesamt die Zahlen von März 2004 für das Angebot von Krippen- und Hortplätzen in den neuen Bundesländern zehnmal so hoch eingestuft im Vergleich zu den alten Bundesländern.

Auch die Betreuungszeiten sind meist so eng bemessen, dass Mütter der Wiedereinstieg in den Beruf erschwert wird bzw. für Alleinerziehende der Verdienst des Existenzminimums problematisch ist.
Auch konzeptionell wird der Kindergarten gegenwärtig zum Politikum: während in den 70er Jahren pädagogische Fragen im Vordergrund standen, geht es heute um den Ausbau der bildungsorientierten Funktion des Kindergartens.

In der internationalen Schulleistungsstudie PISA 2000 (Programme for International Student Assessment) schnitten deutsche SchülerInnen unerwartet schlecht ab. Ziel der über 40 beteiligten Nationen war es, die Fähigkeiten und Fertigkeiten der Jugendlichen auf Herausforderungen der Zukunft zu messen (v.a. im Bereich Lesekompetenz, Mathematik und Naturwissenschaften).

Nach dem so genannten PISA-Schock wird nicht nur ein Kindergartenpflichtjahr vor der Schule, sondern auch die Umsetzung von Bildungsplänen innerhalb der Kindergartenpädagogik gefordert. Wollen deutsche Kinder im internationalen Vergleich mithalten, dann ist – so wird argumentiert – der Ausbau der möglichst frühen, lerntheoretisch erwiesenen Entwicklungsförderung im (fremd)sprachlichen, mathematischen und sozial-emotionalen Bereich notwendig. Einerseits ist diese Entwicklung vom christlichen Menschenbild her zu unterstützen, indem kindgerechte – und das heißt spielerisch-kreative, aber auch dem Forscherdrang und der Neugier der Kinder gerecht werdende – Bildungsangebote frühzeitig gefördert werden. Andererseits ist davor zu warnen, den Leistungsdruck hin zu einem gesellschaftlich gewünschten und normierten Kompetenzerwerb in die Kindergartenzeit vorzuverlegen: »Der Kindergarten als kirchliche Einrichtung kann das sein, was die Schule [...] nie war: ein Schutzraum gegen die gesellschaftliche Überformung des Menschen und ein Freiraum zur ersten, tastenden und deshalb besonders zu schützenden Suche des Menschen nach sich selbst. Im Sinne eines weiten, kritischen Bildungsverständnisses ist der Kindergarten so gesehen eine Bildungseinrichtung gerade dadurch, dass er nicht ›Vorschule‹ sein will.« (Wegenast/Lämmermann 1994, 72)
Im gegenwärtigen Bildungsdiskurs ist es notwendig, religiöse Bildung so zu profilieren, dass ihr genuin persönlichkeitsbildender und identitätsstiftender Charakter deutlich wird (☞ Kap. 2.1). Gerade angesichts von Traditionsabbruch und religiöser Ausdifferenzierung ist ein Mindestmaß an religiöser Bildung für Heranwachsende notwendig. Sinnangebote einschätzen zu lernen, sich die Fähigkeit zu Kritik und Selbstreflexion zu erwerben und zu erhalten, sind Bildungsziele, die nicht erst seit dem Terroranschlag auf das World Trade Center am 11. September 2001 in ihrer bildungspolitischen Dringlichkeit betont werden. Wie die Sozialforschung gezeigt hat, werden schon im Vorschulalter die oft lebenslangen Prädispositionen für Intoleranz und Fremdenfeindlichkeit grundgelegt. Im Kindergarten ist bereits der Ort für die Entwicklung prosozialen Verhaltens, Toleranzdenkens, religiöser Achtung und Dialogfähigkeit.

Ausgehend vom christlichen Menschenbild ist es das Proprium kirchlicher Kindergartenarbeit, das Kind als Subjekt seiner Selbstbildung anzusehen und es in seiner Identitätsentwicklung zu unterstützen. Religiöse Bildung beinhaltet darum nicht nur auf kognitiver Ebene das Informiertwerden über Glaubensinhalte, sondern das Erleben religiöser Traditionen und ritueller Handlungsvollzüge. Lebensgeschichtliche Freiheit ist dabei so elementar wie das Kennenlernen konfessionell geprägter Traditionen, religiöse Multiperspektivität und Toleranz sind ebenso wichtig wie subjektive Selbstbestimmung und Selbstreflexivität. So ist interessanterweise trotz fortschreitender Entkirchlichung eine deutliche Akzeptanz bzw. Bevorzugung kirchlicher Kindergärten auszumachen, die darauf schließen lässt, dass viele Eltern die vermutete religiöse Erziehung des kirchlichen Kindergartens als Unterstützung oder Ausgleich der familiären im Vergleich zu einer weltanschaulich neutralen bevorzugen (Wegenast/Lämmermann 1994, 58 f.). Die früher berechtigte Befürchtung vor kirchlicher Indoktrination scheint an vielen Orten einem grundsätzlichen Vertrauen in den Bildungsanspruch kirchlicher Kindergärten gewichen.
Natürlich ist der konfessionelle Kindergarten ein Teil der kirchlichen Arbeit mit Kindern und doch steht der Kindergarten in seiner christlichen Profilbildung im nichtkirchlichen Bezugsrahmen, d.h. Offenheit seiner auf alle gesellschaftlichen – und das meint auch religiösen – Gruppen ausgerichteten Arbeit ist geradezu Bedingung seines Angebots. Demgegenüber hat es die kirchliche Arbeit mit Kindern mit einem Klientel zu tun, das gezielt den christlich-konfessionellen Gemeindebezug sucht und sich hier sozusagen im Binnenraum religiös sozialisierend vergewissern will.

1. Diskutieren Sie die Bedeutung eines Pflichtjahres im Kindergarten für den Schuleintritt.

2. Sammeln Sie Ideen für Möglichkeiten zum interreligiösen Dialog im Kindergarten.

Wegenast, K./Lämmermann, G. (1994): Gemeindepädagogik. Kirchliche Bildungsarbeit als Herausforderung (PTHe 18), Stuttgart, 57-78.

Kinderkirche – eine Kirche für Kinder?

Vorsicht Satire!
Da wird immer lauthals beklagt, dass den Kirchen die Familien fehlten. Gerne würden diese etwas dagegen tun, haben sie doch noch das Jesuswort im Ohr »Lasset die Kindlein zu mir kommen!« Überhört haben sie leider den Nachsatz »Aber bitte nur einmal im Vierteljahr, in einem speziell für dieses Alter vorgesehenen Krabbelgottesdienst!« Was machen Familien, die mehr als die 1,4 statistisch vorgesehenen und des Laufens und Schwei-

gens noch ohnmächtigen Kinder haben? Was machen Familien, die sich gerade und wenigstens am Sonntag einmal als zusammengehörig erleben wollen? Die noch dazu christlichen Glaubens sind und dies auch als Teil der Gemeinde ausdrücken wollen? Es bleibt ihnen nur, das häusliche Tischgebet und ansonsten den Zoobesuch vorzuziehen!

Kinder und Kirche

Sicher überzeichnet drückt diese Satire den Unmut darüber aus, dass Kinder und Gottesdienst oftmals in unserem Kulturkreis eine generationenübergreifende Unmöglichkeit darstellen. Kinder stören den Wortgottesdienst, Eltern geraten mit ihren Kleinkindern auf der Kirchenbank ins Schwitzen und nicht selten werden sie bei der Verabschiedung freundlich darauf hingewiesen, dass es doch extra für sie eine Lautsprecherübertragung im Nebenraum gäbe.
Diese Beispiele illustrieren den Hintergrund kirchlicher Arbeit mit Kindern hin zu einer altersspezifischen Trennung der Gottesdienstgemeinde in die sonntägliche Erwachsenengemeinde und die im Nebenraum angebotene Kinderkirche. Trotz dieser den Gemeinschaftsaspekt gottesdienstlichen Lebens unterlaufenden Differenzierung der Zielgruppen zeichnet sich im Bereich der Kindergottesdienste eine positive Entwicklung ab. Spätestens mit dem Perspektivenwechsel der EKD-Synode in Halle 1994 (Kirchenamt der EKD 1995) sind Kinder in gemeindepädagogischer Hinsicht deutlich ins Blickfeld gekommen.
Das Angebot für Kinder in der Kirche hat sich in den letzten Jahren deutlich quantitativ geweitet: so feiern die meisten Gemeinden einen monatlichen Familiengottesdienst, in dem Kinder als Adressaten im Vordergrund stehen; es gibt vielerorts ehrenamtlich engagierte Kindergottesdienstteams, die wöchentlich biblische Texte bzw. religiöse Themen verbunden mit liturgischen Elementen für die Kinder im (Vor)Schulalter vorbereiten etc. Auch gruppenspezifische Angebote wie Krabbelgottesdienste für Kleinkinder, die Durchführung der Kinderbibelwoche, Kinderfreizeiten, Kinderchor und nach Alter differenzierte Kindergruppen wurden ausgebaut und werden in vielen Pfarreien gut besucht. Ohne Zweifel gibt es viel Engagement auf dem Gebiet kirchlicher Kinderarbeit, wie die Materialfülle von Arbeitshilfen zeigt. Doch ist damit die Kinderkirche zum Schwerpunkt kirchlicher Arbeit geworden? Zumindest strukturell betrachtet muss man dies anzweifeln: weitgehend wird der Kindergottesdienst von Ehrenamtlichen getragen und von PfarrerInnen eher an den Rand gestellt. Auch der wissenschaftliche Diskurs zur Praktischen Theologie weist hier eine

deutliche Marginalisierung oder Nichtbeachtung des Themas auf. Kirchliche Kinderarbeit spielt sich doch vorrangig in besonderen Räumen und zu besonderen Zeiten ab und kann so den Anspruch eines generationenübergreifenden Gemeindelebens, das Ausdruck der Gemeinschaft aller Gläubigen wäre, kaum verwirklichen.

Die Problematik der strukturellen Desintegration von Kindern in der Kirche zeigt exemplarisch die langjährige Diskussion der Zulassung von Kindern zum Abendmahl. Auch wenn keine theologischen Argumente gegen das Kinderabendmahl sprechen, beschäftigen sich seit den 1980er Jahren Entscheidungsgremien in den Kirchengemeinden mit dieser Frage. Insbesondere der Schutz der Erwachsenen (Kinder störten die Ruhe der inneren Anteilnahme!), aber auch die Inkompetenz der Kinder (sie könnten das Abendmahl nicht würdig empfangen, weil ihnen auch das Schuldbekenntnis nur schwer zu vermitteln sei!) sind die tragenden Argumenten der Kritiker. Im Gegensatz dazu fällt in den Gemeinden, die Kinder zum Abendmahl zulassen, auf, dass Kinder ein deutliches Gespür für Feierlichkeit und Besonderheit der Abendmahlsliturgie haben, dass sie sich integriert in die Gottesdienstgemeinschaft fühlen und dies deutlich positiv bewerten. Konstruktiv-kritisch bleibt anzumerken: Die Dauer der Umsetzung des Kinderabendmahls spiegelt die faktische Desintegration von Kindern im gottesdienstlichen Leben der Gemeinde wider und offenbart eine inhärente Zwei-Klassen-Gemeinde, die biblisch nicht zu legitimieren ist (Müller 1992). Die Chance, Kinder in einem frühen Stadium ihrer religiösen Entwicklung in die gelebte Gemeinschaft der Gläubigen auch gefühlsmäßig einzubeziehen, wird versäumt, wo Kinder weiterhin von der Abendmahlsfeier ausgeschlossen sind. Diskussionsbedarf bleibt für die Erwachsenen im Blick auf ihre theologische Einschätzung der Kinder und nicht zuletzt auch im Blick auf ihr Abendmahlsverständnis.

Diese kritischen Anmerkungen zur ›Kinderkirche – eine Kirche für Kinder?‹ sind als Bausteine zu einer Weiterführung des gemeindepädagogischen Prozesses zu lesen: so gehen vom Arbeitsfeld Kinderkirche auch Impulse aus, die für den Gemeindeaufbau bedeutsam sind: Zum Beispiel können junge Eltern als im mittleren Erwachsenenalter eher kirchenferne Gruppe über die Kinderarbeit ins Gemeindeleben integriert werden. Es sind vor allem Mütter, die sich ehrenamtlich in der kirchlichen Kinderarbeit engagieren und wichtige Impulse hin zu einem generationenübergreifenden Gemeindeleben eintragen.

Will man die Kinder gemäß dem Kinderevangelium also wirklich in die Mitte der Gemeinde stellen (Mk 10,13-16), bleibt im Blick auf die konzeptionelle Erarbeitung und praktische Umsetzung gemeindepädagogischer Ansätze noch viel zu tun: so könnten auch für die Aus- und Weiterbildung der Ehrenamtlichen Potentiale deutlich gesteigert werden. Die gemeindepädagogische Herausforderung liegt darin, »die christliche Gemeinde wieder als Familie Gottes zu verstehen und den Gottesdienst wieder als die Versammlung dieser Familie zu entdecken. In eine Familie gehören Kinder ebenso wie Erwachsene […] zur Debatte steht eine Gottesdienst- und Gemeindereform, die die herkömmliche Trennung von Erwachsenen- und Kinderveranstaltungen hinter sich lässt.« (Comenius Institut 1983, 3)

Lesen Sie aus dem von Ulrich Walter herausgegebenen Band ›Kindergottesdienst plus‹, Gütersloh 2000, zwei Angebote für die Kindergottesdienstarbeit. Welcher Eindruck ergibt sich hinsichtlich der theologischen, lebensgeschichtlichen und didaktischen Reflexion, der methodischen Umsetzung und der Einbettung in die Gesamtgemeinde?

Welche Prioritäten würden Sie für die Aus- und Weiterbildung der ehrenamtlichen Kindergottesdienstteams setzen? Diskutieren Sie dies im Blick auf die Bedürfnisse der Erwachsenen und der Kinder.

4. Schulzeit

Godwin Lämmermann

Auch wenn die Schulen in Europa den Weg in eine säkulare Erziehung längst angetreten haben, so bleiben doch Spuren ihrer ursprünglichen religiös-kirchlichen Wurzel. Eine davon ist der Religionsunterricht, der zumindest in Deutschland ein ordentliches Pflichtlehrfach geblieben ist. Die Anfänge des europäischen Schulwesens reichen bis ins frühe Mittelalter und seinen Dom- und Klosterschulen zurück, die allerdings noch keine Institutionen eines umfassenden allgemeinen Bildungswesens waren. Für dieses war erst die Reformationszeit mit ihren Schulschriften und Schulinitiativen wegweisend. Die Entwicklung hin zum gegenwärtigen dreigliedrigen Schulwesen verlief über sehr unterschiedliche Vorformen und Alternativen; die Schuleintritts- und -austrittsalter wechselten und selbst zum Altersstufenprinzip gab es – z. B. in Form der »*Haufen*« – Alternativen, die heute in den Reformvorschlägen einer Leistungsdifferenzierung wiederkehren. Die vielgepriesenen »Eliteschulen« und Eliteuniversitäten haben ihre Vorläufer bereits in der ständischen Gesellschaft. Entsprechend der religiösen Wurzeln der institutionalisierten Allgemeinbil-

Unterricht in einer Klosterschule

dung war der Religionsunterricht der Samen, aus dem die Schulbildung überhaupt erwuchs. Deshalb war er bis ins 19. Jahrhundert hinein weitgehend unproblematisch. Noch bevor die verfassungsrechtliche Verankerung strittig wurde (☞ Kap. 4.3.1), kam es zu konzeptionellen Auseinandersetzungen über Ziele, Inhalt und Sinn einer religiösen Erziehung in der Schule. Kirchen- und Schulordnungen dokumentieren den Bedeutungs- und Funktionswandel, dem der Religionsunterricht seither unterworfen war. Die Strittigkeit des Fachs forderte zunehmend konzeptionelle Überlegungen zur Begründung des Fachs; sie sind Kennzeichen der nachkatechetischen Ära.

4.1 Konzeptionen für den Religionsunterricht

4.1.1 Hintergrundinformationen

Konzepte sind keine Rezepte, aber auch keine kleinen praktologischen Dogmatiken. Üblicherweise verstehen wir unter einem Konzept einen Plan oder ein Programm oder – wie z.B. bei Klausuren – eine Stoff- und Ideensammlung. Ein Konzept ist ein theoretisches Konstrukt, das unabgeschlossen, revidierbar und entwicklungsfähig ist. Religionspädagogische Konzepte geben so vorläufige *Hinweise für die Planung* von Zielen, Inhalten, Methoden und Medien, die es im Blick auf unterschiedliche Handlungszusammenhänge zu konkretisieren und zu überprüfen gilt. Der Begriff des Konzepts ist nicht nur in der Religionspädagogik gebräuchlich geworden; in einer erweiterten Bedeutung finden wir ihn z.B. in der Psychologie: Dort spricht man etwa vom Todeskonzept oder vom Konzept für Glück oder für Mitleid. Dabei wird deutlich, dass Konzepte nicht nur unser *Handeln* anleiten, sondern auch unsere *Wahrnehmung*. Wenn man beispielsmäßig ein ausgeprägtes Konzept von Mitleid hat, dann kommt man eher an die Grenzen der Gleichgültigkeit als andere, die nur über ein marginales Konzept von Mitgefühl verfügen.
Konzepte können also auch so etwas wie »Brillen« sein, mit denen ich die Welt oder ein Handlungsfeld betrachte. Ohne ein Konzept kann man also weder handeln noch beobachten. Je komplexer und stimmiger (nicht: geschlossener) ein Konzept ist, umso vielfältiger sind die Problemwahrnehmungen und die Handlungsimpulse. Religionspädagogische Konzeptionen, die ihren Namen verdienen, sind also weder pluralitätsfeindlich noch exklusiv. In der Psychologie spricht man übrigens von »reifen« und »unreifen« Konzepten. Auch dies lässt sich auf die Konzeptionsdebatte in der Religionspädagogik übertragen: Konzepte können zureichend oder unzureichend sein. Konzeptionsdebatten mögen zwar den Anschein verwirrender »positioneller Beliebigkeit« erwecken

und die »Religionspädagogik letztlich als Frage persönlicher Präferenzen erscheinen« (Schweitzer 1996, 146) lassen, aber recht verstanden zwingen solche Debatten zur begrifflichen Klarheit und zur systematischen Selbstabklärung im Diskurs mit anderen.

Erwartungen als Alltagskonzepte

Der Hinweis auf die Psychologie macht ein Weiteres deutlich: Konzepte müssen nicht immer und unbedingt bewusst sein. Die in der Psychologie erforschten Konzepte entwickeln sich in der Regel im Laufe des Lebens, vor allem in der frühen Kindheit und werden zu unbewussten Steuerungs- und Wahrnehmungsmechanismen. Jeder hat ein Konzept – auch wenn er davon keinen Schimmer hat. Konzepte steuern z. B. unsere Vorurteile. Je unbewusster Konzepte sind, desto resistenter sind sie gegen kritische Erfahrungen. Die Behauptung, etwas sei konzeptionslos, ist von daher semantisch unsinnig. Jede/r hat ein Konzept – und damit eben auch jeder angeblich konzeptionslose Mensch. Der Unterschied besteht nur darin, dass man das Konzept der *vermeintlichen Konzeptionslosigkeit* schlechter durchschauen kann. Das gilt zum einen vor allem für die »Konzeptionslosen« selbst, die sich ihre vorbewussten Motive nicht vergegenwärtigen; das gilt zum anderen in gleicher Weise für die religionspädagogischen Handlungsfelder, die jenseits reiner Pragmatik immer auch vortheoretische Implikationen haben.
Konzeptlose Konzepte konkretisieren sich in der Regel als Erwartungen. Wenn sich Eltern zum Konfirmandenunterricht oder PolitikerInnen über den Religionsunterricht äußern, dann haben sie dabei eine unbewusste Konzeption darüber, wie und was gemacht oder nicht gemacht werden soll. Oder in Bezug auf Handlungsfelder meint dies jene Erwartungen an das angemessene Verhalten der Beteiligten, die durch das Feld selbst unmittelbar gesetzt sind. Mit solchen in Erwartungen verpackten, vorbewussten Konzepten muss man als PraktikerIn umgehen lernen – und das geht eben nur, wenn man selbst ein Konzept hat. Denn aufgrund dieses Konzepts gewinnt er/sie Kriterien zur Analyse – und letztendlich auch zur Planung von Bildungsprozessen, Bildungsinvestitionen oder Bildungspolitik. Bereits in der Verwendung spezifischer Begriffe manifestiert sich steht eine unbewusste Konzeption, weil Begriffe eben nicht beliebig sind, sondern weil sie eben etwas Spezifisches bezeichnen wollen. Wir haben dies bei den religionspädagogischen Grundbegriffen und im Besonderen bei der kategorialen Unterscheidung von Bildung und Erziehung (☞ Kap. 2.1) gesehen.

Rekapitulieren Sie doch bitte noch einmal diese Unterscheidung. Sammeln sie weitere Beispiele dafür, dass schon die Begrifflichkeit konzeptionelle religionspädagogische Unterschiede indiziert.

Religionspädagogische Konzepte sind Elemente des Selbstkonzepts von religionspädagogisch Handelnden. Unter Selbstkonzept versteht man die Einstellungen eines Menschen zu sich selbst, mithin sein *theoretisches Selbstbild.* Dieses Selbstbild hat zwei Quellen: Es resultiert einerseits aus einer realistischen Selbsteinschätzung aufgrund von reflektierter Selbstbeobachtung und zum anderen ergibt es sich aus Fantasien über die noch nicht verwirklichten Möglichkeiten der eigenen Person. Beides kann angeleitet und ausgelöst werden durch die kritisch-reflektierende Besinnung auf religionspädagogische Konzeptionen. Wer sich mit religionspädagogischen Konzeptionen lernend auseinandersetzen will (oder muss), der/die braucht eben Hintergrundinformationen.
Statt von Konzepten spricht man heute – seit Thomas S. Kuhn – in der Wissenschaftstheorie gerne von *Paradigmen.* Im Grunde ist Vergleichbares gemeint, nämlich eine spezifische wissenschaftliche Sichtweise. Und der viel beschworene Paradigmenwechsel ist nichts anderes als eine andere Perspektive, unter der man an Dinge herangehen will. Das gilt sowohl für die Positionsbildungen in Theologie und Religionspädagogik, als auch für grundlegende wissenschaftliche Revolutionen wie die »kopernikanische Wende«. Konzeptions- und Paradigmenwechsel werden in der Regel durch Krisen und noch unlösbar erscheinende, aber drängende Probleme veranlasst. Wer allerdings ein zureichendes Konzept entwerfen will, der/die muss zunächst die auslösenden Probleme zutreffend diagnostizieren. Man kann diesen Teil der Konzeptionsentwicklung den *»Entdeckungszusammenhang«* nennen.

Konzepte sind mehr oder weniger begründete, bewusste oder unbewusste Vorannahmen über Sachverhalte, die unsere Beobachtung, unser Handeln und unser Denken steuern.

Entdecken, Begründen, Realisieren

Im Entdeckungszusammenhang fragt man danach, wie dieses Problem im Einzelnen konkret aussieht, welche Bedingungen für dieses Problem und seine potenziellen Lösungen vorhanden sind, welche Rahmenbedingungen veränderbar sind und welche nicht; wie das Problem überhaupt entstanden ist, wer an seiner Lösung beteiligt sein müsste usw. Vor der konstruktiven Phase einer Konzeptentwicklung steht die diagnostische. Ohne eine zureichende Diagnose kann bekanntlich nicht therapiert werden. Doch in manchen pragmatisch orientierten »Konzeptionen« wird herumgedoktert, ohne je eine Anamnese erhoben zu haben. Falsch aufgezäumt wird das Pferd allerdings auch mit dem Motto »Gefahr erkannt, Gefahr gebannt«, denn selbst die richtigste Diagnose ist noch nicht – wie manche positivistische EmpirikerInnen meinen – die Therapie. Deshalb muss jede Konzeptentwicklung in der Religionspädagogik eine zweite Ebene betreten, die man den *»Begründungszusammenhang«* religionspädagogischer Theoriebildung nennen kann.

Auf diesem zweiten Reflexionsniveau darf und muss durchaus fantasiert und spekuliert werden. Kreative Lösungen finden sich oft nur, wenn das Denken einer unmittelbaren praktischen Verwertung entzogen ist. Diese Behauptung stößt zwar landläufig immer wieder auf Widerstand und Unverständnis, weil doch alles – und zumal in der Theologie, die sich die Praktische nennt – einen praktischen Nutzen haben muss – und zwar subito. Doch das betriebswirtschaftliche Postulat rascher Verwertbarkeit könnte sich als Kurzatmigkeit des kritischen Denkens und wissenschaftlichen Forschens erweisen. Gerade in der Wissenschaft ist es häufig so, dass vieles, was zunächst nur nutzlose Gedankenspielerei schien, seinen praktischen Nutzen erst viel später gewann. Auch das ökonomisierte, auf Effektivität getrimmte Wissenschaftsprinzip gesteht deshalb Freiräume ein: etwa für die Grundlagenforschung. Auf den ersten Blick macht sie oft keinen Sinn – und in Zeiten finanzieller Knappheit wird sie oftmals für überflüssig erachtet, weil ein direkter praktischer Ertrag eben nicht sofort sichtbar ist. Jedoch ohne Grundlagenforschung gibt es keinen wissenschaftlichen Fortschritt und nur jene Nationen, die Grundlagenforschung betreiben, sind auch ökonomisch konkurrenzlos.

Selbst die Wirtschaft, die in der Regel rasch verwertbare wissenschaftliche Erkenntnisse will, gönnt sich so genannte »Denkfabriken«, in denen hochbezahlte MitarbeiterInnen scheinbar völlig zweckfrei Projekte, Studien und Planungen entwerfen, die vielleicht nie realisiert werden, und dennoch scheint sich dies für diese Firmen auszuzahlen. Kreative Lösungen leben vom Surplus der Fantasie und der Spekulation, von Grenzüberschreitungen und der Freiheit des Denkens – und das sollte auch für den Begründungszusammenhang von religionspädagogischen Konzeptionen gelten, die nicht ausschließlich unter der Perspektive ihrer Tauglichkeit für religionspädagogisches Krisenmanagement gesehen werden sollten. Anstelle des Nützlichkeitskriteriums sollte eine Begründungsleistung an den Kriterien von innovatorischem Potenzial, logischer Plausibilität, Multiperspektivität und Komplexität gemessen werden.

Konzepte sind jedoch keine Luftschlösser; eine notwendige dritte Ebene der religionspädagogischen Theoriebildung ist deshalb die des *Realisierungszusammenhangs*. Hier geht es nun darum, die gewonnenen theoretischen Erkenntnisse in Strategien für die Praxis umzusetzen. Dabei können dann z. B. Disziplinen zurate gezogen werden, die im Begründungszusammenhang selbst nicht vorkamen. Etwa wenn sich spielpädagogische Momente anbieten, um Konflikte zu lösen, oder wenn man didaktisch danach fragt, wie ein Unterrichtsinhalt

Kindern interessant, anschaulich und begehrenswert gemacht oder wie die zunächst extrinsische Motivation der SchülerInnen in intrinsische überführt werden kann. Die hier notwendigen methodologischen oder motivationspsychologischen Erkenntnisse würden auf der Begründungsebene von Konzeptionen zu Verkürzungen führen; im Realisierungszusammenhang jedoch sind sie unabdingbar. Gleiches gilt für die bereits auf der Entdeckungsebene anvisierten Bedingungen für religionspädagogisches Handeln; wenn Konzepte realistisch sein sollen, dann müssen sie im Realisierungszusammenhang konstitutiv berücksichtigt werden. Zureichende Konzeptionen haben die drei genannten Ebenen der Reflexion zu durchlaufen. Im Blick auf die religionspädagogische Debatte der letzen Jahrzehnte muss man allerdings feststellen, dass manche Ansätze äußerst eindimensional ansetzen. Die Gründe dafür sind unter anderem wissenschaftstheoretischer Natur.

Konzepte als vorläufige Konstrukte zur Analyse und Planung von religionspädagogischem Handeln haben drei Ebenen von Entdecken, Begründen und Realisieren zu berücksichtigen. Daneben gibt es Alltagskonzepte, die uns aus Erwartungshaltungen begegnen.

Wie Konzepte entwickeln?

Wissenschaftstheoretisch ist prinzipiell zwischen normativ-deduktiven und empirisch-induktiven Ansätzen zu unterscheiden. ***Normativ-deduktiv*** meint, dass man aus einem obersten Prinzip, einem Dogma oder einem Grundsatz alle weiteren Aussagen bis hin zu praktischen Konsequenzen unmittelbar schlussfolgert. Ein pädagogisch höchst wirksames Beispiel etwa geht vom Dogma der menschlichen Erbsünde aus. Danach vollzieht sich all unser Handeln, also auch unser pädagogisches, in der – wie es heißt – »gefallenen Welt«, der keine positiven Impulse entnommen werden können. Dementsprechend dominiert ein pessimistisches Menschenbild, aus dem dann eine rigide Erziehungslehre abgeleitet wird. Ähnlich strukturierte Theorien finden sich nicht nur im theologisch normierten Denken, sondern auch in pädagogischen Anthropologien, die den Menschen als egozentrisch, selbstsüchtig oder als von Natur aus asozial beschreiben. In ihrem Begründungszusammenhang greifen solche pädagogischen Systeme gerne auf verhaltensbiologische oder gehirnphysiologische Ergebnisse zurück, z. B. auf Theorien über die Instinktreduktion des Menschen oder auf Erklärungsmodelle, die von einer Mutation des Großhirns ausgehend den Menschen als defizitäres Wesen beschreiben.
Auf der Grundlage solcher Überlegungen kann man dann nach normativen Lösungen suchen. Denn aus dem obersten Grundsatz, der obersten Prämisse ergibt sich, welche Maßnahmen ich ergreifen muss, um dieses natürliche nega-

tive Verhalten der Betroffenen zu bekämpfen. Etwa indem – wie im ersten Fall der schwarzen Pädagogik des Pietismus – gesagt wird, man müsse den bösen Willen der Kinder brechen. Daraus kann ich dann wiederum ein System von Strafe und Belohnung entwickeln usw. bis hin zu einer genauen Angabe, wie ich bei welcher Störung exakt zu handeln habe. Normativ-deduktives Denken ist folgerndes Denken unter apodiktischen oder quasi apriorischen Voraussetzungen. Normativ ist dieses Verfahren, weil meine grundlegende Annahme empirisch nicht überprüft, sondern dogmatisch vorausgesetzt ist.

Auf empirischen Untersuchungen beruht hingegen die andere Form der Theoriebildung: das *empirisch-induktive Verfahren*. Hier wird nicht von einer theologischen oder pädagogischen Idee ausgegangen, sondern von der zu Grunde liegenden Wirklichkeit, also in der Schule entsprechend von der »Erziehungswirklichkeit«. Durch Analysen wird diese Wirklichkeit möglichst exakt erfasst, um so alle Bedingungsfaktoren in den Griff zu kriegen und in ein theoretisches Gesamtsystem zu bringen. Im empirisch-analytischen Verfahren sind nur solche Aussagen wahr, die auch überprüfbar sind. Hier spielen also die Kriterien der empirischen Sozialforschung eine wesentliche Rolle.

	↓	Prinzipien, Gesetze, Ideen	↑	
	↓		↑	
	↓		↑	
	↓		↑	
normativ-deduktiv	↓	Konzept	↑	empirisch-deduktiv
	↓		↑	
	↓		↑	
	↓	Wirklichkeit	↑	

Logik und Methodik empirischer Verfahren

Entsprechend der Logik der Sozialwissenschaft wird im empirisch-induktiven Verfahren behauptet, dass solche Aussagen wissenschaftlich und damit zulässig sind, wenn erstens verschiedene Forscher bei der Anwendung des gleichen Verfahrens zu gleichen Ergebnissen kommen, wenn zweitens das verwendete Messinstrument möglichst exakt ist und wenn drittens nachgewiesen ist, dass das Messinstrument auch tatsächlich das misst, was es messen soll. Das erste Kriterium wäre also das der *»Objektivität«* oder das der Intersubjektivität. D.h. Aussagen, die als wissenschaftlich oder empirisch gesichert gelten sollen, dürfen nicht Ausdruck einer persönlichen Überzeugung, einer singulären Meinung, eines individuellen Glaubens oder ähnlichem sein. Objektive Aussagen beruhen vielmehr auf Fakten, die mit den vorgegebenen Methoden überprüfbar sein müssen. Da jeder zum gleichen Ergebnis kommen wird, wenn er das gleiche Prüfverfahren anwendet, gelten die Aussagen als intersubjektiv.

Das zweite Kriterium der empirischen Forschung wird mit dem Begriff der *Reliabilität* bezeichnet. Gemeint ist die Zuverlässigkeit der angewendeten Messmethode. Wenn solche Messmethoden, wie z.B. Fragebogen oder Beobachtungsbogen entwickelt werden, spielt die Frage der Zuverlässigkeit eine Hauptrolle. Die Zuverlässigkeit eines Forschungsinstruments ergibt sich daraus, dass möglichst viele Forscher bei Anwendung des Instruments auf gleiche Ergebnisse kommen. Das dritte Kriterium ist die so genannte *Validität;* damit ist die Gültigkeit der gewonnenen Aussagen gemeint. Die Frage dabei ist, ob mit einem angewandten Instrument, wirklich das erfasst wird, was erfasst werden soll. Ein typisches Beispiel, an dem man die Frage der Validität prüfen kann, sind die Schulnoten. Vorgeblich messen sie die Leistung der SchülerInnen. Gelegentlich sind sie aber eher Betragensnoten als Leistungsnoten.

Ein weiteres Prinzip der empirischen Sozialforschung ist das so genannte *»Falsifikationsprinzip«*. Dieses geht davon aus, dass man empirisch die Wahrheit einer Aussage niemals beweisen kann, weil keinesfalls jeweils alle relevanten Phänomene erfasst werden können. Beispielsmäßig möchte ich etwas über die religiöse Orientierung von SchülerInnen aussagen, obwohl es unmöglich ist, alle jetzigen und zukünftigen SchülerInnen in einer Untersuchung zu erfassen. Weil man also eine Aussage (eine Hypothese) nicht verifizieren kann, muss man sie so umformulieren, dass eine Falsifikation möglich ist. Das geschieht auf die Weise, dass man die ursprüngliche Hypothese über den Zusammenhang von zwei Variablen (z.B. zwischen Geschlecht und Bibellesen oder zwischen Alter und Gebetsverhalten) in eine so genannten »Nullhypothese« umwandelt, die keinen Zusammenhang zwischen den beiden Variablen postuliert und diese Alternativhypothese dann falsifiziert.

Auf diese Weise kann man z.B. statistisch quantifizierbare Zusammenhänge zwischen Alter, Geschlecht, Kirchgang, Beten usw. erheben und beispielsmäßig zu Recht sagen: Frauen gehen häufiger in die Kirche als Männer, oder: Zehnjährige beten regelmäßiger als 15-Jährige. Diese Zusammenhänge können mit verschiedenen statistischen Testverfahren dann näher untersucht werden. Für die Erhebung von Daten ist es notwendig, die Begriffe bzw. die interessierende Fragestellung in einer Hypothese so zu fassen, dass sie unmittelbar und eindeutig beobachtbare Sachverhalte bezeichnen. Damit ist das Problem der *Operationalisierung* und Operationalisierbarkeit von Fragestellungen, Hypothesen und Leitbegriffen angesprochen; dabei spielt die Frage der Gültigkeit (s.o.) eine wichtige Rolle.

Empirische Forschung unterstellt sich dem Falsifikationsprinzip und den Kriterien der Objektivität, Reliabilität und Validität.

Im empirischen Paradigma finden die Methoden der empirischen Sozialforschung ihre Anwendung. Die wichtigsten derartigen Forschungsmethoden sind: 1. die schriftliche oder mündliche Befragung (das Interview), 2. das Gruppendiskussionsverfahren, 3. die teilnehmende oder die nichtteilnehmende Beobachtung, 4. die Contentanalyse (Inhaltsanalyse), 5. die Interaktionsanalyse, 6. das semantische Differenzial und andere linguistische Verfahren und natürlich 7. die statistischen Auswertungsmethoden. Über gewisse Grundkenntnisse der Statistik müssen auch ReligionspädagogInnen verfügen, weil sie z. B. wissenschaftliche Untersuchungen verstehen und werten können sollten. Hinter der Statistik steht die allgemeine Vereinbarung, dass wissenschaftliche Aussagen signifikant sein müssen und dass diese Signifikanz durch mathematische Operationen (z. B. Chi-Quadrat-Test) überprüft werden kann. *Signifikanz* meint, dass dieser überprüfte Zusammenhang – trotz einer gewissen, definitorisch festgelegten Irrtumswahrscheinlichkeit (Signifikanzniveau) – eine systematische, d. h. nicht zufallsbedingte Beziehung ist und deshalb die hypothetische Aussage über diese Korrelation »angenommen« werden muss. Je niedriger das Signifikanzniveau angesetzt wird, umso gesicherter ist, dass die behauptete Beziehung tatsächlich existiert; Aussagen auf einem hohen Niveau (z. B. 5%) sind also unsicherer.

Stop! Wir sind doch keine SoziologInnen, sondern ReligionspädagogInnen!

Spätestens seit der von Klaus Wegenast u. a. ausgerufenen empirischen Wende in der Religionspädagogik (☞ Kap. 1.1) hat auch hier das empirisch-induktive Verfahren Zulauf gewonnen. Sozialwissenschaftliche Forschungsmethoden wurden deshalb auch zur Analyse des Religionsunterrichts eingesetzt, vor allem die Befragung. Seit Anfang der 70er Jahre gibt es Untersuchungen, in denen SchülerInnen und LehrerInnen über ihre Einstellung zum Religionsunterricht, zur Kirche und zum christlichen Glauben befragt wurden. Damals sollten die Motive von SchülerInnen für ihren Austritt aus dem Religionsunterricht geklärt und Ansatzpunkte gefunden werden, um den Religionsunterricht interessanter zu gestalten. Die Revision der damals herrschenden Lehrpläne, war dann ein Ausfluss dieser Untersuchungen.

Eines ihrer Ergebnisse war nämlich, dass die Dominanz der Bibel und biblischer Probleme im Religionsunterricht von den SchülerInnen als langweilig und lebensfern angesehen wurden, andererseits aber ein großes Interesse an ethischen und politischen Problemen bestand und dass dafür die Bedeutung der christlichen Aussagen eingesehen wurde. Eine andere Untersuchung fragte danach, inwieweit das Christentum für die SchülerInnen überhaupt noch eine relevante Orientierung darstellte. Eines ihrer Ergebnisse lag darin, dass die SchülerInnen, je älter sie werden, immer weniger christlich-kirchliche Werte in ihrer eigenen Orientierung akzeptieren; an ihre Stelle tritt vielmehr eine allgemeine weltanschauliche Orientierung, in die allerdings säkulare christliche Vorstellungen eingegangen sind. Generelles Ergebnis dieser frühen religionspädagogischen Forschungen war die Einsicht, dass ein katechetischer und primär auf Bibelarbeit bezogener Religionsunterricht an den Schülern vorbeigehen würde.

Empirische Forschung ist für den Entdeckungszusammenhang religionspädagogischer Konzeptionen unerlässlich. ReligionspädagogInnen brauchen entsprechende statistische und methodische Grundkenntnisse.

Empirisch – historisch – kritisch

Man kann das empirisch-induktive auch das ***empirisch-analytische Paradigma*** nennen. Es ist neben das bis dahin dominierende ***historisch-hermeneutische Paradigma*** getreten, das genetisch nach dem Gewordensein unserer Wirklichkeit und nach den in ihr wirkenden Traditionen fragt. Dieses Wissenschaftsverständnis kennzeichnet nicht nur die historisch-kritisch verfahrende Bibelexegese, sondern die gesamte neuzeitliche Theologie. Deshalb bestand für die Religionspädagogik kein innertheologischer Legitimationsdruck, solange sie an diesem theologischen Selbstverständnis partizipierte. Diese unmittelbare Legitimität im Kanon der Theologie schwand tendenziell mit der empirischen Wende; dafür gewann die Religionspädagogik stärker ein pädagogisch-didaktisches Profil – gelegentlich bis hin zur Preisgabe theologischer Diskursfähigkeit.
Prinzipiell gibt es dann – wissenschaftstheoretisch gesehen – noch ein drittes Paradigma: das kritische. Auch dieses aus dem Umkreis der Kritischen Theorie der Frankfurter Schule erwachsene Wissenschaftsverständnis hat in der gegenwärtigen Religionspädagogik AnhängerInnen. Im ***kritischen Paradigma*** wird sowohl der hermeneutische wie auch der empirische Ansatz in ganz spezifischer Weise und wechselseitiger Korrektur übernommen und zugleich verändert, nämlich unter der erkenntnisleitenden regulativen Fragestellung nach dem Beitrag der Forschung zur Humanisierung von Welt und Gesellschaft. Insofern beinhaltet der kritische Ansatz zwar ein normatives Element, aber nicht deduktiv vorausgesetzt, weil dies dem nicht-affirmativen Denken widerspricht, sondern als regulativer Gedanke in einer kritisch-spekulativen Wahrnehmung der Wirklichkeit.
Durch das empirische Paradigma in der Religionspädagogik gewann die in ihrer Selbstbezeichnung ja bereits angelegte Anbindung an die Pädagogik erhöhte Plausibilität. Galten noch in der klassischen Katechetik und teilweise auch in Spielarten der Dialektischen Religionspädagogik genuin pädagogische Fragestellungen als vernachlässigbar, so besteht heutigentags ein allgemeiner Kon-

sens darüber, dass die Religionspädagogik ohne die Sozial- und Humanwissenschaften nicht auskommen kann. Das gilt selbst für die zeitgenössische Variante der Dialektischen Religionspädagogik. Darin hat die Religionspädagogik Anteil an einem allgemeinen Trend in der Praktischen Theologie. Allerdings ist zweierlei weiterhin nicht unumstritten: erstens die Frage, auf welcher Ebene pädagogische Methoden, Argumente und Forschungsergebnisse rezipiert werden sollen und dürfen. Häufig räumt man nur auf der Realisierungsebene (gelegentlich auch bei der Problemerkennung) der pädagogischen Reflexion eine konstitutive Bedeutung ein, nicht aber auf der Inhaltsebene. Damit hängt dann die zweite Einschränkung zusammen: Fraglich ist die Reichweite und die Legitimität pädagogisch-didaktischer Denkarbeit gegenüber der theologischen (☞ Kap. 1.1).

1. Fertigen Sie zu diesen Hintergrundinformationen eine zusammenfassende Skizze an.

2. Informieren Sie sich noch einmal über Sinn und Geschichte der enzyklopädischen Fragestellung.

3. Autarkie-, Dominanz-, Konvergenz-, Exodusmodell – überlegen Sie, wie jeweils die Beziehung Theologie/Pädagogik in den Modellen gestaltet ist.

4. Listen Sie Gesichtspunkte auf, unter denen Sie persönlich die religionspädagogischen Konzeptionen analysieren wollen.

Selbst wenn Sie sich bisher kaum mit der Religionspädagogik befasst haben, so behaupten wir, dass Sie durchaus schon eine religionspädagogische Konzeption haben. Wir schlagen Ihnen deshalb (nach einer Idee von Sorge/Vierzig) folgenden Test zur Selbsteinschätzung vor. Dabei können Sie zugleich die Likert-Skalierung für Fragebogen kennen lernen. Die Likert-Skalierung ist eine Intervallskala; sie umfasst fünf Abstufungen, auf denen Sie den Grad Ihrer Zustimmung zu einem bestimmten Statement (die SozialforscherInnen nennen es »Item«) durch Zuordnung zu einer Zahl angeben können. Folgende Wertungen sind hier möglich: 4 = ich stimme voll zu; 3 = ich stimme zu; 2 = ich bin unentschieden; 1 = ich lehne ab; 0 = ich lehne vollständig ab.
Es folgen nun sechs Zielformulierungen für den Religionsunterricht, die Sie mit Hilfe der Likert-Skalierung (»Noten« 4-0) bewerten sollen. Lesen Sie sie zuerst alle durch.
1.) Der Religionsunterricht soll SchülerInnen zentrale Inhalte der christlichen und anderer Religionen auf wissenschaftlichem Niveau vermitteln.
2.) Ich halte es für am wichtigsten, die SchülerInnen mit der christlichen Botschaft von Jesus Christus zu konfrontieren, damit vertraut zu machen und ihnen zum Glauben zu verhelfen.
3.) Im Zentrum des Religionsunterrichts stehen die SchülerInnen als Personen mit psychischen Konflikten und Störungen sowie mit – in der Regel falschen – religiösen Prägungen. SchülerInnen sollen angemessene Verhaltensweisen einüben können.
4.) Aufgabe der Schule ist die Befähigung von SchülerInnen zu kritischem Denken. In

diesem Rahmen ist es Aufgabe des Religionsunterrichts, SchülerInnen zu Ideologiekritik im umfassenden Sinne zu befähigen; dazu gehört auch die Religionskritik.
5.) Der Religionsunterricht soll SchülerInnen helfen, die religiöse Sprache der Symbole zu verstehen und so in eine Tiefendimension vorzustoßen.
6.) Im Religionsunterricht geht es nicht um die Vermittlung theologischer Lehraussagen, sondern darum, SchülerInnen neue religiöse Erfahrungen machen und über eigene wie fremde religiöse Erfahrungen kommunizieren zu lassen.
Manches hat Ihnen mehr, anderes weniger gefallen. Jetzt sollten Sie Ihre Zustimmung – wie oben angegeben – werten. Zur Auswertung schlagen wir Ihnen folgendes vor:
a) Welchen Statements haben Sie 4, welchen 0 Punkte zugeschrieben? Weshalb?
b) Haben Sie einem Item 4 und allen anderen 0 Punkte gegeben? Weshalb?
c) Haben Sie überhaupt keinem Item die Extremwerte 4 oder 0 zugeordnet? Was hindert Sie an einer klaren, eindeutigen Stellungnahme?
d) Haben Sie allen Aussagen weniger als 2 Punkte gegeben? Was missfällt Ihnen?
e) Ermitteln Sie Ihre Gesamtpunktzahl; sie kann zwischen 24 und 0 liegen. Liegt sie unter 6: Was gefällt Ihnen an den Aussagen eigentlich nicht? Formulieren Sie selbst eine knappe Alternative.
f) Sie können den Statements sicher religionspädagogische »Etiketten« zuordnen!

4.1.2 Die religionspädagogische Debatte im 20. Jahrhundert

Wie gesagt gibt es bewusste, aber auch vorbewusste Konzepte. Im Sinne einer vorbewussten Konzeptualisierung gibt es Überlegungen zu dem, was man seit Ende des 19. Jahrhunderts »Religionspädagogik« nennt, bereits so lange, wie es die Theologie als den Reflexionsort einer christlich-religiösen Praxis überhaupt gibt (☞ Kap. 1.2). Als theoretische Konstruktionen jedoch entwickelten sich die »Konzepte« dann in einer kontrovers geführten Debatte primär seit dem beginnenden 20. Jahrhundert; hier haben sich jene Positionen herausgebildet, die landläufig den Kanon examensrelevanter religionspädagogischer Theorien darstellen. Über sie ist die nachfolgende religionspädagogische Forschung durchaus hinausgegangen, ohne jedoch zu neuen konsistenteren und einflussreichen Konzepten zu gelangen, weil erstens Einzelfragen mehr in den Vordergrund rückten und zweitens allgemein in der Theologie das, was man »Schulbildung« nennt, für obsolet erklärt und ein postpositionelles Zeitalter ausgerufen wurde. Die Eindeutigkeit religionspädagogischer Positionalität scheint deshalb unzeitgemäß geworden zu sein.
Zu den Einzelfragen zählen z.B. die Ermittlung von religionspädagogischen Elementarisierungsstrategien, die Rückfrage nach den religionspsychologischen und entwicklungspsychologischen Bedingungen für religiöses Lernen, die Frage nach didaktischen Grundregeln u.v.a.m. Diese religionspädagogische Denkarbeit ist mit ihren neueren Fragestellungen und Ergebnissen aber weiterhin in die klassischen Konzeptionen einfügbar; manches stellt insofern eine

weiterführende Modifikation klassischer Konzepte dar. Im Zuge einer sich nicht mehr positionell verstehenden Debatte ist es legitim geworden, freier mit Konzepten umzugehen und sich nicht von einer Position abhängig zu machen. Das gilt auch für die, die sich nicht dem postmodernen Diktat eines »everything goes« unterwerfen wollen. Ein bisschen *»Patchwork-Religionspädagogik«* und ein wenig *»religionspädagogische Bastelmentalität«* darf schon sein.

Darstellungen der neueren religionspädagogischen Konzeptionsdebatte gibt es zahlreich. Wenn Sie sich bereits ausreichend informiert fühlen, können Sie die folgenden Kapitel überschlagen und sich repetierend der »tabellarischen Religionspädagogik auf einen Blick« zuwenden. Vielleicht kehren Sie dann doch zu diesem oder jenem Abschnitt dieses Kapitels zurück.

a. Die liberale Phase der Religionspädagogik

Üblicherweise legt man den Beginn der modernen Debatte mit dem Konzept der liberalen Religionspädagogik fest. Das ist insofern richtig, als sich hier tatsächlich erstmals das Selbstverständnis der Religionspädagogik als eine gleichermaßen theologisch wie pädagogisch-psychologisch verfahrende Disziplin konzeptionell manifestierte. Erstmals wurde der Versuch unternommen, die zeitgenössische *Psychologie und Pädagogik* für eine Theorie des Religionsunterrichts zu rezipieren. Darin liegt die Vaterschaft für alle späteren Versuche, die sich entweder durch strikte Abgrenzung oder durch mehr oder weniger enge Adaption auszeichnen. Blickt man auf die liberale Phase in der Religionspädagogik zurück, so erscheinen viele der neueren Ansätze gar nicht so originell wie sie vorgeben. Die Beschäftigung mit der liberalen Religionsdidaktik geht deshalb über ein rein historisch-archivarisches Interesse hinaus, weil hier exemplarisch Fallstricke und Holzwege, aber auch Perspektiven und Konstruktionen erkennbar werden, die längst noch nicht obsolet sind.

Richard Kabisch

Es ist Richard Kabisch (1868-1914), der als einer der ersten eine systematische Religionspädagogik als Theorie und Didaktik des Religionsunterrichts zu begründen versucht; er gilt geradezu als der Repräsentant der neuen Disziplin schlechthin, auch wenn er derjenige war, der zugleich eine methodologische Engführung des neuen Fachs einleitete, weil ihn – im Unterschied zu seinem Zeitgenossen Friedrich Niebergall (1866-1932) – die grundsätzlichen Fragen einer christlich-religiösen Bildung nur am Rande interessierten; eine eigenständige religionspädagogische Bildungstheorie jedenfalls entwickelte er – im Unterschied zu Niebergall – nicht. Die von ihm vertretene *Methodik des Religions-*

Richard Kabisch (1868-1914)

unterrichts beherrschte für ungefähr 20 Jahre fast vollständig die Praxis dieses Schulfachs, wie einer seiner Hauptgegner, Oskar Hammelsbeck (1899-1975), bedauernd feststellte. Für ihn wie für andere wird Kabisch zur Personifizierung einer Position, gegen die dann seine eigene Lehre, nämlich die Evangelische Unterweisung entworfen wurde. Kabisch bot sich als Projektionsfläche für die Gegner einer liberal-theologischen Position einerseits unter anderem deshalb an, weil er sehr direkt Bezug auf Friedrich Daniel Ernst Schleiermacher nahm und andererseits deswegen, weil er einen Zentralbegriff pädagogisch-didaktisch wendete, der in der Dialektischen Theologie zum Programmbegriff wurde: die »Krise«. Während diese sich als »Theologie der Krisis« entfaltete, profilierte Kabisch eine *»Didaktik der Krise«* und damit eine – im dialektisch-theologischen Sinne – absolute Unmöglichkeit.

Von Schleiermacher übernahm Kabisch zunächst die Definition der Religion als Gefühl schlechthinniger Abhängigkeit. Zugleich behauptete er aber, dass damit das *religiöse Gefühl* einseitig bestimmt sei, weil das echt verstandene religiöse Gefühl – und hier meldet sich die zeitgenössische Religionspsychologie zu Wort – noch durch ein zweites entgegengesetztes Moment zu charakterisieren sei, nämlich dem Gefühl des Menschen, sich über sich selbst erheben zu wollen. Religion ist also sozusagen ein »Streben nach Höherem«; Religion ist der Antrieb des Menschen, besser, weiser, gesitteter usw. sein zu wollen, als er es momentan ist. In der Religion drückt sich so etwas wie die Unzufriedenheit des Menschen mit dem jeweils erreichten Stand seiner sittlich-religiösen Entwicklung aus. *Abhängigkeitsgefühl und Erhebungsgefühl* sind die beiden entgegengerichteten Bestrebungen innerhalb der natürlichen Anlage des Menschen zur Religiosität. Beide Gefühle liegen im Streit und durch ihr Gegeneinander kann es zur Krise im Menschen kommen.

Die Krise besteht nun darin, dass der Mensch erfahren muss, sein Erhebungsgefühl sei unzulänglich. Der Mensch erreicht also nicht das von ihm eigentlich Angestrebte. Man kann das auch so ausdrücken: Durch seine religiöse Anlage entwickelt der Mensch ein Wollen, erfährt aber konkret immer sein Nicht-Können. Konkret unterrichtspraktisch bedeutet das: Die Schüler müssen also zunächst die Erfahrung der eigenen Unzulänglichkeit machen, um dann die alles aufhebende Wirklichkeit Gottes zu erfahren. Das Erhebungsgefühl ist also durch das Abhängigkeitsgefühl zu überlagern. Denn das Erhebungsgefühl zielt darauf, dass sich der Mensch selbst zu einem höheren Ich fortentwickeln möchte. Es ist ein tiefgreifendes Bedürfnis jedes Menschen, nicht in seinem aktuellen Sein gefangen zu bleiben. Indem der Mensch nach höherer Selbstbestimmung strebt, erfährt er, dass er sich eigentlich nicht selbst bestimmen kann, sondern dass er von Gott abhängig ist. Nur in und durch die Einsicht in die Abhängigkeit von Gott kann das Ich befreit und zu höherer Religiosität und Sittlichkeit geführt werden. Insofern konzipiert Kabisch – ganz seinen Gegnern aus dem dialektischen Lager vergleichbar – eine Zusammenbruchs- und Krisentheorie; allerdings ist diese nicht – wie dort – extern durch die Offenbarung Gottes, sondern intern, d.h. letztendlich entwicklungspsychologisch verursacht. Denn das religiöse Gefühl ist nach Kabisch durch eine Ambivalenz geprägt, die man fast als kontradiktorischen Gegensatz verstehen kann und durch die die menschliche Entwicklung zwangsweise in eine Krise geraten muss.

So sehr Kabisch in seinen Argumenten für die Lehrbarkeit – und damit auch die Lernbarkeit – der Religion pädagogische Gedanken rezipiert, ist er hinsichtlich der Zielbegründung des Religionsunterrichts an der Religionspsychologie eines William James oder Wilhelm Wundt orientiert. Das gilt gleichfalls für weite Teile seiner Methodologie, so etwa für seine *Stufentheorie* der religiösen Entwicklung. Schon zu Beginn der Religionspädagogik fordert Kabisch nämlich einen entwicklungsgemäßen Unterricht in Sachen Religion und Glaube. Im Grunde wurde diese Forderung von Kabisch erst in neuerer Zeit durch die Arbeiten von Fowler oder Oser/Gmünder u.a. realisierbar (☞ Kap. 2.3.2). Kabisch steht insofern in dieser Tradition als er selbst erste Untersuchungen dazu vorlegt. Dabei unterscheidet er vier Stufen der religiösen Entwicklung von Kindern, die ich hier nur nennen und nicht weiter ausführen möchte: 1. eine naiv-anschauende Stufe, 2. eine historisch-anschauende Stufe, 3. eine historisch-reflektierende Stufe und 4. eine kritisch-idealisierende Stufe. Über diese Stufen entfalten sich die religiösen Anlagen und ihre interne, ambivalente Entwicklungsdynamik realisiert sich.

Friedrich Niebergall

Steht Kabisch für eine Psychologisierung der frühen Religionspädagogik, so tritt Friedrich Niebergall (Niebergall 1919) konsequent für eine Pädagogisierung ein – und zwar nicht nur der Religionspädagogik, sondern der gesamten Praktischen Theologie, die er zwar als Erziehungslehre entwirft, die aber im Grunde eine Bildungstheorie beinhaltet, die zwei Momente, nämlich Persönlichkeitsbildung auf der einen und Gemeindebildung auf der anderen Seite zusammenbringt. Niebergall teilt dabei mit der zeitgenössischen geisteswissenschaftlichen Pädagogik und deren Bildungstheorie die Auffassung, dass pädagogisches – und erst recht religionspädagogisches – Handeln auf die Entwicklung von authentischen Persönlichkeiten abzielen muss. Damit kann er als Vordenker einer *subjektorientierten Religionspädagogik* verstanden werden.

In seiner Begründung leistet Niebergall bereits ansatzweise das, was das religionspädagogische Konvergenzmodell fordert, nämlich eine pädagogische wie theologische Doppelbegründung. Theologisch zentral wird für Friedrich Niebergall der Rekurs auf die reformatorischen Vorstellungen, denn mit der Reformation ist erstmalig in der Geschichte der Menschheit das Individualitätsprinzip und damit der Gedanke einer *Persönlichkeitsbildung* aufgetreten. Der Mensch soll durch Bildung seine natürliche Bestimmtheit, seine abstrakte Personhaftigkeit überwinden und zur Persönlichkeit werden. Die Aufgabe der Selbstbildung resultiert nicht aus der Natur des Menschen, sondern er ist dazu von Gott – und damit extern – bestimmt. Denn die unmittelbare Gottesbeziehung im rechtfertigenden Handeln Gottes am einzelnen Menschen setzt die Aufgabe einer Selbstkonstitution der Persönlichkeit. Da er durch Gott neu konstituiert ist, kann der Mensch sich selbst neu konstituieren, d. h. sich bilden. Aus dem theologischen Gedanken der Rechtfertigung erwächst pädagogisch-didaktisch der Grund und die Aufgabe von Bildung.

Niebergall macht also den *Bildungsbegriff* zu seiner religionspädagogischen Grundkategorie. Damit ist er ein typischer Vertreter des *Kulturprotestantismus*. Auf dem Gerechtfertigt-sein des Menschen basierend wird Bildung einerseits zur Eigenaufgabe, andererseits aber – weil die Rechtfertigung durch Gott gegeben ist – wird Bildung auch eine Fremdaufgabe. Bildung ist sowohl extern wie intern veranlasst und sie vollzieht sich durch externe wie interne Prozesse. Deshalb kann Niebergall Bildung auch nicht wie Kabisch als bloße Entfaltung von Anlagen oder als Reifung von Persönlichkeit verstehen; der Mensch braucht vielmehr Anregungen und Anstöße von außen um zur Persönlichkeit werden zu können. Dieser Prozess wird verursacht durch eine kritische Auseinandersetzung mit den ihn umgebenden Kulturwerten. Die Freiheit der Gerechtfertigten realisiert sich nach Niebergall in der Fähigkeit zur kritischen Stellungnahme. Insofern beinhaltet sein Konzept der liberalen Religionspädagogik bereits Elemente des späteren kritischen Religionsunterrichts.

1. Vernetzen Sie die liberale Religionspädagogik mit Ihren theologiegeschichtlichen Kenntnissen. Rekapitulieren Sie Schleiermachers Position und deren Bedeutung für den Kulturprotestantismus.

2. Informieren Sie sich über die Anfänge der Religionspsychologie und über die geisteswissenschaftliche Pädagogik.

b. »Dialektische Religionsdidaktik« oder »Evangelische Unterweisung«

Parallel zum Siegeszug der Dialektischen Theologie entwickelte sich auch ein entsprechendes religionspädagogisches Konzept, das seine Konturen ebenso wie der frühe dogmatische Ansatz im Kontrast zum liberalen Selbstverständnis gewann. Deshalb ist es nahe liegend, dieses Konzept mit dem Etikett »dialektisch« zu belegen, auch wenn es üblicherweise eher als »Evangelische Unterweisung« bezeichnet wird. Doch dieser Titel trifft im Grunde nur die exemplarisch von Helmuth Kittel vertretene zweite Generation der dialektisch-theologischen Religionsdidaktiker (u. a. Martin Rank, Kurt Frör, Margarete von Tilling, Helmut Angermeyer, Adolf Burkert, Theodor Heckel) und führt allzu leicht zu Fehleinschätzungen vor allem der gleichgesinnten Nachfolger in unserer Zeit, für die exemplarisch Heinz Schmidt steht. An ihm zeigt sich: Dialektisch-theologisches Denken ist in der neueren Religionspädagogik durchaus nicht grundsätzlich obsolet geworden, sondern es wurde nur einer modernisierenden Modifikation unterworfen, in der didaktische und entwicklungspsychologische Momente für eine religionspädagogische Vorfeldarbeit aufgenommen wurden. Akzeptiert wurde auch ein Primat der Intention. Gleich geblieben ist in diesem dialektisch-paradoxalen Modell die Ablehnung einer anthropologischen Grundlegung der Religionspädagogik und damit ihre Subjektorientierung sowie die Vorstellung von einer Lehrbarkeit des Glaubens im engeren Sinne.

Den ersten Angriff gegen die liberale Religionspädagogik führte Gerhard Bohne mit seiner Programmschrift »Das Wort Gottes und der Unterricht« von 1929; sie versprach schon von ihrem Titel her, den Siegeszug der Wort-Gottes-Theologie von der Kanzel zum Schulkatheder hin weiterzuführen. Die Schrift fand rasch breite Zustimmung im dialektischen Lager, obwohl bei genauer Betrachtung gewisse Inkonsistenzen mit der genuin Barthschen Theologie zu diagnostizieren wären. Karl Barth selbst sah sich genötigt, in seiner »Kirchlichen Dogmatik« auf den kategorialen Unterschied zwischen Unterricht und Verkündigung hinzuweisen, der allerdings bei seinen religionspädagogischen Parteigängern weitgehend ignoriert wurde. Beim zweiten bedeutenden Vertreter dieser religionspädagogischen Position, Oskar Hammelsbeck, hingegen ist eine größere Übereinstimmung mit der neuen Dogmatik der Barthschen Richtung festzustellen, doch in programmatischer und wirkungsgeschichtlicher Hinsicht dominiert Gerhard Bohne die Diskussion; bleibendes Verdienst erwarb sich Hammelsbeck als Religionspädagoge der Bekennenden Kirche.

Von Gerhard Bohne zu Helmuth Kittel

Alle ReligionspädagogInnen der dialektischen Richtung schließen sich an Barths theologischer Religionskritik an und behaupten, dass es im Religions-

unterricht überhaupt nicht um Religion, sondern *einzig um Glauben* gehen kann. Denn zwischen einer anthropologisch begründeten Religiosität, einer im Menschen liegenden religiösen Veranlagung auf der einen und dem auf Offenbarung begründeten Glauben auf der anderen Seite klafft ein absoluter, d.h. unaufhebbarer Widerspruch. Deshalb muss auch die liberale Behauptung von der Lehrbarkeit der Religion zurückgewiesen werden: Der Glaube ist nicht etwas, das sich durch intentionale Beeinflussung oder geplante Einwirkung herbeiführen ließe. Der Glaube ist ein Geschenk Gottes und deshalb letztlich unverfügbar; das bedeutet aber auch, dass keine Didaktik oder Methodik Glauben erzeugen können. Die Didaktik und Methodik des Religionsunterrichts sind deshalb bestenfalls als Vorarbeit zu verstehen; das Eigentliche geschieht dort, wo die Religionsdidaktik an ihre Grenzen kommt und der Selbstwirkung des Wortes Gottes kein pädagogisches Ansinnen entgegensteht. Der *Offenbarungspositivismus* der dialektischen Dogmatik gewinnt hier seine katechetische Umsetzung. Die Fixierung auf Fernwirkung des Heiligen Geistes aus dem »extra nos« führt konsequenterweise zur Verbannung aller didaktisch-methodischen Reflexionen, und die Bitte um den Heiligen Geist, der durch das Wort zum Glauben ruft, wird so für Helmuth Kittel und seine Epigonen schlechterdings wichtiger als alle Methodik.
Die interne Entwicklung des Konzepts lässt sich exemplarisch am Begriff *»Entscheidung«* festmachen. Im Hintergrund steht eine Vorstellung, die letztlich auf den jede Entwicklung und Kontinuität negierenden Gedanken von Søren Kierkegaard von der Entscheidung als jähem Sprung zurückgeht. In der ersten Auflage von »Das Wort Gottes und der Unterricht« sagt Bohne, es wäre die grundsätzliche Aufgabe des Religionsunterrichts, die Jugendlichen *vor* die Entscheidung vor Gott zu stellen. In der zweiten Auflage sieht er sich genötigt, gegen eine Missinterpretation seines Ansatzes Stellung zu beziehen. Die Aussage, dass jemand vor eine Entscheidung gestellt wird, beinhaltet ja auch, dass es für ihn etwas zu entscheiden gibt. Das trifft nun für die religiöse Entscheidung gerade nicht zu. In der Entscheidung für Gott kann es ja überhaupt nicht um eine aktive Tat des Schülers gehen, so als habe er reflektierend und beurteilend eine Entscheidung zu fällen. Angesichts des Anrufes Gottes jedoch kann es nur um eine gehorsame Antwort auf seine Offenbarung gehen.
Helmuth Kittel stimmt später ausdrücklich zu, dass die Entscheidung als immer schon gefallene didaktisch vorauszusetzen sei. Gleichwohl ist zumindest vom Lehrer eine Entschiedenheit zu verlangen. Dabei ist die Entscheidung »nicht unsere Entscheidung, sondern unser Bekenntnis zu der über uns getroffenen Entscheidung«. Für den Schüler verwendet Kittel eine andere Kategorie, nämlich die der *»Heiligung«*. Heiligung ist zwar letztlich ein Wirken des Heiligen Geistes im Unterricht, aber ein Lehrer kann in seiner Haltung zeigen, dass er sich selbst unter das heiligende, rechtfertigende Handeln Gottes stellt. Der erste Schritt zu einer derartigen Heiligung von SchülerInnen ist die Erkenntnis der

eigenen Schuld bei den Kindern; deshalb muss der Religionsunterricht den SchülerInnen all ihre Illusionen über sich selbst destruieren und ihnen zur Erkenntnis von Schuld und Sühne verhelfen. Denn nur durch Selbstpreisgabe öffnet sich der Weg zur Heiligung. Doch dieser Akt der Desillusionierung ist im Grunde kein didaktisch-pädagogisches Geschehen; den eigentlichen Weg der Heiligung weist vielmehr letztlich die Bibel selbst. Deshalb muss sie theologischer wie didaktischer Mittelpunkt des Unterrichts sein. Die im engeren Sinne pädagogische Aufgabe liegt darin, zum rechten, d.h. weder theoretisierenden, noch historisierenden, noch moralisierenden Umgang mit dem Evangelium zu erziehen. Einzige Aufgabe ist, nicht zu verhindern, dass das Wort Gottes selbst zu den Kindern spricht; insofern kann man diesbezüglich bestenfalls von einer »negativen Religionsdidaktik« sprechen.

Ebenfalls an Kierkegaard knüpft der dialektisch-theologische Zentralbegriff der *Krise* an. Für Gerhard Bohne steckt auch der Religionsunterricht unentrinnbar in einer Krise, die strukturell (»nicht zeitlich, sondern ewig«) sei und in einer durchgängigen Spannung zwischen Kultur und Religion liege. Die Krise des Religionsunterrichts ist deshalb Ausdruck der Krise der Kultur, und diese Krise der Kultur ist wiederum entstanden durch die Verflechtung von Religion und Kultur. Versteht man den Religionsunterricht als Kultur- und damit Bildungsveranstaltung, dann hat er zwangsläufig Anteil an der für die Kultur charakteristische Selbstvergottung des Menschen. Begreift man ihn jedoch vom Wort Gottes her, dann muss sich der Religionsunterricht von solcher Kulturkumpanei abwenden; er wird zur prinzipiellen Störung aller Bildungsbemühungen. Helmuth Kittel – und in heutiger Zeit Heinz Schmidt – spinnen diesen Faden zur (allerdings selbst ideologischen) Ideologiekritik weiter: Der Religionsunterricht soll in der Schule als reinigende Kritik an den immanenten weltanschaulichen Prämissen der anderen Schulfächer auftreten und deren Wirkung auf SchülerInnen vom Wort Gottes her stören. Denn diese Weltanschauungen haben den Hang, sich an die Stelle des Glaubens zu setzen.

Mitte der siebziger Jahre hatte es den Anschein, als sei die Evangelische Unterweisung durch andere Konzeptionen abgelöst worden. Doch bereits nach Abschluss der damaligen Konzeptionsdebatte meldeten sich bereits Anfang der achtziger Jahre Stimmen zu Wort, die an dem theologischen Grundsatzprogramm einer Dialektischen Religionsdidaktik festhalten wollten, ohne als pure Revisionisten dazustehen. Eine Novellierung des Ansatzes schien nur unter erheblichen Modifikationen möglich, die den neuen schulischen und allgemeinpädagogischen Herausforderungen Rechnung tragen. So waren es vor allen Dingen *methodische Fragen*, die für die Revision des Ansatzes neu diskutiert werden mussten. Bereits Helmuth Kittel sah immer stärker die Bedeutung von Didaktik und Methodik. Hatte er noch 1947 Methodenüberlegungen für gänzlich überflüssig erklärt, so räumt ihnen seine Evangelische Religionspädagogik von 1970 eine relative – wenn auch nicht konstitutive – Bedeutung ein.

Die zunehmende methodische Orientierung wurde insbesondere von Heinz Schmidt (Schmidt 1977, 1982, 1984; Ohlemacher/Schmidt 1988) verstärkt. Entsprechend der dialektisch-theologischen Prämisse von der *Unverfügbarkeit des Glaubens* unterstreicht auch Schmidt, dass Erziehung zwar niemals Glauben schaffen, wohl aber Räume dafür öffnen kann, denn man müsse unterscheiden zwischen dem Glauben selbst als dem Unverfügbaren und seinen sozio-kulturellen und anthropogenen Bedingungen, die durchaus didaktisch-methodisch verfügbar sind. Nach Schmidt haben allgemeinpädagogische, didaktische und entwicklungspsychologische Erkenntnisse deshalb nur eine begrenzte taktische Bedeutung: Zwar sind sie wichtig, um die Probleme zu entdecken mit denen der Religionsunterricht es zu tun hat, und sie haben auch ihre Bedeutung in der unterrichtspraktischen Umsetzung von Unterrichtsinhalten, für die generelle Ziel- und Inhaltsbestimmung des Religionsunterrichts jedoch fallen sie aus. Augenscheinlich wird hier didaktisch mit der klassisch theologischen Differenzierung zwischen Eigentlichem und Uneigentlichem, zwischen Substanziellem und Akzidentiellem gespielt.
Für H. Schmidt hat der Religionsunterricht die Aufgabe, den Glauben als eine *authentischere Lebensmöglichkeit* – gegenüber den in unserer Gesellschaft herrschenden entfremdeten – entdecken zu lassen. Daraus ergibt sich ein ideologie- bzw. gesellschaftskritischer Aspekt, denn durch den Glauben sind sämtliche Lebensbereiche des Menschen in eine grundsätzlich andere Perspektive gerückt. Demgemäß erneuert Schmidt zunächst das prinzipielle Krisenurteil der Vorgänger, das für ihn nun nicht in der Verquickung von Religion und Kultur liegt, sondern im gegenwärtig herrschenden säkularen Zeitgeist. Die Kluft zwischen Religion und Kultur, zwischen Glauben und Gesellschaft fasst er so nicht mehr ontologisch, prinzipiell, oder strukturell (s. o.), sondern historisch-soziologisch bzw. kulturkritisch. Unsere Gesellschaft und mit ihr die Schule vertreten – so behauptet Schmidt in radikalem Gegensatz zur Säkularisierungsthese – generelle Werte und Ziele, die nicht in Kontinuität, sondern im Widerspruch zur christlichen Tradition stehen.
Diese gesellschaftlich dominanten Werte und Ziele charakterisiert Schmidt mit den Stichwörtern *»Hedonismus«* und *»Altruismus«*: Jeder strebt nach Selbstverwirklichung, nach dem eigenen Glück, Verzicht und Solidarität hingegen sind wenig gefragt. Diese Kulturkritik wendet Schmidt dann theologisch: Theologisch gesehen sind derartige Tendenzen als »Sünde« zu verstehen. Als prinzipielle Kritik an der sündigen Welt und ihrer Kinder muss der Religionsunterricht demgegenüber auf Buße und Umkehr abzielen. Aufgabe des Religionsunterrichts ist es deshalb, eine Umorientierung aller menschlichen Bestrebungen zu erreichen, indem Kinder das Leben als ein Geschenk Gottes entdecken und dadurch selbst wieder zum Schenken und Verzichten bewegt

werden. Die Lebensmöglichkeit, die der Religionsunterricht also eröffnet, wurzelt in den christlichen Tugenden. Religionslehre ist als Tugendlehre zu verstehen. Offensichtlich um nicht in die Falle einer Moralisierung des Glaubens zu geraten, vor der bereits Bohne warnte, wird von Schmidt diese Aufgabe weit gehend delegiert: Neben seiner Religionsdidaktik entwirft er Konzepte für einen (christlich motivierten) Ethikunterricht.

1. Rekapitulieren Sie Ihre Kenntnisse über die Dialektische Theologie; erläutern Sie diese Bezeichnung und die Selbstbezeichnungen dieser Theologie als »Theologie der Krise« und als »Wort-Gottes-Theologie«.

2. Welche Bedeutung könnte der jeweilige politische, ökonomische und sozialgeschichtliche Hintergrund für die Entstehung und Wirkung des Konzepts der Dialektischen Religionspädagogik haben?

c. Die Konzeption des Hermeneutischen Religionsunterrichts

Die sich frühzeitig vollziehende Spaltung innerhalb des ursprünglich relativ einheitlichen Programms einer Dialektischen Theologie hatte in der Religionspädagogik ihre Nachwirkungen, die zum Konzept des Hermeneutischen Religionsunterrichts führten und die Monopolstellung der Evangelischen Unterweisung beendeten. Diese hatte – quasi als Krisengewinnerin aus der Nazi-Zeit – zunächst hohe Akzeptanz in der Kirchen- wie in der Bildungspolitik der neuen Nachkriegsrepublik gefunden. Doch durch das Ende des Wirtschaftswunders und der Adenauerära vollzog sich ein Wertewandel. Vor allem durch die vom Eichmannprozess ausgelöste Diskussion um die Frage einer »deutschen Schuld« entstand eine neue Problemlage, auf die der Religionsunterricht reagieren musste. Zugleich sollte das neue Konzept eine religionspädagogische Antwort auf die pädagogische Kritik (Erich Weniger, Werner Loch, Theodor Wilhelm u. a.) am Dialektischen Religionsunterricht bieten und den durch die Dialektiker abgebrochenen Dialog mit der Allgemeinen Pädagogik, insbesondere der geisteswissenschaftlich-bildungstheoretischen, wieder aufnehmen. Das Verbindungsglied stellte die wieder gewonnene Einsicht in die Notwendigkeit historisch-hermeneutischen Denkens dar. So waren die Propagandisten des neuen hermeneutischen Konzepts Theologen, die bei Rudolf Bultmann sowohl exegetisch als auch hermeneutisch gelernt hatten.

Rudolf Bultmann

Rudolf Bultmann selbst hatte sich frühzeitig zur Frage des Religionsunterrichts und dabei kritisch zu Kittels Programmschrift von 1947 geäußert und betont,

dass sich die Schule nicht das Recht nehmen lassen darf, den Religionsunterricht aus eigener Kraft und unter eigenen Bildungsansprüchen zu erteilen; eine Propaganda für den christlichen Glauben sei von daher bildungspolitisch ausgeschlossen, aber auch theologisch fragwürdig, weil gerade der Versuch der Dialektischen Religionspädagogik, die Wirklichkeit Gottes zum Zuge bringen zu wollen, von jener Hybris ist, die diese am Bildungsdenken geißelte. Als Ziel eines hermeneutischen Religionsunterrichts formuliert Bultmann: Der Religionsunterricht soll nicht Glauben bewirken, sondern der Schüler soll im Religionsunterricht *den Glauben verstehen lernen*. Den Glauben versteht er aber nur dann, wenn er erstens sich selbst und zweitens die christliche Tradition versteht. Damit waren die Konturen für ein Konzept skizziert, dass zehn Jahre später vor allem durch Martin Stallmann, Hans Stock, Gert Otto und Klaus Wegenast weiterentwickelt wurde. Jeder dieser Autoren hat später eine andere Entwicklung mitgemacht; gemeinsam ist ihnen die Orientierung an der Existenzialtheologie und am Entmythologisierungsprogramm Bultmanns.
Entmythologisierung ist notwendig, weil den SchülerInnen in der Bibel ein ihnen fremdes Welt- und Selbstverständnis begegnet und sie deshalb die biblische Botschaft in ihrer damalig sinnvollen, mythologischen Form nicht verstehen können. Die bleibende Wahrheit der biblischen Botschaft könne erst dann verstanden werden, wenn man sie entmythologisiert habe. Nach Bultmann beinhaltet das Neue Testament keine »objektive« Wahrheit, sondern es ist ein historisches Dokument, das Antworten von Menschen auf ihre Frage nach sich selbst enthält. Die biblische Botschaft ist also keine übermenschliche Offenbarung, sondern immer der Ausdruck des christlichen Selbstverständnisses von damaligen Zeugen; sie sind – mit anderen Worten – Existenzaussagen. Statt von Entmythologisierung, der objektiven Seite der Exegese, spricht man deshalb besser von einer *»existenzialen Interpretation biblischer Texte«*. In der Konfrontation mit der Bibel können SchülerInnen Alternativen zu ihren ansozialisierten, kulturbedingten problematischen Selbstinterpretationen finden.

Martin Stallmann

»Einen Sinn haben« – nach Stallmann – Schule und Unterricht deshalb »nur, wenn sie auf eine Möglichkeit, in dieser Welt menschlich zu leben« verweisen und wenn sie »in der heranwachsenden Generation den Mut zu einer verantwortlichen Freiheit« (Stallmann 1958, 47) wecken. Das gelingt ihnen dann, wenn sie *in die Tradition einführend* die Situation mit den historischen Alternativen konfrontieren. In solchen Konfrontationen können SchülerInnen zunächst die Relativität und damit die *Fragwürdigkeit* alles Geschichtlichen, einschließlich ihrer eigenen *Geschichtlichkeit*, entdecken. Die Hinführung zu *Fragehaltungen* wird für Stallmann so zur Hauptaufgabe der Schule überhaupt. Damit hat er den schulischen Rahmen des Religionsunterrichts abgesteckt und die Möglichkeit einer schultheoretischen Begründung eröffnet: Diese generelle Aufgabe der Schule wird vom Religionsunterricht wahrgenommen, indem er die *religiöse Frage* thematisiert. Die religiöse Frage ist aber nichts anderes als eben die existenzielle Frage des Menschen nach sich selbst und nach dem Ursprung. An sie schließt sich die moralische Frage an. Auf diese Fragen bieten biblische Autoren exemplarische Antworten, die zum besseren Verständnis der eigenen Existenz führen können. Nur so kann sich die Möglichkeit eines gläubigen Selbstverständnisses erschließen.

Hans Stock/Gert Otto

Entsprechend der diesbezüglichen bildungstheoretischen Forderung gehen die HermeneutikerInnen in der Religionspädagogik von der Erziehungswirklichkeit aus. Deshalb betont vor allem Hans Stock (Stock 1960), dass eine Gläubigkeit im Unterricht nicht vorausgesetzt werden kann; deshalb seien eben Unterricht und Predigt streng kategorial zu unterscheiden. Das hat Konsequenzen für die Methodik des Religionsunterrichts: Nach Stock muss er in jeder Alterstufe zumindest ansatzweise historisch-kritische Exegese sein. Denn nur durch historische Kritik wird schon frühzeitig die notwendige Einsicht in die Geschichtlichkeit der Verkündigung verdeutlicht. Gert Otto (Otto 1957, 1968) hingegen sah das anders: Für ihn wären GrundschülerInnen durch exegetische Methoden überfordert, weil diese nicht altersgemäß sind; altersgemäß sei vielmehr die *Erzählung*, auch wenn diese Methode durch die Dialektische Theologie korrumpiert worden sei. An das Erzählen sind deshalb nach Otto strenge Maßstäbe anzulegen, damit es dem Programm der Entmythologisierung entspricht und nicht den Hang von Kindern zu Mythizismen verstärkt. Die Erzählungen müssen deshalb durch historische Hintergrundinformationen ergänzt werden und die Lehrkräfte sollten auf biblische Wundererzählungen gänzlich verzichten.
Bekanntlich ist in der Bultmann-Schule die Frage nach dem *Vorverständnis* von entscheidender exegetischer wie hermeneutischer Relevanz. Denn aus dem Vorverständnis stammt überhaupt der Impuls, sich für einen bestimmten (biblischen) Text zu interessieren; vom Vorverständnis wird auch die Frage geleitet, die an den Text gestellt wird; ohne diese aus den Menschen selbst stammende (existenzielle) Frage kommt es zu keinem Gespräch mit dem Text. Die bildungstheoretische Didaktik der geisteswissenschaftlichen Pädagogik hat auf ein entsprechendes didaktisches Problem verwiesen und das Programm einer wechselseitigen Erschließung von SchülerInnen und Sache (Text) aufgestellt. Das wurde von den hermeneutischen ReligionspädagogInnen aufgegriffen, indem sie didaktisch das jeweilige leitende Vorverständnis von Lehrenden wie Lernenden zu berücksichtigen suchten. Damit rückte die Frage nach den lebensweltlichen und -geschichtlichen Bedingungen in den Blickpunkt der Religionspädagogik. Parallel dazu wurde das Programm der Elementarisierung aus

Wolfgang Klafkis Überlegungen zu einer kategorialen Bildung für die Religionspädagogik entdeckt; das führte zum Versuch einer Elementarisierung theologischer Gehalte.

1. Rekonstruieren Sie die Auseinandersetzung zwischen Bultmann und Barth vor allem hinsichtlich des »Anknüpfungspunkts«; inwiefern ist dieser ein hermeneutisches und zugleich didaktisches Problem?

2. Informieren Sie sich noch einmal über die bildungstheoretische Didaktik und die geisteswissenschaftliche Pädagogik.

3. Welche Kontroverse verbindet sich – damals wie heute – mit der Erzählmethode?

4. Erläutern Sie, was eine Schulstufendidaktik ist und welche Bedeutung ihr im hermeneutischen Konzept eingeräumt wird.

d. Der thematisch-problemorientierte Religionsunterricht

Der thematisch-problemorientierte Religionsunterricht ist noch weniger als die vorangegangenen Konzeptionen ein einheitliches Phänomen. Zudem wurde es über alle Konfessionen hinweg zum religionspädagogischen Konzept schlechthin. Der problemorientierte Ansatz zog Konsequenzen aus der Krise des Religionsunterrichts und aus der bis dato verpassten neueren Entwicklung in der Allgemeinen Didaktik, wo die lerntheoretische Didaktik und die Curriculumstheorie die Vorherrschaft gewonnen hatten. Letztere sah die generelle Aufgabe der Schule nicht mehr darin, Kinder und Jugendliche in eine vorgegebene und nicht weiter hinterfragte Tradition einzuführen, sondern darin, SchülerInnen zur kompetenten Teilnahme am Gesellschaftsleben in der Zukunft zu befähigen. Gegenstand der Schule sollten jene Qualifikationen sein, die die SchülerInnen in *zukünftigen Lebenssituationen* angesichts einer sich beständig verändernden Welt brauchen.

Streit um die Bibel?

Damit war die Forderung gesetzt, dass sich alle Schulfächer – und vor allem auch der Religionsunterricht – vor dem Forum zukünftiger Relevanz rechtfertigen mussten. Die Antwort von Hans-Bernhard Kaufmann darauf lautete: Weil SchülerInnen notwendigerweise in allen ihren Lebenssituationen immer wieder mit Norm- und Wertfragen konfrontiert werden, hat der Religionsunterricht eine unaufgebbare Funktion im schulischen Gesamtcurriculum. Da Wert- und Normfragen allerdings nicht von den immanenten Sachfragen eines

Problems abgelöst werden dürfen, muss man weitere nicht-theologische Informationen heranziehen und dazu in Kooperation mit all jenen Wissenschaftsgebieten und Unterrichtsfächern treten, die zur Klärung eines bestimmten Problems relevant sind. Daraus ergibt sich ein interdisziplinärer, fächerübergreifender Ansatz.
Konsequenterweise folgerte daraus der Zwang zur Überwindung der klassischen Bibelorientierung, die Hans-Bernhard Kaufmann auf die vielzitierte und häufig falsch verstandene Formel vom theologischen wie didaktischen Selbstmissverständnis brachte, das in der *traditionellen Mittelpunktstellung der Bibel* liege. Didaktisch missverständlich war die Identifizierung von Inhalt und Methode; theologisch uneinsichtig die der (biblischen) Wörter mit dem Wort Gottes. In letzter Hinsicht argumentierte Kaufmann nicht gegen, sondern mit der Barthschen Theologie, für die Christus und nicht die Buchstaben der Bibel als Offenbarung galt.

Von der Dogmatik zur Ethik

Begleitet wurde die religionspädagogische Entwicklung durch eine Kehrtwende in der theologischen Grundorientierung der Systematischen Theologie, die sich zur primären Bezugsdisziplin der Religionspädagogik mauserte und in deren Zentrum nunmehr die theologische Ethik und insbesondere die *Sozialethik* bzw. die *politische Theologie* rückte. Die von der Dialektischen Theologie verpönte Ethisierung von Religion und Christentum feierte als Wiederkehr des Verdrängten ebenso eine fröhliche Auferstehung wie die theologische Reflexion über die soziale und humane Wirklichkeit. Die Theologie versucht auf eine für andere Wissenschaften durchaus plausible Weise die religiöse Dimension des Menschen aufzugreifen. Die traditionellen Gehalte der christlichen Tradition müssen also unter den Bedingungen des heutigen Weltverständnisses neu interpretiert werden, um daraus dann Handlungsmotive für Menschen zu entwickeln. In der Konfrontation von Tradition und Wirklichkeit gewinnt die Theologie eine praktische, *handlungsnormierende Funktion.*
Wenn man Theologie in diesem Sinn verstehen will, dann kann das Ziel der Religionspädagogik auch nicht länger ein abstrakter Glaube sein, sondern der Unterricht muss sich auf konkrete Handlungsorientierung beziehen und die *komplexe geschichtlich-gesellschaftliche Wirklichkeit* in den Blick nehmen, von der theologisch behauptet wird, dass hinter ihr Gott als »die alles bestimmende Wirklichkeit« (Wolfhart Pannenberg) zu erkennen sei. Damit ist die Frage nach der sozialen Wirklichkeit nicht von der nach Gott getrennt. Wenn man die Suche nach der Wirklichkeit nicht positivistisch einschränkt, wird man letztlich auf die Gottesfrage stoßen müssen. Dies allerdings nur, wenn man die soziale Wirklichkeit im genetischen Kontext ihrer christlich-abendländischen Wurzeln begreift. Für Peter Biehl, ein früher Vertreter dieses religionspädago-

gischen Konzepts, der später Hauptexponent der kritischen Symboldidaktik wurde, enthält die Christentumsgeschichte emanzipatorische Impulse, die bisher entweder gescheitert oder aber verdrängt worden waren. Die Rückerinnerungen an dieses Erbe einer christlich begründeten Freiheitstradition kann didaktisch dazu dienen, illegitime Entfremdungs- und Herrschaftsverhältnisse aufzudecken. Die Behauptung, dass die Christentumsgeschichte eine Geschichte der ambivalenten Realisierung von Freiheit sei, ermöglicht es dem problemorientierten Ansatz, entsprechende Tendenzen in der allgemeinen Didaktik positiv aufzunehmen. Dementsprechend versteht sich das thematisch-problemorientierte Konzept als emanzipatorische Pädagogik.

Karl Ernst Nipkow

Die wissenschaftstheoretische Fundierung für das Konzept lieferte Karl Ernst Nipkow mit seinem *Konvergenzmodell;* in ihm müssen religionspädagogische Aussagen immer doppelt begründet sein: nämlich theologisch und auch pädagogisch. Mit der Forderung nach einer doppelten Begründung der Religionsdidaktik wendet sich Nipkow insbesondere gegen alle normativ-deduktiven Ansätze, die aus obersten theologischen Prinzipien heraus die Unterrichtspraxis unmittelbar bestimmen wollen. Damit teilt er einen in der Allgemeinen Didaktik vertretenen Konsens vom Ende normativer Deduktionen für Unterrichtsinhalte und -prozesse. Als konvergierende Perspektive entdeckt Nipkow – auf der Begründungsebene – die ›Eröffnung von Freiheit‹ als gemeinsame Tendenz der neueren Theologie ebenso der Pädagogik. Was für die Theorie gilt, sollte – auf der Realisierungsebene – auch für die Praxis Bedeutung gewinnen: Ebenso wenig wie seine Begründung darf auch die Praxis des Religionsunterrichts nicht normativ-deduktiv sein. Vielmehr muss sie induktiv-empirisch vorgehen und die Wirklichkeit der SchülerInnen ins Zentrum aller religionsdidaktischen Überlegungen stellen.

Entsprechend dem grundsätzlichen emanzipatorischen Interesse des problemorientierten Ansatzes besteht das prinzipielle didaktische sowie theologische Ziel in neuen ›Freiheitserfahrungen‹. Unterrichtspraktisch konkretisiert sich das bei Nipkow in seinem *Kontextmodell,* das sich einerseits den Bedingungen der ›Rationalität unserer Zeit‹ stellen und zugleich dem Vorwurf begegnen will, im problemorientierten Ansatz würden die biblischen Stoffe nur auf Probleme hin funktionalisiert und dadurch ihren Eigenwert und Eigenanspruch verlieren. Das Kontextmodell besteht deshalb aus *zwei didaktischen Grundtypen.* Der eine soll die biblisch-theologische Tradition in den Vordergrund stellen, der andere nimmt seinen Ausgang bei Gegenwartsproblemen. Nipkow nennt den ersten Typus ›Unterricht in Religion‹ oder ›Unterricht über biblische Texte‹. Der zweite Grundtyp erhält die Bezeichnung ›*Unterricht über das Christsein und Menschsein in der Gegenwart*‹.

Trotz ihrer unterschiedlichen Perspektiven gelten für die beiden Typen allerdings die gleichen didaktisch-methodischen Gesichtspunkte: Der Religionsunterricht muss erstens das Frage- und Informationsbedürfnis der Jugendlichen als authentisches ernst nehmen. Der konkrete Unterricht muss zweitens in Planung und Durchführung dem verändernden Erwartungs- und Verstehenshorizont der SchülerInnen entsprechen; dazu müssen vor allem – im Sinne der Berliner Didaktik – die anthropogenen und sozio-kulturellen Voraussetzungen reflektiert werden. Drittens muss der Unterricht »die Mitbestimmung der Schüler an der Planung und Durchführung des Unterrichts« ermöglichen. Viertens ist dieses Kooperationsprinzip frühzeitig anzubahnen, denn SchülerInnen werden nur dann mitbestimmungsfähig, wenn sie rechtzeitig dazu angeleitet werden. Fünftens müssen die traditionellen biblischen und kirchengeschichtlichen Stoffe gerade auch in der Grundschule reduziert werden. Biblische Stoffe sind nicht selbstbegründend, sondern müssen didaktisch valiert sein.

Auch im »Unterricht über Christsein und Menschsein in der Gegenwart« sollen SchülerInnen zu einem *kritischen, reflektierenden Glauben* geführt werden. Das geht aber nur, wenn der Religionsunterricht keine Kunstsituationen schafft und die Areligiosität der alltäglichen Lebensvollzüge ernst nimmt. Das Ja und Nein zu Kirche und Religion ist für die meisten Menschen keine Frage einer kognitiven Auseinandersetzung, sondern eine der praktischen Relevanz des Glaubens für den Alltag. Der Unterricht muss seinen Ausgang bei gegenwärtigen Tatbeständen und Problemen nehmen und jene Fragen aufgreifen, die sich Jugendliche selbst in ihrem Verhältnis zur Welt und zur Kirche stellen. Deshalb ist es notwendig, didaktisch zunächst den Erfahrungs- und Erwartungshorizont der SchülerInnen zu rekonstruieren, um dabei unterrichtlich relevante Probleme zu identifizieren. Das Suchen und Finden der Themen des problemorientierten Unterrichts ist also eine genuin didaktische Aufgabe. Ziel des Unterrichts ist es dann, für diese identifizierten Probleme mögliche Lösungen zu finden. Dabei soll es zu einer Verschränkung von Alltagswelt und biblischer Botschaft kommen. Oberstes Kriterium für die Unterrichtsbedeutung von biblisch-theologischen Themen und Aspekten ist also deren Alltagstauglichkeit und die Praxisrelevanz.

Helmut Angermeyer

Ein anderes Modell des thematisch-problemorientierten Religionsunterrichts hat Helmut Angermeyer konzipiert, wobei ihm die Kritik an diesem Ansatz als Folie einer eigenen Konzeptualisierung dient, die keine thematisch-problemorientierte im eigentlichen Sinne ist. Abstand genommen wird vor allem von einer konvergenztheoretischen Begründung, die im Grunde die wissenschaftstheoretische Basis des Konzepts darstellt. Denn von vornherein werden bei Angermeyer alle nichttheologischen, humanwissenschaftlichen und sozialwissenschaftlichen Aussagen theologisch gefiltert und dabei als defizitär betrachtet. Unschwer erkennt man das dialektisch-theologische Erbe, nach dem die nicht-theologische Wahrnehmung von Wirklichkeit trügerisch ist.

Aber hallo! Vielleicht ist die Bezeichnung »thematisch-problemorientiert« bei Angermeyer eine Erschleichung – aber in der Sache hat er doch Recht!! Wenn die Probleme wirklich so wären, wie sie die Human- und Sozialwissenschaften sehen, dann bräuchte man auch keine Theologie mehr oder man müsste tatsächlich sagen, dass diese nur für das Jenseits zuständig sei. Dann aber: »Chapeau« Religionskritik!

Auch wenn man ein Problem noch so kompetent von seinen (immanenten) biologischen, politischen, sozial-strukturellen Aspekten her angeht, so nähert man sich doch nicht seiner Wirklichkeit; immanente Problembeschreibungen bleiben immer nur oberflächlich, dürftig und vorläufig. Ein Problem ist niemals so, wie es scheint. Die Probleme müssen deshalb theologisch stets uminterpretiert werden. Angermeyer weiß zwar, dass es schwierig sei, die biblische Tradition bruchlos in gegenwartsbezogene Fragestellungen einzubringen, er tröstet sich aber damit, dass es auch in anderen Fächern häufig schwierig bis unmöglich ist, ins Zentrum und zum Wesen der Dinge vorzudringen. Der Kern des Religionsunterrichts liegt deshalb nicht in der Problemanalyse, sondern in der *biblischen Konfrontation* und dabei bei der Frage: Was sagt die Bibel eigentlich zu den von uns angesprochenen Problemen? Durch diese biblischen Konfrontationen sollen nicht Kenntnisse angehäuft, sondern es soll eine Verhaltensänderung bei den SchülerInnen bewirkt werden.

1. Als allgemeindidaktische Modelle wurden Curriculumstheorie und lerntheoretische Didaktik genannt. Was wissen Sie darüber? Welche anderen Didaktiken kennen Sie? Dazu können Sie sich allgemeinpädagogisch informieren z. B. bei Wiater, W. (1993): Unterrichten und Lernen in der Schule, Donauwörth, 47ff., und religionspädagogisch bei Lämmermann, G. (2001): Einleitung in die Praktische Theologie. Handlungstheorien und Handlungsfelder, Stuttgart.

2. Rekonstruieren Sie den theologischen Hintergrund des Konzepts. Verfolgen Sie die Namen der Vertreter in den anderen Konzeptionen.

e. Unterricht in Religion

Die bisher dargestellten Konzepte sind zwischenzeitlich klassisch und zum formalisierten Bestand jedes religionspädagogischen Examens geworden. Die nachfolgende religionspädagogische Diskussion brachte weiterführende Modifikationen und Schwerpunktverlagerungen hervor, die sich aber als neue Konzepte nicht so eindeutig und trennscharf unterscheiden lassen. Gleichwohl haben sich charakterisierende Beschreibungen eingebürgert. Man beschreibt den vor allem von Hubertus Halbfas und Siegfried Vierzig vertretenen, in sich durchaus inkonsistenten Entwurf in der Regel als »Unterricht in Religion«, weil hier der psychologisch bzw. soziologisch gefasste Religionsbegriff zentral wird. Insbesondere für Halbfas ist Religion eine allgemein-menschliche Grundbefindlichkeit jenseits jeder institutionellen Verfasstheit und damit ganz subjektiv. Denn Religion wird verstanden als ein inneres Selbstverhältnis oder als die *Tiefendimension des Menschen.*

Religion als Tiefe (Hubertus Halbfas)

Diese Tiefendimension hat jede/r, deshalb ist Religion – unabhängig von ihren historischen Erscheinungsformen – universell menschlich. Geschichtliche und institutionelle Formen sind zwar mögliche, aber keine notwendigen Ausdrucksformen des Glaubens, aber grundsätzlich ist Religion weder konfessionell noch spezifisch christlich festgelegt. Daraus lässt sich dann ein allgemeiner überkonfessioneller (letztlich interreligiöser) Unterricht begründen. Wenn jeder Mensch eine religiöse Dimension hat, dann muss jeder Mensch, der sich im Bildungsprozess selbst begreifen will, auch seine religiösen Bedürfnisse und Kompetenzen ausgestalten. Der Religionsunterricht hätte dann in einer Schule, die der Entfaltung und Gestaltung der basalen menschlichen Möglichkeiten dienen will, seinen angestammten Platz und wäre insofern sowohl anthropologisch (von der Natur des Menschen her), wie schultheoretisch (aus dem Wesen der Schule) begründet.

Das Etikett »Unterricht in Religion« kann man prinzipiell in zwei verschiedenen Richtungen interpretieren: Einmal wäre darunter eine relativ wertneutrale Information über Religionen zu verstehen, die als »Religionskunde« zu bezeichnen wäre. Allerdings behaupten VerfassungsrechtlerInnen, dass diese Form des Religionsunterrichts nicht mehr unter den Schutz des Grundgesetzes fallen würde. Zum anderen kann damit aber auch eine Einführung in eine ganz bestimmte Religion, also hier Erziehung zur christlichen Religion, beabsichtigt sein. Beides verbindet sich in den Vorstellungen von Hubertus Halbfas, der einerseits die These aufstellt, dass Religionsunterricht prinzipiell und immer biblischer Unterricht sein müsse und andererseits aber dafür plädiert, dass Religionsunterricht die SchülerInnen zu ihren in ihrem Menschsein liegenden religiösen Wurzeln führen soll, denn der Mensch ist schlechthinnig als »homo religiosus/a« zu verstehen.

Die Erfahrung der Tiefendimension – nach Halbfas – eröffnet sich nicht durch Vermittlungs- oder durch Entwicklungsprozesse, sondern bricht jäh herein. Das heißt aber, dass sie erstens weder didaktisch-methodisch herbeigeführt werden kann noch zweitens, dass jeder Mensch jederzeit dazu fähig ist. Hin-

sichtlich der religiösen Erfahrung gibt es also keinen prinzipiellen Unterschied z.B. zwischen Erwachsenen und Kindern. Entwicklungspsychologische und didaktische Überlegungen könnten als überflüssig gelten, weil jeder Mensch – wie es Halbfas formuliert – *»das dritte Auge«* hat. Dieses dritte Auge bildet die Erfahrungsmöglichkeit für die Tiefendimension. Je unverbildeter ein Mensch ist, um so ausgebildeter dürfte sein drittes Auge sein. Deshalb sieht Halbfas in der Grundschuldidaktik das eigentliche Betätigungsfeld für einen Unterricht in Religion; hier existiert noch die primäre Naivität, die offensichtlich nach Halbfas das Wesen des Glaubens ausmacht.
Da persönliche Erfahrungen nicht argumentativ weitergegeben, sondern nur erzählt werden können, ist die Religion selbst eine Erzählgemeinschaft geworden. Im Erzählen liege der Kern jeder Religion und deshalb seien alle Weltreligionen ursprüngliche Erzählgemeinschaften; letztlich wurzelt Religion im Mythos; Mythen und Symbole sind demgemäß die eigentlichen Kommunikationsmittel und -formen des Religiösen. Halbfas plädiert deshalb für eine Remythologisierung, denn – so argumentiert er – wenn der Unterricht die Tiefendimension des Menschen tatsächlich treffen will, dann muss er über ein rationalistisches Denken und Sprechen hinausgehen und die der Tiefe angemessene Form des Redens, nämlich die mythologische, erzählende Sprachform, suchen. An die Stelle des – wie Halbfas es nennt – ›wissenschaftsorientierten und begriffsdürren‹ Problemunterrichts müsste wieder die Begegnung mit ›erfahrungsgesättigten, bildhaften Inhalten‹ treten. Weil Rationales nur Rationales reproduzieren kann, vermag ein problemorientierter Ansatz das Eigentliche des Religiösen nicht zu verdeutlichen. Er führt ganz einfach nicht in die Tiefe, sondern bleibt auf der Oberfläche des Denkens. Damit verfehlt er aber das Religiöse selbst, das ja als Tiefendimension des Menschen definiert worden war. Neben dem Mythos ist es vor allen Dingen das Symbol, das unmittelbar zur Tiefendimension vorstößt. Das Konzept »Unterricht in Religion« hat sich deshalb in einer Symboldidaktik zu realisieren, für die Hubertus Halbfas zum Wegbereiter wird.

Siegfried Vierzig

Siegfried Vierzig geht wie Halbfas vom Religionsbegriff Paul Tillichs aus, zieht aber andere Konsequenzen. Für ihn darf Religion nicht als ein Existenzphänomen unter vielen anderen verstanden werden. Religion ist vielmehr ein anthropologisches Grunddatum, weil jeder Mensch letztlich nach dem Sinn seines Seins und nach einer letzten Wirklichkeit und Wahrheit sucht; damit ist der Mensch per se religiös. Religiosität ist insofern eine Schlüssel- oder Grundqualifikation des Menschen. Weil Religion unausweichlich auf der Tagesordnung des Lebens bleiben wird, kann sich Vierzig auch für die curriculare Forderung öffnen, dass der Religionsunterricht die SchülerInnen für die Bewältigung zu-

künftiger Lebenssituationen qualifizieren soll: Auch in der Zukunft wird sich die *religiöse Frage* stellen und Menschen werden sie beantworten müssen.
Die für den Unterricht relevante religiöse Frage differenziert sich nach Vierzig zu vier Einzelfragen: 1. der Frage nach der Wahrheit, 2. der Frage nach dem Guten, 3. der Frage nach dem Sinn, 4. der Frage nach der Zukunft. Auf diesen vier Ebenen sind die bedeutsamen Inhalte für den Religionsunterricht zu suchen und zu finden. Dabei kommt es nicht darauf an, »feststehende Wahrheiten« zu vermitteln, sondern die Fähigkeit auszubilden, nach dem Unbedingten zu fragen und offen für die geschichtlichen Antworten zu sein. Diese offene Grundhaltung führte Vierzig letztlich dazu, sein Konzept im Sinne des kritischen Religionsunterrichts zu verändern.

Halbfas geht in Richtung Symboldidaktik, Vierzig in die eines kritischen Religionsunterrichts – können Sie diese Konsequenz aus dem Gelesenen nachvollziehen?

f. Der »therapeutische« oder »sozialisationsbegleitende« Religionsunterricht

Die Revisionen in der Religionspädagogik bedeuteten auch einen Wechsel der innertheologischen Bezugsdisziplinen für die Theorie und Didaktik des Religionsunterrichts: Die Evangelische Unterweisung fußte auf der Dogmatik, der hermeneutische Ansatz auf der Exegese, der problemorientierte Ansatz auf der theologischen Ethik und das Modell »Unterricht in Religion« auf der Religionsphilosophie. Mit dem Konzept des therapeutischen Unterrichts hingegen wurde ein Ansatz gewählt, der den Religionsunterricht innerhalb des Zusammenhangs der Praktischen Theologie selbst zu begründen versucht. Religionspädagogik als Seelsorge zu betrachten, hat übrigens eine sehr lange Tradition; sie reicht zurück bis in die Scholastik, wo pädagogisches Handeln der Kirche als Seelenleitung verstanden wurde. Das Modell begreift sich nämlich als Anwendung eines *seelsorgerlichen Auftrags* im Kontext der Schule. Als »therapeutisch« oder »sozialisationsbegleitend« kennzeichnet man deshalb das vor allem von Dieter Stoodt entwickelte Konzept, in dem die Begriffe *»Information«* und *»Interaktion«* religionsdidaktische Strategien umschreiben, um die so genannte »neutralisierte« Religion wieder in authentische Religiosität zu transformieren. Allerdings stellt sich die Frage, ob denn in einer Zwangsgemeinschaft wie in einer Schulklasse überhaupt Therapie betrieben werden soll und betrieben werden darf.
Gegenstand des therapeutischen Ansatzes ist ein falsches Verhalten der SchülerInnen im religiösen Bereich. Die Therapie soll sich darauf beziehen, jene Schädigungen, die den Jugendlichen im Laufe ihrer bisherigen religiösen Sozialisationsgeschichte zugefügt worden sind, wieder rückgängig zu machen. Es geht

also darum, in Sachen religiöser Orientierung eine Verhaltensmodifikation bei den SchülerInnen zu bewirken. Didaktisch ist dabei zu fragen, welche falschen Einstellungen Kinder heute aufgrund der gesellschaftlich vorherrschenden *religiösen Sozialisation* haben und wie diese im Kontext der Bibel und ihrer Wirkungsgeschichte interpretiert werden können und müssen. Weil Kinder sich ihre defizitären Einstellungen und Verhaltensweisen in einem längeren Prozess angeeignet haben, ist es notwendig, diesen Prozess zu rekonstruieren. Der Prozess des Erwerbs von Vorstellungen muss also betrachtet werden und nicht die Vorstellungen als Produkt.
Nach Stoodt muss die Religionspädagogik empirische Sozialisationsforschung betreiben und dabei vor allem auch den Blick auf die Volksfrömmigkeit (nicht nur Horoskope oder Amulette, sondern auch z. B. bestimmte Verhaltensweisen zu Weihnachten, bestimmte Toten- und Trauerreden, Heiligenvorstellungen, die Vorstellung von Schutzengeln usw.) und auf den gelebten Glauben richten. Empirisch gesehen ist – jenseits theologischer Illusionen – der Glaube nicht das Ergebnis einer in dogmatischer Reinheit vollzogenen Verkündigung und in der Regel auch nicht das Resultat einer jähen Entscheidung. Glaube ist vielmehr das Produkt einer religiösen Sozialisation in der Familie und durch die Gesellschaft.

Ambivalente Religion

Stoodt spricht bezüglich ihrer Sozialisationswirkung von einer *ambivalenten Funktion* der Religion. Die Religion hatte und hat stets positive aber auch negative Wirkungen. Sie stabilisiert einerseits das bestehende System, andererseits emanzipiert sie aber auch den Einzelnen aus eben diesem System. In Anlehnung an Heinz Eckhart Bahr unterscheidet Stoodt deshalb zwischen *»Religion 1«* als einer systemfunktional-organisierten und stabilisierenden Macht auf der Seite der falschen Religion und *»Religion 2«* als einer kritisch-transformierenden, konfliktorientierten und befreienden Potenz auf Seiten der wahren Religion. Durch »Religion 1« ist die tatsächliche Sozialisation in unserer Gesellschaft geprägt; sie kann von »Religion 2« her kompensiert und korrigiert und in authentische Religiosität überführt werden. Die Formen neutralisierter Religion erstarren den Menschen, machen ihn unkritisch, dafür aber funktionsfähig. Erst aus der Perspektive von »Religion 2« her wird die reduzierende, stabilisierende und identitätsbetonende Wirkung der neutralisierten »Religion 1« deutlich. Deshalb kann also der sozialisationsbegleitende Unterricht nicht einfach schülerInnenorientiert sein, auch wenn die SchülerInnen zum Gegenstand des Unterrichts werden – aber eben nicht als authentische, sondern als beschädigte Individuen.
Stoodt nennt vier Aufgaben eines sozialisationsbegleitenden Religionsunterrichts: die Hilfe zur Selbstfindung, die Hilfe zur Solidarisierung, die Hilfe zu

stellvertretendem Handeln und die Hilfe zu alternativischem Denken. Didaktisch-methodisch wird *soziales Lernen* beabsichtigt. Deshalb ist der Begriff Interaktion neben dem der Information ein methodisch-didaktischer Leitbegriff. Die Information soll keine rein kognitive Wissensvermittlung sein, sondern hat eine wesentliche therapeutische Funktion und ist zwischen der Aufarbeitung des Fehlverhaltens und der Einübung eines angemessenen neuen Umgangs didaktisch anzusiedeln. Daraus ergibt sich unterrichtlich ein *Dreierschritt:* erstens die Diagnose und Aufarbeitung des Sozialisationsprozesses und seiner Schäden, zweitens die Information über die Ursache dieser Beschädigung und über mögliche Alternativen, drittens die praktische Umsetzung der Alternativen in die schulische Interaktion.

Bringen Sie die Position von Stoodt in Verbindung zu dem, was Sie über das Verhältnis von Religion und Gesellschaft in Kap. 2.2 und was Sie zum Sozialisationsbegriff in Kap. 2.1 gelesen haben.

g. Der (ideologie-)kritische Religionsunterricht

Am religions- und gesellschaftskritischen Religionsunterricht lassen sich besonders deutlich die Trends in der Fortentwicklung vorangegangener Konzeptionen entdecken: Der ehemalige Bibelhermeneutiker Gert Otto wendet die Einsicht in die didaktisch-hermeneutische Relevanz der kindlichen und jugendlichen Lebenswelt zur Aufgabe einer kritischen Gesellschaftsanalyse, die dabei Impulse der Kritischen Theorie aufnimmt. Siegfried Vierzig radikalisiert die bereits in der Dialektischen Theologie angelegte *Ideologiekritik* und versucht den Beitrag des Religionsunterrichts zur Kompetenzgewinnung und -steigerung aufzuzeigen. Bei der Entwicklung des Konzepts spielten Einsichten der Religionssoziologie und der politischen Theologie eine wesentliche Rolle; dadurch wurde nicht nur der Religionsbegriff rehabilitiert, sondern vor allem die Wechselwirkung von Religion und Gesellschaft berücksichtigt. Durch diese Perspektive ist eine individualistische Verkürzung des Religionsbegriffs auf eine nur persönliche Religiosität, wie wir sie zeitgleich etwa bei Hubertus Halbfas finden, ausgeschlossen.

Gert Otto

Während Vierzig allerdings den Einfluss der Religion auf die gesellschaftliche Sinn- und Normproblematik einschränkt und damit – in Fortsetzung des problemorientierten Ansatzes – mehr eine relativ augenscheinliche Wirkung in den Blick nimmt, meint Otto einen umfassenderen und weniger greifbaren Zusammenhang. Für ihn bezeichnen die Begriffe Religion und Gesellschaft einen funktionalen Wirkzusammenhang, der mehr ist als nur eine ethische Normierung für soziales Handeln. Otto geht vielmehr davon aus, dass Religion immer präsent ist und in allen Lebensvollzügen vorkommt, selbst dort, wo sich der Zusammenhang auf den ersten Blick verstellt. Deshalb werden die Grenzen zwischen dem explizit Religiösen und dem Nichtreligiösen fließend; der Religionsunterricht muss prinzipiell alles unter der besonderen Perspektive der Religion betrachten. Gegenstände der Religionsdidaktik sind vor allem die so genannten »funktionalen Äquivalente« von Religion, also alle Verhaltensweisen, Einstellungen oder Ideologien die sich zwar selbst nicht als Religion verstehen, aber ihrerseits die sozialen oder psychischen Funktionen von »Religion« übernommen haben. Otto versteht den Religionsunterricht als Element einer Praktischen Theologie, die sich als *kritische Theorie religiös vermittelter Praxis in Kirche und Gesellschaft* versteht.

Für Otto – wie auch für die darauf aufbauende *kritisch-konstruktive Religionsdidaktik* – verbindet sich Kritik immer mit einem konstruktiven Anliegen. Letztendlich geht es um die kritische Rekonstruktion jener religiösen Gedanken, die die Lebenspraxis der SchülerInnen anleiten könnten. Wenn es um eine *selbstkritische* Auseinandersetzung geht und wenn der Unterricht auf eine eigenständige Urteilsbildung abzielt, dann muss er voraussetzungsfrei an die Stoffe herangehen und er muss selbst *voraussetzungsfrei* sein; demgemäß lehnt Gert Otto die konfessionelle Fixierung des Religionsunterrichts ab. Während er ursprünglich für einen überkonfessionellen oder bikonfessionellen Unterricht plädierte, tritt er heute für einen *allgemeinen Ethikunterricht* als einer Form des Religionsunterrichts, die dem Säkularisierungsprozess angemessen ist, ein. Denn jede ethische Frage ist genetisch eine religiöse und letztlich eine christliche. Aus der ursprünglichen Existenzialhermeneutik wurde so bei Otto eine *Geschichts- und Gesellschaftshermeneutik*.

Ottos Sozialhermeneutik thematisiert einen Aspekt, der traditionell als Ideologiekritik bezeichnet wird, wenngleich er selbst den Begriff Religionskritik bevorzugt. Historisch gesehen stand die Religionskritik ja auch am Beginn des ideologiekritischen Denkens. Unter *»Ideologie«* versteht man Vorstellungen und Werte, die durch die jeweils herrschenden sozialen Verhältnisse geprägt werden und die sich über Erziehung wie über die bloße Teilnahme am gesellschaftlichen Leben in den Köpfen der Menschen festsetzen und deren Meinen und Handeln bestimmen, ohne dass der Einzelne sie überprüft hat. Diese Auffassung von der Aufgabe des Religionsunterrichts teilt weitgehend Siegfried Vierzig; für ihn ist Ideologiekritik das durchgängige Unterrichtsprinzip des Religionsunterrichts. Allerdings will er über Ottos religionsdidaktisches Verständnis hinausgehen, indem er stärker den positiven Geltungsanspruch der christlichen Tradition herauszustellen beabsichtigt. Bei Otto, so argumentiert er, käme der konstruktiv-inhaltliche Aspekt wegen einer zu formalen Bestimmung von Religion und Religionskritik zu kurz.

Siegfried Vierzig

Perspektiven für einen tatsächlich konstruktiven Umgang mit Religion ergeben sich aus den in der Theologie- und Kirchengeschichte weitgehend ignorierten kritischen Impulsen des Christentums, die letztlich auf die *Vorbildlichkeit Jesu* zurückzuführen sind; in ihr ist – wie bereits im problemorientierten und sozialisationsbegleitenden Religionsunterricht – das Proprium der Religionsdidaktik wie der Theologie insgesamt zu sehen. Im Religionsunterricht geht es zwar um den Wahrheits- und Bewahrheitungsanspruch der christlichen Religion; aber dieser kann nicht autoritativ vorausgesetzt werden, sondern ist von den SchülerInnen und von der gegenwärtigen und zukünftigen Praxis her zu bestimmen, wobei die christliche Tradition als die bei uns eingeführte Form von Religion Kriterien für eine ideologiekritische Prüfung abgibt. Durch den Rückbezug auf das Vorbild Jesu und seine ursprüngliche Lebenspraxis relativieren sich die Geltungsansprüche der gegenwärtig vorherrschenden Normen und Werte.
Auch in seiner kritischen Revision blieb Vierzig seiner Rezeption der Curriculumstheorie treu. Demgemäß bestimmt er die *Befähigung der SchülerInnen, in zukünftigen Lebenssituationen Wert- und Normprobleme* klären zu können, zum Globalziel des kritischen Religionsunterrichts. Dazu brauchen SchülerInnen besondere Qualifikationen, die Vierzig – im Anschluss an die neuere pädagogische Diskussion – als Kompetenzen bezeichnet, nämlich als *Sprachkompetenz, Sachkompetenz, Kommunikationskompetenz und Handlungskompetenz.* Kinder und Jugendliche müssen lernen, sich angemessen zu artikulieren, sich sachgemäß zu informieren, solidarisch zu interagieren und Gelerntes eigenständig anzuwenden. Aufgrund dieser im Religionsunterricht zu vermittelnden Kompetenzen sollen sie in die Lage versetzt werden, sich an der kritischen »Kommunikation über die Sinn- und Normfragen in der Gesellschaft« zu beteiligen. Damit hat Vierzig die Aufgabe des Religionsunterrichts auf einen klassischen Themenbestand *gelebter Religiosität* bezogen, nämlich auf die Ethik. Wie der problemorientierte oder der sozialisationsbegleitende Religionsunterricht setzt sich damit auch der kritische dem Verdacht aus, die biblischen Inhalte auf ihre ethische Verwertbarkeit hin zu funktionalisieren.

h. Elementare Bibeldidaktik

Aus dem Protest gegen eine vermeintliche Funktionalisierung der Bibel für vorrangig pädagogisch bestimmte Ziele entwickelte sich das, was man das Konzept einer »elementaren Bibeldidaktik« nennen kann. Den zeitgenössischen VertreterInnen einer bibelorientierten Religionsdidaktik (Gisela Kittel, Ingo Baldermann) scheint gerade der pädagogische Begriff der Elementarisierung geeignet zu sein, gegenüber dem problem- und lernzielorientierten Denken in der Religionspädagogik das *Primat der Sache*, mithin der Bibel, neu zu begründen. Das verwundert auf den ersten Blick insofern, weil der Begriff durch Klafki eingeführt wurde, um ein Primat der Didaktik vor den Sachfragen pädagogisch zu begründen; so gesehen wäre der Begriff eigentlich gegen Rekonstituierungen eines bibelzentrierten Religionsunterrichts gerichtet. Allerdings bereitete Klafki dieses Missverständnis durch Inkonsistenzen seiner ursprünglichen Theorie der kategorialen Bildung selbst vor, indem er die Inhaltsfrage zum didaktischen Zentrum erhob, wenngleich er schon damals die Notwendigkeit eines explizit didaktischen Denkens gegenüber den Fachwissenschaften betonte. Erst durch die spätere Formulierung eines Primats der Unterrichtsintentionen klärte Klafki diese Uneindeutigkeit. Insofern hat die bibeldidaktische Renaissance des Elementaren nicht ganz Unrecht.

Die Bibel als Glaubensdidaktik

Die in der elementaren Bibeldidaktik angelegte religionspädagogische Wendung des Elementaren könnte man als eine Perspektivverschiebung beschreiben: Während die kategoriale Bildung von didaktischen Überlegungen auf die Sache blicken wollte, sollte nun religionsdidaktisch von der Sache der Bibel her auf die Didaktik geblickt werden. Auch diese Perspektive hat ihren Anhalt in der kategorialen Bildungsidee, denn Klafki behauptete ja dort, dass die Logik der Sache deren Vermittlung vorzeichnen würde. Damit lag die Frage nach einer *immanenten Didaktik der Bibel* selbst nahe. Vor allem Baldermann versucht eine religionsdidaktische Rekonstruktion jener impliziten Bibeldidaktik, aus deren Freisetzung er sich neue Lernwege für den Unterricht erhofft. Weil in der Bibel Offenbarung und Existenz bereits verschmolzen sind, ist sie aus sich selbst heraus didaktisch auf eine *wechselseitige Erschließung* angelegt. Deshalb kann sie dem heutigen Menschen ganz direkt und ohne pädagogisch-didaktische Verrenkungen Hilfe zur Erhellung der eigenen Existenz anbieten, indem sie diese von der »Wirklichkeit Gottes« her interpretiert. Damit legt Baldermann ein bemerkenswertes Konzept einer immanenten Bibeldidaktik vor.
Die Methode der elementaren Bibeldidaktik basiert auf einer religionsdidaktischen Rekonstruktion jener impliziten Didaktik, die in der Bibel immer schon enthalten ist. Wer die Bibel vermitteln will, der/die muss nur die didaktischen Wege aufspüren und anwenden, die bereits in den biblischen Texten selbst stecken. Die Bibeldidaktik versteht sich so als korrigierende Ergänzung zur Exegese. Die Bibel ist deshalb per se auf jene wechselseitige Erschließung angelegt, weil in ihr der Mensch mit allen seinen Fragen und Fragwürdigkeiten schon enthalten ist. Wenn man nur den elementaren Strukturen der biblischen Texte folgt, dann kommt es zur *originellen, fruchtbaren Begegnung* zwischen SchülerInnen und Sache. Um allerdings die elementare Selbstwirkung der Bibel zu ermöglichen, müssen Kinder erst die biblische Sprache erlernen. Die Sprache

der Bibel setzt überhaupt erst die Bedingung der Möglichkeit, die wahre Wirklichkeit des Menschen zu erschließen. Spricht man die Sprache der Bibel, dann erschließen sich auch die biblischen Wahrheiten, die zugleich auch immer anthropologische Wahrheiten sind.

i. Narrative Religionspädagogik

Die Diskussion um die didaktische Angemessenheit des Erzählens wurde unter den Prämissen einer narrativen Theologie wieder belebt, nämlich folgendermaßen: 1) Die Erzählung ist eine Urform biblischer Sprache sui generis; die meisten biblischen Ursprungssituationen sind deshalb als Erzählgemeinschaften zu verstehen; 2) auch wenn die ursprüngliche narrative Naivität des Urchristentums durch hellenistische Einflüsse überfremdet wurde, so ist das Christentum bis heute doch primär kein Lehrsystem, sondern ebenfalls eine solche Erzählgemeinschaft geblieben; 3) durch Erzählungen lassen sich lebendige (Glaubens-)Erfahrungen und damit die Einheit von Glauben und Leben vermitteln; insofern ist die Erzählung eine Zugangsweise zum theologisch Fundamentalen. Demgemäß müssen alle religionspädagogischen Bemühungen als ›*Sprachschulen des Glaubens*‹ verstanden werden. In sehr kontroverser Weise wird dieser Ansatz von Walter Neidhart und von Dietrich Steinwede vertreten. Im Hintergrund steht ein Protest gegen die begrifflich-argumentative Einseitigkeit einer verkopften, elitären Theologie.

j. Symboldidaktik

Die Realisierung des symboldidaktischen Ansatzes geht höchst unterschiedliche Wege. So entwickelt der katholische Religionspädagoge Hubertus Halbfas in Anlehnung an die Archetypenlehre von Carl Gustav Jung die Vorstellung von einem »dritten Auge«, das Tiefendimensionen wahrnimmt. Allerdings bleibt dieses dritte Auge blind, wenn es nicht geschult wird; es sei deshalb notwendig, dass ein symboldidaktischer Religionsunterricht zunächst *Symbolsinn* einübt; keinesfalls jedoch dürfe aber im Religionsunterricht versucht werden, auf rationalistische und analytische Weise Symbolgehalte zu rekonstruieren, weil damit die unmittelbare Gültigkeit der Symbole zerstört würde. Symbole reden selbst und müssen nicht in einer ihnen fremden Sprache »entschlüsselt« werden. Nach Halbfas sollen Symbole deshalb nicht gewusst, sondern unmittelbar erfahren werden. Ziel der Symboldidaktik sei eine *neue Naivität*.
Die Überbetonung der Tiefendimension des Symbols bei Halbfas führt tendenziell zur Vernachlässigung der Sozialdimension sowohl des Unterrichts als auch der Religion und damit letztlich zu einem Ignorieren der Vermittlungs- und

Kommunikationsfunktion von Symbolen. Dieser – wie auch der lebensgeschichtliche – Kontext wird – allerdings weniger unter religionsdidaktischen als vielmehr unter seelsorgerlich-homiletischen Gesichtspunkten – von Yorick Spiegel in die Diskussion eingebracht. Ansatzweise wird hier Symbolen eine therapeutische Potenz zugeschrieben; dieser Gedanke wird dann von der Pastoralpsychologie (Joachim Scharfenberg, Horst Kämpfer) weitergeführt: Symbole werden zu Medien, um innerpsychische und intrapersonale Konflikte durchzuarbeiten. Diese Anregung aufnehmend könnte man das Anliegen des sozialisationsbegleitenden Religionsunterricht in die Symboldidaktik integrieren.

Peter Biehl

Auf dem Hintergrund dieser pädagogischen und therapeutischen Ansätze entwickelte dann Peter Biehl seine *kritische Symbolkunde*. Die Wahl des Terminus »Symbolkunde« hat programmatischen Charakter; er wird verwendet, um sich von einer auf die unmittelbare Selbstwirkung der Symbole zentrierenden Symboldidaktik im Sinne von Halbfas zu distanzieren und Anschluss zu finden an die Elementarisierungsdebatte und hier vor allem an die Theorie der kategorialen Bildung mit ihrem Theorem vom wechselseitigen Erschließen. Erst nachdem die notwendige Reflexionsarbeit innerhalb einer Symbolkunde betont ist, kann wieder – um den unterrichtsbezogenen Aspekt zu betonen – von »Symboldidaktik« gesprochen werden, nun aber nur noch im Sinne einer »kritischen« Symboldidaktik. Diese versteht sich hinsichtlich der ihr vorausgegangenen religionspädagogischen Konzeptionsdebatte als ein integratives Moment, das vor allen Dingen hermeneutische Anliegen mit probleminformierenden, aber auch mit therapeutischen Ausrichtungen verbinden möchte.

Kritische Symbolkunde will nicht abstraktes Denken fördern, sondern Erfahrung – insbesondere religiöse – ermöglichen; insoweit schließt sich die Symboldidaktik an den allgemeinen Trend in der Religionsdidaktik zur *Erfahrungsorientierung* an. Weil Symbole intersubjektive, kommunizierbare Medien für gegenwärtige wie historische Erfahrungen darstellen, bedingen sich Erfahrungsbezug und Symbolverständnis in der Religionspädagogik wechselseitig. Allerdings wird Erfahrung von Biehl – ebenfalls in Anknüpfung an die Theorie der kategorialen Bildung – interpretiert als ein Prozess wechselseitiger Erschließung von innerer und äußerer Wirklichkeit. Die Erfahrung kann deshalb als die »fundamentale Begegnungskategorie« (Biehl/Baudler 1980, 42) mit der Wirklichkeit verstanden werden, weil die dingliche oder menschliche Umwelt nicht nur als eine äußerliche Größe an sich betrachtet, sondern in einer subjektiven Bezugnahme erlebt wird.

Die Fremdheit der objektiven Welt wird in der Erfahrung aufgesprengt. Der Begriff »Erfahrung« ist dann notwendigerweise doppeldeutig; er meint einerseits den aktuellen Prozess der Vermittlung von Subjekt und Objekt und andererseits

das Ergebnis dieses Geschehens, denn der Mensch macht Erfahrungen, um diese zu speichern. Nach Biehl ist die religiöse Erfahrung eine *Grenz-Erfahrung* und zwar eine Grenz-Erfahrung, die nicht nur in Grenzsituationen wie Angst, Tod usw., sondern auch beim Überschreiten der Unmittelbarkeit unserer Lebenswelt entsteht. Religiöse Erfahrung ist also eine Erfahrung der Transzendenz. Ebenso wie Worte können auch Symbole als geronnene Erfahrungen verstanden werden; damit ermöglichen sie Erfahrungsaustausch sowohl zwischen den Zeiten und Generationen wie auch unter Zeitgenossen. Diese Erfahrungsorientierung enthält eine schulkritische Perspektive und will deshalb eine kognitive, affektive und soziale Veränderung der Lernkultur und Lernziele erreichen.
Wenn die Lebenswelt neu »durch-schaut« werden soll, dann müssen die DidaktikerInnen diese Lebenswelt konstitutiv berücksichtigen; und zwar nicht nur – im Sinne der Didaktischen Analyse der lerntheoretischen Didaktik – allein als Aufgabe der Unterrichtsvorbereitung, sondern auch in der Unterrichtspraxis der kritischen Symboldidaktik selbst. Die Auseinandersetzung mit dem schon Vorgegebenen und dem Gegebensein ist notwendig, weil der Bildungsprozess ein Verstehensprozess ist. Im Alltagsleben eignen sich SchülerInnen Symbole für positive und negative Lebenserfahrungen an, die in der kritischen Symboldidaktik in ihrer Ambivalenz erschlossen werden können. Dazu müssen sie aber didaktisch elementarisiert werden. Gleiches gilt auch für die *christlichen Symbole*, die über die Alltagserfahrungen hinaus neue Erfahrungen ermöglichen sollen. Der Vorwurf einer instrumentalisierenden Anpassung des Evangeliums, der natürlich auch hier erhoben wurde, trifft insofern nicht zu, weil die christlich-biblischen Symbole ja selbst als symbolisch verdichtete, geronnene Erfahrungen zu verstehen sind. Insofern ist die Bibel eigentlich ein Erlebnisbuch; sie selbst öffnet neue Türen zum Verstehen. Als »Urformen religiösen Sprechens« ermöglichen Symbole zugleich so etwas wie eine religiöse Sprachlehre, die Jugendliche religiös ausdrucksfähig werden lässt. Diese Ausdrucksfähigkeit bleibt aber nicht auf den eng begrenzten Bereich des Religiösen beschränkt, denn sonst befände sich die Symboldidaktik als Grenzüberschreitung ja in einem Selbstwiderspruch. Sie wirkt vielmehr kulturfördernd, weil grundsätzlich die *Dimension des Poetischen* erschlossen wird; und weil Symbole zwischen Bildern und Worten stehen, hat das Konzept zugleich eine kunstpädagogische Funktion – man würde sie heute vielleicht *»synästhetisch«* nennen (☞ Kap. 7.1).

k. Konstruktiv-ideologiekritische Religionsdidaktik

Während in den siebziger Jahren die konzeptionelle Diskussion innerhalb der Religionspädagogik sich auch in einer intensiven Auseinandersetzung mit der Allgemeinen Didaktik und Pädagogik vollzog, herrscht diesbezüglich in der

Gegenwart eher Zurückhaltung. Eine relative Ausnahme stellen Ansätze dar, die einerseits konstruktiv auf die Revision der ursprünglichen bildungstheoretischen Didaktik im Sinne einer kritisch-konstruktiven Didaktik zurückgreifen und andererseits sich um die Wiedergewinnung des Bildungsbegriffs als bildungstheologischer Zentralkategorie bemühen; dazu gehört neben der Symboldidaktik auch eine Konzeption, die man trotz aller Heterogenität der Autoren gemeinsam als *»konstruktiv-kritisch«* bezeichnen kann. Bisher ist dieser Ansatz als systematisches Gesamtkonzept allerdings nur in Konturen erkennbar. Auf dem Hintergrund eines konvergenz-theoretischen Verständnisses rezipiert der Ansatz vor allem die kritisch-konstruktive Didaktik von Wolfgang Klafki und dessen revidierter Bildungstheorie, wobei die Begriffsumstellung in der Selbstbezeichnung verdeutlichen soll, dass die Kritik in einem konstruktiven und nicht in einem destruktiven oder dekonstruktivistischen Interesse erfolgt.

Kritische Bildung und Elementarisierung

Die *regulative Funktion des kritischen Bildungsverständnisses* verbindet sich mit der Forderung nach konstruktiver Auseinandersetzung mit Gesellschaft, Kirche, Tradition sowie der eigenen *Lebensgeschichte und Lebenswelt*. Dementsprechend wird auch hier Bildung als Erschließungs- und Vermittlungsprozess verstanden, der sich einer Konvergenz von Bildungsprozess und Bildungsziel, von Werden und Sein unterwirft. Im Rahmen seiner modifizierten kritisch-konstruktiven Didaktik zeigt Wolfgang Klafki, dass sich Subjektives und Objektives wechselseitig in den so genannten *»Schlüsselproblemen«* erschließen. Die didaktische Analyse des konstruktiv-kritischen Ansatzes wird als *Elementarisierungsstrategie* verstanden; sie konzentriert sich auf die Identifikation und Strukturierung von Schlüsselproblemen, die einerseits primär als lebensgeschichtliche (Friedrich Schweitzer/Karl Ernst Nipkow) und andererseits als vorrangig lebensweltliche (Godwin Lämmermann) verstanden werden. Umstritten bleibt dabei auch, ob und in welchem Umfang dabei Ideologiekritik betrieben werden muss. Unstrittig ist, dass der »Begriff des Elementaren [...] mit Nachdruck in dialogisch-interaktiven Bezügen [...] zu bestimmen« (Knauth 1996, 291) ist.

Regulative, das Denken und Handeln als Hintergrund leitende Prinzipien für religionsdidaktische Überlegungen bietet das kritische Bildungsverständnis (☞ Kap. 2.1). Bildung ist zunächst zwar ein pädagogischer Begriff, aber er weist selbst zugleich eine *theologische Wurzel* auf, die in der biblischen Vorstellung von der Gottebenbildlichkeit des Menschen liegt und die im Rahmen der Rechtfertigungslehre (Nipkow; Lämmermann) christologisch reinterpretiert werden kann. »In Korrespondenz zur Rechtfertigungslehre denkt auch dieser Bildungsbegriff den Konstitutionszusammenhang handlungsfähiger menschlicher Subjektivität aus dem Grund dessen, was ihr von jenseits ihrer selbst her immer schon zufällt« (Gräb 1998, 256). Insofern ist die Rechtfertigungs-

lehre der theologische Rahmen für die konvergenztheoretische Begründung dieses Ansatzes. Vor allem in der *Verschränkung von Rechtfertigungslehre und Bildungsgedanken* liegt die Subjektorientierung des Religionsunterrichts; insofern will die konstruktiv-kritische Religionsdidaktik eine Hilfe für die Entwicklung von SchülerInnen bzw. LehrerInnen zu denk- und handlungsfähigen Menschen bieten. Im Sinne eines kritischen Verständnisses darf der konstitutive Zugang zur Lebenswelt und Lebensgeschichte nicht affirmativ sein, sondern muss zur Ideologiekritik sowohl an der geschichtlich-gesellschaftlichen Wirklichkeit als auch an den *Selbstbildern und Selbstkonzepten von SchülerInnen* werden.
Um diese Aufgabe erfüllen zu können, muss der Religionsunterricht *Ideologiekritik* betreiben. Unter Ideologie verstehen die konstruktiv-kritischen ReligionsdidaktikerInnen keine Weltanschauung, sondern ein durch gesellschaftliche Faktoren präformiertes Bewusstsein, das keine Einsicht in diesen Wirkzusammenhang hat und insofern diese seine *Fremdbestimmung* unmittelbar als *Selbstbestimmung* erlebt. Im ideologisch verfremdeten Bewusstsein der Menschen, mithin auch von Jugendlichen und Kindern, sind Wertentscheidungen gespeichert, die als Sinnvorgaben durch die jeweils herrschenden sozialen Strukturen und Phänomene vorgegeben sind – denn jede Form der sozialen Organisation setzt unmittelbar auch Vorentscheidungen über den Sinn und die Regeln menschlichen Zusammenlebens; insofern produziert jede Gesellschaft eine ihr implizite Ethik und ein System von verbindlichen Vorstellungen, durch das die jeweilige Struktur als plausibel abgestützt wird. Diese Wert- und Vorstellungssysteme erhalten einen Nimbus von Unbedingtheit und Unantastbarkeit, so dass sie als *Quasireligion* zu verstehen sind. Wenn diese nun einer *theologischen Religionskritik* unterstellt werden, werden auch ihre gesellschaftlichen Bedingungsfaktoren durchschaubar; Ideologiekritik wird so zur Gesellschaftskritik und zur Bedingung für die Möglichkeit einer freien Selbstbestimmung des Menschen, wie sie den theologischen Vorstellungen von der Gottebenbildlichkeit und der aus Rechtfertigung geborenen Freiheit eines Christenmenschen entsprechen.
In Analogie zu Bildung versteht die konstruktiv-kritische Religionsdidaktik dementsprechend Glauben als eine Form der Reflexion, mithin als *denkenden, selbst-kritischen Glauben*. Aufgabe des Religionsunterrichts ist deshalb, das Denken im Glauben anzuleiten und nicht zu einer neuen naiven Unmittelbarkeit zu führen, die letztlich vor dem reflektierenden Diskurs der Gegenwart nicht bestehen kann. Versuche, christlichen Gehalten unmittelbare Gültigkeit verleihen zu wollen, erweisen sich angesichts des geschichtlich-gesellschaftlichen Wandels nicht nur als Illusion; sie verlieren vielmehr auch ihre Bedeutung für den Aufbau einer selbstverantwortlichen, reflektierenden Subjektivität, zu der ein persönlicher Glaube gehören kann, aber nicht muss. Diese Aufgabe des Religionsunterrichts, zu einer selbstverantworteten, freien und kritischen Stellungnahme zu befähigen, ist demgegenüber eine direkte Folge der Rechtfer-

tigungsvorstellung, wie sie in der protestantischen Tradition als Gedanke vom allgemeinen Priestertum aller Getauften gefasst wurde.

1. Stoff haben Sie jetzt ja, um sich eine eigene religionspädagogische Konzeption zu basteln!

2. Vielleicht kommt dabei im übertragenen Sinn so etwas wie ein Mobile heraus: Damit es funktioniert, muss man auf Ausgewogenheit achten, und es muss einen Mittelpunkt haben, an dem es hängt und um den alles andere kreist. Wo liegt Ihr persönlicher thematischer Mittelpunkt?

I. Konzeptionen auf einen Blick

»Etikett«	Liberale Religionsdidaktik	Evangelische Unterweisung	Hermeneutischer Religionsunterricht
Ziele	religiös-sittliche Bildungspersönlichkeit, Schaffen eines religiösen Gefühls- und Geisteslebens	Entscheidung vor Gott, Einübung von Gemeinde	Verantwortung, Existenzbewältigung durch Verstehen der biblischen Tradition
schulische Begründung	Beitrag zur Allgemeinbildung und Persönlichkeitsentfaltung	(Ideologiekritik anderer Fächer)	Religionsunterricht als Teil einer Vermittlung von Tradition
LehrerInnenbild	autoritatives Vorbild, StaatsbürgerInnen	VerkündigerInnen; Analogie zum Pfarramt	wissenschaftliche TheologInnen (ExegetInnen) und PädagogInnen
Vorstellung von SchülerInnen	Unzulängliche, aber potenzielle Subjektivität	Kinder als Sünder; Verleugnung des Kindes	Sachkompetenz in biblischen Fragen/Schulstufendidaktik
innertheologischer Bezug	Liberale Theologie (Glaubenslehre, Leben-Jesu-Forschung), Religionspsychologie; Ethik	Dogmatik der Wort-Gottes-Theologie	Exegese; Existenzialtheologie
Kirchenbezug	Ort für Kommunikation freier Religiosität	Religionsunterricht = Kirche in der Schule	kein direkter
Bedeutung der Bibel	Norm der Sittlichkeit; Vorbildlichkeit Jesu	normativ; dominant	historisch-kritische Exegese; Modelle für Existenzinterpretation
Bedeutung der Pädagogik	geisteswissenschaftliche Pädagogik, Reformpädagogik	keine konstitutive	geisteswissenschaftliche Pädagogik; (bildungstheoretische) Didaktik als Hilfswissenschaft
wichtige Vertreter	R. Kabisch, F. Niebergall	H. Kittel, G. Bohne (H. Schmidt, G. Kittel)	H. Stock, M. Stallmann, G. Otto, K. Wegenast

»Etikett«	Thematisch-problemorientierter Religionsunterricht	Unterricht in Religion	Therapeutischer/sozialisationsbegleitender Religionsunterricht
Ziele	Emanzipation, Realisierung von Freiheit, Lebensbewältigung	Religion als Tiefe und Sinn des Seins erfahren; die (religiöse) Frage stellen lernen	Aufarbeitung falscher religiöser Sozialisation; Transformation der neutralisierten in authentische Religion
schulische Begründung	Qualifizierung für Zukunftsaufgaben	Religion als Tiefendimensionen aller Fächer; curriculare Begründung (Vierzig)	Schule als Sozialisationsagent (Ideologiekritik anderer Fächer)
LehrerInnenbild	ExpertInnen für Lebensfragen	LehrerIn als exemplarische/r homo religiosus/a	Seelsorger, Gruppentherapeutin; Diagnostiker
Vorstellung von SchülerInnen	Lebenswelt und Lebensgeschichte sind didaktisch zentral	Tiefenerkenntnis durch ontologisch fixiertes »drittes Auge«; SchülerInnen sind Sinnsuchende	beschädigt, unter Autoritäts- und Konformitätsdruck stehend
innertheologischer Bezug	Ethik, Sozialethik; politische Theologie; Theologie als Wirklichkeitswissenschaft	Religionsphilosophie (Tillich)	Seelsorge
Kirchenbezug	relativ als Curriculumsdeterminante (Nipkow); bzw. absolut (Angermeyer)	nicht-institutionelles Religionsverständnis	tendenziell Ort authentischer Religion (»Religion 2«)
Bedeutung der Bibel	Lösungs- und Anregungspotenzial	Bibel als Erzählung über religiöse Erfahrung; Zentralstellung	Diagnose- und Therapiepotenzial mit quasi normativer Geltung
Bedeutung der Pädagogik	Konvergenz; Curriculumstheorie; Berliner Didaktik, Bildungs- bzw. Lerntheorie	Schul- und Lehrtheorie; Curriculum	Gruppendynamik, Interaktionstherapie und -methode
wichtige Vertreter	H. B. Kaufmann, K. E. Nipkow, P. Biehl, H. Angermeyer	H. Halbfas, S. Vierzig	D. Stoodt, O. Randak

»Etikett«	Kritischer Religionsunterricht	Symboldidaktik	Konstruktiv-kritische Religionsdidaktik
Ziele	komplexen Zusammenhang von Religion und Gesellschaft durchschauen; Selbstkritik des Christentums	Symbolsinn einüben; Erfahrungsvermittlung und -überschreitung durch Symbole; neue Naivität fördern	manipuliertes Bewusstsein zur Selbstbestimmung und Selbstkritik befreien; kontrafaktische Selbstbildung; »Erneuerung«
schulische Begründung	Religionsunterricht in integrierter Gesamtschule; Ideologiekritik; Schule lehrt vorbehaltloses Denken	Schulkritik durch neue »Erfahrungsperspektiven«; Schule als Ort des Verstehen-lernens	Schule als Ort kritischer, allseitiger Bildung; Religionsunterricht als gesamtcurricularer Reflexionsort
LehrerInnenbild	kritische Theologen und Demokratinnen	TherapeutInnen; ReligionspsychologInnen, ReligionswissenschaftlerInnen	selbstkritisch-reflektierende DidaktikerInnen in Verantwortung vor SchülerInnen
Vorstellung von SchülerInnen	handlungs-, denk- und selbstbestimmungsfähig	erfahrungsdefizitär; symbolisch sprachlos	medial und sozial präformiert, jedoch potenziell selbstbestimmungsfähig
innertheologischer Bezug	Gesamttheologie im Sinne einer kritischen Handlungstheorie	Systematische Theologie; Religionswissenschaften	Gesamttheologie im Sinne einer kritischen Handlungstheorie; Sozialethik
Kirchenbezug	indirekt: Kirche als Sozialform christlicher Freiheit	Symbolraum	Kirche als eine mögliche Vergesellschaftungsform des christlichen Selbstbewusstseins
Bedeutung der Bibel	Reflexionshilfe	Symbolgeber	utopisches Anregungspotenzial; Denkanstoß
Bedeutung der Pädagogik	geisteswissenschaftliche Pädagogik, bildungstheoretische Didaktik	kategoriale Bildungstheorie; Kunstdidaktik	kritisch-konstitutive Didaktik, kritische Bildungstheorie
wichtige Vertreter	G. Otto, S. Vierzig	P. Biehl, H. Halbfas, (K. Wegenast)	R. Preul, K. E. Nipkow, G. Lämmermann

Sie haben jetzt das Kapitel über den schulischen Religionsunterricht abgeschlossen. Blicken Sie noch einmal zurück: Welche Fragen sind – im Blick auf Ihr zukünftiges Berufsfeld – offen geblieben? Welche Informationen haben Sie nicht überzeugt? Welche Schwerpunkte würden Sie persönlich setzen?

4.2 Grundfragen der Religionsdidaktik

Eine Fachdidaktik des Religionsunterrichts wird durch vier konstitutive Einflussfelder bestimmt. Zunächst steht die *Fachdidaktik* zwischen Pädagogik und Fachwissenschaft. Die Theologie als *Fachwissenschaft* bietet Kriterien und Ergebnisse für die inhaltliche Aufarbeitung des Unterrichts, aber auch – im Sinne konvergenztheoretischer wechselseitiger Verknüpfung – Kriterien für eine Relevanzprüfung von pädagogischen Einsichten. Die *Pädagogik* hingegen reflektiert mögliche Bildungs- und erzieherische Aspekte, die mit diesen Inhalten verbunden sein sollen oder können. Zugleich bietet sie Gesichtspunkte, zur pädagogischen Relevanzprüfung von theologischen Gehalten. Um die Beziehungsebenen von Pädagogik und Theologie zu beschreiben, wurden bereits vier Modelle (☞ Kap. 1.1) dafür namhaft gemacht, nämlich das *»Autarkiemodell«*, in dem die Theologie omnipotent das religionsdidaktische Feld allein bestimmt, das *»Dominanzmodell«*, in dem Didaktik und Methodik als Anwendungswissenschaften herangezogen werden; das *»Konvergenzmodell«*, in dem Pädagogik und Theologie diskursiv aufeinander bezogen sind und das *»Exodusmodell«*.

Religionspädagogik im Spagat zwischen Theologie und Pädagogik

Die *Allgemeine Didaktik* als unterrichtsbezogener Teil der Pädagogik gibt Hinweise auf die Analyse und Vorbereitung des konkret sich vollziehenden Unterrichts, wobei methodische und mediale Reflexionen einbezogen sind. Allgemeine Didaktik ist insofern die Transformation pädagogischer Einsichten auf verschiedenartige Unterrichtsvorgänge. Fachdidaktik ist die Konfrontation dieser allgemein-didaktischen Ergebnisse mit den Erkenntnissen der jeweiligen Fachwissenschaften, und zwar in der Absicht, auf diese Weise relevante Unterrichtsinhalte und -ziele zu finden. Die Allgemeine Didaktik führt mit den Fachdidaktiken ein Gespräch über die schultheoretischen und curricularen Notwendigkeiten des Fachs. In diesem Gespräch hat die Religionsdidaktik die Aufgabe, ihr Fach im schulischen Gesamtzusammenhang zu legitimieren und zu positionieren sowie Möglichkeiten der Revision ihrer Curricula zu überdenken. Das wird ihr aber nur gelingen, wenn die jeweilige Fachdidaktik im hinreichenden Maße die Tendenzen in der Allgemeinen Didaktik und Pädagogik vorurteilsfrei wahrnimmt. Hinzu tritt der notwendige Diskurs mit anderen Fachdidaktiken, die durch ihre Fächer bedingt teilweise sehr unterschiedliche Perspektiven und Entwürfe vertreten, die aber verpflichtet sind, in einer Gesamtlehrplanung zu kooperieren.

Religionsdidaktik ist zu konzipieren im Verhältnis zur Allgemeinen Pädagogik, zur Allgemeinen Didaktik, zur Schulpädagogik, zur (Erziehungs- und Lern-)Psychologie und zur Theologie als Fachwissenschaft.

Die Fachdidaktik lebt folglich kritisch und konstruktiv im Spagat zwischen Fachdisziplin und der Palette der pädagogisch-didaktischen Wissenschaften; angefangen bei der Schulpädagogik, über die Allgemeinen Erziehungswissenschaften bis hin zur Psychologie des Lehrens und Lernens. Die *Schulpädagogik* hilft, die Spezifikationen des Lernorts Schule und die daraus sich ergebenden Bedingungen für das Unterrichten, Lehren und Lernen sachgemäß zu reflektieren. Die schulpädagogische Fragestellung geht über die der Allgemeinen Didaktik hinaus. Sie reicht von der Schulsoziologie bis zum Beamtenrecht, von der Bildungspolitik bis zum Schulleben, von der Schulpsychologie bis zur Schulorganisation. Die Allgemeine Didaktik fokussiert primär die Binnenfrage des Fachunterrichts und seinen Regeln, die Schulpädagogik hingegen bezieht sich vorrangig auf den intervenierenden schulischen Gesamtrahmen, weil Schule mehr ist als nur die Summe ihrer Fächer. Gegenüber der Allgemeinen ist die Schulpädagogik aber gerade in dieser Konzentration auf Schule beschränkt, denn die Didaktik betrachtet ja Unterricht, Lehr- und Lernprozesse als solche und damit zugleich in unterschiedlichen Zusammenhängen vom Kindergarten bis zur Altenbildung, vom Konfirmandennachmittag bis zur kirchlichen Fortbildung – mithin in allen religionspädagogischen Handlungsfeldern.

Wenn *Schule* aber mehr als nur die Summe ihrer Einzelfächer, und wenn die Fachdidaktik damit notwendigerweise auf die Schulpädagogik bezogen ist, dann ist die Fachdidaktik dazu gezwungen, ihren Beitrag für das gesamte Schulwesen deutlich zu machen. Das hat Konsequenzen für die Organisation, indem sich der Religionsunterricht z. B. in fächerübergreifende Projekte einbinden oder seine Ziele und Inhalte auf die Lehrpläne der anderen Schulfächer abstimmen muss. Vor allem aber hat das die Konsequenz, dass der Religionsunterricht sich in das allgemeine Bildungsziel der Schule zu integrieren und seinen Beitrag dazu zu leisten hat. Von der Schulpädagogik her kommt der Fachdidaktik zudem die Aufgabe zu, die jeweilige erzieherische und unterrichtliche Funktion des Fachs im Fächerkanon der Schule zu begründen und zu überprüfen. Das folgt aus der schulpädagogischen Einsicht, dass der Unterricht immer auch eine über die Vermittlung von fachwissenschaftlichen Kenntnissen hinausgehende pädagogische Aufgabe hat. Man nennt das die *»funktionale«* und die *»extra-funktionale«* Bildung.

Extra-funktionales Lernen ist so etwas wie eine ungewollte Nebentätigkeit. Bewusst gestaltet tritt sie neben den Fachlehrplan als eine übergreifende Bildungsaufgabe, durch die der Religionsunterricht am Gesamtbildungsauftrag der Schule organisch partizipiert. Unbewusst wirkt sie als Hidden-Curriculum, als heimlicher Lehrplan. Ein heimlicher Lehrplan kann durch die Person der Lehrkraft wirken, durch die szenischen Inszenierungen des Unterrichts und durch seine Organisation und Mthoden

Die Schule ist kein Wissenschaftsbetrieb, sondern eine Bildungsinstanz. Deshalb – so wird argumentiert – müssen pädagogische Kriterien und Überlegungen einen Vorrang vor den fachwissenschaftlichen haben. Aufgabe der Allgemeinen Pädagogik wäre es, allgemeine Zielbestimmungen für Bildungs- und Unterrichtsprozesse aufzustellen; Auftrag der Allgemeinen Didaktik sei es dann, diese allgemeinen Ziele und Inhalte auf Lernprozesse anzuwenden. Unter dieser Prämisse verlieren dann aber die *fachwissenschaftlichen Inhalte* ihren Eigenwert. Denn ein theologischer Gehalt gewinnt seine unterrichtliche Bedeutung nicht aus sich selbst heraus, sondern aus dem allgemeinen Bildungsziel, auf das hin er funktional interpretiert wird. Ein bestimmter Inhalt wird z. B. dann relevant, wenn er hilft, die SchülerInnen zu selbstständigem Denken zu befähigen und nicht deshalb, weil er theologisch für substanziell und unverzichtbar erklärt wird. Alle fachwissenschaftlichen Inhalte müssen didaktisch durch eine pädagogische Brille gesehen werden; insofern ist die Didaktik als eine besondere Form des Suchens und Findens von Unterrichtsinhalten zu verstehen.

Das meint ihr doch nicht wirklich ernst?! Wie kann denn etwas Pädagogisches zur norma normans gegenüber der Theologie werden? Wer theologische Gehalte wie die Bibel didaktisch funktionalisiert, der/die entfremdet sich von ihren eigenen Inhalten. Die Bibel wird zum pädagogischen Spielzeug – oder??!!

Vom Primat der Didaktik zum Vorrang der Intention

Wenn die Fachdidaktik des Religionsunterrichts nicht anders zu verstehen ist als jede beliebige andere Fachdidaktik auch, dann gilt auch für sie das so genannte *»Primat der Didaktik«*. Das »Primat der Didaktik« wurde aus einer doppelten Abgrenzung heraus geboren. Mit dem Versuch, ein Primat der Didaktik zu formulieren, war auf der einen Seite der Wille verbunden, die Didaktik und die Fachdidaktik aus einer – wie es hieß – »fachwissenschaftlichen Umklammerung« zu befreien. Solange die Inhaltsfrage fachwissenschaftlich geregelt wurde, war die Fachdidaktik in einem technizistischen Sinn nur als methodische Anwendungswissenschaft verstanden. Demgegenüber wuchs u. a. durch Unterrichtsforschung die Einsicht, dass der Unterricht ein konstitutives Bedingungsfeld ist. Neben dem Einspruch gegen eine fachwissenschaftliche Dominanz stand auf der anderen Seite der Einspruch gegen eine Selbstrestringierung der Didaktik auf eine reine Methodenlehre.
Die GegnerInnen einer Reduktion der Didaktik auf reine Methodik sprechen demgegenüber von einer inhaltlichen Selbstkastration der Didaktik, weil eine eigenständige pädagogische Beurteilung für Unterrichtsinhalte dann nicht vorgesehen wäre. Didaktik verkäme so zur Unterrichtstechnologie, die sich zur

willigen Dirne jedwelchen Inhalts machen würde. Wenn nun aber die Didaktik für die Inhalte des Unterrichts zuständig sein soll, dann könnte sich eine Verdoppelung der Aufgabenstellung ergeben. Die Didaktik würde dann – möglicherweise auf einer primitiveren Stufe – die gleichen Aufgaben wahrnehmen wie die Fachwissenschaften. Damit würde sie aber nicht nur ihre Eigenständigkeit, sondern vor allem auch die SchülerInnen als zentrale didaktische Determinanten aus dem Blick verlieren. Zudem bestände die Gefahr – unter gemutmaßter SchülerInnenperspektive –, Inhalte zu simplifizieren und zu trivialisieren. Daraus erwuchs die Einsicht, dass die zentrale Aufgabenstellung der Didaktik nicht primär auf der Inhaltsebene liegen kann.

Unter bildungstheoretischer Perspektive ist zu fordern, dass Unterricht vorrangig in Verantwortung vor den SchülerInnen zu planen und durchzuführen ist. Daraus ergibt sich das Primat der Didaktik sowohl gegenüber der Fachwissenschaft wie gegenüber der Methodik.

Wenn Didaktik weder als reine Methodik noch als Inhaltsbestimmung verstanden werden soll, was ist sie dann? Wolfgang Klafki beantwortet diese Frage folgendermaßen: Das Eigentliche der Didaktik liegt im *Primat der Intention.* Didaktik hat es also primär mit der Zielbestimmung von Unterrichtsprozessen zu tun, und diese ist ihrerseits von Inhalts- und Methodenentscheidungen abhängig bzw. diese folgen aus ihr. Mit dieser Position hat Klafki ein Vorurteil der ursprünglichen Göttinger Didaktik aufgehoben, die noch der Auffassung gewesen war, dass der Unterrichtsinhalt selbst zugleich auch das Unterrichtsziel setzen würde. Wenn beispielsweise das Gleichnis von den Arbeitern im Weinberg behandelt werden sollte, dann wurde von ihr unterstellt, dass damit zugleich das Ziel des Religionsunterrichts gesetzt sei: die Kinder sollen eben den Inhalt dieses Gleichnis kennen lernen.
Nun hat die didaktische Diskussion um den Implikations- bzw. Interdependenzzusammenhang zwischen Inhalten und Zielen gezeigt, dass Inhalte mit unterschiedlichen Zielen verbunden und Unterrichtsintentionen mit verschiedenartigen Inhalten anvisiert werden können. So lässt sich am Gleichnis von den Arbeitern im Weinberg durchaus Unterschiedliches lernen: exemplarisch die Methode der Gleichnisauslegung oder das neutestamentliche Verständnis von Gerechtigkeit oder sozialgeschichtlich etwas über die Lage der Tagelöhner in Israel usw. Dies wären unterschiedliche Lernziele auf der kognitiven Ebene. Aus der Lernpsychologie weiß man zudem, dass Lernziele auch auf einer emotionalen oder pragmatischen Ebene angesiedelt werden können. Ein emotionales Lernziel wäre hier z. B., Mitleid mit den Arbeitern zu haben, sich mit ihnen über die Güte Gottes zu freuen usw.
Die Einsicht, dass man zwischen Lerninhalten und Lernzielen unterscheiden muss, hat zuerst die *Berliner Didaktik* formuliert. Diese Erkenntnis hat Klafki veranlasst, den Satz vom Primat der Zielentscheidung im Verhältnis sowohl

zur Dimension der inhaltlichen als auch der methodischen Entscheidung zu formulieren. Auch andere DidaktikerInnen vertreten dieses Primat der Intentionen. Hinsichtlich der ursprünglichen Unterscheidung eines methodischen und eines inhaltlichen Ansatzes der Didaktik kann man heute Folgendes feststellen: Auf der einen Seite stehen jene Positionen, die weiterhin das Primat der Methodik favorisieren; man kann sie deshalb als *methodisch-prozessorientiert* kennzeichnen. Hier dominieren Fragen wie: Wie organisiert man Lernprozesse? Wie muss Lehr- und Lernmaterial aufgearbeitet sein, damit optimal gelernt wird? Wie ist die Stunde zu gliedern? Wie kann man SchülerInnen motivieren usw.? Auf der anderen Seite stehen jene, denen die Inhalts- und Zielfragen wichtiger sind. Ihre didaktischen Fragen lauten dann: Was sollen SchülerInnen einer bestimmten Jahrgangsstufe in welchem Lernzusammenhang lernen? Welche Lernziele soll der Unterricht verfolgen? Welche Ziele lassen sich mit welchen Inhalten verbinden usw.? Diese Ansätze kann man als *inhaltlich-intentional* orientiert charakterisieren.

Das »Ballett« didaktischer Modelle

Ähnlich wie in der Auseinandersetzung um religionspädagogische Konzepte haben sich in der Allgemeinen Didaktik klassisch gewordene Ansätze und neuere Diskussionszusammenhänge ergeben. Zu den klassischen zählen sicher die bildungstheoretische Didaktik der ursprünglichen Göttinger Schule, die sich im Kontext der *geisteswissenschaftlichen* Pädagogik versteht und die lerntheoretische Didaktik der Berliner Schule, die dem *empirisch-erziehungswissenschaftlichem* Paradigma folgt. Als einflussreich zu nennen wäre noch die *kybernetische* oder informationstheoretische Didaktik, die *curriculare* oder lernzielorientierte Didaktik, die *kommunikative* oder kritisch-kommunikative Didaktik, die *kritisch-konstruktive* Didaktik als eine modifizierte Revision des bildungstheoretischen Ansatzes, das so genannte »Hamburger Modell« oder in neuerer Zeit die konstruktive oder *konstruktivistische* Didaktik; sie alle haben in der Religionsdidaktik ihre RezipientInnen gefunden.
Hatte sich die Didaktik unterrichtlich zunächst nur als Planungsinstanz für Lernprozesse verstanden, so besteht heute Konsens darüber, dass sie auch für ihre Resultate verantwortlich ist und insofern auch die Analyse von stattgefundenem Unterricht zu ihrer Aufgabe machen muss. Die doppelte Aufgabe einer Didaktik bezieht sich somit auf *Planung und Analyse*. Jeder der Ansätze hat entsprechende »Raster« entworfen; nach wie vor ist die »Didaktische Analyse« nach Klafki/Kramp sowie die Matrix der Bedingungs- und Entscheidungsfelder nach Heimann/Schulz in Gebrauch. Religionsdidaktisch rezipiert wurden diese Modelle zur Unterrichtsvorbereitung z. B. von Berg/Doedens; Kombinationsmodelle bieten etwa Klaus Wegenast und Rainer Lachmann. Die neuere didak-

tische Diskussion um das so genannte Elementarisierungsproblem wurde – in unterschiedlicher Weise – religionsdidaktisch fruchtbar gemacht u.a. durch Karl Ernst Nipkow, Friedrich Schweitzer und Godwin Lämmermann.
Die allgemeindidaktische Diskussion kann hier nicht in extenso rekonstruiert werden. Um jedoch Tendenzen deutlich und Konkretionen sichtbar zu machen, sollen exemplarisch drei Ansätze skizziert werden: Als exemplarisch für die etablierten allgemeindidaktischen Ansätze steht bei uns die Berliner Didaktik, exemplarisch für eine die nachfolgende Diskussion aufnehmende Revision früherer Einsichten ist die kritisch-konstruktive Didaktik und für neueste Entwicklungstendenzen soll die konstruktivistische Didaktik vorgestellt werden.

Berliner Didaktik

In der religionspädagogischen Praxis hat sich wohl am weitesten das Vorbereitungsmodell der Berliner Didaktik durchgesetzt; es bestimmt – neben dem von Klafki/Kramp – die meisten didaktischen Analysen und Katechesen. Diese auch *»lerntheoretische Didaktik«* genannte betont, dass mindestens sechs Elemente jeden Unterricht bestimmen, die ihrerseits zwei unterschiedlichen Feldern zugeordnet werden können: dem Feld der pädagogischen Entscheidung und dem Feld der weitgehend unbeeinflussbaren Voraussetzungen. Zu letzteren zählen die sozio-kulturellen (☞ Kap. 2.2) und die anthropogenen (☞ Kap. 2.3) Bedingungen; zu ersterem zählen die pädagogischen Intentionen, d.h. die Ziele und Absichten, dann »die Themen des Unterrichts (Inhalte, Gegenstände), mit denen diese Absichten verfolgt werden, die Methoden (Verfahren), die zur Bewältigung von Intentionen und Themen dienen sollen, schließlich die Medien (Mittel) der Verständigung zwischen den am Unterricht Beteiligten über Absichten, Gegenstände und Verfahren« (Schulz 1970, 23).
Zwischen den Entscheidungsfeldern besteht ein »Interdependenzzusammenhang«. Das heißt, wer auf einem Feld eine bestimmte Entscheidung getroffen hat, der/die hat damit – bewusst oder unbewusst – auch die übrigen Entscheidungen präjudiziert. Und andererseits heißt das, dass z.B. inhaltliche Entscheidungen als solche überhaupt nicht getroffen werden können, zugleich müssen immer auch davon abhängig die intentionalen, methodischen und medialen Überlegungen angestellt werden. Deshalb ist es sowohl bei der Analyse wie bei der Planung gleichgültig, an welcher Stelle man die Beobachtung oder Planung ansetzt. So ist es im Sinne der lerntheoretischen Didaktik durchaus legitim, bei der Unterrichtsplanung nicht von den Inhalten oder Lernzielen, sondern von der Medienwahl oder von methodischen Überlegungen auszugehen.
Da Unterricht im Sinne der Erziehungs- und Lernvorstellungen der lerntheoretischen Didaktik Verhalten verändern soll (☞ Kap. 2.1), hat die Planung (wie auch die Analyse) zusätzlich die beabsichtigten bzw. tatsächlichen Folgen zu beachten, die ihrerseits dann wieder zu konstitutiven Bedingungen nachfolgen-

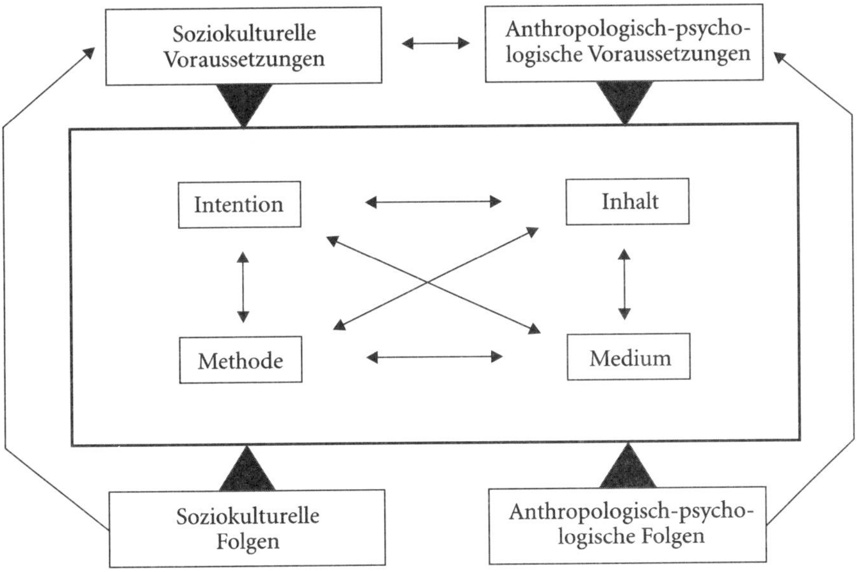

Strukturmodell des Lehrens und Lernes nach Heimann

der Unterrichtsplanung werden. Analyse und Planung sind so in einem ständigen Regelkreis vermittelt.

Kritisch-konstruktive Planungsperspektiven

Wolfgang Klafki modifizierte seinen ursprünglichen bildungstheoretischen Ansatz zu einer »kritisch-konstruktiven Didaktik«. Dabei entwickelte er für die Unterrichtsplanung insgesamt sieben Fragedimensionen, die jeweils von der »Analyse der konkreten soziokulturell vermittelten Ausgangsbedingungen« (Klafki 1980, 29) sowie den unterrichtlichen Bedingungen im weitesten Sinne abhängig sind. Die sieben Problemfelder sind zu vier Komplexen gebündelt, nämlich zum einen dem des Begründungszusammenhangs, dann dem der thematischen Struktur, danach dem der Darstellungsmöglichkeiten und zuletzt dem der methodischen Strukturierung des Lern-Lehr-Prozesses.

Im ersten Komplex (Begründungsfragen) ist zu prüfen, ob und inwieweit ein Thema überhaupt Unterrichtsgegenstand sein kann. Dies ist dann der Fall, wenn sich dafür didaktisch begründbare Ziele finden lassen. Als genuin »didaktisch« können Ziele allerdings erst und nur dann gelten, wenn sie nicht – wie in der klassischen bildungstheoretischen Didaktik oder der Katechetik – vom Stoff, sondern vom Subjekt her bestimmt sind. Von didaktisch hoher Relevanz sind dabei so genannte »Schlüsselprobleme«, weil sie einerseits herausragende lebensweltliche und lebensgeschichtliche Bedeutung haben und andererseits

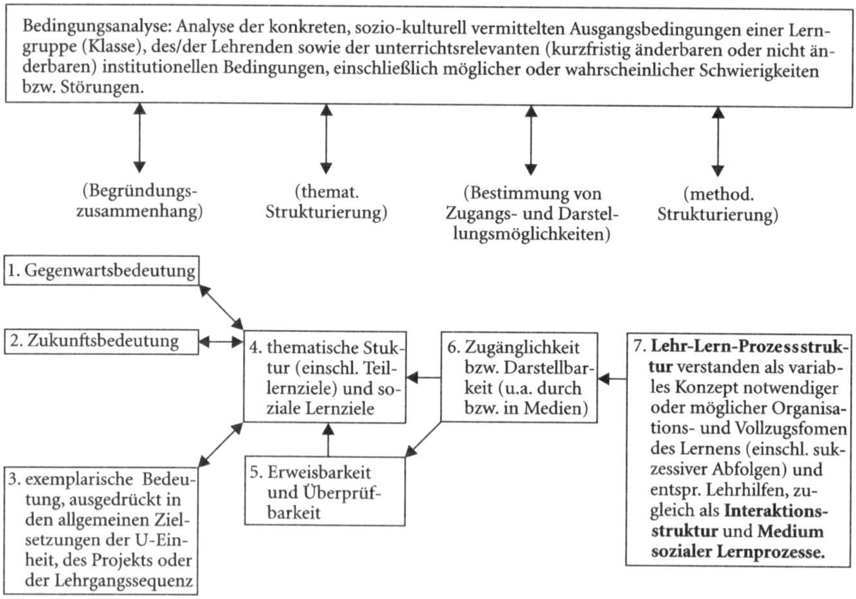

Das Perspektivenschema zur Unterrichtsplanung von Wolfgang Klafki

pädagogisch-didaktisch von gesteigerter Exemplarizität bzw. Kategorialität sein können; über sie soll sich für SchülerInnen möglichst viel erschließen lassen. Auf die lebensweltliche und -geschichtliche Evaluierung zielen die beiden ersten didaktischen Fragen nach dem Gegenwarts- und Zukunftsbezug des anvisierten Themas. Der Gegenwartsbezug wird als Alltagserfahrung von SchülerInnen didaktisch konkretisiert. In die Bestimmung der Zukunftsdimension gehen politische Wertentscheidungen über die durch Bildungsprozesse zu initiierende und von den zukünftigen Erwachsenen zu gestaltende Zukunft ein; insofern muss die Lehrkraft sich hier um ideologiekritische Selbstaufklärung bemühen. Zur eigentlichen Lernzielfindung kommt es in der dritten didaktischen Entscheidung über die Exemplarizität, weil durch die Einordnung in und durch die Auswahl aus größeren Zusammenhängen pädagogische Ziele gesetzt werden (s.o.).

Diese erste Fragedimension konkretisiert somit das Primat der Didaktik und der Intention. Erst im zweiten Komplex wird das Thema selbst didaktisch aufgearbeitet. An den beiden hier zu behandelnden Fragen nach der als viertes genannten thematischen Strukturierung und der fünften nach der Erweisbarkeit entscheidet sich, ob Thema und SchülerInnen, Objekt und Subjekt auf wechselseitige Erschließung angelegt sind. Die Strukturanalyse (früher »Sachanalyse« genannt) gibt Auskunft über mögliche Perspektiven und Aspekte des Problems, über Bedeutungsschichten und über jene Kategorien, die durch dieses Thema

erschlossen werden können, weil sie zu dessen begrifflichen Voraussetzungen gehören. Die nachfolgende Frage nach der Erweis- und der Überprüfbarkeit richtet den Blick auf die bereits entwickelten und die noch zu entwickelnden Fähigkeiten, Kenntnisse und Handlungskompetenzen der jeweiligen SchülerInnen. Kompetent ist ein Subjekt stets dann, wenn es über die notwendigen Kenntnisse und Fähigkeiten zur Lösung eines Problems verfügt. Hier spielen also die soziokulturellen und anthropogenen Bedingungen eine wichtige Rolle.
In diesem fünften Schritt der Analyse werden auch die Indikatoren gesucht, mit denen die Erreichung der Lernziele geprüft werden kann. Damit trägt die zweite Planungsperspektive der geforderten Evaluierung Rechnung. Die hier erhobenen Indikatoren ermöglichen es zudem, in einem der dritten Fragedimension zugeordneten sechsten Schritt die konkreten schülergemäßen Zugänge (Medien) zu bestimmen. Die Zugänglichkeit ist sowohl eine Frage des Stoffes und seiner Struktur als auch eine der subjektiven Prädispositionen und Bedürfnisse; sie ist damit der Ort, wo die Entscheidung über die didaktische Vermittlung fällt. Dahinter steht eine Vorstellung, die Bildung als wechselseitige Vermittlung von Subjekt und Objekt bestimmt (☞ Kap. 2.1). Aus den bisher gewonnenen Einsichten der drei ersten Fragedimensionen ergeben sich auf einer vierten Ebene der methodischen Strukturierung und damit als siebte Frage letztendlich die methodischen Anweisungen, die schülerInnen-, situations- und themenentsprechend sein müssen, weil sie einem Implikationszusammenhang unterliegen.

Konstruktivistische Didaktik

Als exemplarisch für neuere Entwicklungen kann der konstruktivistische oder systemisch-konstruktivistische Ansatz gelten, der etwa seit 1998 Konturen gewonnen hat. Die Bezeichnung »systemisch« dürfte von gleichlautenden Therapieformen her bekannt sein. Im systemischen Konzept wird der/die Einzelne als interdependierendes Mitglied in einem größeren sozialen Verband, also einem System verstanden. Wie in der kommunikativen Didaktik spielen dabei Einsichten von Paul Watzlawick eine wichtige Rolle: In der systemischen Didaktik geht es darum, vor der Inhaltsebene die Beziehungsebene zu klären. Hinter der zweiten Bezeichnung »konstruktivistisch« liegt eine Anknüpfung an die Systemtheorie, wobei auch psychologische (z. B. entwicklungspsychologisch-kognitivistische) und vor allem neurobiologische Erkenntnisse fruchtbar gemacht werden sollen. Die konstruktivistische Didaktik geht davon aus, dass es keine objektiven Wahrheiten gibt und deshalb auch keine festgefügten Wissensbestände, die im Unterricht vermittelt werden können. Jede Erkenntnis ist eine Eigenleistung des Individuums. Oder anders gesagt: Jeder Mensch konstruiert seine Wahrheit und seine soziale Wirklichkeit selbst. Unterricht kann also nicht mehr verstanden werden als Wissenstransfer oder als Bildungspro-

zess, sondern Unterricht wird zum »konstruktiven Ort der eigenen Weltfindung« (Kirsten Reich).
Wenn die Grundeinsicht des Konstruktivismus lautet, dass jeder selbst der Konstrukteur seiner Wirklichkeit sei, dann ist ein notwendiger Zusammenhang zwischen den SchülerInnen als solchen und den Lerngegenständen gegeben, denn diese erhalten ja nur ihre Relevanz im Zusammenhang von *Konstruktionen;* insofern ist die systemisch-konstruktivistische Didaktik schülerInnenorientiert. Aber weil die Bildungsgüter – trotz ihrer Relativität und Widersprüchlichkeit – didaktisch relevant bleiben, muss neben die Konstruktion die Rekonstruktion treten. Und zwar in doppelter Weise: SchülerInnen und LehrerInnen werden verstanden als BeobachterInnen, die nicht nur aktuell beobachten, sondern davor immer schon Beobachtungen gemacht haben.

Na, merken Sie, wo ich herkomme? Aber das »Hinterfragen« und die »Skepsis« sind nun wahrlich keine neue Erfindung des Konstruktivismus. Im Grunde fing alles mit Descartes und seinem methodischen Zweifel an. Und das relativierende, selbstkritische Anliegen gehört ganz zentral zur »Kritischen Theorie« und zur Ideologiekritik. Jedenfalls: Wer ohne Selbstzweifel ist, der/die denkt auch nicht – oder?

Damit hat man sich sozusagen ein (vorläufiges und korrekturbedürftiges) Instrument seiner eigenen *Beobachtung* geschaffen, und dieses Beobachtungsinstrument muss – um verändert werden zu können – als solches rekonstruiert werden. Zugleich muss – ganz im Sinne der Postmoderne – diese Beobachtungsstrategie, die wir uns angeeignet haben, destruiert werden, um »Beobachtervielfalt zu entwickeln«. Diese dekonstruktive *Rekonstruktion* unserer Konstruktionen wäre die eine didaktische Aufgabe; eine zweite liegt darin, den wahrgenommenen Phänomenen und Bildungsgütern nicht unmittelbare Bedeutung zuzuschreiben – auch sie müssen ihrerseits rekonstruiert werden. Durch Rekonstruktionen lernen wir Prozesse und Entwicklungen zu verstehen. In der Rekonstruktion erleben wir andere Beobachtungspositionen als unsere eigenen. In der *Dekonstruktion* treten wir von unseren eigenen Konstruktionen und von den rekonstruierten Konstruktionen anderer in Geschichte und Gegenwart zurück und relativieren uns und diese. Die systemisch-konstruktivistische Didaktik will einerseits SchülerInnen zur Konstruktion ihrer eigenen Wirklichkeit anregen und andererseits diese wie alle anderen Wirklichkeits- und Wahrheitsansprüche relativieren, um damit Pluralität zu ermöglichen.

1. Informieren Sie sich über die genannten Modelle aus der Allgemeinen Didaktik. Möglicherweise ist dabei die folgende tabellarische Übersicht hilfreich; ergänzen Sie sie.

2. Kennen Sie religionsdidaktische Rezeptionen? Erläutern Sie dabei Programme wie »Strukturgitteransatz«; »Elementarisierung«; »kategoriale Bildung«; »Lernprogramm« usw.

3. Rekonstruieren Sie die theologiegeschichtlichen Hintergründe der eingangs erwähnten Vermittlungsmodelle von Theologie und Pädagogik.

4. Es hat sich ein Paradigmenwechsel zwischen Pädagogik und Erziehungswissenschaft vollzogen. Begründen Sie.

Ausführliche Informationen z. B. in: Lämmermann, G.: Einleitung in die Praktische Theologie. Handlungstheorien und Handlungsfelder, Stuttgart, 92ff.; Peterßen, W. ([6]2001): Lehrbuch allgemeine Didaktik, völlig veränderte und aktualisierte und stark erw. Aufl., München, 36ff.; Schröder, H. (Hg.) (1995): Studienbuch Allgemeine Didaktik. Grund- und Aufbauwissen zu Lernen und Lehren im Unterricht, Wissenschaft und Schule, Bd. 8, München, 198ff.

Allgemeine Didaktik im Überblick

	Bildungstheoretische Didaktik	Lerntheoretische Didaktik	Kybernetische oder informations-theoretische Didaktik
HauptvertreterInnen	H. Nohl, E. Weniger, W. Klafki, W. Kramp	W. Schulz, P. Heimann/ W. H. Peterßen	F. v. Cube/H. Frank
Paradigma	geisteswissenschaftliche Pädagogik; Hermeneutik	empirisch-analytische Erziehungswissenschaft	Kybernetik, Behaviorismus; Informationstheorie; kritischer Rationalismus
Konzept/zentrale Begriffe	kategoriale Bildung; wechselseitiges Erschließen	rationale Unterrichtsanalyse und Planung	störungsfreie Informationsübertragung, Redundanz
Unterrichtsvorbereitung	Didaktische Analyse: 1. Gegenwartbedeutung, 2. Zukunftsrelevanz, 3. Sachstruktur, 4. Exemparizität, 5. Zugänglichkeit	Entscheidungen: 1. Ziele, 2. Inhalte, 3. Methoden, 4. Medien; Analyse: 1. Sozio-kulturelle Bedingungen, 2. Anthropogene Bedingungen	Regelkreis von Sollwert (LZ), Regler, Stellglied, Störgrößen, Adressat, Steuerstrategie, Codierung
Leitperspektive	Bildung als verantwortliches Handeln, Emanzipation, Selbstbestimmungs-, Mitbestimmungs- und Solidaritätsfähigkeit	Lernen als Verhaltensänderung, Emanzipation	Verhaltensmodifikation in Richtung auf gewünschte Verhaltensweisen; Erziehung als Konditionierung; zweckrationales Handeln
Vorrang	Primat der Inhalte	Interdependenz der Entscheidungsfelder	Primat des Prozesses
Methodik	desintegriert	integriert, interdependent	Vorrang
Revision/ Modifikation	kritisch-konstruktive Didaktik	Hamburger Didaktikmodell	

	Curriculare oder lernzielorientierte Didaktik	Kommunikative oder kritisch-kommunikative Didaktik	Kritisch-konstruktive Didaktik
HauptvertreterInnen	Chr. Möller, S. B. Robinsohn, D. Knab, K. Flechsig u. a.	K. H. Schäfer, K. Schaller, W. Popp, R. Winkel	W. Klafki
Paradigma	Sozial- und Humanwissenschaften, Bildungsforschung; Curriculumstheorie	Interaktions- und Kommunikationstheorie; Diskurstheorie; humanistische Psychologie	Kritische Theorie; Ideologiekritik
Konzept/zentrale Begriffe	offene/geschlossene Curricula; Lehrplanrevision; Lernzieloperationalisierung; Taxonomie	Ideologiekritik, Emanzipation, kommunikative Kompetenz, Interdisziplinarität	Didaktik i. w. S.; Schlüsselprobleme; Ideologiekritik
Unterrichtsvorbereitung	Lernzielbeschreibung, -sammlung, -entscheidung, -ordnung (a. Richt-, Grob- , Feinziele; b. kognitiv, affektiv, pragmatisch), Lernzielkontrolle		Perspektivplanung: Gegenwarts- und Zukunftsbedeutung, Exemplarizität, Struktur des Themas, Erweisbarkeit, Zugänglichkeit, offene Prozessstruktur
Leitperspektive	zweckrationale Planung von Qualifikationen im Blick auf zukünftige Lebenssituationen	demokratische, humane Gesellschaft; Emanzipation, Herrschaftsfreiheit; symmetrische Kommunikation	
Vorrang	Lernziele; Deduktionszusammenhang	kritische Bildung als Reflexions- und soziale Handlungskompetenz	Primat der Zielentscheidung; Implikationszusammenhang von Ziel, Inhalt, Methoden und Medien
Methodik	Lernstrategie	Steuerungsstrategien	integriert als Zugänglichkeit und Darstellbarkeit; ziel- und inhaltsabhängig

	Systemtheoretische Didaktik	Systemisch-konstruktive oder konstruktivistische Didaktik
HauptvertreterInnen	E. König, H. Riedel	W. H. Peterßen, K. Reich, J. Meixner, E. Terhart
Paradigma	Systemtheorie; Konstruktivismus; kritischer Rationalismus	(De-)Konstruktivismus; Systemische Psychologie; Neurobiologie
Konzept/zentrale Begriffe	System und Funktionen; zufällige/gesteuerte Lernsituation; Operationen Konstruktion; Rekonstruktion	Konstruktion; Rekonstruktion; Dekonstruktion
Unterrichtsvorbereitung	kein Planungssystem: 4 Planungssequenzen mit 11 Planungselementen	Lernumgebung gestalten; Situierung multikomplexer Angebote
Leitperspektive	optimale Denk- und Handlungsfähigkeit; realistisch-effektive Produktion von bestmöglichem Unterricht	eigene Weltfindung; Variabilität/Multiperspektivität
Vorrang	Unterrichtsplanung, Methoden	
Methodik		Anregung für selbstgesteuerte Lernprozesse: Mäeutik

Zur sozialen Funktion von Schule

Zu den Gewinnen einer schulpädagogischen Erweiterung der Didaktik für diese und für die Religionspädagogik zählt die Einsicht in die Bedeutung schul- bzw. bildungssoziologischer Ergebnisse und Fragestellungen, denn dadurch wird deutlich, dass sich die Didaktik von der illusionären und idealistisch geprägten Vorstellung, die Schule sei eine rein pädagogische Provinz, verabschieden und den größeren gesellschaftlichen Bedingungs- und Wirkzusammenhang des Bildungswesens in den Blick bekommen muss. Innerdidaktisch wurde dies bereits durch die Curriculumsdiskussion angestoßen, weil dadurch die Orientierung der Bildung am gesellschaftlichen Bedarf thematisiert wurde – allerdings zunächst in scheinbar einseitig affirmativer Weise. Ernsthafte Religionsdidaktik muss sich – sowohl kritisch, wie auch konstruktiv – mit den sozialen Folgen der Institution auseinandersetzen, in der sie pädagogisch sinnhaft und theologisch legitim handeln will. Lehrkräfte wie LehrplanerInnen für den Religionsunterricht müssen sich vergegenwärtigen, dass auch der Religionsunterricht nolens volens und mehr oder weniger an den bildungssoziologisch beschreibbaren Funktionen der Schule partizipiert. Auf die sozialen Folgen der Religion wurde schon verwiesen; als Schulfach betrieben wachsen ihr

nun zusätzliche Funktionszuschreibungen zu, deren Konvergenz mit den religionssoziologischen untersucht werden muss.
Bei den Funktionen, die die Schule für ein Gesellschaftssystem übernimmt, sind die Einzelfächer in einer funktionalen Differenzierung unterschiedlich beteiligt, so dass sich je nach aktueller Bedeutung spezifischer Kenntnisse und Kompetenzen die Wertigkeit der Fächer und damit ihr Prestige wandelt. Der Funktionswandel der Gesellschaft und damit des Bildungssystems hat nicht nur Auswirkungen auf Inhalt und Umfang der Einzelfächer, sondern auch auf die Organisation des Schulwesens insgesamt: In den verschiedenartigen Schultypen des dreigliedrigen Schulsystems treten die Funktionen andersartig auf, wobei sich allerdings Überschneidungen ergeben. Vor allen Dingen – wie die Schulgeschichte deutlich zeigt – können sie durchaus untereinander in Widerspruch geraten, etwa die Qualifikationsfunktion mit der so genannten Selektionsfunktion. Die Verschärfung der Selektion durch das dreigliedrige Schulsystem in Deutschland ist sicher mitursächlich für den Mangel an qualifizierten Arbeitskräften und für die seit der so genannten »Pisa-Studie« augenscheinlich gewordenen Qualitätsdefizite des deutschen Bildungswesens. Vor allem der Vergleich mit skandinavischen Ländern zeigt das Scheitern einer Bildungsplanung und -organisation, die – gewollt oder unbedacht – allzu sehr auf soziale Platzzuweisung durch Schulkarrieren gesetzt hat.

Jetzt wird's aber politisch! Werden Sie doch KultusministerIn, wenn Ihnen unser Schulsystem nicht passt! Hör' ich da nicht die Gesamtschule als Hintergrund? Aber das ist doch das unorganisierte Chaos! Menschen sind nun einmal unterschiedlich begabt – und deshalb braucht man auch unterschiedliche Schularten! Oder soll etwa meine Tochter mit Lernbehinderten die Schulbank drücken? Letztlich geht das doch auch zu Lasten der Dümmeren, weil sie in speziellen Einrichtungen viel besser gefördert werden können. Na ja, man muss das ja nicht gerade »Sonderschule« nennen. Und was würde im Übrigen aus uns, wenn alle zur Uni gehen: »Diplomklofrauen« und »Taxipsychologen«?

Näheres zu den Funktionen der Schule finden Sie unter Kap. 4.3.2.

4.3 Rahmenbedingungen des Religionsunterrichts

4.3.1 Die verfassungsrechtliche Stellung des Religionsunterrichts

Wer die Schulgeschichte betrachtet, sieht, dass der Religionsunterricht im Laufe der Jahrhunderte einem Funktions- und Bedeutungswandel unterworfen war. Dieser Wandel des Religionsunterrichts ist Ausfluss einer generellen Veränderung des Verhältnisses von Religion und Gesellschaft, die heute zumeist mit den Stichworten *»Säkularisierung«* oder »Entkirchlichung« umschrieben wird: Religion und Kirche werden immer stärker zu einem gesellschaftlichen Subsystem neben anderen, die ebenfalls ihre bestimmenden Einflüsse auf das Bildungssystem durchsetzen wollen. Der gesellschaftlichen Entwicklung folgte auch die rechtliche mit ihrer prinzipiellen, aber »hinkenden« Trennung von Kirche und Staat. Bereits Art. 137 Abs. 1 der *Weimarer Reichsverfassung* bestimmte: »Es besteht keine Staatskirche«. Aus dieser Bestimmung ergibt sich, dass der Staat sich nicht in die inneren Angelegenheiten der Kirche einmischen darf. Entsprechend lautet Art. 137 Abs. 3 WRV deshalb: »Jede Religionsgemeinschaft ordnet und verwaltet ihre Angelegenheiten selbstständig [...]«. Obwohl kein Staatskirchentum mehr besteht, hat die Kirche Sonderrechte. Das betrifft nicht nur die Regelung der eigenen Angelegenheiten, sondern auch ihre öffentliche Wirkung. Abs. 5 des Art. 137 bestimmt nämlich, dass die Kirche *»Körperschaft des öffentlichen Rechts«* ist.

Eine Körperschaft des öffentlichen Rechts nimmt unter Staatsaufsicht staatliche oder staatsnahe Aufgaben (z. B. Steuererhebung, Beurkundungen) wahr. Durch die Staatskirchenverträge bzw. das Konkordat haben die Kirchen Körperschaftscharakter erhalten.

Zwischen Kinder- und Kirchenrechten

Die *hinkende Trennung von Kirche und Staat* hat zur Folge, dass es zwischen beiden viele Berührungspunkte gibt, die zu regeln sind. Deshalb haben Staat und Kirche untereinander eine ganze Fülle von Verträgen abgeschlossen, die dieses Miteinander regeln sollen (z. B. theologische Ausbildung, Einzug der Kirchensteuer, Militär-, Gefängnis-, Krankenhausseelsorge usw.). Ein zentrales Problem dabei sind stets die Schule und der Religionsunterricht, der nach Art. 7 des heutigen Grundgesetzes eine gemeinsame Aufgabe von Staat und Kirche sein soll. Neben diesem *Recht der Kirchen* auf schulische Unterweisung ist für die Stellung des Religionsunterrichts noch das in der Verfassung ebenfalls garantierte Individualrecht der *persönlichen Religionsfreiheit* bedeutsam, das einmal in Art. 4 GG und dann in Art. 136 WRV, der über Art. 140 GG vollständiger und gleichwertiger Bestand des Grundgesetzes wurde, geregelt ist.

Der Art. 4 GG lautet: »1. Die Freiheit des Glaubens, des Gewissens und die Freiheit des religiösen und weltanschaulichen Bekenntnisses sind unverletzlich. 2. Die ungestörte Religionsausübung wird gewährleistet.«

Indirekt beinhaltet auch Art. 7 GG zwei Aussagen zur Religionsfreiheit, nämlich als Recht von Lehrkräften, nicht Religionsunterricht erteilen zu müssen und als Recht der Kinder, sich von dort abmelden zu können. Durch ersteres

Veranstaltungsankündigung gegen indirekte staatliche Hilfen für die Kirchen

und durch das Abmeldungsprinzip sind die Vorgaben über die negative Religionsfreiheit (s.u.) nach Art. 4 umgesetzt. Abs. 2 ist damit unmittelbarer Ausdruck von Art. 4 GG, nämlich der Religionsfreiheit des Kindes, die – entsprechend Art. 6 GG *(Elternrecht)* – stellvertretend durch die Erziehungsberechtigten wahrgenommen wird. Die Religionsfreiheit hat also eine sehr exponierte verfassungsrechtliche Stellung; in den neueren Auseinandersetzungen z.B. um Islamunterricht oder um religiöse Symbole und Kleidungsstücke im Schulwesen musste sich das Bundesverfassungsgericht immer wieder mit Art. 4 GG befassen (s.u.).

Die Grundsätze von Art. 4 GG werden durch den ins Grundgesetz inkorporierten Art. 136 WRV dann inhaltlich noch genauer bestimmt. Auf diesem Hintergrund hat man für die Interpretation von Art. 4 GG die Unterscheidung zwischen *positiver und negativer Religionsfreiheit* eingeführt: Die negative Religionsfreiheit meint dabei das Recht, nicht zu etwas Religiösem gezwungen zu werden. Demgegenüber steht die positive Religionsfreiheit mit dem Privileg, Religion ausleben zu dürfen. Das drückt Abs. 2 des Art. 4 aus, wenn es heißt, dass die *ungestörte Religionsausübung* gewährleistet wird. Dazu muss der Staat – trotz seiner prinzipiellen weltanschaulichen Neutralität – gegebenenfalls Hilfe (z.B. Militärseelsorge, Schutz kirchlicher Veranstaltungen) leisten. Gegen diese staatliche Privilegisierung der Kirchen wird – z.B. vom Bund der Geistesfreiheit – protestiert, und zwar im Namen der negativen Religionsfreiheit. Offensichtlich gibt es Konfliktfelder zwischen positiver und negativer Religionsfreiheit; es erhebt sich die Frage, was im Zweifelsfall nun Vorrang hat.

Für die Interpretation von Gesetzen ist ihre jeweilige Rechtsgeschichte bedeutungsvoll; dies gilt insbesondere für die Grundrechte. Dabei muss man feststellen, dass die negative Komponente der Religionsfreiheit für die Geschichte von Art. 4 zentral war. Überhaupt sind alle Grundrechte genetisch gesehen ja negativ formuliert, weil sie den Einzelnen vor staatlichen Übergriffen schützen sollen: vor Verletzung der Wohnung, vor Zensur, vor Folter usw. Dementsprechend beinhaltet Art. 4 GG in Übereinstimmung mit Art. 136 Abs. 4 WRV das Recht, an *kultischen Handlungen* teilzunehmen, vor allen Dingen aber auch, nicht teilnehmen zu müssen. Unzweifelhaft ergibt sich daraus auch, dass Konfessionslose weder direkt noch indirekt zur Finanzierung der Kirche herangezogen werden dürfen. Nach Art. 136 Abs. 3 WRV und damit nach Art. 4 GG hat jeder Mensch das Recht, über seinen Glauben zu schweigen.

Die in Art. 4 GG gewährte Religionsfreiheit hat eine negative und eine positive Variante; in Bezug auf den Religionsunterricht wird erstere in Art. 7, Abs. 2 u. 3. konkretisiert.

Art. 4 mal positiv, mal negativ

Das Recht auf Religionsfreiheit ist rechtstechnisch gesehen ein »persönliches Recht«. Deshalb kann niemand von Art. 4 aus die positive Betätigung anderer unterbinden. Das negative Recht hat seine Grenzen am positiven Recht anderer. So haben Eltern zwar das Recht, ihre eigenen Kinder vom Religionsunterricht abzumelden, sie nicht am Schulgottesdienst teilnehmen zu lassen oder sie vom Schulgebet dispensieren zu lassen. Sie können aber weder unter Berufung auf Art. 4 den Religionsunterricht abschaffen noch Schulgottesdienste und Schulgebete verbieten lassen. Andererseits verleiht die negative Religionsfreiheit keinen Anspruch darauf, von Staats wegen vor der Konfrontation mit der Religion geschützt zu werden, denn die Einschränkung der positiven Religionsausübung anderer würde die weltanschauliche Neutralität des Staates in Frage ziehen. Der Staat würde sich damit nämlich einen religionsfeindlichen Charakter geben.
Die Frage, in welchem Verhältnis die negative Religionsfreiheit zur positiven steht, war auch der zentrale Hintergrund bei den so genannten *Kruzifixurteilen*. Das landläufig bekannteste ist das Kruzifixurteil des Bundesverfassungsgerichts vom 16. Mai 1995, dem andere vorausgegangen und nachgefolgt sind. Mit dem Urteil von 1995 wurden die entscheidenden verfassungsrechtlichen Weichen für die zukünftigen Möglichkeiten und Grenzen der *Religionsausübung in Deutschland* neu und enger gezogen. Relevant sind auch die diversen *Kopftuchurteile*, durch die die positive Religionsfreiheit höchstrichterlich bestimmt wurde. Die neuere Rechtsprechung in Sachen Religion zeigt eine gewisse Tendenzwende zu einer pluraleren multireligiösen Gesellschaft, in der das Recht auf negative Religionsfreiheit Vorrang vor dem positiven Recht auf Religionsausübung hat – allerdings bedarf es dazu genauer gesetzlicher Vorgaben.
Die Urteile in Sachen Religion sind nicht nur rein juristischer Natur, sie haben auch pädagogisch-didaktische Konsequenzen. Hinter ihnen steht implizit die *religionspädagogische Herausforderung*, Kinder und Jugendliche zu einer verantwortlichen Wahrnehmung von Freiheit und Freiheitsrechten anzuleiten und zu befähigen. Vor allem der Religionsunterricht hätte Konsequenzen zu ziehen.

Auch wenn Gerichte und VerfassungskommentatorInnen sowie BildungspolitikerInnen nach wie vor ihre schützenden Hände über seine Konfessionalität legen und diese sogar mehr schützen als es akademischen ReligionspädagogInnen in den Sinn käme, so sind die Tage der Plausibilität konfessioneller Eingleisigkeiten – langfristig gesehen – wohl gezählt. Wenn der Religionsunterricht seinen Beitrag zu einer pluralen, diskursorientierten Freiheitskultur leisten soll, dann muss jede Form der Hermetik enden. Wie sehr der Schutz durch die VerfassungshüterInnen bedroht ist, zeigt der Kompromissvorschlag des Bundesverfassungsgericht in Sachen LER (Lebensgestaltung – Ethik – Religionskunde) von 2002. Er deutet die Richtung an, auf diehin sich die zukünftige Interpretation von Art. 7 Abs. 3 des GG bewegen wird, nämlich auf das Ende des konfessionellen Religionsunterrichts im öffentlichen Schulwesen.

Religionsunterricht im Grundgesetz

»1. Das gesamte Schulwesen steht unter der Aufsicht des Staates. 2. Die Erziehungsberechtigten haben das Recht, über die Teilnahme des Kindes am Religionsunterricht zu bestimmen. 3. Der Religionsunterricht ist in den öffentlichen Schulen mit Ausnahme der bekenntnisfreien Schulen ordentliches Lehrfach. Unbeschadet des staatlichen Aufsichtsrechts wird der Religionsunterricht in Übereinstimmung mit den Grundsätzen der Religionsgemeinschaften erteilt. Kein Lehrer/keine Lehrerin darf gegen seinen/ihren Willen verpflichtet werden, Religionsunterricht zu erteilen.« (Art. 7 GG)

Noch aber gilt das aus Art. 7 Abs. 3 herrührende Prinzip der prinzipiellen *Konfessionalität des Religionsunterrichts*. Art. 7 GG regelt zunächst grundsätzlich das Schulwesen in Deutschland. Dabei ratifiziert Abs. 1 eine historische Entwicklung, die die Schule genommen hat: Aus der ehemaligen Kirchengemeindeschule des 17.-19. Jahrhunderts ist nach Ende der Kaiserzeit die kirchlich unabhängige Staatsschule geworden, in die dem Prinzip nach nur der Staat eingreifen darf. Die Tatsache, dass die Schule – und damit der Religionsunterricht – eine *Veranstaltung des Staates* ist, hat weitreichende Folgen. Der Staat darf nicht nur alle inneren Angelegenheiten der Schule durch Gesetze und Verordnungen regeln, sondern er hat auch die Pflicht, für die Ausbildung der LehrerInnen zu sorgen. Die *Ausbildung von ReligionslehrerInnen* an staatlichen Universitäten ist somit keine verschleierte illegitime Unterstützung der Kirchen, sondern folgt zwingend aus Art. 7 Abs. 1 GG.
Entscheidend für die Stellung des Religionsunterrichts in der Institution Schule ist die Regelung aus Art. 7 Abs. 3, die sich inhaltlich weitgehend mit Art. 149 WRV deckt. Art. 7 Abs. 3 Satz 1 regelt zunächst die prinzipielle Zulässigkeit des Religionsunterrichts in der staatlichen Schule. Den Religionsunterricht

aus der Schule zu verbannen, wie es z.B. die Humanistische Union oder lange Zeit auch die FDP forderten, wäre verfassungswidrig. Das Grundgesetz schreibt den Religionsunterricht als *Pflichtfach* prinzipiell ausnahmslos vor. Gleichwohl gibt es Bundesländer, die eine andere Form des Religionsunterrichts haben. So ist der Religionsunterricht in *Berlin* eine rein kirchliche Angelegenheit, Noten werden nicht erteilt und es gibt auch kein Ersatzfach Ethik. Ein besonderer Fall ist das Land *Bremen*, dessen Sonderstellung in der so genannten *Bremer Klausel* des GG, nämlich in Art. 141 geregelt ist. In Art. 141 heißt es: »Art. 7 (3) Satz 1 findet keine Anwendung in einem Lande, in dem am 1.1.1949 eine andere landesrechtliche Regelung bestand« und das trifft zunächst einmal nur für das Land Bremen zu. In Bremen gab und gibt es keinen konfessionellen Religionsunterricht, sondern einen allgemeinen Unterricht in Biblischer Geschichte. Im Rechtstreit um LER spielte Art. 141 eine zentrale Rolle. Lebensgestaltung – Ethik – Religionskunde wurde 1996 als Pflichtfach an allen öffentlichen Schulen Brandenburgs eingeführt. Laut Schulgesetz soll in LER bekenntnisfrei, religiös und weltanschaulich neutral über philosophische Ethik und ethisches Urteilen sowie über Weltanschauungen und Religionen informiert werden. SchülerInnen können von LER zum Besuch eines konfessionellen Religionsunterrichts, der von den Kirchen in Eigenverantwortung unter staatlicher Hilfe angeboten wird, befreit werden.

1. Weshalb sind die Regelungen in Bremen, Berlin und Brandenburg – trotz Art. 7 GG – nicht verfassungswidrig? Könnten von den Sonderregelungen auch andere Länder betroffen sein? (Kleiner Hinweis: Die Verfassung des Freistaats Bayern trat 1946 in Kraft.)

2. Informieren Sie sich über die aktuelle Rechtsprechung und gesetzliche Regelungen zum Thema Religion, z.B. bezüglich a) Kopftuch, b) Kruzifix, c) Glockengeläut, d) Moschee und Minarett.

3. Können nicht-kirchliche Konfessionen und Religionen Religionsunterricht in der Schule erteilen? Wie ist die Situation in Ihrem Bundesland? Schlagen Sie in Ihrer Landesverfassung nach, was dort über den Religionsunterricht steht.

Kein »unordentliches« Schulfach

Eine der wichtigsten Bestimmungen von Art. 7 Abs. 3 ist, dass der Religionsunterricht als *ordentliches Lehrfach* anzusehen ist. In der Religionspädagogik bezieht man sich auf diesen Paragrafen gerne legitimatorisch, indem man sagt, der Religionsunterricht sei als fester Bestand der Schule nicht auflösbar. Aber wenn der Religionsunterricht ordentliches Schulfach ist, dann muss er auch von einem allgemeinen Bildungsauftrag der Schule her begründbar sein und begründet werden; eine exklusive Definition des Religionsunterrichts (etwa als »Kirche in der Schule«) ist von der Verfassung her zumindest problematisch. Aus der Ordentlichkeit des Religionsunterrichts folgt gemäß Art. 7 Abs. 3 in Verbindung mit Art. 7 Abs. 1, dass der Staat Aufsicht, Leitung und Kontrolle der religiösen Erziehung in der Schule hat, auch wenn er daran die Kirche beteiligen kann. Letztendlich verantwortlich bleibt jedoch der Staat; so hat die Kirche gegenüber den ReligionslehrerInnen z.B. kein Weisungsrecht. Zwar kann sie der Lehrperson nicht mehr als die kirchliche Lehrbefugnis (vocatio, missio) und damit die Voraussetzung für die Erteilung des Religionsunterrichts entziehen, aber dies hat noch keine *dienstrechtlichen* Folgen für den Lehrer/die Lehrerin. Verfassungsrechtlich kommt der Kirche bestenfalls eine fachrechtliche Prüfung zu; kirchliche Anordnungen für den Religionsunterricht können nicht mehr als Empfehlungen sein.

Der Religionsunterricht ist eine Veranstaltung des für ihn verantwortlichen Staats, die verfassungsrechtlich eine kirchliche Beteiligung zulässt; diese ist durch Landesrecht unterschiedlich geregelt.

Der ordentliche Charakter des Religionsunterrichts hat auch Folgen für den *Stundenplan*. Denn daraus ergibt sich, dass der Religionsunterricht in einer angemessenen Weise vertreten sein muss. Die Stundenzahl darf nicht zu niedrig angesetzt sein, um eine sinnvolle, dem Unterrichtsstoff angemessene Gestaltung zu ermöglichen. Im Unterrichtsplan ist der Religionsunterricht wie jedes andere Fach zu behandeln, deshalb ist es ausgeschlossen, dass er auf so genannte »Eckstunden« verlegt wird. Zur Ordentlichkeit des Religionsunterrichts gehört ganz zentral seine *Wissenschaftsorientiertheit*. Denn wenn der Religionsunterricht in Analogie zu anderen Unterrichtsfächern zu begreifen ist, dann muss auch er – genauso wie die anderen Fächer – von einer fachwissenschaftlichen Basis aus fundiert sein. Deshalb ist schon von der Verfassung her der Religionsunterricht kein bloßes *Gesinnungsfach*. Daraus folgert, dass der Religionsunterricht sich in didaktisch-methodischer Hinsicht von anderen Unterrichtsstunden nicht wesentlich unterscheiden darf.

Aus der genannten Wissenschaftsorientierung des Religionsunterrichts resultiert auch die Zulässigkeit von *Noten*. Denn entgegen der Auffassung, dass der Religionsunterricht Glaube voraussetze und die Benotung individueller Einstellungen unwissenschaftlich sei, hat das Bundesverwaltungsgericht die Rechtmäßigkeit einer Benotung im Religionsunterricht betont, wenn diese Benotung allein von wissenschaftlichen Kriterien getragen ist. Aufgrund des allgemeinen Dienstrechts ergibt sich zudem, dass der Religionslehrer/die Religionslehrerin die Religionsnote nach den allgemein anerkannten Regeln für die Benotung zu gestalten hat. Überdies muss der Religionsunterricht als ordentliches Fach *versetzungsrelevant* sein, denn er ist – trotz Abmeldemöglichkeit – kein Wahlfach oder Wahlpflichtfach. Weil der Charakter des Religionsunterrichts als ordent-

liches Fach geschützt bleiben soll, muss die durch die Abwahl frei werdende Zeit zwingend unterrichtlich genutzt oder durch ein verpflichtendes Ersatzfach wie den Ethikunterricht kompensiert werden. Dafür hat die Schulleitung zu sorgen. Entfällt der Religionsunterricht ersatzlos, liegt ein verklagbarer Verstoß gegen die Verfassung und gegen die Schulordnung vor, gegen die Eltern und Kirchen gerichtlich vorgehen könnten.
Die staatliche Verantwortung für den Religionsunterricht schließt auch die Pflicht der Übernahme der vollen *Personal- und Sachkosten* durch den jeweiligen Schulträger ein. So erhält die Kirche vom Staat einen finanziellen Ersatz für die von PfarrerInnen oder KatechetInnen abgeleisteten Religionsstunden. Auch hinsichtlich der Kopier- und Materialkosten muss der Religionsunterricht wie jedes andere Fach behandelt werden; allerdings verstoßen in der Praxis viele Schulleitungen gegen das geltende Recht. Zu den Konsequenzen der Ordentlichkeit des Religionsunterrichts gehört auch das Recht und die Pflicht des Religionslehrers/der Religionslehrerin, an den LehrerInnenkonferenzen teilzunehmen, desgleichen auch die Verpflichtung, sich an die geltenden Lehrpläne zu halten. Dass für den Religionsunterricht überhaupt Lehrpläne erstellt werden, ist ebenfalls ein Resultat aus Art. 7 Abs. 3 wie die Verpflichtung der Schulen, Schulbücher für den Religionsunterricht anzuschaffen. Lehrpläne und Schulbücher sind gute Beispiele für die notwendige Kooperation von Staat und Kirche. Nachdem die Kirche kein direktes Weisungsrecht in der Schule hat, kann sie hauptsächlich über diese beiden Faktoren dafür sorgen, dass der Religionsunterricht nach ihren Grundsätzen abgehalten wird. Damit sind Lehrpläne und Schulbücher zentrale Konkretionen für die Verfassungsvorgabe, dass der Religionsunterricht »in Übereinstimmung mit den Grundsätzen der Religionsgemeinschaften« erteilt wird. In einigen Bundesländern ist es sogar fast die einzige Einflussmöglichkeit der Kirche auf den Religionsunterricht, weil die Kirchen in ihren Staatskirchenverträgen auf weitere Einflussmöglichkeiten freiwillig verzichtet haben. Andere Bundesländer räumen hingegen in ihren Konkordaten den Kirchen weitreichende Möglichkeiten ein.

Kirchlich, aber nicht konfessionell?

Ein zentrales Problem bei der Interpretation von Art. 7 GG ist die Frage, ob der Religionsunterricht nur dann verfassungsgemäß ist, wenn er konfessionell erteilt wird, oder ob auch ein *überkonfessioneller Religionsunterricht* von der Verfassung gedeckt ist. Geht man bei der Beantwortung dieser Frage wieder von der Rechtsgeschichte aus, so muss man feststellen, dass sowohl die Väter und Mütter der WRV wie auch die des GG eindeutig an einen konfessionellen Unterricht im Sinne einer Unterweisung oder gar Werbung für eine bestimmte Konfession gedacht haben. Weder 1919 noch 1949 war allerdings eine *ökumenische Entwicklung* auch nur in Ansätzen erkennbar, die auf eine Annäherung beider

Konfessionen abzielte und die Möglichkeiten eines bi- oder überkonfessionellen Religionsunterrichts begründen könnte. Dieser Gedanke lag außerhalb damaliger Vorstellungskraft. Zu fragen ist nun, ob diese zufällige historische Konstellation auch heute normative Bedeutung haben kann oder ob man die Verfassungsvorschriften dynamisch weiterentwickeln und den neueren Zeitumständen anpassen müsste.

Eine Mehrheit von VerfassungsrechtlerInnen setzt allerdings die damalige Vorstellung normativ als noch heute gültig voraus: Für sie ist der konfessionelle Charakter des Religionsunterrichts unaufhebbar. Ja sie behaupten sogar, dass ein Religionsunterricht, dessen konfessioneller Charakter nicht mehr eindeutig erkennbar sei, den *Schutz des Grundgesetzes* verlieren würde. Auf dem Hintergrund derartiger Verfassungsinterpretationen sind dann aber Forderungen nach einem religionskundlichen, ethisch-religiös orientierten Religionsunterricht verfassungswidrig; selbst der Ansatz eines überkonfessionellen Religionsunterrichts wäre – so scheint es – problematisch. Auf diesem Hintergrund betonen – vor allem eher konservative – BildungspolitikerInnen, dass es keine Alternative zum überkommenen konfessionellen Unterricht gäbe – jedenfalls nicht, solange die Verfassung nicht novelliert würde. Doch es gibt durchaus verfassungskonforme Alternativinterpretationen, die zumindest eine ökumenische Öffnung ermöglichen.

1972 richtete der Rat der Evangelischen Kirche in Deutschland eine Kommission »zur Klärung der rechtlichen Problematik und zur Interpretation der den Religionsunterricht betreffenden Normen« ein. Von dieser Stellungnahme ist die EKD bisher nicht abgerückt. Gegen die eben skizzierte rückschauende und die geschichtlich bedingte Rechtsnorm in eine übergeschichtliche umdefinierende Auslegung betonte die EKD-Kommission, dass die rechtliche Untersuchung unter diesen Umständen ihre Aufgabe darin sehen müsse, die Verfassungsgrundlage im Blick auf die zukünftige Entwicklung darauf zu prüfen, inwiefern diese Elemente der Beweglichkeit aufweise, um den Religionsunterricht in ein neues Gesamtkonzept des Bildungswesens einfügen zu können. Deshalb sei der soziale und geschichtliche Wandel seit der Formulierung von Art. 7 GG zu berücksichtigen. Er sei – wie die gesamte Verfassung – eben dynamisch fortzuentwickeln.

Als Prinzip der Auslegung des Grundgesetzes wird dabei Folgendes formuliert: »Die Auslegung der Grundrechte des Grundgesetzes hat ganz allgemein zu einem Ergebnis geführt, dass der Text der Verfassung in einem Sinne interpretiert wird, der den Kern der normativen Absicht klar und umfassend realisiert, aber zugleich vermeidet, in einer zu stark wortgebundenen oder zu sehr an den Vorstellungen der Entstehungszeit haftenden Sinngebung festzuhalten.« Aufgabe jeder Interpretation ist es also, das damals prinzipiell Gemeinte von seiner *historischen Schale* zu befreien. Dies gilt dann auch für die Interpretation der den Religionsunterricht betreffenden Verfassungsvorschriften, insbesondere aber

für die Forderung, dass dieser nach den Grundsätzen der Religionsgemeinschaft durchzuführen sei. Die Grundsätze der Religionsgemeinschaften können nicht normativ und apriorisch gesetzt werden, sondern sie müssen vom Diskussionsstand in der entsprechenden Wissenschaft mithin der Theologie gedeckt sein.
Die Kommission selbst stellte fünf Grundsätze auf, die das evangelische Verständnis der »Grundsätze der Religionsgemeinschaften« kennzeichnen sollen. Diese Kriterien kann man wie folgt bezeichnen: 1. als kritischen Traditionsbezug, 2. als Gegenwartsbezug, 3. als Wissenschafts- und Gewissensorientierung, 4. als kritische Reflexion und Information sowie 5. als Dialogfähigkeit. Damit hat die Leitung der Evangelischen Kirche die nach Art. 7 Abs. 3 notwendigen Grundsätze ihrer »Religionsgemeinschaft« abgesteckt, ohne dass sich daraus seit 1972 tatsächliche ökumenische Fortschritte für den schulischen Religionsunterricht ergeben hätten. Zwar wurden dank der durch das zweite Vatikanische Konzil gesetzten positiven Signale auch von Seiten der katholischen Kirche zeitweilig Experimente gestattet, aber die Zeit des Reformeifers in Kirche und Schule erlahmte rasch. Dem Aggiornamento folgte das Prinzip kirchlicher Besitzstandswahrung und die ProtestantInnen schlossen sich dem nicht gerade widerwillig an. Vor allem landeskirchliche Verlautbarungen sind von diesem Geist beseelt – so als wäre der Religionsunterricht eine rein kirchliche Angelegenheit und keine Veranstaltung in Verantwortung vor Kindern und zukünftigen Erwachsenen in allgemeiner, öffentlicher Verantwortung.
Wie zwingend also ist die Konfessionalität des Religionsunterrichts für dessen Gegenwart und Zukunft? Während die religionspädagogischen TheoretikerInnen auf beiden Seiten eigentlich keine Alternative mehr zur Auflösung des konfessionellen Religionsunterrichts sehen, beharren nahezu alle KirchenvertreterInnen – zur Zeit mehr noch als früher – auf dem geschlossen konfessionellen Charakter des Religionsunterrichts. Dies gilt nicht nur für die katholische, sondern auch für die evangelische Seite. Wann aber ist – nach Kirchenauffassung – der Religionsunterricht wirklich konfessionell? Hier vertritt die katholische Kirche die so genannte *Dreierhomogenität*, während die evangelische Kirche – in Folge des EKD-Gutachtens – von der *Zweierhomogenität* ausgeht. Mit dem Begriff »Homogenität« soll die Frage angedeutet werden, durch welche Elemente des Religionsunterrichts der konfessionelle Charakter garantiert ist. Das erste Element wäre die Lehrperson und deren Konfessionalität, das zweite Element wären die Unterrichtsinhalte, also Lehrpläne und Schulbücher; das dritte Element wären die Schülerinnen und Schüler.
Die katholische Kirche vertritt – zumindest prinzipiell, wenn zumeist auch nicht schulpraktisch – die Auffassung, dass alle drei Elemente katholisch sein müssen: »Das katholische Verständnis der konfessionellen Homogenität des Religionsunterrichtes« liegt in »der Trias von Schüler, Lehrer und Lehre« (Winden, in: Lott 1983, 28). Nach Auffassung der evangelischen Kirche reicht es hingegen aus, wenn Stoff und Lehrperson eine deutliche konfessionelle Orientierung gewähr-

leisten, während eine konfessionelle Bindung der SchülerInnen nicht vorausgesetzt werden muss. Danach könnten auch katholische oder nicht-christliche Kinder am Religionsunterricht teilnehmen, wodurch dieser eine interkonfessionelle oder gar interreligiöse Komponente erhielte. Allerdings haben Landeskirchen und Kultusbehörden zwischenzeitlich durch Vorschriften zur An- und Abmeldung oder zur Notengebung usw. bürokratische Hürden aufgebaut.
»Trotz aller gezeigten Offenheit auf Seiten der EKD wird deutlich, dass sie auch in naher Zukunft nur bedingt gewillt ist, das Prinzip eines Religionsunterrichts in konfessioneller Bindung aufzugeben« (Knauth 1996, 26); bestenfalls plädiert sie für einen konfessionell-kooperativen Religionsunterricht, der sich eindeutig gegen den Ethikunterricht profiliert (EKD 1994). Was das Ende der konfessionellen Bindung des Religionsunterrichts betrifft, so werden wahrscheinlich eher demografische und bildungsökonomische denn verfassungsrechtliche Entwicklungen notwendige Innovationen provozieren: Einerseits werden die ChristInnen in Deutschland und damit in der Schule immer weniger und andererseits wird die durch »Pisa« ausgelöste Debatte dazu zwingen, Religion schulisch zu konzentrieren und alltagstauglicher zu machen.

1. Informieren Sie sich über die An- und Abmeldungsmodalitäten vom Religionsunterricht in Ihrem Bundesland.

2. Wie schätzen Sie persönlich die Zukunft eines streng konfessionellen Religionsunterrichts auf der einen oder eines allgemeinen Ethikunterrichts im Sinne von LER auf der anderen Seite ein?

3. Die Homogenität des Religionsunterrichts ist augenscheinlich vom Didaktischen Dreieck her gedacht. Erinnern Sie sich.

4.3.2 Schulsoziologische Faktoren

Die Schule, wie wir sie kennen, entstand zwischen dem Beginn des 18. und dem Ende des 19. Jahrhunderts, wobei soziale und ökonomische Funktionszwänge dafür ursächlich waren. Die Auflösung der geschlossenen Lebenswelt des Mittelalters führte mit der Neuzeit zu einer so genannten *funktionalen Differenzierung* der Gesellschaft. Bedeutsam war dabei vor allem die Auflösung der ständischen Gesellschaft und ihrer Ablösung durch die bürgerliche Gesellschaft, die dann von der Industriegesellschaft überlagert wurde. Mit dem Aufkommen der bürgerlichen Gesellschaft und der industriellen Produktionsformen differenzierte sich die bis dahin geschlossene Einheitsgesellschaft in verschiedene Untersysteme. Man kann diese funktionale Differenzierung der Gesellschaft als eine Folge von Arbeitsteilung verstehen.

Die Schule ist ein Sozialsystem

Nach N. Luhmann (☞ Kap. 2.2) reduzieren solche Subsysteme Komplexität und steigern diese zugleich. Das gilt natürlich auch für das *Bildungssystem.* Es *reduziert* erstens *Komplexität* etwa dadurch, dass es die unterschiedlichen Möglichkeiten von Bildung und Ausbildung einschränkt. Wie z.B. im Sinne der *dualen Ausbildung* zwischen schulischer und beruflicher einschließlich der Berufsschulen. Oder aus der zumindest hypothetisch vorstellbaren größeren Vielfalt möglicher Schulsysteme werden das dreigliedrige Schulsystem bzw. die Gesamtschule ausgewählt und andere Möglichkeiten von Erziehung und Bildung reduziert. So endet die traditionelle Institution der »Erziehung des ganzen Hauses« oder die zunftmäßige Ausbildung von Gesellen; Winkelschulen werden ebenso abgeschafft wie der freie Zugang zur Universität u.ä.m. Es kann nun aber gefragt werden, ob diese Reduktionen heute noch sinnhaft und funktional sind. Ein Ergebnis der vielzitierten Pisa-Studie ist, dass sich die in Deutschland entwickelten Schulformen augenscheinlich als weniger sinnvoll und funktional erweisen als andere.

Zweitens wird natürlich durch das Schulsystem zugleich auch *Komplexität gesteigert:* So gibt es eine Vielzahl von möglichen Schulabschlüssen, die es in einer weniger komplexen Gesellschaft nicht gibt; es gibt Handlungsabläufe usw., die nur für dieses System typisch sind und in anderen keine Bedeutung haben. Das gilt generell übrigens für alle Systeme, dass ihre Strukturen und Funktionen bestimmte gesellschaftliche *Positionen* und damit *Rollen* produzieren, die in anderen Systemen so nicht gebraucht werden. Daraus können – wie wir aus der Sozialpsychologie wissen – *Rollenkonflikte* entstehen, z.B. wenn eine Persönlichkeit ihre Rolle aus der Schule in andere Bereiche überträgt. Man spricht dann von einem Interrollenkonflikt, nämlich dem Konflikt zwischen zwei verschiedenen Rollen. Bewegt sich z.B. eine Lehrkraft im politischen System, dann werden an ihre Position als TeilnehmerIn an diesem System bestimmte Erwartungen gestellt, die nichts mit den Erwartungen an die LehrerInnenrolle zu tun haben. Die Steigerung von Komplexität durch das Schulsystem wird exemplarisch erkennbar, wenn (Spiel-)Kinder bei ihrem Eintritt in das Schulsystem überhaupt erst einmal in ihre Rolle als Schulkinder hineinsozialisiert werden müssen. Das bedeutet natürlich für die Kinder zunächst eine Steigerung von Komplexität, denn sie müssen jetzt anderes und mehr tun und können als zu Hause oder im Kindergarten wie Aufmerksamkeit, Disziplin, Pünktlichkeit, Unterordnung, Leistungsbereitschaft, Konkurrenzverhalten usw.

Drittens ist systemtheoretisch festzuhalten, dass auch das *Schulsystem in einer Umwelt* lebt, die zum einen aus der Gesellschaft als solcher und zum anderen aus den verschiedenen sozialen Subsystemen besteht. Daraus ergibt sich viertens natürlich, dass das Schulsystem für die Umwelt und die anderen Systeme

Tabelle: Beziehung der Schule zu Subsystemen

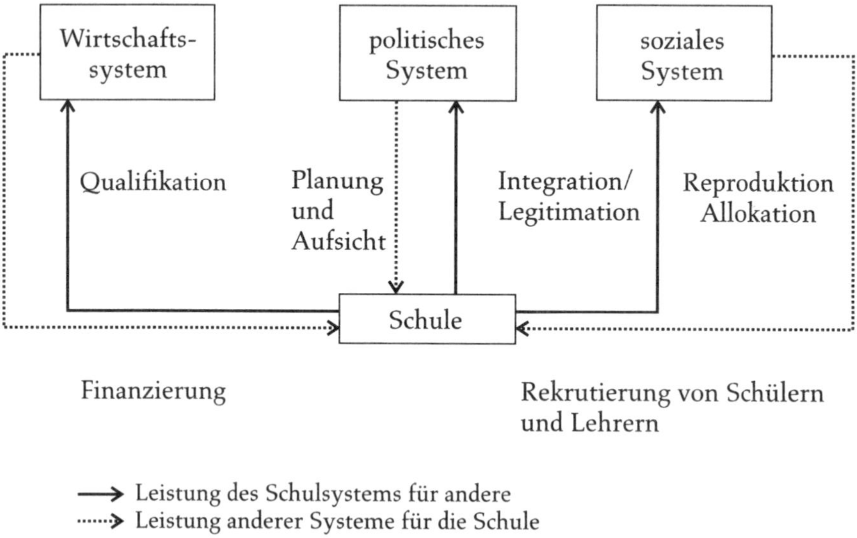

Soziales System Schule

Funktionen und Dienstleistungen zu übernehmen hat. In dem Maße, wie sie dies leistet, gilt sie als funktional. In der Bildungsreform-Diskussion der fünfziger und der siebziger Jahre sowie der aktuellen wurde jedesmal die *Funktionalität des Bildungssystems* in Frage gestellt. Bei der Evaluierung des Bildungswesens steht nicht im Vordergrund, wie sich das Schulsystem selbst versteht, sondern wie leistungsstark es innerhalb der funktionalen Differenzierung des Gesamtsystems ist; entscheidend ist es, dass Schule, SchülerInnen und Lehrkräfte »funktionieren«. Weil die Schule zum sozio-kulturellen System gehört, muss sie einerseits spezifische *Aufgaben innerhalb des eigenen Systems* übernehmen und zweitens im Zuge gesellschaftlicher Arbeitsteilungen etwas für die *anderen Subsysteme* leisten. Sie hat also eine kulturelle, eine ökonomische und eine politische Aufgabe. Wegen ihres Bezugs zur gesellschaftlichen Totalität hat die Schule darüber hinaus auch eine gesellschaftliche Funktion.

Schule – ein Produkt der bürgerlichen Welt und der Industriegesellschaft

Die gesellschaftliche Funktion des Bildungswesens kann man als seine Basisfunktion bezeichnen; sie besteht darin, das Gesellschaftssystem zu reproduzieren. Diese Aufgabe einer *Reproduktion des Gesellschaftssystems* ist letztendlich der

Grund für die Entstehung der Schule überhaupt. Die Schule ist sozialgeschichtlich gesehen ein Produkt der Erosion der ständischen Gesellschaft. Insofern verwundert es nicht, dass sie sich im Übergang von der mittelalterlichen in die neuzeitliche Welt entwickelte. Die wesentliche Wurzel der Schule liegt allerdings noch in der mittelalterlichen Welt des *gelehrten Standes;* er war der einzige Stand innerhalb der ständischen Gesellschaft, der ein explizites Bildungssystem zur Voraussetzung hatte. Im Übrigen reproduzierte sich die ständische Gesellschaft nicht durch schulische Bildung, sondern durch ihre innerständischen Sozialisationsinstanzen und existierte so über die Jahrhunderte weitgehend unverändert fort.

Komplizierter wurde es dann im Übergang von der ständischen in die bürgerliche und dann von dieser in die industrielle Gesellschaft, denn diese Gesellschaftsformen forderten *Mobilität und Flexibilität.* Damit ist die Reproduktionsfunktion der Schule doppelt, ja fast widersprüchlich bestimmt: Einerseits soll sie zur *Innovation,* d.h. zur Weiterentwicklung und Veränderung der Gesellschaft beitragen, und andererseits soll sich durch ihr Tun der Grundbestand des Systems nicht prinzipiell ändern, sondern im Großen und Ganzen *konservieren.* Man könnte deshalb die Funktion, die die Schule in einer mobilen Gesellschaft zu erfüllen hat, auch als *Reproduktion auf einer sich immer erweiternden Stufenleiter* charakterisieren. Das Maß der durch die Schule zu vollziehenden gesellschaftlichen Veränderungen richtet sich nach dem Innovationsbedürfnis der Gesellschaft. In Phasen, wo das Gesellschaftssystem eher nach Stabilität verlangt, wird die Schule diese Stabilität unterstützen; zu Zeiten, in denen ein Innovationsschub – aus politischen oder ökonomischen Gründen – notwendig erscheint, wird auch die Schule sich verändern, um damit ihrerseits gesellschaftliche Veränderungen zu initiieren.

Das Maß an Innovation und Veränderung, das der Schule zugemutet und erlaubt wird, richtet sich also immer nach den übergeordneten Bedürfnissen der Gesellschaft und ihrer Reproduktion. Die Funktionalität des Bildungssystems für andere Systeme zu überprüfen, ist die Aufgabe der *Bildungsforschung.* Sie prüft, welche Elemente des Bildungswesens funktional und welche dysfunktional sind. Weil durch die Entwicklung des ökonomischen und des politischen Systems immer wieder – und zwar in immer kürzeren Abständen – veränderte Bedürfnisse an das Bildungssystem angemeldet werden, müssen sich auch die politischen Vorgaben für das Bildungswesen relativ rasch verändern. Wegen den gesellschaftlichen Verwertungs- und Bedingungszusammenhängen von Bildung, müssen Gliederung, Organisation und Inhalte von Unterricht permanent revidiert und angepasst werden.

Schule qualifiziert

In der Reproduktionsfunktion liegt die – allerdings nicht offensichtliche, sozial aber bedeutendste – Grundfunktion des Schulsystems überhaupt; sie differenziert sich in den genannten (☞ Kap. 4.2) Einzelfunktionen. Am bekanntesten und augenscheinlichsten ist die *Qualifikationsfunktion*, weil sie ja unmittelbar mit dem Selbstverständnis von Lernen verbunden ist. Durch die Curriculumsdiskussion wurde die Qualifikationsfunktion zur Hauptfunktion der Schule erklärt. Zunächst kann man differenzieren zwischen einer allgemeinen Qualifikation zur gesellschaftlichen Teilnahme auf der einen Seite und einer spezifischen berufsbezogenen Qualifikation als Arbeitsvermögen auf der anderen Seite. Die allgemeine Qualifikation unterscheidet sich von der klassischen Vorstellung der Allgemeinbildung dadurch, dass nicht überlieferte Bildungsgehalte, von denen man annimmt, dass sie der Höherbildung des Individuums dienen, hierunter subsumiert werden, sondern dass diese Unterrichtsstoffe allein funktional auf den ökonomischen Bedarf hin orientiert sind.
Als bildungssoziologisch beschreibbare Aufgabe wird Qualifikation also anders als in der Pädagogik bestimmt. Während dort primär vom Menschen her Qualifikation als Ausbildung und Förderung menschlicher Anlagen und Fähigkeiten verstanden ist, wird sie soziologisch primär auf das ökonomische System bezogen. Der alte Bildungsgedanke einer *Selbstqualifikation* als sich autonom bestimmendes Subjekt scheint obsolet geworden zu sein. Die Qualifikationsfunktion beinhaltet zunächst eine gewisse Form der Berufsvorbereitung: Schule produziert für den Arbeitsmarkt. Doch die beruflichen Anforderungen sind höchst differenziert, so dass eine direkte Berufsvorbereitung durch die Schule nicht möglich ist. Aufgabe der Schule ist es dann z. B., eine *Schlüssel- oder Grundqualifikation* der zukünftigen Berufstätigen zu ermöglichen, auf der dann weitere berufsbezogene Berufsqualifikationen aufbauen. Oder es ist die Aufgabe des Schulsystems, bestimmte *Qualifikationsdefizite* zu beheben, wenn die Gesellschaft plötzlich einen höheren Bedarf an entwickelteren Kenntnissen und Fähigkeiten hat.
Soll die Schule tatsächlich in diesem Sinne qualifizieren, dann müssen in ihr natürlich Unterrichtsinhalte vermittelt werden, die auch für die Berufswelt Relevanz haben. In der durch die Pisa-Studie ausgelösten Bildungsdebatte steht deshalb nicht nur die Qualifikationsfunktion im Vordergrund, sondern es stehen auch zahlreiche Fächer wie Unterrichtsinhalte zur Disposition. Wenn es in Deutschland im internationalen Vergleich auffällig an den Grundqualifikationen mangelt, dann ist einerseits kompensatorischer Förderunterricht zu fordern, der allerdings andererseits zulasten anderer Lehrdeputate (z. B. Religionsunterricht) gehen kann.

Früher sprach man in der Pädagogik gerne von der Schule als der ›pädagogischen Provinz‹ und von der Schulzeit als ›soziales Moratorium‹ – was könnte damit gemeint gewesen sein? Weshalb ist diese Vorstellung – schulsoziologisch betrachtet – eine Illusion?

Schule schafft Ungleichheit

Das Schulsystem ist zweifelsohne ein Element in der Reproduktion von *sozialer Ungleichheit*. Die zweite zentrale Funktion des modernen Bildungswesens liegt deshalb in einer *Selektionsfunktion;* sie ist eng mit der *Allokationsfunktion* verbunden. Unter Allokation versteht man, dass durch die Schule und das System ihrer Abschlüsse eine soziale Platzzuweisung stattfindet. Man kann die Schule auch bildhaft mit einem Rüttelsieb vergleichen, durch das eine neue Generation gesiebt wird. Im Unterschied zu den großen Löchern fallen durch die kleinen Löcher nur ganz wenige Steinchen. Übertragen heißt das: Den schmalen Grat einer höheren Schulbildung durchschreiten nur wenige Kinder, während durch das eher grobmaschige System der *Elementarbildung* viele SchülerInnen geschleust werden sollen und können. Durch den jeweiligen Schulabschluss ist dann ihr Berufs- und Lebensweg und damit ihr soziales Schicksal besiegelt. Die Schule sortiert also aus. Wenn man von der Schulgeschichte ausgeht, so könnte man zunächst vermuten, dass die selektive Funktion der Schule – neben ihren strukturellen Voraussetzungen (vgl. dreigliedriges Schulsystem) – primär durch Prüfungen wahrgenommen wird. *Selektionsmechanismen* sind nicht nur die Noten und Abschlusssysteme, sondern z.B. auch die schichtenspezifische Geprägtheit des Schulsystems, die zur Benachteiligung bestimmter anderer sozialer Gruppen führt. Werte wie Ordnung, Pünktlichkeit usw. sind für unser Schulleben zentral geworden, sie sind aber besonders typisch für die Mittelschicht. Vor allem die Sprache der Schule ist eindeutig der *elaborierte Sprachcode* der Mittelschicht. Unterschichtkinder mit ihrem *restringierten Sprachspiel* kommen also, wenn sie die Schulwelt betreten, auch in eine gänzlich andere Sprachwelt; sie müssen sozusagen erst einmal eine Fremdsprache lernen, die andere Kinder bereits virtuos beherrschen.

Hinzu kommt, dass den schichtspezifischen Unterschieden im Sprachverhalten auch eine schichtenspezifische Differenz in den Wertorientierungen und in den Erziehungszielen entspricht. Unterschichtkinder – aber auch die aus den oberen sozialen Schichtungen – treffen also in der Schule auf andere Verhaltensweisen und andere Wertordnungen, als jene, die ihnen bereits bekannt sind; durch diesen »Kulturschock« und »Kulturwechsel« erscheint ihnen die Schule als eine fremde Welt. Nur diejenigen SchülerInnen aus der Unterschicht haben hier eine Chance, die – aufgrund individueller Intelligenz – hohe Anpassungsleistungen erbringen können. Oberschichtkinder, die in der Mittelschichtkultur des all-

gemeinen öffentlichen Schulwesens ebenfalls »fremdeln« und die deshalb Schulschwierigkeiten haben, können auf Internate, die weniger mittelschichtgeprägt sind, ausweichen.
Selektierend wirkt – neben der Sprache und dem Wertesystem – auch der das schulische Lernen charakterisierende Vorrang *kognitiver Prozesse*. Diese sind von Mittel- oder Oberschichtkindern leichter nachzuvollziehen als von Mitgliedern der Unterschicht, die eher pragmatisch oder emotional orientiert sind. Hinzu kommen weitere Selektionsmechanismen, wie z. B. die finanziellen Möglichkeiten der Eltern, die Kleidung der Kinder, die Teilnahme an prestigeträchtigen oder förderlichen Veranstaltungen usw. Für SchülerInnen aus der Unterschicht tritt beim Besuch des Gymnasiums zudem ein Widerspruch zwischen ihrer *sozialen* und ihrer *personalen Identität* auf. Ihre personale Identität wurzelt in der bisherigen Biografie und haftet somit an der Herkunftsfamilie und deren Beziehungsgeflecht; die soziale Identität ist geprägt durch die augenblickliche Rolle. Im Bewusstsein von Schülern bzw. Schülerinnen aus der Unterschicht bleibt »GymnasiastIn-Sein« immer etwas, was ihn/sie von seinen/ihren sozialen Wurzeln entfremdet. Das wirkt sich besonders dann aus, wenn in der Schulkarriere des Kindes eine Krise auftritt. Unterschichtkinder bleiben nicht nur häufiger »sitzen«, sie verlassen daraufhin auch in vielen Fällen sofort das Gymnasium, wiederholen also nicht. Hier wirken Selektionsmechanismen und so reproduziert sich auch eine soziale Ungleichheit durch die Ungleichheit von Bildungschancen.
Die Dominanz der selektiv-allokativen Funktion des Schulwesens ist historisch zu verstehen. Sie war ursprünglich eine Folgeerscheinung der sich auflösenden Ständegesellschaft, denn in der »bürgerlichen Gesellschaft« ist der soziale Status einer Person nicht mehr irreversibel von Geburt an festgelegt. Er muss vielmehr – zumindest partiell – von jeder neuen Generation neu erworben bzw. ihr von der Gesellschaft jeweils neu übereignet werden. Die Statik der ständischen Gesellschaft wird abgelöst durch die Dynamik von sozialem Auf- und Abstieg. In diesem Zusammenhang erwirbt die Schule jene Funktion, die man soziologisch heute als Allokations- oder Selektionsfunktion bezeichnet. Weil grundsätzlich jede/r jede gesellschaftliche Position einnehmen könnte, aber nur eine begrenzte Anzahl von Positionen einerseits zur Verfügung steht und andererseits dafür gesorgt werden muss, dass auch subjektiv weniger erwünschte Positionen besetzt sind, muss die Schule durch Selektionen den Zugang filtern. Entsprechend dieser Bestimmung entsteht so ein differenziertes System von Schulabschlüssen, die über die formalen Zugangsmöglichkeiten zu sozialen Positionen ent-

scheiden. Das Abschlusssystem ist also inhaltlich gesehen eine Folge der Qualifikationsfunktion, insofern durch Abschlusszeugnisse unterschiedliche Qualifikationen nachgewiesen werden. Formal gesehen ist es aber eine Folge der Selektionsfunktion.

Schule integriert und sozialisiert

Neben der Qualifikations- und Selektionsfunktion hat die Schule eine *Integrationsaufgabe*. Die integrative Leistung des Schulsystems kann man auch als ihren Sozialisationseffekt bezeichnen. Denn *Sozialisation* wird »überwiegend als der Prozess der Integration des Individuums in die Gesellschaft verstanden, der für das Individuum einen gewissen Zwangscharakter hat« (Hurrelmann 1975, 15). Häufig wird der Begriff »Sozialisation« auch durch die Bezeichnung »Inkulturation« ersetzt oder ergänzt, denn Sozialisation bedeutet das Einführen eines Kindes in eine vorgegebene Kultur. Unter Kultur versteht man das System von geltenden Werten, Normen und anderen Bewusstseinsinhalten. Die Aufgabe des Erziehungssystems besteht darin, in Kindern diese verbindlichen Wert- und Bewusstseinsstrukturen aufzubauen. Eben diese Funktion hat auch die Religion (s.o.), so dass wegen dieser Kongruenz in der Integration die Hauptaufgabe des Religionsunterrichts zu sehen sein dürfte.
Durch die Schule sollen also die allgemein geltenden kulturellen Werte und Normen an die nachwachsende Generation weitergegeben werden (☞ Kap. 2.1). Die Kinder sollen also lernen, was schätzenswert ist und was nicht. Dazu gehört natürlich auch die Übereinstimmung zum bestehenden politischen System. Damit ist eine Funktion angedeutet, die man entweder unter die Sozialisationsfunktion subsumieren oder als eigenständige Funktion des Schulsystems benennen kann. Diese *Funktion der Legitimation* und Sozialisation ist ebenfalls historisch zu verstehen: Sie war ein entscheidendes Moment der Schulgeschichte im Obrigkeitsstaat des 19. Jahrhunderts, wobei gerade dem Religionsunterricht eine unrühmliche Aufgabe zuwuchs; er wurde nämlich damals durch die restaurative Schulpolitik zu einem Gesinnungsfach zur Erzeugung treuer Untertanenmentalität. In anderer, aber vergleichbarer Weise erzeugt das Schulsystem – geschichtlich wie aktuell – das, was Jürgen Habermas »Massenloyalität« nennt. Gemeint ist die grundlegende, unbewusste Zustimmung zum politischen System. Die Legitimationsfunktion behält ihre konstitutive Bedeutung für die politische Kultur, wenn sie nicht dazu dient, heteronome Untertanenmentalität anzusozialisieren, sondern wenn sie als Moment kritischer politischer Bildung ein autonomes Demokratiebewusstsein fördert.
Soziologisch gesehen ist Schule ein gesellschaftliches Subsystem, das mit anderen Systemen (z.B. dem kulturellen, politischen oder ökonomischen) in einem

Funktionszusammenhang steht. Diese Funktionen sowie die Leistungen der anderen Systeme für dieses (z. B. Finanzierung) bestimmen die innere Struktur der Schule.

Für die Religionspädagogik ist die Berücksichtigung der bildungssoziologischen Funktionen des Unterrichts aus zwei Gründen wichtig: Zum einen wird der Religionsunterricht politisch und publizistisch an seiner Funktionalität für diese Funktionen gemessen werden – und insofern ist er herausgefordert, konstruktiv mit diesen Rahmenbedingungen umzugehen und sich endgültig von den Illusionen einer kirchlichen Veranstaltung mit autarken Wahrheits- und Wirkungsansprüchen zu verabschieden. Zum anderen zeigt die Geschichte des deutschen Schulwesens die Folgen eines Hidden-Curriculums, wenn man sich nicht kritisch mit den tatsächlichen sozialen, politischen und ökonomischen Implikationen einer Religion in der Schule auseinandersetzt: Hinter einer vermeintlich »reinen«, unpolitischen religiösen Erziehung wirken massive soziale Lernprozesse. Die Religionspädagogik würde »sich durch das Ignorieren solcher sozialer Funktionen die Möglichkeit einer realitätsadäquaten Beschreibung und Analyse« (Rupp 1994, 280) berauben. Diese Einsicht, die keine neue, sondern dem kritischen Bildungsdenken per se zu Eigen ist, gilt auch für die übrigen Rahmenbedingungen des Religionsunterrichts.

1. In einer neueren Religionspädagogik (Koerrenz, R. (2003): Evangelium und Schule, Leipzig) wird behauptet, dass Schule und Schulleben von ihren Strukturen her quasi danach rufen, »in Einklang mit dem Evangelium gebracht werden« zu wollen; lässt sich dieser Ansatz vereinbaren mit der Forderung nach kritisch-konstruktiver Berücksichtigung schulischer Strukturen und Funktionen?

2. Was wissen Sie über die Pisa-Studie und die anderen vergleichenden neueren Schulstudien (Iglu, TIMSS)? Gegenüber welchen Ländern ist Deutschland aus welchen Gründen im Nachteil?

3. Vergleichen Sie die Funktionen der Schule mit der Vorstellung von Bildung.

4. Konkretisieren Sie die Funktionen auf den Religionsunterricht hin. Ziehen Sie daraus Konsequenzen für die Aufgaben anderer religionspädagogischer Handlungsfelder.

Eine kirchliche Stellungnahme zur Pisa-Studie finden Sie in der EKD-Bildungsdenkschrift von 2003.

5. Jugendalter

1. Wodurch unterscheidet sich Ihrer Meinung nach »Jugend« von »Kind« und »Erwachsen-sein«?

2. Wahrscheinlich haben Sie Jugendarbeit selbst erlebt oder kennen Menschen, die stark darin engagiert waren/sind: Welches Bild von Jugendarbeit haben Sie? Welche Kritik, welches Lob, welche Fragen?

3. Können Sie mit folgenden Stichworten etwas anfangen: bündische Jugendarbeit, Jugendsozialarbeit, Ich-Identität, Jugendbewegung, Adoleszenz, BDKJ, Bundessozialhilfegesetz, Landesjugendkonvent, Patchwork-Jugend?

5.1 Jugendkultur, Wertorientierung und Jugendreligiosität

Godwin Lämmermann

Zwar machte erst die Jugendbewegung »die Jugend« zum Begriff und Programm, aber gleichwohl reichen ideengeschichtlich die Wurzeln des Jugendbegriffs sicher weit in die Reformation und die Renaissance zurück, weil bereits hier erstmalig in der abendländischen Welt das Subjekt sich selbst zum Thema machte und insofern auch Unterschiede in der eigenen regelhaften Biografie reflektieren musste. Mit der Proklamation von »Jugend« und »Kindheit« war die erwachsenenorientierte Gleichmacherei der ständischen Gesellschaft beendet und der Blick frei für die Gesetzmäßigkeiten und Besonderheiten von *Lebensphasen*. Zunächst jedoch wurde »Jugend« als ein theoretisches Problem der aufkommenden Erziehungslehren betrachtet, die den Jugendlichen rasch und geschlechtsneutral zum »*Zögling*« umformatierten. Ein Jugendlicher war eben ein Zu-Erziehender mit spezifischen »Jugendproblemen«. Geschlechtsspezifische Differenzen bei der Betrachtung der Jugendzeit sind relativ neuen Datums und stammen zunächst aus behütungspädagogischen Sorgen. Denn der Kampf gegen *Koedukation* geht einher mit den pädagogischen Versuchen zur Kolonialisierung der Jugendwelt und hier vor allem der Welt der Triebe. Dabei spielte die kirchliche Jugendarbeit mit ihren geschlechtsspezifischen Ausgrenzungen eine wichtige Rolle. Demgegenüber gehörte die Geselligkeit von Jungen und Mädchen zu den emanzipatorischen Idealen der Jugendbewegung, die entgegen landläufiger Vorurteilsbildung keineswegs idyllisch und romantisierend war, sondern mehr oder weniger revolutionär; das gilt natürlich vor allem für die proletarische und sozialistische Jugendbewegung, aber auch für die bürgerliche.

Die Länge der Jugend schwankt

Jungendkulturen und jugendliche Einstellungen sind einem raschen, fast zyklisch zu nennenden Wandel unterworfen. Das erschwert es, sich ein festes generalisiertes Bild von der Jugend als solcher zu machen. Zu den Kennzeichen der *Postmoderne* gehört – so wird behauptet – das *Verschwinden der Jugend* als einer einheitlichen und relativ eindeutig definierbaren Lebensphase mit vergleichbaren Werten und Kulturen. Das gilt sowohl für die Länge der Jugendzeit als auch für das jugendtypische Selbstverständnis. Bei der Abgrenzung der Jugendzeit spielen sozio-ökonomische, sozio-kulturelle, familiale und entwicklungspsychologische Faktoren eine wesentliche Rolle. Unter den ersten beiden Gesichtspunkten wird vor allem in soziologischen Studien das Ende der Jugendzeit mit *Statusübergängen* verbunden, die sich aus Familiengründung und Abschluss der Ausbildung ergeben. Daraus ergibt sich, dass die Jugendzeit für HauptschulabsolventInnen eindeutig früher zu Ende ist als für Studierende, denn sie schließen in der Regel mit 18 Jahren ihre Lehre ab und heiraten auch deutlich früher als die akademische Jugend. Je nach sozialem Status kann die Jugendzeit dann also zwischen sieben und fast 20 Jahre lang sein. Allerdings haben neuere Studien gezeigt, dass die »objektiven« Kriterien der Jugendforscher für das Ende der Jugend nicht vollständig mit der subjektiven Selbsteinschätzung der Jugendlichen selbst übereinstimmen. Oft ist gar das Gegenteil der Fall. Empirisch belegbar ist, dass sich Jugendliche, deren Übergang in den Berufs- und Familienstatus sich durch lebensgeschichtliche Zwänge hinausschiebt, oft früher als Erwachsene verstehen, während junge und berufstätige Familienväter bzw. -mütter sich durchaus noch als Jugendliche begreifen.

Die »objektive« Jugendzeit endet also vor allem für die akademische Jugend später als in vorangegangenen Epochen. Aber sie beginnt auch früher: In Bezug auf die körperliche Entwicklung muss man von einem Trend zur stetigen *Verfrühung der Jugend* sprechen. Schon der Augenschein zeigt, dass – biologisch gesehen – Jugendliche heute eher als noch vor einigen Jahrzehnten die Phase der Kindheit verlassen. Nimmt man z. B. die Menarche als äußerlichen Indikator für das Frau-geworden-sein, so hat sich in der kurzen Zeit von nur 15 Jahren die Dauer der Kindheit von durchschnittlich 13,5 Jahren auf 12,2 Jahre verkürzt (Kluge 1998, 32). Die damit verbundene kulturgeschichtliche Revolution macht der langfristige Vergleich deutlich, denn vor 100 Jahren lag das Menarchedurchschnittsalter noch bei 16,5 Jahren. Gegenüber ihren Urgroßmüttern werden heutige Mädchen also gute vier Jahre früher zumindest biologisch zur Frau. Die Frage, ob und wie Mädchen mit ihrer frühen Fraulichkeit auch psychisch fertig werden, ist umstritten; ein diesbezüglich negatives Urteil dürfte sich aber wohl eher aus kulturpessimistischen und jugendskeptischen Motiven speisen. Der Beschleunigungsschub im Erwachsenwerden gilt in ähnlicher Weise auch für Jungen. Nimmt man als Indikator für Jugendlichkeit die genitale Sexualität, so muss man z. B. sagen, dass KonfirmandInnen nicht nur körperlich, sondern auch in ihren Sexualleben junge Frauen und Männer sind: 7% der 14-jährigen und 15% der 15-jährigen Jungen und Mädchen verfügen über *Koituserfahrungen*. Im Mittelwert liegt das Durchschnittsalter für den ersten Geschlechtsverkehr bei »16,6 Jahren mit einer Standardabweichung von 1,7 Jahren« (vgl. Nickel 1995, 30). Im Regelfall machen männliche wie weibliche Jugendliche zwischen dem 14. und dem 18. Lebensjahr ihre ersten intimen Erfahrungen mit dem anderen Geschlecht.

Biologisch gesehen fängt »Jugend« immer früher an. Physiologisch endet »Jugend« eher. Ursächlich dafür sind aber keine physio-biologischen, sondern kulturbedingte Gründe – wie der interkulturelle Vergleich zeigt. Gleichwohl ist – psychologisch wie sozial betrachtet – eine Streckung dieser Lebensphase zu konstatieren.

Nicht nur die Länge der Jugendzeit entzieht sich einer Regelhaftigkeit, sondern auch ihre Verlaufsform. Wenn man heute in der Jugendforschung durchgängig von einer »Entstrukturierung bzw. De-Standardisierung von Lebensläufen« (Heitmeyer, in: Neubauer/Olk 1987, 16) spricht, so bedeutet das, dass es den typischen, durch das Alter vorgegebenen Verlauf von Jugend nicht mehr gibt. Schon lange ist sie keine einheitliche Erscheinung mehr – und was gestern noch als jugendtypisch galt, ist heute bereits Altherren-Latein. Jugendforscher sprechen von einer »jugendkulturellen Pluralisierung und Differenzierung der Lebensformen und -stile« (Ferchhoff/Neubauer 1989, 143), die ein Ausdruck postmoderner Zivilisation sei. Selbst die einst zutreffende Behauptung, die Jugend sei kritischer, revolutionärer und innovativer als die Generation der Eltern und Großeltern, stimmt nicht mehr. In den sechziger Jahren sprach man z. B. von der »skeptischen Generation«, in den siebziger von den Rebellen der APO und der Studentenbewegung, so beargwöhnte man bereits in den achtziger eine »verwöhnte Generation«; die einzige, die Jugendgenerationen zusammenhaltende Gemeinsamkeit schien in einem distanzierten *Verhältnis zur Elterngeneration* zu liegen. Die Shell-Studie von 1985 diagnostizierte sogar – wie andere auch – eine basale Differenz zwischen den Generationen, die nach jugendlichem Selbstverständnis in total verschiedenen Welten lebten. Vor allem war den Jugendlichen die Sinnhaftigkeit der Lebensentwürfe ihrer Eltern suspekt geworden. Die substanzielle Unterscheidung von den Eltern fokussierte sich im Streit um Erziehungsideale. Mehr als die Hälfte der Jugendlichen wollte vor 20 Jahren ihre Kinder ganz anders erziehen als sie selbst erzogen wurden,

Jugend Mitte der 1960er Jahre

Jugend zu Beginn des 21. Jahrhunderts

nämlich freier, selbstbewusster, verständnisvoller, liberaler und sozialer. Die Abkehr von den Erziehungsidealen der Elterngeneration indizierte so einen generellen Wertewandel.

1. *Was interessiert Jugendliche heute?*

2. *Konkretisierten Sie die Typologie!*

Patchwork-Jugend

Die Kinder des Wertewandels wandeln die Werte neu – aber weniger radikal und weniger nonkonformistisch als die Jugendgeneration ihrer Eltern. Fragt man, wie es mit dem Wertehimmel der Jugend bestellt sei, so brachten die Shell-Studien bemerkenswerte Ergebnisse: Die Jugend 2002 ist pragmatisch geworden und zeigt eine *Patchwork-Moral*. Werte, zwischen denen die Erwachsenengeneration – teilweise kontradiktorische – Divergenzen sieht, vereinigt die jugendliche Patchwork-Moral problemfrei. So können z.B. Treue und »Fremdgehen« als gleichberechtigte Werte nebeneinander existieren (s.u.). Die Vereinigung des Nichtvereinbaren ist so etwas wie die postmoderne Ethik der neuen Generation. Die generelle Diagnose, dass man von einem geschlossenen Selbstbild der Jugend als solcher nicht reden kann, gilt vor allem auch für ihre ethische Orientierung: Die Jugend 2002 teilt sich in vier gleich große *Wertprofile* auf. Es gibt zwei Extreme, nämlich die so genannten »sozialen Idealisten« einerseits und die als robust bezeichneten »Materialisten« andererseits, dazwischen findet man noch die Gruppe der »Unauffälligen« sowie eine, die von den Jugendforschern die »selbstbewussten Macher« genannt wurde. Diese Typen differieren übrigens nach Alter, Geschlecht und Schulart. Ein grobes

Profil der einzelnen Typen ist folgendermaßen zu umschreiben: Die *»sozialen Idealisten«* zeigen ausgeprägte Kreativität, hohes Engagement, Toleranz, Respekt vor dem Gesetz, Sicherheit, Fleiß und Ehrgeiz. Die nächste Gruppe der *»robusten Materialisten«* wird charakterisiert durch große Durchsetzungsfähigkeit, Machtstreben, Hedonismus, wenig Engagement sowie kaum Respekt vor Gesetz und kein besonders großes Sicherheitsstreben. Die Zwischengruppe der *»Unauffälligen«* scheint sich nicht festgelegt zu haben; diese Jugendlichen haben insgesamt kein intensives Verhältnis zu Werten und Normen. Als vierter Typus jugendlicher Wertorientierung tritt der *»selbstbewusste Macher«* auf. Er überbrückt die Kluft zwischen Idealisten und Materialisten ohne größere Mühe und Spannung. MacherInnen legen Wert auf hohen Lebensstandard, Sicherheit, aber auch auf Engagement und Toleranz; zudem ist ihnen Durchsetzungsfähigkeit wichtig.

Die Patchwork-Moral ist Teil einer Patchwork-Identität der Jugend; diese kann verstanden werden als ein Symptom der Postmoderne. Die Postmoderne ist gekennzeichnet durch Eklektizismus und Pluralität. Patchwork-Moral kann auch als Collage oder Bastel-Mentalität verstanden werden, die unbeeinflusst von Zwängen und Traditionen unterschiedliche, selbst widersprüchliche Momente synthetisiert.

Die Jugend wird konservativ

Im Großen und Ganzen stimmen nicht nur Kinder – die das ja schon immer taten –, sondern – im Unterschied zur vorangegangenen Jugendgeneration der heutigen Eltern – auch Jugendliche den Werten ihrer Eltern zu. Überhaupt ist die Spannung zwischen den Generationen scheinbarer Harmonie gewichen, denn plötzlich rechnen Jugendliche wieder ihre Eltern zu den dominanten Vorbildern. Von ihnen borgen sie sich auch ihre Erziehungsnormen, denn sie wollen ihre Kinder in der Regel so erziehen wie sie selbst erzogen wurden. Das mag Harmoniesüchtige ebenso beruhigen wie die Hüter des Wertes »Familie«. Für Verfechter des Bildungsideals einer autonomen Ethikkompetenz jedoch ist das vielleicht etwas zu viel Affirmation. Sowohl politische wie ökologische oder soziale Verantwortlichkeit wird heute bei Jugendlichen gegenüber vorangegangenen Jugendgenerationen kleiner geschrieben. Umweltbewusstes Verhalten z. B. rangiert eindeutig hinter anderen hoch geschätzten Werten wie Fleiß, Ehrgeiz, Macht, Leistung, Einfluss und Sicherheit, aber auch Spaß. Diese modernen Tugenden verbinden sich in der Jugend unserer Zeit mit den bekannten Sekundärtugenden, die erstaunlich hohe Akzeptanz haben.

Hinsichtlich des Wertekonservativismus der postmodernen Jugend diagnostizierte der »Spiegel« 2003 eine »wachsende *Sehnsucht nach bürgerlichen Werten*, wie

Disziplin, Anstand und Höflichkeit«: 94 % der Jugendlichen waren der Meinung, dass diese Werte eine größere Rolle als bisher spielen sollten. Die Frage nach dem zeitgemäßen Outfit ist die Außenseite des inneren Wertewandels: »An die Stelle schlaksigen Beziehungswusels im Hau-auf-die-Schulter-Unstil tritt lange Verlorenes: klare Verhältnisse, Distanz, gut sitzender Anzug, Respekt [...], für diese Lebensweise gibt es einen altmodischen Sammelbegriff: Sittlichkeit« (Der Spiegel 28/2003, 125 f.). Hinter der Rolle rückwärts zur großelterlichen Moral steckt allerdings eine zutiefst verunsicherte Jugend, deren Neubürgerlichkeit der biedermännischen Reaktion auf die Vormärzbewegung und deren soziale Umbrüche nicht gänzlich unähnlich ist: Im Sog von Zukunftsangst, Arbeitsplatzunsicherheit und rasch wechselnden Verhältnissen sucht man einen ruhigen Pol und eine Absicherung für die bedrohte Identität. Die Grundorientierung der Jugendlichen hat die Shell-Studie auf einen Begriff gebracht: »Eine Generation von *Egotaktikern*«. Kennzeichnend für diese Egotaktik sind ein ständiges Beobachten der Umwelt, um festzustellen, wo man in seiner Entwicklung steht, ein gewisses Maß an Opportunismus und Bequemlichkeit sowie die Fähigkeit, bei einer sich bietenden Chance zuzugreifen. Eine andere Jugendstudie über die erste Jugendgeneration des neuen Jahrtausends fasst die Wertorientierung von Jugendlichen schon in ihrem Titel griffig ganz anders zusammen: »Null zoff und voll busy« indiziert eine Generation von friedfertigen »KuschlerInnen« – und in der Tat sind Freundschaft und partnerschaftliche Harmonie unübertroffene Spitzenwerte. Der Anschein jedoch, Jugendliche würden wieder Anschluss suchen an die traditionelle Moral, täuscht auf den zweiten Blick. Diese und die anderen Wertsetzungen sind nämlich integriert in eine jugendliche Patchwork-Moral, die zusammenbringt, was den Altvordern noch als unvereinbar erschien.

Ein Egotaktiker – wer oder was ist das denn?

Jugendsex zwischen Treue und Seitensprung

Die Patchwork-Mentalität heutiger Jugendlicher wird besonders augenscheinlich bei Fragen der Sexualmoral. So hat der klassische Wert »*Treue*« heute jugendkulturell wieder durchaus Konjunktur, jedenfalls mehr als noch vor 20 Jahren. Doch dies nicht im Sinne geschützter Monogamie: »Obwohl es das eindeutige Bekenntnis zur Treue gibt, bekennen sich sowohl weibliche wie männliche Jugendliche zu Seitensprüngen innerhalb der festen Partnerschaft« (Belschner 1991, 77). Der *Seitensprung* gehört eben zum Spaßanspruch der »postalternativen Fungeneration« einer insgesamt postmodernen Jugend. Kennzeichen der Postmoderne ist es ja gerade, Widersprüche als solche nicht gelten zu lassen, sondern das scheinbar sich Widersprechende unsynthetisiert

nebeneinander stehen zu lassen. In die Patchwork-Identität der postalternativen Jugendgeneration kann widerspruchsfrei scheinbar Antagonistisches integriert werden. Offensichtlich beinhaltet der jugendliche Selbstwiderspruch auch den Hang zur Entkoppelung von Lust und Liebe; man/frau gönnt – entsprechend dem postmodernen »Zwang zur Pflicht zum Genuss« (Ferchhoff 1988, 1003) – sich dem/der Partner/in. Konsequenterweise ist deshalb »Virginität [...] keine Wertvorstellung mehr« (Schmidt 1993, 19). Zwar gibt es bei der Verwirklichung dieses Modells der offenen Partnerschaft noch gewisse geschlechtsspezifische Differenzen, aber die Zeiten, in denen der Seitensprung als ein männliches Privileg galt, sind unter Jugendlichen vorbei – allerdings nur, wenn das basale Treueverhältnis dadurch nicht gestört wird. Vorbei ist auch die Zeit, in der vom Mann die Initiative ausgeht; Mädchen sind mittlerweile ebenso spontan aktiv wie Jungen (Schmidt/Schetsche 1998, 148).
Die *Ehe* erfreut sich in der ersten Jugendgeneration des neuen Jahrtausends großer Beliebtheit, aber vorehelicher Geschlechtsverkehr, durchaus auch mit mehreren Partnern, ist unter Jugendlichen allgemein goutiert oder stellt zumindest kein moralisches Problem dar. Dennoch laufen – entsprechend dem Triumvirat von Sexualität, Liebe und Treue – auch die sexuellen Wünsche heutiger junger Menschen auf feste Bindung möglichst in einer Ehe hinaus. Jugendliche wollen möglichst heiraten (55 % der Mädchen und 49 % der Jungen) und Kinder bekommen (64 % der Mädchen und 58 % der Jungen). Jugendliche projektieren dabei in der Regel das Modell der *Kleinfamilie* mit zwei Kindern (42 %), wobei der Kinderwunsch mit steigendem Bildungstand deutlich abnimmt. Hinsichtlich der Frage eines Schwangerschaftsabbruchs befinden sich junge Frauen weit jenseits offizieller (katholischer) Kirchenmoral: nur 13% sind »unter allen Umständen gegen einen Schwangerschaftsabbruch«, mehrheitlich plädieren sie für eine Fristenlösung; beim Eintreten des Falls der Fälle würden 47,6% der jungen Frauen das Kind austragen wollen.

1. *Jugendsexualität zwischen Treue und Promiskuität – wie erklären Sie sich das?*

2. *Ziehen Sie Konsequenzen für die religionspädagogische Arbeit mit Jugendlichen.*

Ich kann mir ja nicht helfen, aber diese Wertediffusion der Jugend schreit ja förmlich nach einer Normen setzenden Werteerziehung. Schließlich stehen Kirche und Christentum für eine dezidierte Wertorientierung, die sich bewährt hat und die auch heutigen Jugendlichen gut tun würde. Sollen wir Hedonismus, Narzissmus, Egoismus und wie die Ismen auch immer heißen mögen wirklich freien Lauf lassen?

Reif werden

Zur Entdeckung der Jugendzeit als einer eigenständigen Lebensphase gehört die Erkenntnis, dass mit ihr nicht nur typische soziologisch zu fassende Statusübergänge verbunden sind, sondern auch, dass mit ihr spezifische *psychodynamische Entwicklungen* einhergehen. Bereits Anna Freud hat diese besonderen psychodynamischen Probleme der Adoleszenz beschrieben. Sie sah sie vor allem darin, dass durch ein Wiedererstarken der Es-Impulse die in der Latenzperiode vollzogene Organisation des Ichs sich bewähren und zugleich neu gestalten muss. Dabei leben alle bisherigen Konflikte mit sich selbst und mit der Familie wieder auf; die damit zusammenhängende Verstärkung von Ängsten, die gewachsene Fähigkeit, Reaktionen des Über-Ichs zu antizipieren u. v. m. bestimmen die pubertäre Dramatik. Für Erik Erikson ist die Adoleszenz die entscheidende Reifungskrise im gesamten Entwicklungsgang des Menschen, weil sich hier das Ge- bzw. Misslingen von Ich-Identität klärt. Die *Konzeptualisierung von Ich-Identität* stellt den/die Jugendliche/n vor die Aufgabe, die bisherige Selbstinterpretation über Identifikationen (vor allem mit den Eltern, insbesondere mit dem gleichgeschlechtlichen Elternteil) aufzugeben.

Die Pubertät ist die Zeit der Ablösung eines Kindes von den identifikatorischen Bindungen in der Ursprungsfamilie. Demgemäß konnte die Konfirmation und der Konfirmandenunterricht als kirchliche Begleitung in diesem lebensgeschichtlich zentralen Prozess interpretiert werden (Stoodt 1973). Helm Stierlin hat diesen Prozess näher beschrieben und dabei zwei verschiedenartige Extremmodi einer adoleszenten Ablösung unterschieden: die zentrifugale und die zentripetale. Im *zentripetalen Modell* ist die Orientierung des/der Jugendlichen an »peer-groups« sehr schwach; die alten, alle Mitglieder in ihrer ursprünglichen Position fixierenden Familienbindungen verzögern bzw. verhindern die Ablösung. Familiäre Voraussetzung für das *zentrifugale Ablösemodell* ist eine »offene und häufig feindselige Streitlust« und »vor allem die Zurückweisung und Vernachlässigung der Kinder durch die Eltern« (Stierlin 1977, 55 f.). Den Jugendlichen erscheint die wahre Befriedigung ihrer Bedürfnisse nur außerhalb der Familie möglich. Die innerfamiliäre Beziehungslosigkeit wiederholt sich auch in den Außenbeziehungen: Kontakte werden rasch und intensiv aufgenommen, aber ebenso rasch wieder aufgegeben; sie bleiben letztlich unpersönlich.

Religion der Jugend?

Vom zyklischen Wandel der Jugendkulturen und des Selbstverständnisses von Jugendlichen bleibt die religiöse Orientierung weitgehend unbetroffen; jugendsoziologische Studien zeigen, dass Religiosität und noch mehr Konfessionalität keine prägenden Einflüsse mehr haben. Zwar sind kirchlich engagierte Jugendliche etwas konservativer und weniger zu Exzessen bereit, aber das bleibt statistisch unauffällig. Nur in der Frage »Sex vor der Ehe« hat die religiöse Bindung bzw. Nichtbindung von Jugendlichen noch eine gewisse strukturierende Kraft: So haben mehr als doppelt so viele Mädchen, die der Religion ablehnend gegenüberstehen, voreheliche Koituserfahrung, als die, die nach eigener Auskunft ein enges *Verhältnis zur Religion* haben. Darin spiegelt sich ein größerer Zusammenhang, nämlich der, dass kirchliche Jugendliche stärker als andere Scheu vor Normüberschreitungen haben. Dieser etwas konformistische Charakter von religiös motivierten Jugendlichen zeigt sich z. B. in der erhöhten Leistungsbereitschaft und Arbeitsmoral sowie im eher traditionellen Freizeitverhalten. Das gilt allerdings nicht für die Gesamtpopulation, denn neben den traditionellen gibt es auch fortschrittliche religiöse Jugendliche, denen weiterhin die Friedens- und Ökologiebewegung wichtig sind.

Traditionelle bündische Jugendarbeit (um 1960)

Explizite Kirchlichkeit gibt es unter Jugendlichen noch weniger als unter Erwachsenen. Und dennoch gibt es weiterhin ein *beträchtliches Maß an jugendlicher Religiosität*. Selbst in der kirchenfeindlichen, atheistisch programmierten DDR gab es durchgängig ein Potenzial an Religiosität. So schwankte der Anteil der 16- bis 18-jährigen Lehrlinge, die sich als religiös einstuften, in den Jahren 1975 bis 1989 zwischen 20 % und 26 % (vgl. Jugend '92, Bd. 3, 148), und nur 62 % bis 69 % teilten persönlich den staatlich erwünschten Atheismus. Aber die Jugendlichen kamen »mit ihren Fragen [...] zur Kirche und nicht in die Kirche«, »trotz verstärkter Suche nach religiöser Weltdeutung und Sinnvermittlung« blieb die »kirchen- und dogmenkritische Haltung bei vielen erhalten« (a. a. O., 147).

Nach wie vor gibt es in Ost und West eine relativ große Gruppe von Jugendlichen, die eindeutig religiöse Einstellungen und Lebenspraktiken aufweisen und die dennoch der Kirche gegenüber fremd bis indifferent sind. 1985 reagierten 32% der Jugendlichen positiv auf die Frage, ob der Glaube ein wesentlicher Bestandteil ihres Lebens sei (Emnid 1985, nach: Bertram 1987, 76); im gleichen Jahr gaben 36% der West-Jugendlichen an, regelmäßig oder gelegentlich zu beten; 1991 waren es sogar mehr, nämlich 39 %. Während die 13- bis 16jährigen zu 63 % »seltener als 1mal im Monat in die Kirche« gehen, beten 58 % »1- bis 2mal die Woche« (Fend 1991, 272); das ist z. B. häufiger, als sie klassische Musik hören, und etwa so häufig, wie sie selbst ein Musikinstrument zur Hand nehmen (vgl. a.a.O., 268). Selbst unter Ost-Jugendlichen findet sich diese persönliche Frömmigkeitspraxis; von ihnen beten nach eigenen Angaben 17%.

1. Jugendliche Religiosität ist sehr heterogen und ambivalent – oder?

2. Erläutern Sie den jugendlichen Wertewandel der letzten 50 Jahre.

5.2 Christliche Jugendarbeit

Godwin Lämmermann

Man hat den Eindruck, kirchliche Jugendarbeit sei eine ausgesprochene Angelegenheit des etablierten Bürgertums: Wenn überhaupt, dann tummeln sich dort Gymnasiastinnen und vielleicht noch Realschüler, Hauptschülerinnen hingegen sind rar und Jungarbeiter die exotische Ausnahme. Das gilt sowohl für die *gemeindliche* wie auch für die *bündische Jugendarbeit;* eine Ausnahme stellen bestenfalls die wenigen großstädtischen *Jugendzentren* in evangelischer oder katholischer Trägerschaft dar. Demgegenüber muss man im Hinblick auf die Tradition sagen, dass kirchliche Jugendarbeit beider Kirchen in ihrem Beginn – und sozialgeschichtlich gesehen dem der Industrialisierung – primär Arbeit mit proletarischen Jugendlichen war. Dessen ungeachtet führt man üblicherweise die Entstehung einer evangelischen Jugendarbeit auf die ersten Missionsjünglingsvereine der Erweckungsbewegung zurück. Diesem primären religiösen Standbein ordnet man dann zumeist ein zweites sozialdiakonisches zu, um auf dieser Traditionslinie die Aktivitäten der *Gesellen- und Jünglingsvereine* einzuordnen. Solche Geschichtsbetrachtung blickt jedoch bereits durch eine Brille, die im religiösen Gemeinschaftsgeist das Wesen der evangelischen Jugendarbeit sieht.

Demgegenüber hat bereits Leopold Cordier, der klassische Geschichtsschreiber der evangelischen Jugendarbeit, festgestellt, dass man »die in den 20er Jahren des 19. Jahrhunderts entstandenen Missions-, Jünglings- und Jungfrauenvereine nicht als den eigentlichen Anfang evangelischer Jugendarbeit gelten lassen« (Cordier 1926b, 143) kann. Nicht nur weil sie letztlich eine Episode blieben, die bereits Mitte des Jahrhunderts wieder verschwand, sondern vor allem, weil ihr eigentlicher Anlass nicht ein jugendspezifisches Problem war: Sie entstanden nämlich als Unterstützung für die »Heidenmission«. Insofern können die *Missionsvereine* zwar beschränkt als Vorläufer von Jugendarbeit gelten, die in mancher Hinsicht fast idealtypisch bestimmte Elemente und Ansprüche der späteren Verbandjugendarbeit formulierten; eine erste Form evangelischer Jugendarbeit im eigentlichen Sinne waren sie jedoch nicht. Die Geschichte der evangelischen Jugendarbeit erscheint gegenüber der der katholischen aus zwei Gründen als uneinheitlicher: im katholischen Bereich trat – nicht zuletzt durch Adolph Kolping – zum einen der soziale Charakter der Jugendarbeit erkennbarer hervor und zum anderen bestand stets eine viel engere Anbindung an die Amtskirche, während sie auf evangelischer Seite eine Angelegenheit freier Träger war. Bis heute ist der Umfang und die Bedeutung der (katholischen) Pfarrjugend größer als die der Gemeindejugend im evangelischen Umfeld. Umgekehrt war dort die Verbandsarbeit intensiver. Wir gehen im Folgenden davon aus, dass sich die Grundprobleme einer christlichen Jugendarbeit (z. B. die Frage eines »Propriums«, Konflikte zwischen den Interessen von Träger und Jugendlichen, politische Vereinnahmungen, Organisationsformen) exemplarisch besonders an der protestantischen Entwicklung aufzeigen lassen.

Die Anfänge evangelischer Jugendarbeit

Die evangelische Jugendarbeit des 19. Jahrhunderts hatte (heute vergessene) emanzipatorische Tendenzen – und zwar nicht obwohl, sondern gerade weil sie vereinsmäßig organisiert war. Unsere landläufigen Vorurteile über Vereine verstellen den Blick auf diese Tatsache. Viele moderne und postmoderne Menschen assoziieren mit »Verein« oftmals »Vereinsmeierei«; für sie sind Vereine überholte, hermetisch verschlossene Gemeinschaften von engstirnigen, einseitig interessierten Wesen. Doch die historischen Vereine des 19. Jahrhunderts haben nichts mit solchen traditionsfixierten, fast sektiererischen Vereinsmeiern zu tun; sie waren vielmehr Organisationsformen für emanzipatorische, demokratische Ideale. Generell ist diesbezüglich zu sagen, dass die gängige Form alternativer Gemeinschaftsbildung im 19. Jahrhundert der Verein war; dies gilt nicht nur für die Jugendarbeit, sondern auch für die politischen und kirchlich-religiösen Organisationen. Im zeitgenössischen politischen Kontext gesehen waren die damaligen Vereinsgründungen deshalb eine durchaus progressive Angelegenheit, die eminente politische Folgen zeitigten. In ihnen lebte explizit oder implizit ein Teil des liberalen Geistes der Vormärzbewegung weiter.

Vielleicht finden Sie es angebracht, kurz ihr Geschichtswissen aufzufrischen und zu fixieren?

Die *Missionsjünglingsvereine* wie auch die *Hilfs- und Jugendvereine* entstanden im Kontext der *Erweckungsbewegung;* darin liegt in der Tat eine gemeinsame Wurzel beider Bewegungen, ohne dass sie dadurch schon als identische oder ausschließlich religiös determinierte Größen betrachtet werden müssen. Das religiöse Bewusstsein der Erweckungsbewegung griff in seinen Vereinsgründungen aus religiös-theologischen Gründen zu Organisationsformen, die letztlich auch einer politischen Liberalisierung zuarbeiteten. Wenngleich religiös motiviert, so bildeten die religiösen Vereine, also auch die Jugendvereine des frühen 19. Jahrhunderts, wirkungsgeschichtlich eine (unbeabsichtigte) Bedingung für die politische Gewährung der Vereinsfreiheit (1848), in deren Folge dann erst das politische Vereinswesen (Gewerkschaften, Parteien) möglich wurde. Denn die Jugendvereine wurden vom Staat toleriert, weil sie durch ihren religiösen Charakter an der bereits gewährten Religionsfreiheit partizipierten. Indem von dieser Religionsfreiheit in Form der Vereinsgründung Gebrauch gemacht wurde, bereitete man unbewusst eine politische Liberalisierung vor. Auf diesem Hintergrund gesehen stellen die frühen kirchlichen Vereine, also auch die Jugendvereine, durchaus einen *politischen Tatbestand* von großer Brisanz dar. Obgleich deren damalige ProtagonistInnen nicht bewusst solche Folgen intendierten, so ist doch diese politische Konsequenz der frühen evangelischen Jugendarbeit nicht zufällig. Denn der zeitgenössische politische Liberalismus und die Erweckungsbewegung stimmten in einem entscheidenden Punkt überein: in der *Anerkennung des Individuums* und in der daraus resultierenden *Forderung nach Freiheit*. Während die politische Bewegung der Zeit diese Forderung nach außen richtete, wendete sie die Erweckungsbewegung nach innen, nämlich auf die Formen ihrer Selbstorganisation. Nicht nur in ihrer inhaltlichen, sondern auch in ihrer formalen Bestimmtheit griff sie dabei eine pietistische Tradition auf. Vor allem in England finden sich bereits im ausgehenden 18. Jahrhundert pietistische Vereinsgründungen, die zum Vorbild für die Jugendorganisation der Erweckungsbewegung mit ihren emanzipatorischen und semidemokratischen Lebensformen wurden. Ursächlich waren die insbesondere im Pietismus enthaltenen kirchen- und institutionenkritischen Elemente, die auf die Stärkung individueller Rechte abzielten. Gegenüber einer institutionellen Vermittlung des Heils trat ganz das persönliche Bekehrungserlebnis in den Vordergrund; das heißt dann aber auch, dass nicht nur die Person, sondern auch die grundsätzliche *Gleichheit* der Personen untereinander zentral wurden. Die adäquate Organisationsform zur Anerkennung dieser prinzipiellen Gleichwertigkeit der Menschen und zur Realisierung individueller Freiheit stellte der Verein dar.

Rekonstruieren Sie den Zusammenhang von Pietismus/Erweckungsbewegung und Freiheitsgedanke.

Vereine als politische Organisationen

Die evangelische Jugendarbeit hatte also von Anbeginn an einen *latenten politischen, emanzipatorischen Charakter*. Bewusst wurde dieser bereits zu einem Zeitpunkt, als sich die lokalen Vereine zu überregionalen Bünden zusammen-

schlossen. Erste Vorgespräche darüber fanden schon statt, als die Vereinsfreiheit politisch noch nicht durchgesetzt war. Im selben Jahr, in dem die staatliche Administration dieses Freiheitsrecht gewährte (1848), wurde bereits der Westbund gegründet. Angesichts der Tatsache, dass »manche Christen schwere Bedenken gegen die der Revolution abgesehene weltlich-demokratische Organisation der freien Vereinstätigkeit erhoben« (Zwerschke 1963, 28), muss dies nunmehr als ein bereits bewusst politischer Akt verstanden werden. Der latente politische Charakter der frühen Vereinsgründungen explizierte sich in dieser Entwicklung. Politisch waren sie auch insofern, als der sozial-diakonische Ansatz der frühen Hilfsvereine und ihrer Jugendorganisation nicht nur diakonisch, sondern tendenziell bereits als *sozialpolitisch* anzusehen ist.
Wenden wir uns diesen Hilfsvereinen und Jugendvereinen zu: 1832 – mithin vierzehn Jahre vor Adolph Kolpings »Katholischen Gesellenverein« – wurde in Basel der »Verein für Sonntagssäle für Arbeiter, Lehrlinge und Knaben« gegründet. Wie alle späteren vergleichbaren Einrichtungen war auch dieser wie bereits der Vereinsname signalisiert nur sonntags geöffnet. Hinter diesem Umstand stand nun aber kein besonderes pädagogisches und theologisches Programm (etwa als Alternative zum Kirchgang), sondern ganz schlicht die sozialgeschichtliche Tatsache, dass die normale Arbeitszeit der damaligen Sechs-Tage-Woche (gelegentlich auch sieben) 14-16 Stunden pro Tag war; dies galt auch für Jugendliche und Kinder. In Preußen wurden erst nach Gründung der ersten Hilfsvereine (s.u.) 1839 Schutzbestimmungen für Jugendliche eingeführt, die für die unter 16-jährigen Arbeiter eine Begrenzung der Arbeitszeit auf zehn Stunden vorsahen. Diese Bestimmungen galten nur für den begrenzten Bereich von Handel, Gewerbe und Landwirtschaft, wurden aber selbst dort fast nirgendwo eingehalten. Angebote für Arbeiterjugendliche konnten also praktisch nur am Sonntag gemacht werden. Die Sonntagssäle sollten eine Zufluchtsstätte sein, »wo Arbeiter des Sonntags hinkommen und dort ihre Zeit auf eine, jedem Rechtschaffenen angenehme, nützliche, wo es ungezwungen geschehen kann, auch erbauliche Weise sollen zubringen können« (Cordier 1926a, 62), wie es das Gründungsprotokoll des Trägervereins formulierte.
Im Winter 1832 hatte der Bremer Pfarrer Friedrich Mallet das Baseler Modell kennen gelernt. Im Dezember 1833 veröffentlichte er im »Bremer Kirchenboten« einen »Aufruf zur Begründung eines Vereins nach Baseler Muster«. Seine Gründung, die 1834 erfolgte, wies aber bedeutsame und für die weitere Entwicklung folgenschwere Veränderungen der Konzeption und Konstruktion auf: Zum einen wurde in der Konstruktion des Vereins eine stärkere Verzahnung von Trägerverein und Jugendarbeit vorgenommen, was inhaltliche und organisatorische Konsequenzen hatte; zum anderen enthielt die Konzeption der Arbeit eine normative Bedingung für die Teilnahme der Arbeiterjugendlichen an den Aktivitäten der Jugendarbeit. Mallet teilte die allgemeine kirchliche Auffassung, dass die sozialen Probleme der Arbeiterschaft im Grunde

ethisch-sittlicher Natur seien; an die Stelle eines sozialen bzw. sozial-diakonischen Engagements, von dem einst der Basler Verein getragen wurde, trat nun das Interesse an ethischer und religiöser Normierung.
Im Bremer Modell verbanden sich unorganisch diakonische und missionarische Vorstellungen. Grundsätzlich wurde aus Basel eine sozialpolitische Zielbestimmung übernommen, die unter der Hand zu einer sozialethischen uminterpretiert wurde; aus den Missionsvereinen wurde teilweise die Aufgabe der Unterstützung der Mission adaptiert, die nur noch über die Bestimmungen zur Spendenverwendung ihren ursprünglichen Sitz im Leben verriet. Die eigentliche missionarische Tätigkeit war jetzt eine volksmissionarische und erzieherische. Zwischen diesen beiden Bestimmungen, der politisch-sozialen und der religiös-erzieherischen, variierten dann alle folgenden parallelen Neugründungen ebenso wie die in ihrer Folge entstehenden regionalen und überregionalen Bünde. So war der 1856 gegründete Ostbund gegenüber dem Westbund (s.u.) stärker politisch orientiert. Weitere Hilfsvereine entstanden 1834 in Hamburg, 1835 in Frankfurt, 1836 in Barmen, 1838 in Elberfeld, 1839 in Karlsruhe, 1839 in Hannover, 1843 in Berlin und dann in fast allen Groß- und Industriestädten. Sie alle übernahmen zwar die Konstruktion Mallets, griffen aber gelegentlich stärker auf Elemente des Baseler Modells zurück.

Bundesschlüsse

Sozialpolitik und religiöse Gemeinschaftsvorstellungen bestimmten bis 1848 das Erscheinungsbild der evangelischen Jugendarbeit. Die Trennung beider Elemente fällt zusammen mit der Entstehung der großen Jugendbünde, wobei im *Westbund* ausschließlich das religiöse Element vorherrschte, während sich im *Ostbund* immer wieder die Erinnerung an das ursprüngliche Sozialengagement Raum suchte. So kam es dort gelegentlich zu einem Wiederaufleben sozialer Gedanken, vor allem dann, wenn das allgemeine politische und geistige Klima dafür günstig war. Die allgemeine Entwicklung bestimmte allerdings eher der Westbund, der entscheidend das Erscheinungsbild evangelischer Jugendarbeit in der Folgezeit prägte. Die Trennung des Sozialen vom Religiösen in der Jugendarbeit ist eine mittelbare Folge der neu gegründeten *Inneren Mission;* durch sie wurde es möglich, das ursprünglich organisch zur Jugendarbeit gehörende soziale Engagement auszugliedern und dem Anstaltswesen unterzuordnen. Im Ostbund kam es dann noch einmal unter dem Einfluss von Adolf Stoecker und Rudolf Todt ab 1873 wieder zu einer stärkeren Beschäftigung mit sozialen Tages- und Grundsatzfragen. 1904 endlich fiel im Ostbund grundsätzlich die Entscheidung dafür, der Sozialpolitik einen selbstständigen Platz im Vereinsprogramm einzuräumen, wobei diese Entscheidung mit Polemiken gegen die Sozialdemokratie verbunden war. Es ist sicher kein Zufall, dass die erneute Umorientierung im Ostbund mit der Gründung des

ersten sozialistischen Jugendvereins zusammenfiel. Evangelische Jugendarbeit wurde so teilweise zum Kampfinstrument gegen die Selbstorganisationen der Arbeiterschaft, die von dieser mit der Gründung weiterer Jugendverbände beantwortet wurde.
Im Grunde hat die protestantische Jugendarbeit – gegen den Augenschein – nie wirklich den Anschluss an die *Jugendbewegung* des 19. Jahrhunderts gefunden, weil diese zum einen selbst eine quasi *zivilreligiöse Angelegenheit* war (National- und Jugendgedanke als funktionale Religionsäquivalente; Flagge usw. als Ersatzsymbole) oder selbst – wie die *Wandervögel* – zu einer freireligiösen Bewegung mit expliziter Frömmigkeitspraxis wurde. Die Jugendbewegung »verstand sich selbst (aber) ganz ausgesprochen als eine religiöse Bewegung« (Deresch 1984, 94), aber in Opposition zu kirchlichen Organen und damit im Kontrast zu einer christlichen Jugendarbeit. Dieser Fremdheit auf der einen stand die auf der anderen Seite gegenüber: Denn in der kirchlichen Jugendarbeit konnten sich Grundgedanken der Jugendbewegung, nämlich das *Prinzip der Selbstorganisation (»Jugend durch Jugend geführt«)* und das der Selbstdarstellung als einer selbstbewusst gewordenen Generation, nicht zum Zuge bringen. Kirchliche Jugendarbeit war nach wie vor *Betreuungsarbeit*. Bereits in der Frühzeit war die evangelische Jugendarbeit demgemäß wesentlich durch Erwachsene und nicht durch Jugendliche bestimmt; sie war und ist weitgehend eine Einrichtung der älteren für die jüngere Generation unter den Kirchenmitgliedern. In den Hilfsvereinen dominierten bald die eher konservativen, an traditionellen kirchlichen, politischen und moralischen Vorstellungen orientierten Bürger, die froh waren, die Bürde sozialer Verantwortung, die sie sich mit ihren Vereinsgründungen aufgeladen hatten, nun an die Innere Mission delegieren zu können. Diese Entwicklung wurde im Westbund insofern forciert, weil sich in ihm Johann Hinrich Wichern ganz besonders engagierte. Sein Eintreten für gesellschaftspolitische, letztlich doch wohl eher diakonische Ziele in der Jugendarbeit und für eine berufsständische Organisation gab den erwachsenen, bürgerlichen Repräsentanten des Westbundes die Möglichkeit, dieses Erbe endgültig zu liquidieren und den erbaulichen Charakter der Jugendzeit zu verabsolutieren.

1. Informieren Sie sich über Johann Hinrich Wichern und sein »Rauhes Haus« sowie über das Revolutionsjahr 1848.

2. Hinter der Vorstellung von einer betreuenden Jugendarbeit steht ein ekklesiologisches Konzept von der »Betreuungskirche«. Charakterisieren Sie diese und das alternative Konzept einer »Beteiligungskirche«.

3. Was verstehen Sie unter »funktionalen Religionsäquivalenten«? *Kap. 2.2.*

CVJM-Jungscharler (1950er Jahre)

Kirchliche Jugendarbeit und Jugendbewegung

Die Anfänge der kirchlichen Jugendarbeit waren – wie gesehen – zunächst gekennzeichnet durch lokale Gründungen. Idealtypisch bildeten sich dabei zwei Grundrichtungen von Jugendarbeit aus, die sich organisatorisch dann im Ost- und Westbund niederschlugen: Jugendarbeit wurde entweder zur *Jugendsozialarbeit* oder zur *Erbauungsgemeinschaft*. Durch die Jugendbewegung und die Wandervögel erhielt die kirchliche Jugendarbeit dann am Anfang des 20. Jahrhunderts einen weiteren Impuls und damit eine neue dritte *bündische Wurzel*. Neue Elemente und Lebensformen hielten Einzug in die evangelische Jugend: Naturerlebnis, wandern, Körpererfahrungen wie Sport, Tanz und Spiel. Die vorangegangene kirchliche Jugendarbeit betrieb Integration, wenn auch auf unterschiedliche Weise: Die Jugendarbeit mit Arbeiterjugendlichen versuchte, die sozial isolierten und bedrohten Jungarbeiter in Beruf und Gesellschaft zu integrieren, und die Missionsvereine betrieben die Eingemeindung der Jugendlichen in das religiöse Leben. Demgegenüber war die Jugendbewegung ausgesprochen desintegrativ: Sie verstand sich als Protest gegen die bürgerliche Welt mit ihren zivilisatorischen Werten – sie war eine Anti-Erwachsenenbewegung. Erstmals wurde damit aus der taktischen Beteiligung von Jugendlichen eine strategische. Unter taktischer Beteiligung versteht man, dass Jugendliche zwar bei der Ausgestaltung der Arbeit beteiligt sind, nicht aber bei ihrer Zielsetzung; in der strategischen Beteiligung hingegen legen Jugendliche Ziele, Wege und Kriterien selbst fest.

Die kirchliche Jugendarbeit in Deutschland hat – ob katholisch oder evangelisch – drei Wurzeln, nämlich eine sozialdiakonische, eine volksmissionarische und eine bündische.

Das bündische Moment trat erst in der zweiten Hälfte des 19. Jahrhunderts neben die beiden anderen. Zu den innerdeutschen Entwicklungstendenzen traten Impulse aus dem Ausland hinzu, vor allen aus England und den USA, nämlich zum einen der YMCA (Young Men's Christian Association) und andere frömmigkeitsbetonte Gruppen und zum anderen die *Scout-Bewegung*. Der 1844 in London gegründete YMCA verstand sich seit der so genannten Pariser Basis von 1855 als eine überkonfessionelle und übergemeindliche Laienarbeit, die streng an Jesus Christus und der Heiligen Schrift orientiert ist. Über die USA wurde dann – ausgelöst durch das Nationalfest der deutschen Jünglingsvereine 1882 bei Detmold – 1883 in Berlin der erste CVJM gegründet, um dann rasche Verbreitung zu finden. Zeitgleich bildeten sich erste Bibelkränzchen; 1894 trat der erste *Jugendbund für entschiedenes Christentum* (EC) auf den Plan. Im gleichen Geist entstanden Schülerbibelkreise und *Mädchenbibelkreise*, die sich jeweils zu Bundesvereinigungen zusammenschlossen (z.B. MBK). Die Tradition der christlichen Pfadfinderschaft auf der anderen Seite geht zurück auf die von Baden-Powel 1908 gegründeten Boyscouts, die vier Jahre später in Deutschland bekannt wurden und die bereits 1919 ca. 10.000 Mitglieder zählten. 1921 wurden die Pfadfindergruppen formell zur *christlichen Pfadfinderschaft Deutschlands* (CP) zusammengeschlossen. Während die Jugendbewegung die Klampfe brachte, kam über YMCA und Scoutbewegung die Kluft in die deutsche Jugendarbeit; beide dominierten das Erscheinungsbild (bündischer) christlicher Jugendarbeit zumindest bis in die sechziger Jahre des 20. Jahrhunderts hinein.

1. Man kann das Verhältnis der evangelischen Jugendarbeit zur Jugendbewegung »ambivalent« nennen; begründen Sie das. Machen Sie eine »Gewinn-Verlust-Rechnung« auf.

2. Zeigen Sie, inwieweit die Jugendbewegung eine bürgerliche Protestbewegung war.

Zentralisierung kirchlicher Jugendarbeit

Die seit dem Revolutionsjahr 1848 anhaltenden Versuche einer Vereinheitlichung und Zentralisierung der kirchlichen Jugendarbeit haben zwei unterschiedliche Motive: Das eine wäre ein *restauratives* Moment, das sich in Opposition zur bürgerlichen Revolution und zur Arbeiterbewegung verstand; das andere liegt im Bestreben, die Einflüsse und Folgen der Jugendbewegung zu bannen. Denn durch die Jugendbewegung wurde das sowieso schon sehr heterogene Bild der kirchlichen Jugendarbeit noch pluriformer: »Die zwanziger Jahre sind bestimmt von einer verwirrenden Formvielfalt von Jugendbewegungen und -gruppen, Jugendbünden und -vereinigungen, Kreise und Kommunitäten« (Holzapfel 2001, 53). Nach dem Ersten Weltkrieg gab es verschiedene Versuche zu einer organisatorischen Vereinigung der evangelischen Jugendarbeit (so z.B. der Reichsbund der evangelischen Jugendbündnisse), aber erst nach dem Zweiten Weltkrieg wurden Strukturen aufgebaut, die dann zur »Arbeitsgemeinschaft der evangelischen Jugend« (AEJ) führten.

Religiöse Jugendarbeit?

Die in der Weimarer Zeit sich vollziehende Tendenzwende in der Jugendarbeit kann man auch auf den Begriff bringen »vom Verein zur Bewegung«, denn die Jugendbewegung bestand aus Wandervögeln und nicht aus Vereinsmeiern. Wenn man so will, kann man sagen, dass die heutigen Jugendverbände, zu denen ja auch die AEJ gehört, Synthesen aus diesen beiden Traditionen des Vereinswesens und der freien Jugend darstellen. 1949 wurde die AEJ als Zusammenfassung freikirchlicher, selbstständiger und landeskirchlicher Jugendverbände gegründet, wobei sie sich nicht als Nachfolgerin des Reichsbundes der evangelischen Jugendbündnisse verstand, sondern eher als Fortsetzung der Jugendkammer der Bekennenden Kirche, die 1935 als Gegenbewegung zur Gleichschaltung gegründet wurde. In der AEJ vereinigt sind einerseits die gemeindlichen Jugendarbeiten der einzelnen Landeskirchen sowie die der freien evangelischen Kirchen und andererseits die wichtigsten Jugendbündnisse (so z. B. CVJM, EC, MBK, VCP usw.). Auf kirchenleitender Seite wurde die Jugendarbeit bundesweit durch die EKD in ihrer Jugendkammer begleitet, bis diese in die Bildungskammer integriert wurde.

Die *Jugendkammer* der EKD geht zurück auf die Jugendarbeit der Bekennenden Kirche. Im Dezember 1933 war die evangelische Jugendarbeit im Zuge der Gleichschaltung und durch ein Abkommen zwischen dem Reichsbischof Müller und dem Reichsjugendführer von Schirach formal in die Hitlerjugend hinein aufgelöst worden. 1934 wurde qua NS-Kirchengesetz dieser Prozess abgeschlossen. Auf ihrer Augsburger Bekenntnissynode beschließt die Bekennende Kirche 1935 die Gründung einer *Jugendkammer* zur Beratung der Kirchenleitung. Trotz massiver Schikanen durch den NS-Staat entwickelt sich eine eigene *Gemeindejugendarbeit* der Bekennenden Kirche. Als Gegenbewegung zur Hitlerjugend war diese zwar an sich ein politischer Akt, inhaltlich aber war die Arbeit – zunächst gezwungenermaßen, dann bewusst – erbaulich-geistlicher Natur; im Zentrum stand die Bibelarbeit und die Einbindung in die Ortsgemeinde. Demgemäß firmierte die Gemeindejugendarbeit als »Junge Gemeinde«.

Nach dem Zweiten Weltkrieg konstituierten sich in den Westzonen – nach Aufhebung des generellen Jugendarbeitsverbots der Alliierten – die Bünde und Verbände der evangelischen Jugendarbeit sowie die Jugendkammer als Kammer der EKD neu (1946). Im gleichen Jahr wurde die »Evangelische Jugend Deutschlands« (EJD) gegründet, die sich der Tradition der Jungen Gemeinde verpflichtet sah; ihr Zeichen wurde das Kreuz auf der Weltkugel. In der sowjetischen Zone hingegen blieb die kirchliche Jugendarbeit nach Gründung der FDJ verboten; weil hier Jugendarbeit »nur als Gemeindearbeit möglich« war, traf man »sich als Junge Gemeinde« (Jürgensen 1980, 101) und trug »als Zeichen bekennender Unterscheidung« (Holzapfel 2001, 115) gegenüber der staatsmonopolisierten FDJ ebenfalls das Kreuz auf der Weltkugel. Organisatorisch war die evangelische Jugendarbeit aller Besatzungszonen in der Jugendkammer verbunden, die ab 1949 zur »Arbeitsgemeinschaft der Evangelischen Jugend Deutschlands« (AEJ) erweitert wurde. Nachdem 1969 die acht evangelischen Landeskirchen auf dem Gebiet der DDR aus der EKD austreten mussten, endete auch – bis 1991 – die formelle Kooperation zwischen der evangelischen Jugendarbeit in Ost und West; informelle Kontakte hingegen wurden intensiviert. Gegenwärtig sind in der AEJ alle Verbände und Werke der kirchlichen Jugendarbeit zusammengeschlossen. Als Dachorganisation vertritt sie die gemeinsamen Interessen der Evangelischen Jugend gegenüber der Öffentlichkeit, anderen kirchlichen Organisationen, Ministerien und vor allem im internationalen und ökumenischen Kontext. Die Geschäftsstelle der AEJ ist bei der EKD angesiedelt. Neben jugendpolitischer Öffentlichkeitsarbeit ist einer ihrer Schwerpunkte die Theorie- und Konzeptionsbildung für die kirchliche Jugendarbeit.

Streit ums Proprium

Die Geschichte der Jugendarbeit wird begleitet von einer ständigen Diskussion um ihr Proprium als der Frage nach dem unverwechselbaren Eigenen einer spezifisch kirchlichen bzw. evangelischen oder katholischen Jugendarbeit. Traditionelle Antworten waren Verkündigung, Bibelarbeit, Glaubensbildung, Einbindung ins Gemeindeleben, Bekehrung, Gottseligkeit u. a. m. Demgegenüber vertreten wir die These, dass kirchliche Jugendarbeit kein Proprium haben muss, wenn man darunter eine normativ deduktive Vorgabe versteht, denn durch normative Deduktionen wird die Jugendarbeit erfahrungsblind und hermetisch. Wenn man allerdings das Proprium als ein regulatives Prinzip für die Planung, Analyse und Durchführung von kirchlicher Jugendarbeit sieht, dann verbindet sich mit der Propriumsfrage die nach der theologischen Legitimation pädagogischer Praxis. Dann gilt allerdings für die Jugendarbeit alles, was grundsätzlich für andere religionspädagogische Praxisfelder auch gilt. Sie begründet sich aus der konstruktiven Verschränkung des Bildungsgedankens mit der Rechtfertigungsbotschaft, die beide als Konstitutionstheorien von Subjektivität zu verstehen sind. Dem theologischen »simul justus et peccator« der Rechtfertigungslehre entspricht bildungstheoretisch die Unabgeschlossenheit und Unabschließbarkeit von Bildungsprozessen. Konkret heißt das für die Jugendarbeit, dass die dort beteiligten Jugendlichen bereits stets als kompetente Subjekte zu akzeptieren sind, die sie allerdings in Wirklichkeit noch nicht sind, sondern erst noch werden können. Pädagogisches Handeln in der Jugendarbeit steht so unter dem regulativen Prinzip der Personenhaftigkeit im Sein und Werden und kirchliche Jugendarbeit wird »zum Handlungsfeld der Jugendlichen selbst, das nicht zugestanden, sondern eröffnet ist« (Hanusch/Lämmermann 1987, 299).

Traditionell wird die evangelische Jugendarbeit entweder vom Missionsbefehl oder vom Doppelgebot der Liebe her begründet. Eine weitere »bildungstheologische« Begründung geht von der Rechtfertigungslehre als einer Konstitutionstheorie von freier, verantworteter Subjektivität aus.

Eng mit der Diskussion um das Proprium kirchlicher Jugendarbeit verbunden war die Frage nach dem Stellenwert der ***Bibelarbeit***. War noch nach dem Zweiten Weltkrieg die methodische Zentralstellung der Bibelarbeit in der evangelischen Jugend unumstritten, so vollzog sich bereits in den sechziger Jahren ein ***Strukturwandel***. Schon 1977 konnte Martin Affolderbach das tendenzielle Ende der formellen Bibelarbeit empirisch diagnostizieren. Aus der Arbeit mit Jugendlichen weitgehend verbannt, spielt die Bibel als Grundlage theologischer »Reflexionsfrömmigkeit« (Affolderbach) vor allem in der MitarbeiterInnen-Schulung weiterhin eine Rolle. Manche Landeskirchen verlangen von den bei ihnen angestellten SozialpädagogInnen deshalb eine biblisch-theologische Zusatzqualifikation. Der Rückgang der formellen Bibelarbeit auf der einen und der Einzug emanzipatorischer pädagogischer Gedanken in die Jugendarbeit auf der anderen Seite führte zur so genannten ***Polarisierungsdebatte*** in der evangelischen Jugendarbeit (1971-1975). Der Blick auf die Geschichte der Jugendarbeit hat gezeigt, dass dort in der Regel ***zwei Begründungsmodelle*** vorherrschten: das ***missionarische*** und das ***diakonische***.
Als Grundhaltungen bestimmen sie – verschleiert als Gegensatz zwischen einer *jesuanischen* und *christologischen* Begründung – auch diese Generaldiskussion um eine theologische Grundlegung der kirchlichen Jugendarbeit. Obwohl als theologische vorgetragen war die Auseinandersetzung im Grunde eine politische zwischen konservativen und reformorientierten Kräften. Denn dem emanzipatorischen Ansatz konnte schlechterdings nicht abgesprochen werden, dass er auf einer biblisch-theologischen Grundlage beruhte. Und bei der Behauptung von der fundamentalen Mittelpunktstellung der Bibelarbeit in der Jugendarbeit dürfte es sich um das gleiche theologische wie pädagogische Selbstmissverständnis handeln wie bei der Zentralstellung der Bibel im Unterricht: nämlich theologisch eine Verwechslung der Wörter mit dem eigentlichen Wort Gottes und pädagogisch die Missdeutung des Zusammenhangs von Inhalten und Zielen unter der falschen Behauptung, dass biblische Zielset-

zungen nur durch das Medium der Bibel selbst kommunizierbar seien. Dabei bedeutet das Verschwinden bzw. die Reduzierung von Bibelarbeit keineswegs eodem actu den Verzicht auf theologische Legitimation und Legitimität.

In der Polarisierungsdebatte standen jesuanische und christologische Argumente gegeneinander. Können Sie sich diese denken?

Lesen Sie dazu Originaltexte bei: Affolderbach, M. (1982): Grundsatztexte zur Evangelischen Jugendarbeit, Gelnhausen, 121ff.

Zur Zukunft kirchlicher Jugendarbeit

Die heutige Situation ist gekennzeichnet durch ein Mit- und Gegeneinander von gemeindlicher, übergemeindlicher und bündischer Jugendarbeit. Um die Zukunft aller drei Formen scheint es aus unterschiedlichen Gründen schlecht zu stehen: Jugendliche suchen ihre Selbstfindung heute weniger in Verbänden und Jugendorganisationen, sondern »vor allem in der Form von Distanz und Nähe zu bestimmten Angeboten der kommerzialisierten Jugendindustrie« (Fend 1991, 256). Eine andere Gefährdung liegt in den sich verknappenden *finanziellen* Ressourcen von Kommunen, Kirchen und Staat. Ein drittes Bedrohungsmoment sind die *geänderten Einstellungen und Interessenlagen der Jugendlichen* selbst. Die sinkenden TeilnehmerInnenzahlen in den kirchlichen Jugendgruppen könnte eine Folge der Ausdifferenzierung und Pluralisierung jugendlicher Selbstdefinitionen sein, die durch das traditionelle und relativ uniforme Angebot nicht mehr angemessen erfasst werden können. Die Zukunft der evangelischen Jugendarbeit liegt in einer »offenen Arbeit«, die nicht nur der jugendlichen Interessenlage entgegen, sondern der im hohen Maße auch theologische Legitimität zukommt.

Wer so prinzipiell offen sein will, der ist irgendwie »nicht ganz dicht«! Evangelische Jugendarbeit als Jahrmarkt der Unmöglichkeiten und jeder macht, was er/sie will – dafür jetzt aber mit kirchlichem Segen!!

»Offene Jugendarbeit« ist so zum einen als eine *konzeptionelle Grundhaltung* kirchlicher Jugendarbeit schlechthin zu beschreiben; zugleich ist sie aber auch eine spezifische Methode in der Jugendarbeit. Von der konzeptionellen Sicht aus wäre diese Methode aber durchaus als ambivalent zu werten. Offene Arbeit senkt die Schwellenangst und ermöglicht zögernden Jugendlichen, die sich nicht festlegen wollen, einen ersten Zugang und einen höheren Grad an Freiwilligkeit. Durch ihre Strukturen bzw. durch das Fehlen derselben scheint

Zeltlager mit Losung (Ende der 1950er Jahre)

sie offener für die spezifischen Interessen und Bedürfnisse des jeweils unterschiedlichen Klientel zu sein. Sie garantiert eher die Achtung vor den individuellen Besonderheiten der Jugendlichen, weil sie – im Wortsinn verstanden – Räume zum selbstbestimmten Finden und Ausagieren eines Lebensstils und -gefühls bietet. Aber die Methode hat auch ihre Nachteile. Beispielsmäßig den, dass sie – weniger als andere – innovative Impulse setzen kann: Sofern die Methode als Alibi für eine »Laisser-faire-Haltung« von TrägerInnen und MitarbeiterInnen missbraucht wird, besteht die Gefahr, dass Jugendliche in den offenen Einrichtungen nur die bisher erworbenen Spiel-, Verhaltens- und Kommunikationsmuster reproduzieren. Alkohol- und Gewaltprobleme in Jugendfreizeitheimen oder -zentren spiegeln die Gewalt- und Alkoholprobleme der jugendlichen Lebenswelt wider; sie bestätigen und verstärken diese, anstatt sie zu korrigieren.

Offene Jugendarbeit ist zunächst immer auch *akzeptierende Jugendarbeit*, die den/die Jugendliche/n in seinem/ihrem So-und-nicht-anders-Sein an- und ernst nimmt. Vorhandene Kompetenzen von Jugendlichen sind positiv und konstruktiv aufzunehmen. Ziel offener kirchlicher Jugendarbeit ist die *Fähigkeit zur reflexiven Selbstbestimmung und Selbstaufklärung*. Dieses ohne institutionelle Vorgaben, ohne pädagogische Bevormundung und Nachstellung und ohne kirchenamtliche Besserwisserei zu ermöglichen, hat als inhaltliche Bestimmung offener kirchlicher Jugendarbeit zu gelten. Gleichzeitig hat Jugendarbeit auch eine *kompensatorische* Funktion gegen die durch den postmodernen Individualisierungsprozess gesetzte *Vereinsamung und Isolierung* des Menschen. Die von der früheren Jugendforschung durchgängig beschriebene positive Bedeutung der »peer-groups« schwindet gegenwärtig immer mehr. Jugendlichen fehlen heute die Rückzugs- und Sicherheitsorte, die ihnen einstmals die Gruppe der Gleichaltrigen im pubertären Ablöseprozess geboten hat. Jugenduntersuchungen belegen die niedrige Beliebtheit von Jugendzentren und den hohen Stellenwert von Straßengangs u.a. als Surrogate für Freundschaftsgruppen. Die Gruppen der Straßengangs, der Skins, Fußballfans usw. scheinen für viele Jugendliche beides zu verkörpern: autonome Selbstbestimmung und bergende Gemeinschaft, Individualität und Sozialität, Freiheit und Verantwortlichkeit – das jedoch sind klassische Werte evangelischer Jugendarbeit, die sich neue Formen suchen muss. Als Alternativen hätten kirchliche Jugendgruppen dann realistische Chancen, wenn sie sich den echten Bedürfnissen von Jugendlichen nach freier Geselligkeit, nach experimentierenden Beziehungen und nach nicht-festgelegtem Engagement öffnen würden. Dazu muss sich auch die bisherige »Offene kirchliche Jugendarbeit« umstrukturieren und noch viel stärker zur *nachgehenden* und *aufsuchenden* Jugendarbeit werden.

Wer offene Arbeit fordert, der plädiert keinesfalls für die Abschaffung überkommener Formen von Jugendarbeit. Trotz ihres konjunkturbedingten Nachfrageverlusts hat die kirchliche Jugendgruppe ihren sozial wie psychologisch relevanten Wert. Sozial gesehen deshalb, weil sie einen Widerpart gegen die *Vereinsamungstendenzen* unter heutigen Jugendlichen bietet; psychologisch, weil die verlässliche, überschaubare und auf relativer Kontinuität basierende Jugendgruppe eine wesentliche Hilfe und Entlastung in der *pubertären Ablöse* vom Elternhaus bietet. Auch Jugendfreizeiten bleiben – trotz der erheblichen kommerziellen Konkurrenz mit größerem Event-Faktor – konstitutive Elemente christlicher Jugendarbeit, auch wenn die Ära der klassischen Zeltlager mit Lagerfeuer und Gitarre vorbei ist. Sie sind insofern zeitgemäß als sie den Interessen der postmodernen Jugend nach überschaubarem, punktuellem Engagement entgegenkommen. Demgemäß dürften *erlebnispädagogische Elemente* in der kirchlichen Jugendarbeit zunehmen. Abschied zu geben ist der Fiktion von einer kontinuierlichen langfristigen Gruppenarbeit mit Jugendlichen, weil das klassische Ideal kirchlicher Jugendarbeit der »Verbindlichkeit« gerade unter Jugendlichen keine Attraktivität besitzt. Wenn PfarrerInnen und Kirchenvorstände immer noch eine höhere Verbindlichkeit und stärkeren Gemeindebezug ihrer Jugendarbeit einklagen, ist das dauerhafte Scheitern kirchlicher Jugendarbeit nur eine Frage der Zeit. Mittelfristig werden sich die Konzepte »Gemeindejugend«, »Junge Gemeinde«, »Volkskirchlicher Nachwuchs« als obsolet erweisen.

Zukunft haben hingegen offene überschaubare Angebote wie z.B. Projekte, die sich etwa an die Konfirmandenzeit anschließen. Offene Jugendtreffs, Aktionsgruppen, Teestuben, Schülercafés u.ä.m. sind Initiativen, die zunehmend auch von der Verbandsjugendarbeit aufgegriffen werden. Inhaltlich muss die evangelische Jugendarbeit auf jugendkulturelle Entwicklungen eingehen. Besonders deutlich wird der rasche strukturelle Wandel in der Jugendkultur an der hohen Anzahl jugendlicher Computer-Freaks: Dementsprechend wird der Computer selbst zum Medium von Jugendarbeit. Internet-Cafés müssen nicht automatisch kommerziell, sie können auch ein kirchliches Angebot zur sinnvollen Nutzung sein. Visuelle Medien sind zentrale Bestandteile von Jugendkultur und jugendlicher Selbstbestimmung geworden; daraus ergibt sich eine medienpädagogische Aufgabe für die kirchliche Jugendarbeit, die nichts mit den klassischen Filmabenden früherer Jahre zu tun hat.

1. Konfirmandenunterricht und Jugendarbeit – was fällt Ihnen dazu ein?

2. Die Freizeitindustrie – das Ende der kirchlichen Jugendarbeit oder eine Herausforderung?

3. Die Zukunft der Jugend zwischen Arbeitslosigkeit und Rentendesaster, zwischen Egoismus und Materialismus – sehen Sie Konsequenzen für die Religionspädagogik?

Gehen Sie auf die Homepage der aej (www.aej.de): Welche aktuellen Informationen finden Sie?

5.3 Arbeit mit Konfirmanden und Konfirmandinnen

Uta Pohl-Patalong

Hochgeschätzt und hoch problematisch

Als Pfarrerin W. in die Gemeinde Z. kam, war für sie klar: Sie möchte Jugendliche für die christliche Botschaft und das Gemeindeleben begeistern. Ganz wichtig erschien ihr dafür die Arbeit mit Konfirmandinnen und Konfirmanden, denn hier beschäftigen sich die Jugendlichen intensiv mit der christlichen Tradition und der Bedeutung für ihr Leben heute, und sie lernen das Gemeindeleben kennen. Nach einigen Jahren ist jedoch eine gewisse Ernüchterung eingetreten: Wichtig findet Pfarrerin W. dieses Handlungsfeld immer noch, aber mindestens ebenso schwierig. Sie hat zwar einen guten Draht zu den Jugendlichen, es gibt auch gelingende Stunden, wo sie merkt, dass »der Funke überspringt«. Oft aber erlebt sie die Jugendlichen auch als gelangweilt, albern und mehr am anderen Geschlecht als an ihren Inhalten interessiert. Die Freizeit kam gut an, aber wenn sie ehrlich ist, mehr wegen der tollen Stimmung als wegen der Begeisterung für die christliche Botschaft. Und vom letzten Jahrgang hat sie nach der Konfirmation ganze zwei Jugendliche noch einmal im Gottesdienst gesehen …

Die Arbeit mit Jugendlichen, die der Konfirmation vorausgeht und auf sie hinführt, ist eine der feststehenden Handlungsfelder der Parochie und der Hauptamtlichen: während viele mögliche und faktische Gemeindeaktivitäten – beispielsweise Kinderarbeit, Jugendarbeit, SeniorInnenarbeit, Frauenarbeit, Bildungsarbeit insgesamt – dem Belieben der Gemeinde und der Hauptamtlichen unterliegen, dürfen sie sich der Arbeit mit Konfirmandinnen und Konfirmanden nicht entziehen. Gleichzeitig ist diese Arbeit jedoch dasjenige kirchliche Handlungsfeld, das wohl am stärksten von Krisendiagnosen und Reformversuchen geprägt ist.

Vorweg jedoch ein Wort zur Terminologie: Die traditionelle Bezeichnung »Konfirmandenunterricht«, die vielerorts nach wie vor gebräuchlich ist, hat zwei Schwierigkeiten. Zum einen suggeriert das Wort »Unterricht« eine Nähe zum schulischen Kontext, die weder den Ansprüchen noch (größtenteils jedenfalls) der heutigen Realität gerecht wird. Das Wort »Arbeit« ist dagegen offener und lässt diverse Gestaltungsformen zu. Mit dem Kompositum »Konfirmandenunterricht« rücken zudem die männlichen Jugendlichen in die sprachliche Aufmerksamkeit, was nicht nur einer gerechten Sprachgestaltung insgesamt widerspricht, sondern auch der seit einigen Jahren vorhandenen Sensibilität für die Geschlechterfrage in den Konzepten für dieses Handlungsfeld. Die Alternative »Konfirmationsarbeit«, die den Vorteil der sprachlichen Neutralität und Einfachheit hat, kann wiederum eine Fixierung auf das liturgische Ereignis der Konfirmation suggerieren, die zu dem Verständnis dieser Arbeit als eines eigenständigen kirchlichen Handlungsfeldes mit eigenem Charakter nicht stimmig ist. Es erscheint daher sinnvoll, den etwas längeren, aber sachgemäßen Ausdruck »Arbeit mit Konfirmandinnen und Konfirmanden« zu wählen.

Über die Ziele, die Konzepte und die Methoden der Arbeit mit Konfirmandinnen und Konfirmanden ist in den letzten Jahrzehnten in der Religionspädagogik und der Praktischen Theologie intensiv nachgedacht worden, und auch in der kirchlichen Praxis sind vielfältige Ansätze entwickelt und erprobt worden. Trotz dieser – im Einzelnen durchaus auch erfolgreichen – Bemühungen gilt die Arbeit mit Konfirmandinnen und Konfirmanden nach wie vor in der Theorie, besonders aber in der kirchlichen Praxis als ein problematisches Handlungsfeld. Von den verantwortlichen Hauptamtlichen, meist Pfarrerinnen und Pfarrern, aber auch ReligionspädagogInnen, GemeindepädagogInnen und DiakonInnen, wird es – trotz oft hoher Motivation – als besonders anspruchsvoll und belastend empfunden. Eine empirische Untersuchung dazu kommt zu dem Schluss: »Pfarrerinnen und Pfarrer sind im Konfirmandenunterricht sehr engagiert und zugleich doch oft auch ratlos. Sie stecken viel Zeit und Kraft in den Unterricht und haben doch den Eindruck, daß nicht soviel dabei herauskommt, wie sie sich erhofft haben.« (Lübking 1995, 32) Noch dramatischer wird formuliert: »Für viele der hauptamtlichen Mitarbeiterinnen und Mitarbeiter ist der KU das schwierigste Arbeitsgebiet, welches – besonders für Kollegen im Pfarramt im fortgeschrittenen Alter – schlaflose Nächte bereiten kann.« (Meyer-Blanck 1992, 12) Gleichwohl wird die Arbeit mit Konfirmandinnen und Konfirmanden von den Hauptamtlichen als sehr wichtig bewertet. Diese auffällige Spannung zwischen hoher theoretischer Wertschätzung und frustrierenden Praxiserfahrungen zu überwinden, ist eine der vorrangigen Aufgaben bei der Arbeit mit Konfirmandinnen und Konfirmanden, sowohl in theoretischer als auch in praktischer Hinsicht.

Hier knüpften auch die vielfältigen Reformversuche an, die sich seit den 1960er

Jahren um dieses Handlungsfeld bemühen. Dennoch gibt es bis heute keine weithin befriedigende Konzeption zur Arbeit mit Konfirmandinnen und Konfirmanden, die den in der Tat unterschiedlichen und weitreichenden Fragen gerecht wird. Dies dürfte nicht zuletzt darin begründet sein, dass sich in diesem Handlungsfeld das Verhältnis von Kirche und Gesellschaft und die Aufgaben kirchlichen Handelns in der Gegenwart ganz besonders deutlich auf dem Spiel steht, vor allem die Frage: was bedeutet die christliche Botschaft für das Leben von (jungen) Menschen heute? Viele der kirchlichen Probleme und Fragen bündeln sich hier wie in einem Brennglas.

Warum wird die Arbeit mit Konfirmandinnen und Konfirmanden als so wichtig erachtet und warum ist sie gleichzeitig so problematisch? Stellen Sie einen Zusammenhang zwischen den beiden Sachverhalten her.
Erinnern Sie sich an eigene Erfahrungen?

Ein Blick in die Geschichte

Die Geschichte des Konfirmandenunterrichts folgt im wesentlichen den religionspädagogischen Konzeptionen der jeweiligen Epoche. Vergegenwärtigen Sie sich diese noch einmal.

Die Konfirmation und damit auch die Arbeit mit Konfirmandinnen und Konfirmanden verdankt sich der Taufe, historisch-genetisch gesehen kann sie als nachgeholter Taufunterricht verstanden werden. Die Reformation hatte ein besonderes Interesse daran, dass die nunmehr evangelischen Gemeindeglieder den christlichen Glauben und die reformatorische Lehre aktiv nachvollziehen und ihr zustimmen können. Um dafür die Voraussetzung zu schaffen, nämlich die elementaren Inhalte der christlichen Tradition und der reformatorischen Lehre überhaupt zu kennen, führte sie den Katechismusunterricht ein, der wesentlich im Erläutern der Katechismussätze, die dann gelernt und wiedergegeben wurden, bestand. Nur vereinzelt wurden diese jedoch bereits mit der Kasualie Konfirmation verbunden, die duchgängig erst im 19. Jahrhundert – in den unterschiedlichen Regionen zeitlich versetzt – eingeführt wurde (vgl. Lämmermann 2001, 159 f.).
Friedrich Schleiermacher griff Impulse von Pietismus und Aufklärung, die die persönliche Frömmigkeit bzw. die religiöse eigenständige Auseinandersetzung des Subjekts in den Vordergrund stellten, auf und benannte als Ziele des Konfirmationsunterrichts die religiöse Mündigkeit und die aktive Teilnahme am kirchlichen Leben. Dahinter stand seine Vorstellung von der Gemeinde als Kommunikationsort frommer Subjekte. Die liberale Theologie verstand den

Konfirmandenunterricht in erster Linie als »Erziehung zur christlichen Persönlichkeit und Gemeinschaft« (Hennig 1998, 411).
Besonders bei Friedrich Niebergall erscheint der Konfirmandenunterricht nicht rein binnenkirchlich orientiert, sondern Ziel war die Bewährung des Glaubens im Leben. Trotz dieser Versuche bleibt der Konfirmandenunterricht in der Praxis bis ca. 1900 fast durchgängig Katechismusunterricht. Er wurde im Kirchengebäude, in der Schule, gelegentlich auch im Pfarrhaus erteilt. Erst mit der so genannten »Gemeindebewegung« Ende des 19. Jahrhunderts, die Ideen des Vereinsleben und vor allem das Gemeinschaftsideal in der Kirche als konstitutives Moment der Parochie etablierte, entstanden die ersten Gemeindehäuser, die dann in der Regel auch einen »Konfirmandensaal« hatten (Schwab 1998, 143). Die Ausstattung als Klassenzimmer mit Bänken, Tafel etc., in dem bis zu 100 Jugendliche auf einmal unterrichtet wurden, macht seinen schulischen Charakter deutlich. Die Konfirmandinnen und Konfirmanden blieben Objekte der Belehrung mit der »richtigen« christlichen Lehre; der christliche Glaube erscheint in erster Linie als Lerninhalt. In der Dialektischen Theologie wurde der Konfirmandenunterricht dann vorrangig als Predigt verstanden, die zum Glauben aufrufen wollte.
Nach 1945 erfolgte zunächst eine Restauration des Katechismusunterrichts. Ende der 1950er Jahre wurde im westlichen Teil Deutschlands allmählich realisiert, dass diese Form der religiösen Situation der Jugendlichen nicht gerecht wird und die jungen Menschen in ihren Fragen und Themen nicht erreicht werden. Als einer der ersten Reformversuche entwickelte Enno Rosenboom sein Konzept »Gemeindeaufbau durch Konfirmandenunterricht« (Roosenboom 1962). Hierin betonte er die Lebenssituation der Konfirmandinnen und Konfirmanden. Die Gemeinde hatte er jedoch als feste Größe vor Augen, in die die Konfirmandinnen und Konfirmanden nur eingegliedert werden konnten. Die »realistische Wende« Mitte der 1960er Jahre nahm die volkskirchliche Realität und die Motivation der Jugendlichen und ihrer Eltern in Bezug auf den Konfirmandenunterricht und die Konfirmation in den Blick – mit den deutlichen Diskrepanzen zu den Erwartungen der Unterrichtenden (Neidhart 1964). Unter dem Stichwort der »nichttheologischen Faktoren« bemühte sich die Religionspädagogik dann um eine präzise Wahrnehmung der Konfirmandinnen und Konfirmanden auf der Basis human- und sozialwissenschaftlicher Kenntnisse. In den 1970er Jahren gelangte der problemorientierte Ansatz zur Dominanz, der die Lebenswirklichkeit der Jugendlichen und ihre Probleme in einer vorrangig sozialdiakonischen und entwicklungspolitischen Orientierung hervorhob. Der therapeutische bzw. sozialisationsbegleitende Ansatz (»kirchliche Begleitung in der pubertären Ablösephase«) orientierte sich dem gegenüber stärker an der persönlichen Geschichte der Jugendlichen und begriff als sein Ziel, beim Aufbau einer eigenen Identität der Konfirmandinnen und Konfirmanden zu helfen. Dagegen bildete in den 1980er Jahren die gemeindepädagogische Orien-

tierung der – wie es nun oft hieß – »Konfirmandenarbeit« den Schwerpunkt der Diskussion. Für die 1990er Jahre ist die Tendenz zu beobachten, religiöse Motive aus dem Alltag der Jugendlichen zum Gegenstand der Betrachtung zu machen (vgl. z. B. Dorgerloh/Hentschel 1997 oder Gutmann 1998).

In der DDR war der Konfirmandenunterricht stärker in das gesamte gemeindepädagogische Handeln integriert (vgl. Degen/Elsenbast 1986). Da es keinen schulischen Religionsunterricht geben konnte, bot die Kirche in ihren Räumen für die Klassenstufen 1-6 die Christenlehre an, an die sich dann für die Klassenstufen 7-8 der Konfirmandenunterricht anschloss. Nach der Konfirmation konnten die Konfirmierten in der »Jungen Gemeinde« mitarbeiten (Hoenen 1998). Auch im östlichen Teil Deutschlands war der Konfirmandenunterricht zunächst katechismusorientiert. Die weitere Entwicklung wurde dann stark von der Auseinandersetzung mit der 1954 eingeführten Jugendweihe geprägt, die als deutliche rituelle Konkurrenz zur christlichen Konfirmation konzipiert war. In den 1960er Jahren wurde der Konfirmandenunterricht bibelzentriert gestaltet dargestellt, dass die Antworten des Glaubens auf die Fragen der gegenwärtigen Lebenssituation aus der Bibel gewonnen werden sollten. Die Jugendlichen und ihre Lebenswelt kamen für die Konzeption des Konfirmandenunterricht erst nach und nach in den Blick. In ähnlicher Weise wie im Westen fanden die religionspädagogischen Ideen der Schüler- und Problemorientierung auch in den Konfirmandenunterricht Eingang. Diese Konzeptionen wurden jedoch noch stärker als im Westen als unverbindlich und den kirchlichen Auftrag zurückdrängend kritisiert, besonders in der Praxis sind sie vielerorts nur zögerlich oder gar nicht akzeptiert worden. Seit den 1970er Jahren wurde unter dem Stichwort »konfirmierendes Handeln der Gemeinde« der Konfirmandenunterricht stärker in die gesamte gemeindliche Arbeit integriert. Nach 1990 veränderte sich die Situation nachhaltig, nicht zuletzt durch die Einführung des schulischen Religionsunterrichts in den neuen Bundesländern. Bis heute sind jedoch Tendenzunterschiede zwischen alten und neuen Bundesländern zu verzeichnen, die sich z. B. an einer stärkeren Betonung des Bekenntnischarakters der Konfirmation und einer entsprechenden Gestaltung der Arbeit mit Konfirmandinnen und Konfirmanden zeigen (vgl. z. B. Schirr 2002).

Setzen Sie die Unterschiede in der Arbeit mit Konfirmandinnen und Konfirmanden zwischen West und Ost in Beziehung zur jeweiligen gesellschaftlichen und kirchlichen Situation. Welche Kirchenbilder werden erkennbar? Welche Rolle spielt die Arbeit mit Konfirmandinnen und Konfirmanden innerhalb dieser Bilder?

Schirr, J. (2002): Überlegungen zur Zukunft von Konfirmation und konfirmierendem Handeln in einer säkularen Gesellschaft, in: Lernort Gemeinde 20, 17-22.

Reformdiskussionen und kein Ende

Die Diskussion um den so genannten »Konfirmationsunterricht« betrifft sehr unterschiedliche Ebenen, die sich gegenseitig bedingen und beeinflussen. »Was zu erneuern ist und wie dies geschehen soll, ist in der theologischen und pädagogischen Theorie [...] ebenso umstritten wie in der Unterrichtspraxis.« (Steck 1997, 205)

Welche Ziele?

Immer noch bzw. immer wieder werden die Aufgaben und Zielbestimmungen der Arbeit mit Konfirmandinnen und Konfirmanden kontrovers diskutiert: was sollen die Jugendlichen in dieser Zeit lernen und/oder erleben, und wie ist dies am besten zu erreichen?
Grundsätzlich lassen sich in der neueren Diskussion drei Zielbestimmungen unterschieden, die dann im Einzelnen weiter ausdifferenziert wurden (vgl. Hauschildt 1994; Steck 1997, 210):
1. Ziel ist die Einführung in die Gemeinde und das Gemeindeleben
Im einzelnen umfasst dies beispielsweise
- das Kennenlernen von Gestalt und Aufgabe von Kirche
- Teilnahme am Gemeindeleben und Hineinwachsen in dieses
- exemplarisch kirchliches Handeln kennenlernen und praktizieren, z. B. in diakonischen Einsätzen
- die Vorbereitung zur Erlangung voller kirchlicher Mitgliedschaft und der vollen kirchlichen Rechte, z. T. auch das Recht zum Abendmahl

2. Ziel ist die Einführung in grundlegende christliche Inhalte und die Entdeckung ihrer Bedeutung für das eigene Leben
Dies umfasst beispielsweise
- »Religion lernen für das eigene Leben« (Volker Elsenbast 2002)
- Kennenlernen und Auseinandersetzung mit biblischen Geschichten
- Kennenlernen und Auseinandersetzung mit wichtigen christlichen Traditionsgehalten
- die Ermöglichung eines individuellen christlichen Bekenntnisses
- Hilfestellung bei der Entwicklung einer persönlichen Religiosität

3. Ziel ist Hilfe und Förderung für den persönlichen Reifungsprozess in der puberalen Lebensphase
Dies umfasst beispielsweise
- die Entwicklung von Emanzipation und Selbstständigkeit
- Unterstützung in wichtigen Entwicklungsfragen, z. B. Ablösung von den Eltern
- ein gelingendes Gruppenleben

– Wirklichkeit erkunden und helfen, sie im Horizont des Christentums zu bewältigen.

Diese drei Ziele wiedersprechen sich zwar nicht, implizieren aber deutliche Schwerpunktsetzungen. Zu berücksichtigen ist überdies, dass diese Ziele aus Sicht von Hauptamtlichen formuliert sind. Deren Sichtweise könnte allerdings zum einen durchaus in Spannung stehen zu den Erwartungen von Jugendlichen selbst und/oder ihrer Eltern (vgl. dazu Elsenbast/Goßmann 1998) und zum anderen besteht eine gewisse Diskrepanz zu bildungstheologischen Vorstellungen, die die Jugendlichen als Subjekte ihrer eigenen Bildung verstehen – eine Grundannahme, die auch für die Arbeit mit KonfirmandInnen gelten sollte.

Diskutieren Sie die unterschiedlichen Ziele in der Arbeit mit Konfirmandinnen und Konfirmanden so, dass Sie die unterschiedlichen Positionen argumentativ vertreten. Ziehen Sie dabei unterschiedliche Begründungsebenen heran: theologische, gemeindliche, soziologische, psychologische ... Halten Sie eine Kombination der Ziele für sinnvoll? Können Sie hinter den Konzeptionen »klassische« theologische Deutungsmuster erkennen?

Wann und in welcher Form?

Diskutiert werden weiter die Organisationsformen (vgl. Piper 2002). Nach wie vor ist das wöchentliche Modell die Regel: die Gruppe trifft sich regelmäßig an einem Nachmittag die Woche für 45 oder 90 Minuten. Gegen diese Organisationsform sprechen jedoch zunehmend organisatorische Gründe, vor allem aber didaktische: Der Stundenrhythmus prägt den Charakter der Arbeit mit Konfirmandinnen und Konfirmanden schulisch. Intensiveres gemeinsames Arbeiten mit kreativen und meditativen Elementen ist in dieser Form erschwert. Insofern nimmt die Tendenz zu, die wöchentlichen Stunden durch halbe oder ganze Tage zu ergänzen oder auch zu ersetzen. Der organisatorische Aufwand wird dadurch größer, die Arbeit im Team noch notwendiger als im »Wochenrhythmusmodell«. Wo solche Formen praktiziert werden, sind jedoch in der Regel die Erfahrungen so gut, dass es den Aufwand lohnt. Erst recht gilt dies für die Konfi-Wochenenden und Konfi-Freizeiten, die meist die nachhaltigsten Erinnerungen an die KU-Zeit hervorrufen. Modelle wie das Augsburger Konfi-Camp, in dem sich für 800 Konfirmandinnen und Konfirmanden für 11 Tage (verteilt auf 3 Camps) auf einem italienischen Zeltplatz Arbeitseinheiten und Freizeit abwechseln, finden unter den Teilnehmenden große Zustimmung.

Je erlebnisorientierter, desto besser? Welche Ziele werden mit welcher Organisationsform vermutlich besser erreicht, welche weniger gut?

In welchem Alter?

Das heutige Konfirmationsalter ist ein Erbe jener Zeit, als die Konfirmation noch an den Schulaustritt und den Berufsbeginn gekoppelt war. Nicht theologische oder pädagogische Kriterien sprachen also dafür, sondern soziale und ökonomische. Biologische Reife und lebensgeschichtliche Wende von der Schul- zur Arbeitszeit fielen damals zusammen; beide Bedingungen sind jedoch heute nicht mehr gegeben. Auch für die Arbeit mit Konfirmandinnen und Konfirmanden erhebt sich die Frage nach Zeitigkeit und Rechtzeitigkeit von Bildungsprozessen. Deshalb wurde fraglich, ob die Altersgruppe der 13-14jährigen, mit der die Arbeit mit Konfirmandinnen und Konfirmanden gegenwärtig in der Regel stattfindet, die richtige für die Ziele ist, die sich mit dem Handlungsfeld verbinden: Kommt die Begegnung mit der christlichen Tradition nicht zu spät? Und sind Jugendliche in diesem Alter wirklich offen für die entsprechenden Themen und Fragen? Alternativ dazu ist das Modell von KU3 bzw. KU4 entwickelt worden (ehemals unter »Hoyaer Modell« bekannt) (vgl. Meyer-Blanck/Kuhl 1994 und Kessler 2002). In diesem werden Kinder im dritten bzw. vierten Schuljahr zu einem halbjährigen Kurs eingeladen. Die zweite Hälfte findet dann im Alter von ca. 14 Jahren statt. Damit werden die Kinder bzw. Jugendlichen in zwei unterschiedlichen Entwicklungsphasen erreicht und die Begegnung mit den christlichen Inhalten erfolgt wesentlich früher als im klassischen Modell. Die Zeit dazwischen soll mit (freiwilligen) Angeboten in der Gemeinde gefüllt werden, damit der Kontakt zur Gemeinde bestehen bleibt. Dies sinnvoll zu gestalten, ist eine der größten Herausforderungen dieses Modells.

Arbeit mit Konfirmandinnen und Konfirmanden in welchem Alter? Setzen Sie diese Frage zu Ihren entwicklungspsychologischen Kenntnissen in Beziehung und diskutieren Sie die Vor- und Nachteile.

Nach Geschlechtern differenziert?

Seit einigen Jahren findet in der Arbeit mit Konfirmandinnen und Konfirmanden die Geschlechterthematik verstärkt Aufmerksamkeit (vgl. Ahrens/Pithan 1999 und Knauth/Bräsen/Langbein/Schroeder 2002). Ausgangspunkt dieser Überlegungen sind die Erfahrungen in der Praxis, dass Mädchen und Jungen offensichtlich unterschiedliche Fragen und Bedürfnisse haben. Berücksichtigt man dies nicht, wird man im Grunde beiden Geschlechtern nicht gerecht. Gegenwärtig wird für eine teilweise Trennung der Geschlechter plädiert, in deren Rahmen dann mädchenspezifische und jungenspezifische Angebote gemacht werden.

Rekapitulieren Sie das Kapitel über die feministische Religionspädagogik und phantasieren Sie, in welcher Weise und zu welchen Themen mit Konfirmandinnen sowie in welcher Weise und zu welchen Themen sinnvoll mit Konfirmanden gearbeitet werden kann. Was bedeutet dies dann für die koedukativen Phasen?

In Konkurrenz zur Jugendweihe?

Durch die Vereinigung Deutschlands ist die Frage nach der Konkurrenz zwischen Konfirmation und Jugendweihe auch in den alten Bundesländern ins Bewusstsein getreten (vgl. Döhnert 2000). Vor allem von humanistischen Organisationen getragen, wird damit eine schon lange vor der DDR bestehende Tradition aufgenommen und auf heutige Bedürfnisse hin modifiziert. Die Organisationen bieten eine als Passage-Ritual gestaltete Feier für Jugendliche mit vielen flankierenden jugendgemäßen Angeboten und ohne den Zwang zur Verbindlichkeit an, die besonders in den großen Städten auch in den alten Bundesländern angenommen wird, und in den neuen nach wie vor großen Zuspruch findet. Sie nötigt die Kirche, das Profil von Konfirmation und der sie vorbereitenden Zeit zu schärfen, kann aber auch möglicherweise von ihrem Eingehen auf die Lebenswelt von Jugendlichen lernen (vgl. Döhnert 2002).

Kann die kirchliche Arbeit mit Konfirmandinnen und Konfirmanden von der Jugendweihe lernen? Wo liegen umgekehrt ihre Stärken und wie kann sie sie profilieren?

Tradition und Situation

Heute ist durchweg das Bemühen erkennbar, jenseits einer Polarisierung oder Alternativsetzung sowohl die lebensgeschichtliche Situation der Konfirmandinnen und Konfirmanden als auch die christliche Tradition zu berücksichtigen. Dies gilt zunächst für die kirchliche Praxis: Laut einer Umfrage halten es 89 % der befragten Pfarrerinnen und Pfarrer für wichtig, dass die Konfirmandinnen und Konfirmanden verstanden haben: »Der christliche Glaube hat etwas mit unseren Fragen und Problemen zu tun«. Fast ebenso viele – 81 % – geben an, dass die Bibel in ihrem Unterricht wichtig oder sehr wichtig ist. (Böhme-Lischewski/Lübking 1992). Das Verhältnis zwischen den beiden Größen kann jedoch problematisch und durchaus auch konkurrierend sein. Am ausgewogensten scheint es dann zu sein, wenn mit kreativen Methoden den Konfirmandinnen und Konfirmanden lebensgeschichtlich bedeutsame Erfahrungen mit der Bibel ermöglicht werden, z. B. im Bibliodrama, Bibeltheater oder Bibliolog (☞ Kap. 7.8–7.10). Auch in der Religionspädagogik besteht Einigkeit darin, den Lebenskontext und die Fragestellungen der Jugendlichen

und die biblische Tradition »gleichursprünglich« (Klaus Wegenast) zu berücksichtigen. Gefragt wird, wie die Jugendlichen in ihrer Lebenssituation die biblischen Texte verstehen lernen können, und wie sie gleichzeitig mit Hilfe der biblischen Texte ihre eigene Lebenssituation begreifen können.
Die Arbeit mit Konfirmandinnen und Konfirmanden möchte persönliche religiöse Erfahrungen der Jugendlichen und eine persönliche Aneignung für ihr Leben ermöglichen. Die Bibel soll von einem »Lesetext« zu einem »Lebenstext« werden (Kumlehn 2001). In der Konsequenz bedeutet dies, die persönlichen Zugänge der Jugendlichen zur Bibel und auch ihre eigenen Interpretationen ernst zu nehmen (wie dies die »Kindertheologie« betont ☞ Kap. 3.5), statt ihnen eine feststehende Botschaft vermitteln zu wollen – und dies nicht als Anknüpfungspunkt für die dann anschließend vorgetragene oder methodisch weitergeführte »richtige« Deutung der Pfarrerin. Ein Dialog zwischen Jugendlichen und Bibel kann auf diese Weise angeregt werden, der eine wechselseitige Erschließung von Leben und Text ermöglicht. In der Konsequenz bedeutet dies den Verzicht auf Wertungen, auf »richtige« und »falsche« Deutungen, den Verzicht auf ein vorher festgelegtes Lernziel und auf das Auslegungsmonopol der Unterrichtenden (vgl. Pohl-Patalong 2003). Die Frage, was dies für die konkrete Arbeit mit Konfirmandinnen und Konfirmanden bedeutet, wird vermutlich die Diskussion der nächsten Jahre beschäftigen.

Konfirmandinnen und Konfirmanden als Auslegerinnen und Ausleger der Bibel? Was spricht theologisch dafür, wo liegen die Schwierigkeiten?

6. Erwachsenenalter

Uta Pohl-Patalong

6.1 Lebenswelten erwachsener Menschen

Schon die deutsche Bezeichnung »Erwachsene« für Menschen von der Volljährigkeit bis zum Ende des Lebens führt ein in die Problematik dieser »Lebensphase«: Alle Menschen, bei denen man davon ausgeht, dass das Wachstum abgeschlossen ist, sind »Er-wachsene«. Den großen Unterschieden zwischen den vielen Gruppen und den vielen einzelnen Menschen wird dieser Begriff erst einmal nicht gerecht. Vor allem aber suggeriert er ein »Fertigsein«, eine Vollendung. Möglicherweise trifft dies körperlich zu, in geistiger Hinsicht jedoch sicher nicht und heute wahrscheinlich weniger als in früheren Generationen.

Dass Menschen sich ihr ganzes Leben hindurch entwickeln und verändern, entspricht vermutlich auch Ihren Beobachtungen im Alltag: vergleichen Sie doch einmal, wie Ihre Eltern und andere Menschen dieser Generation heute, denken, leben und handeln mit dem Stand vor fünf, zehn und zwanzig Jahren. Wie haben sich die Werte, Überzeugungen und Einstellungen verändert? Welche Fähigkeiten haben sich entwickelt, wie hat sich das Leben und Handeln verändert? Vielleicht fällt Ihnen dabei auch auf, dass Frauen oft größere Veränderungen durchmachen als Männer, darauf kommen wir noch zurück.

Das neue Interesse an der Entwicklung von Erwachsenen

Aber auch auf wissenschaftlicher Ebene interessiert man sich inzwischen besonders für die Veränderungen, die Erwachsene im Laufe ihres Lebens durchmachen. Diese Perspektive ist in der psychologischen Disziplin jedoch noch relativ neu. Die Entwicklungspsychologie – diejenige der psychologischen Disziplinen, die sich vor allem mit den Veränderungen des Menschen befasst –, hat sich lange nur mit dem Kindheits- und dem Jugendalter beschäftigt, nur einzelne Ansätze (z.B. Erik Erikson) nahmen den Erwachsenen in den Blick. Eine »Entwicklungspsychologie des Erwachsenenalters« ist nicht einmal drei Jahrzehnte alt. Seitdem nimmt jedoch das Interesse am Erwachsenenalter immer mehr zu. Es hat sich eine »Life-Span-Development-Psychology«, eine »Entwicklungspsychologie der Lebenspanne« entwickelt, die beim Blick auf die Erwachsenen nicht mehr das Bild einer »fertigen Person« (Faltermaier u.a. 2002, 10) vor sich hat, sondern sich für die vielfältigen Wandlungen und Veränderungs-

prozesse interessiert, die Menschen ihr ganzes Leben lang durchmachen. Das bedeutet auch, dass nicht mehr der biologische Aspekt der wichtigste ist – das wäre Wachstum, Mehrung oder Ausdifferenzierung –, sondern es geht um Veränderungen jeglicher Art und besonders geistige und seelische Entwicklung wird also dezidiert als lebenslanger Prozess betrachtet.
Das Erwachsenenalter kann dabei untergliedert werden in ein frühes (20-40), ein mittleres (40-60) und ein spätes (über 60), um wenigstens ansatzweise die Unterschiedlichkeit von Lebenssituationen und -stationen zu berücksichtigen (vgl. Faltermaier u.a. 2002, 13).

In welcher Gesellschaft leben Erwachsene heute?

Ein besonderes Augenmerk muss dabei auf den gesellschaftlichen Verhältnissen liegen, denn diese beeinflussen und prägen das persönliche Leben bis in die Psyche hinein tiefgreifend, heute vielleicht noch mehr als in früheren Zeiten. Die gesellschaftliche Situation wurde in den letzten Jahren in der Soziologie unter verschiedenen Blickwinkeln beschrieben und meist mit einem Schlagwort zusammengefasst wie beispielsweise die »Risikogesellschaft«, die »Erlebnisgesellschaft« oder die »postmoderne Gesellschaft«. Dies sind keine ganz unterschiedlichen Sichtweisen der Gesellschaft von heute, sondern die Theorien bilden unterschiedliche Zugänge zu den ja in der Tat sehr komplexen gesellschaftlichen Entwicklungen der letzten Jahrzehnte. Ihr Ziel ist es, Phänomene der Gegenwart und Erfahrungen von Menschen heute verstehbar zu machen und in einen Zusammenhang zu stellen, der möglichst viele der Beobachtungen deutet.

Stichwort »Individualisierung«

Prägend für das Leben heute ist, dass die Bedeutung von vorgegebenen Bindungen für das Leben von Menschen abnimmt, egal ob es familiäre, regionale, schichtspezifische oder auch religiöse Bindungen sind. Selbstverständlich leben Menschen nach wie vor mit sozialen Bindungen und Bezügen, sie sind jedoch immer weniger festgelegt und unveränderbar. Prinzipiell sind Bindungen zum Gegenstand persönlicher Wahl geworden und müssen von dem einzelnen Menschen selbst verantwortet und gestaltet werden. Diese Form der Individualisierung (Ulrich Beck) geht einher mit einer Entbettung (Anthony Giddens) aus gesellschaftlichen Institutionen. Damit ist gemeint, dass Institutionen wie z.B. die Ehe oder die vorgegebenen Formen der Erwerbsarbeit den Menschen früher wesentlich deutlicher Wege vorzeichneten und Entscheidungen abnahmen.

Eine Frau, nennen wir sie Anna, die Mitte des 18. Jahrhunderts auf einem Bauernhof in einem kleinen Dorf geboren worden ist, hatte ihr Leben relativ klar vor Augen: Sie wird heiraten, vermutlich einen jungen Bauern aus dem gleichen oder einem Nachbardorf, mehrere Kinder bekommen, versorgen und erziehen und als Bäuerin auf dem Hof ihres Mannes oder, bei Fehlen männlicher Erben, auf dem Hof ihrer Eltern tätig sein. In dieser Ehe und auf diesem Hof wird sie bis zu ihrem Lebensende bleiben. Dies bedeutet ein Zusammenleben in der Großfamilie, zumindest mit den Eltern oder Schwiegereltern. Die Menschen im Dorf, die sie seit ihrer Kindheit kennt, werden sie weiterhin umgeben, größtenteils bis zum Tod. Anna gehört der Konfession an, in der sie hineingeboren wurde, und nimmt in der Form am kirchlichen Leben Teil, wie es auch alle anderen tun.

Das ist heute anders.

Eine Anna, die 1960 auf einem Bauernhof in einem kleinen Dorf geboren worden ist, hat schon durch ihre Schulbildung – sie konnte auch mit dem Schulbus zum Gymnasium in die nächste Stadt fahren – ganz andere Wahlmöglichkeiten. Natürlich kann sie auch Bäuerin werden, ebenso aber auch Lehrerin, Ärztin, Verkäuferin, Goldschmiedin oder Astronautin. Ob sie heiratet, mit einem Mann – oder auch einer Frau – unverheiratet zusammenlebt und wie lange diese Ehe oder Beziehung besteht, ist ebenso offen wie die Frage, ob sie Kinder bekommt und wenn ja, wie viele. Nach wie vor ist es zwar wahrscheinlicher, dass sie für die Versorgung und Erziehung der Kinder hauptsächlich zuständig ist, aber sicher ist es keineswegs. Sie kann an einen anderen Ort ziehen, aber auch nach Australien übersiedeln. Den Kontakt zu den Menschen im Dorf und auch ihren Eltern kann sie abbrechen oder pflegen. Sie kann aus der Kirche austreten, Muslima werden oder sich der Esoterik zuneigen.

Dieses Szenario suggeriert nun allerdings eine völlige Wahlfreiheit, die es nur theoretisch gibt und nicht unbedingt faktisch. Denn welche Entscheidungen der einzelne Mensch dann auch tatsächlich treffen kann, ist konkret immer sowohl von innerpsychischen Prägungen wie von äußeren Faktoren erheblich beschränkt.

Natürlich kann Anna theoretisch in jedes Land der Welt auswandern – aber sie braucht die entsprechende innere Unabhängigkeit, den entsprechenden Beruf, das entsprechende Geld und das Visum des Landes dafür. Und natürlich kann sie ihrer vielleicht unbefriedigenden Ehe jederzeit durch Scheidung entkommen, aber auch dazu muss sie psychisch stabil genug sein, materiell abgesichert und möglichst durch ein soziales Netz unterstützt.

In ihren Konsequenzen muss dennoch jede Entscheidung persönlich getragen und verantwortet werden. Denn die Folge aus diesen Entwicklungen ist auch: da beispielsweise Scheidungen möglich und gesellschaftlich legitim sind, erscheint die Person, die in einer unglücklichen Ehe verbleibt, selbst dafür verantwortlich, und zwar sowohl in ihrer Selbstwahrnehmung wie auch in der Wahrnehmung anderer. Sie ist also nicht einfach das Opfer unglücklicher Umstände, möglicherweise solidarisch mit anderen Menschen in ähnlicher Situation, sondern gilt vor sich und anderen als »selber schuld«.

Nicht nur, aber auch deshalb hat diese Form der gesellschaftlichen Individualisierung äußerst ambivalente Folgen für die Individuen: auf der einen Seite sind die Möglichkeiten, das eigene Leben zu führen und es zu gestalten, gegenüber früheren Generationen in der Tat erheblich gestiegen, insbesondere für Frauen. Das ist ein wirklicher Zugewinn an Freiheit, der nicht verschwiegen werden darf – auch Mensche, die die Entwicklungen heute heftig kritisieren, möchten sicher nicht so leben wie vor 200 Jahren!

Aber die Nachteile müssen auch gesehen werden: Zunächst werden eben doch größere Entscheidungsmöglichkeiten suggeriert als dann real auch vorhanden sind – das beginnt übrigens schon bei dem Verhältnis zwischen dem, was ich mir nach den Angeboten der Werbung alles kaufen könnte und sollte und dem, was ich mir dann tatsächlich leisten kann. Vor allem aber stellt der »Zwang zur Wahl« auch für nicht wenige Menschen eine große Anforderung und nicht selten auch eine deutliche Überforderung dar. Der Satz von Christa Wolf: »Freude an der Verunsicherung – wer hat uns das beigebracht?« – könnte für viele Menschen als eine Art Überschrift über ihren Problemen und Fragen stehen.

Zudem sind die Möglichkeiten der *Geschlechter* nach wie vor nicht gleich oder gleichwertig. Gegenüber früheren Generationen sind zwar die Wahlmöglichkeiten und Chancen von Frauen auf einen selbstbestimmten Lebensentwurf erheblich gewachsen. Nach wie vor sind die Geschlechterrollen und die unterschiedlichen Erwartungen an Frauen und Männer dennoch prägend für die Lebensentwürfe. Bei Frauen wirken sie insbesondere im Zusammenhang mit der Kinderfrage wesentlich restriktiver als bei Männern.

Individualisierung: Menschen wählen immer mehr selbst, welche Bindungen sie eingehen und erhalten – sei es in bezug auf Familie, Freizeit, Wohnort, Beruf oder Religion.

Stichwort »Pluralisierung«

Die Individualisierung und Entbettung bedeutet gleichzeitig eine Pluralisierung der Lebenswege, denn wenn gewählt werden kann, fallen die Wahlen unterschiedlich aus und die Lebenswege, Lebensstile und Lebenseinstellungen vervielfachen sich. Zudem nimmt auch der interkulturelle Einfluss rapide zu und vermischt sich mit ausdifferenzierten Angeboten, so dass ein vielfältiger »Markt der Möglichkeiten« entsteht.

Stellen Sie sich einmal ein Klassentreffen der heutigen Anna vor und zum Vergleich die Klasse der Anna vor 250 Jahren jeweils 30 Jahre nach dem Ende der Schulzeit (so die Anna damals überhaupt zur Schule gegangen ist). Nebenbei: Schon die Institution des Klassentreffens heute zeigt, dass die Menschen, die einmal miteinander zur Schule gingen, sich nicht mehr selbstverständlich treffen und nicht mehr die gleichen Wege gehen. Die Mitschülerinnen und Mitschüler heute leben in ganz unterschiedlichen Lebenssituationen und -kontexten, ihre Lebensweisen, Lebensstile und auch Lebenseinstellungen haben sich im Vergleich zu denen der Klasse vor 250 Jahren extrem pluralisiert.

Erneut gilt aber auch hier: Einerseits sind die Möglichkeiten gegenüber denen früherer Generationen in der Tat erheblich erweitert und eine wesentlich höhere Zahl an Lebenswegen ist möglich und wird gesellschaftlich toleriert (denken Sie nur an die Veränderung in der Einstellung zu Homosexualität). Andererseits hat die individuelle »Bastelexistenz« auch entscheidende Grenzen. So gibt es nach wie vor einen »Normalitätsdruck« (Günther Bittner) bestimmter Institutionen wie der Ehe: immer noch heiratet die Mehrzahl der Menschen, da die Ehe immer noch ein starkes gesellschaftliches Leitbild darstellt, entsprechend wird auch das Scheitern einer Ehe zwar als nicht außergewöhnlich, aber doch immer noch auch als persönliches Scheitern erlebt. Prägend ist auch die Kraft von Milieus (Gerhard Schulze): Die einzelnen Menschen lassen sich großen »Milieus« zuordnen, deren Lebensstil und deren Werten sie im großen und Ganzen folgen. Beschränkend wirken aber auch schlicht materielle Beschränkungen, die seit einigen Jahren wieder an Bedeutung gewinnen.

Pluralisierung: Die Lebenswege, Lebensstile und Lebenseinstellungen von Menschen werden immer unterschiedlicher.

Stichwort »Ausdifferenzierung«

Eine weiteres, vor allem durch den Systemtheoretiker Niklas Luhmann bekannt gewordenes soziologisches Stichwort ist die *Ausdifferenzierung* der Gesellschaft. Damit wird beschrieben, dass sich die Gesellschaft weniger als in früheren Zeiten als einheitlicher Lebenszusammenhang darstellt. So sind der private wie der berufliche Lebensbereich häufig nicht nur räumlich, sondern auch durch ganz unterschiedliche Erfordernisse und Erwartungen voneinander getrennt. Der Mensch ist verschiedenen und teilweise sogar widersprüchlichen Anforderungen ausgesetzt, die er in seiner eigenen Person zusammenbringen muss, da die gesellschaftlichen Strukturen keine Rücksicht darauf nehmen: im Berufsleben sind andere Eigenschaften gefordert als im Familienbereich etc. Es gibt keine Instanz mehr, die den Menschen als ganzes integriert, sondern immer nur bestimmte Anteile und Rollen von ihm. Wie die unterschiedlichen Lebenswelten und Anteile wieder zusammenkommen, liegt bei den Einzelnen selbst – damit stehen Menschen heute vor wesentlichen inneren Anforderungen und Aufgaben.

Der Lebenskontext der Anna vor 250 Jahren war wesentlich einheitlicher als der der Anna von heute. Anna damals lebte und arbeitete auf dem gleichen Hof. Sie war als Bäuerin und Ehefrau ihres Mannes in dem Dorf X als ganze Person integriert. Natürlich kann sie sich auch gegenüber unterschiedlichen Menschen unterschiedlich verhalten haben, da diese sich aber alle kannten und einen einheitlichen Lebenskontext bildeten, hatte dies deutliche Grenzen.
Das kann bei Anna heute ganz anders sein. Sofern sie nicht Hausfrau und Mutter ist, dürfte ihr Arbeitsort nicht ihr Lebensort sein, möglicherweise liegen diese auch etliche Kilometer auseinander. Sie kann – und muss! – ihren Arbeitskolleginnen und ihren Vorgesetzten gegenüber andere Eigenschaften und Verhaltensweisen zeigen als gegenüber ihren Kindern. Möglicherweise hat sie unterschiedliche Freundeskreise, getrennt oder zusammen mit ihrem Partner, in denen sie noch einmal anders wahrgenommen wird.

Ausdifferenzierung: Menschen leben in unterschiedlichen Lebensbereichen, die immer weniger miteinander zu tun haben.

Stichwort »Fragmentierung«

Die Pluralisierung und Ausdifferenzierung der Gesellschaft bedeutet auch eine *Fragmentierung:* es existieren ganz unterschiedliche Lebensmilieus mit unterschiedlichen Normen, Werten und Rollen. Diese Milieus haben teilweise kaum Berührungen und Schnittmengen. Die verschiedenen »Normalitätsstandards und Erlebnisansprüche« (Keupp 1999, 16) erschweren eine Kommunikation ebenso wie das Bedürfnis nach Abgrenzung gegenüber den »Anderen« – denken Sie nur an die diversen Subkulturen Jugendlicher und junger Erwachsener auf der einen Seite und das »Niveaumilieu« auf der anderen. Hinzu kommt durch die Entwicklung der Medien die Existenz virtueller Welten und Gemeinschaften, die konkurrierende Wirklichkeiten schaffen. Es gibt keinen gesellschaftlichen Konsens dessen, was als ein gutes und richtiges Leben gilt.
Insgesamt gibt es zumindest gesamtgesellschaftlich gesehen und auch im Erleben vieler Menschen keinen Glauben an eine übergreifende *Meta-Erzählung* mehr (Wolfgang Welsch). Die großen Deutungszusammenhänge wie die Aufklärung, der Kapitalismus oder Kommunismus, aber auch das traditionelle Christentum haben als Sinn gebende Deutungsinstanzen, die nicht hinterfragt und einfach übernommen werden, ausgedient. Der einzelne Mensch kann und muss sein eigenes Sinnsystem konstruieren. Dies enthält in der Regel durchaus Elemente der traditionellen sinngebenden Instanzen, quasi als Material (Keupp 1999, 18), das in unterschiedlicher Weise kombiniert und zusammengesetzt wird. Dieser faktische Synkretismus bzw. der »Zwang zur Häresie« (wörtlich

von griech. hairesis – Wahl) dürfte eine der größten Herausforderung für die Kirche in ihrer Arbeit mit Erwachsenen sein.

Anna heute glaubt möglicherweise daran, dass es einen Gott gibt und findet auch, dass in der Bibel manche Weisheit steht. Der Gedanke an eine Wiedergeburt leuchtet ihr aber auch sehr ein – denn in diesem einen Leben kann sie unmöglich all das verwirklichen, was ihr lebenswert und wichtig erscheint. Sie praktiziert seit Längerem Yoga und hat neulich an einem Reiki-Kurs teilgenommen. Sie ist überzeugt davon, dass sie ihre Wahrheit nur für sich selbst finden kann und dass ihr niemand sagen kann, was der richtige Glaube für sie ist.

Fragmentierung: Es gibt keinen gesamtgesellschaftlichen Konsens über das richtige Leben mehr, Menschen lösen diese Frage individuell.

Stichwort »Subjektivierung«

All dies zieht eine *Subjektivierung* des Lebens nach sich: die eigene Lebensgeschichte und die Beschäftigung mit ihr gewinnt an Bedeutung. Die gesellschaftlichen Entwicklungen der Gegenwart fördern sowohl auf gesellschaftsstruktureller wie auf persönlicher Ebene die Bedeutung des eigenen Ich. Wenn die eigene Person – zumindest theoretisch – zur wichtigsten Instanz für die zentralen Lebensentscheidungen wird, steigt die Bedeutung des Ich im subjektiven Erleben und wird stärker zum Gegenstand der Aufmerksamkeit. Im Wechsel der Lebensbezüge wird die eigene Person zunehmend zur einzigen feststehenden Instanz, da alle Bindungen zumindest potenziell fragil sind. So erscheint die Ehe theoretisch ständig durch die Möglichkeit zur Scheidung bedroht, der Beruf durch die Möglichkeit der Arbeitslosigkeit, der Wohnort durch einen möglichen beruflichen Wechsel etc. Entsprechend sind auch immer weniger Menschen bereit, fertige Wahrheiten von Autoritäten blind zu übernehmen, sondern sie sind auf der Suche, persönliche und für sie einsichtige Wahrheiten zu finden. Als Kehrseite der Medaille wird wiederum eine »Ich-Jagd« (Gross 1999) diagnostiziert.

Die Anna damals dürfte eher wenig über sich nachgedacht und mit anderen über die eigene Person und ihre Entwicklung gesprochen haben. Anna heute hat vielleicht schon als Jugendliche eine Selbsterfahrungsgruppe besucht. Im Studium hat sie möglicherweise nächtelange Diskussionen über ihre Ablösung von ihren Eltern und was dies für sie bedeutet, geführt. Wenn sie sich scheiden lässt, kann ein wesentlicher Grund dafür sein, dass sie sich in ihrer Ehe zunehmend unverstanden und eingeschränkt fühlt. Nach ihrer Scheidung geht es ihr vermutlich in dem Moment besser, als sie sich klar darüber wird, dass sie selbst ihr Leben in der Hand hat und sich am stärksten auf sich selbst verlassen kann.

Subjektivierung: Das eigene Ich gewinnt an Bedeutung, sowohl für die wichtigen Entscheidungen des Lebens als auch in der Beschäftigung mit ihm.

Stichwort »Identität«

In jedem Fall wird die *Identitätsfrage* zu einer permanenten Begleiterin auch des Erwachsenenlebens und ist nicht mehr auf die Jugendphase beschränkt. Die Fragen »Wer bin ich?« »Wie möchte ich sein?« »Bin ich nicht (auch) ganz anders?« sind mit der Berufsfindung und möglicherweise der Familiengründung nicht abschließend beantwortet. Denn die eigene Identität entsteht nicht mehr selbstverständlich aus einem vorgegebenen Zusammenhang, sondern muss vom Individuum selbst hergestellt und stabilisiert werden. Dies ist kein einmaliger, sondern ein andauernder Prozess, der Chancen birgt, aber auch anstrengend und verunsichernd ist. Identität wird damit zur Aufgabe, die jeder einzelne Mensch erfüllen muss. Die gesellschaftliche Pluralisierung erschwert dabei die Ausbildung einer feststehenden und widerspruchsfreien Identität eher als dass sie hilft, denn die Vielfalt an sozialen Beziehungen und Orientierungen spiegelt keinen einheitlichen Sinnhorizont mehr wider, sondern bietet konkurrierende Selbst- und Weltauffassungen an. Zudem erleben Menschen zunehmend Diskontinuitäten in ihrer Lebensgeschichte: wechselnde Orientierungen und Bindungen, Brüche und durchaus auch das Scheitern von Lebensentwürfen, sei es durch Scheidung, Umzug, Arbeitslosigkeit und berufliche Neuorientierung oder anderem. Eine einheitliche und lebenslang feststehende Identität kann daher in der Gegenwart kaum noch erwartet werden. Das Leben von Erwachsenen wird daher auch als das »Leben von Ichen« (Bittner 2001, 190) beschrieben.

Ältere Modelle von Ich-Identität, die auf dem Hintergrund anderer gesellschaftlicher Verhältnisse entwickelt wurden, besitzen daher immer weniger Deutungskraft für die Erfahrungen von Menschen heute, wie beispielsweise das Identitätsmodell von Erik Erikson (vgl. Erikson [13]1993). Nach diesem sollen nach der Adoleszenz individuelle Festlegungen im Bereich von Beruf, Religion oder Partnerinnenwahl getroffen werden, die weithin verbindlich waren. Die Vorstellung von Identität folgte dabei im Wesentlichen dem Konzept der Moderne vom neuzeitlichen »Subjekt«, das an Autonomie, Einheitlichkeit und Zentralisierung orientiert ist. Faktisch galt dieses Modell immer nur für Männer mit den entsprechenden materiellen Möglichkeiten. Typisch für die moderne Identitätsvorstellung ist das Modell von Erik Erikson. Er nimmt ein »psychosoziales Moratorium« an als Zeitraum in der Adoleszenz, in dem der – dann weitgehend stabile – Platz in der Gesellschaft und damit die Identität gefunden werden soll. Die Identität bedeutet damit vor allem, in eine Gruppe integriert zu werden; die persönliche Identität ist damit eine Variante der Gruppenidentität. Ein junger Mann darf also eine Weile suchen, welchen Beruf er ergreifen will und welche Stellung er dann in der Gesellschaft haben möchte, dann entscheidet er sich beispielsweise, Kaufmann zu werden und hat damit seine Identität gefunden.

Heute haben stattdessen Modelle von Identitätsbildung an Bedeutung gewonnen, die den gesellschaftlichen Entwicklungen der Gegenwart gerecht werden wie beispielsweise das Modell der pluralen oder Patchwork-Identität, das vor allem Heiner Keupp entwickelt hat (vgl. Keupp 1988 und 1990). Dieses geht davon aus, dass die *äußeren*, gesellschaftlichen Entwicklungen Individualisierung, Pluralisierung und Fragmentierung des Lebens auch eine *innere* Pluralität erfordern. Denn unter den gegenwärtigen Bedingungen muss es dem Menschen möglich sein, zwischen verschiedenen Rollen bzw. Teilidentitäten zu wechseln, ohne in Verwirrung zu geraten. Eine Identitätsform wird gebraucht, die es dem Individuum ermöglicht, »durch eine sich partikularisierende Welt und die ständig geforderten situativen Umstellungen ohne Zerfall der Person durchzukommen« und »ambivalente Erfahrungen positiv verarbeiten zu können, ohne dem Zwang zu ihrer Homogenisierung und Vereinheitlichung zu unterliegen« (Keupp 1994, 245). Dafür muss das Verständnis von Identität einerseits *zeitlich* flexibel gefasst werden: Identität muss als *offener Prozess* verstanden werden, der von Werden und Entwicklung geprägt ist und nicht ein für alle Mal festgelegt werden kann. Da die unterschiedlichen und widersprüchlichen Anforderungen aber auch gleichzeitig auftreten, wird auch für den *gleichen Zeitraum* eine plurale Identität mit verschiedenen Teilidentitäten erforderlich.

Bei aller Pluralität bleibt dennoch ein Bewusstsein einer inneren »Kohärenz«, d.h. eines inneren Zusammenhangs der einzelnen Identitäten wichtig für die psychische und körperliche Gesundheit des Menschen, denn ständige radikale Wandlungen hält niemand aus. Diese Kohärenz wird jedoch nach dem Modell der pluralen Identität nicht durch eine übergeordnete Instanz oder die Übernahme fertiger Muster hergestellt, sondern jeder Mensch leistet diese Kohärenz selbst, indem es seine Teilidentitäten verknüpft. Wie dies genau aussieht, ist allerdings bei jedem Menschen anders. Wichtig für die Entwicklung eines Kohärenz-Gefühls ist jedoch bewusstes Handeln und ein gewisses Maß an Selbstreflexion, in der das Individuum sich in seiner Lebensgeschichte als Subjekt – aber realistischerweise auch als Objekt der Verhältnisse – erfährt. Dabei können so genannte ›Identitätskerne‹ als fokale Identitätszentren eine wichtige Rolle übernehmen, die Aspekte betonen, die dem Menschen besonders wichtig sind.

Auch Anna muss unterschiedliche Teilidentitäten verbinden: nehmen wir einmal an, sie ist Mutter, Geschäftsfrau, inzwischen auch Yoga-Lehrerin, gleichzeitig ist sie aber nach wie vor Tochter ihrer Eltern und ein Kind des Dorfes, in dem sie geboren wurde. Sie hat nach ihrer Scheidung einen neuen Partner, der aus Spanien stammt und entdeckt mit diesem nicht nur einen anderen kulturellen Kontext, sondern auch neue Eigenschaften an sich selbst. Sie nimmt sich als ganz andere Frau wahr als sie mit ihrem Ex-Mann gewesen ist. Nicht nur, all diesen Kontexten und ihren Anforderungen gerecht zu werden, sondern auch, sich in all dem als sie selbst zu begreifen und sich als ganzer Mensch zu fühlen, ist eine ständige Aufgabe für sie, die spannend, aber auch sehr anstrengend ist.

Diese Fähigkeit zur Entwicklung einer subjektiv als kohärent empfundenen Identität ist keine feststehende Eigenschaft der Persönlichkeit, sondern entsteht wesentlich aus sozialen Kontakten. Soziale Bindungen werden damit nötiger denn je. Gleichzeitig werden sie aber auch problematischer, denn sie werden ja nicht einfach von dem gesellschaftlichen Umfeld bereitgestellt (wie es für die Anna vor 250 Jahren selbstverständlich war), sondern jeder Mensch muss sie für sich herstellen und pflegen. Beziehungen aufzunehmen und behalten zu können, ist jedoch nicht selbstverständlich. Es erfordert bestimmte Fähigkeiten, die als »soziale und psychische Ressourcen« (Keupp 1990, 707) bezeichnet werden. Diese Fähigkeiten bringen soziale Gruppen und auch einzelne Menschen unterschiedlich stark mit. Das bedeutet auch, dass in diesem Identitätsmodell ganz besonders auf den jeweiligen sozialen Kontext geachtet werden muss – der Mensch kann nicht aus sich heraus verstanden werden, sondern muss in dem gesehen werden, wie er lebt.

Identität: Identität ist keine feststehende Größe mehr, die man übernehmen könnte, sondern muss als Aufgabe in einem permanenten Prozess hergestellt werden. Plausibel sind heute Modelle pluraler Identität, die unterschiedliche Teilidentitäten verknüpfen.

Erwachsene und ihre Lebenswelten

Mit dem Blick auf die verschiedenen Facetten des Ichs oder auch Identitäten kommen auch die unterschiedlichen ***Lebenswelten*** Erwachsener stärker in den Blick. Denn diese entstehen ja wesentlich dadurch, dass Menschen heute in verschiedenen Situationen, manchmal auch geradezu in verschiedenen »Welten« leben – eben als Eltern, im Beruf, als Freundin, Sohn oder in der Situation des Älterwerdens. Das Erwachsenenleben in der Gegenwart ist durch eine Vielfalt von Situationen und Kontexten geprägt, in denen sich die Einzelnen bewegen – sei es aufgrund der Entscheidung, sich in diese hineinzubegeben, sei es durch ein mehr oder weniger unfreiwilliges »Hineingeraten«. Erwachsene sehen sich vor die permanente Aufgabe gestellt, eine Balance zwischen diesen unterschiedlichen Lebenskontexten zu finden. Sie müssen immer wieder neu darüber entscheiden, in welche Situationen sie eintreten, welche sie bewahren, welche sie verändern oder beenden – immer in der Perspektive, dass diese Entscheidungen nicht völlig frei sind, aber dennoch von ihnen gefordert werden.

Obwohl auch andere Kontexte in den letzten Jahrzehnten an Bedeutung gewonnen haben wie der Freundeskreis oder die Freizeitkultur, besitzen nach wie vor der familiäre und der berufliche Kontext eine besondere Bedeutung für Erwachsene heute. Hier zeigt sich allerdings in besonderer Weise die Notwendigkeit zur Differenzierung zwischen verschiedenen Gruppierungen, da gerade diese beiden Lebenswelten sich für Frauen und Männer sehr unterschiedlich darstellen und dies auch innerhalb unterschiedlicher Einkommens- und Bildungsniveaus noch einmal verschieden ist.

Familie

Das Stichwort *Familie* suggeriert erneut eine Einheitlichkeit, tatsächlich aber finden sich unter diesem Stichwort heute sehr unterschiedliche Konstellationen von Erwachsenen und Kindern. Die Zahl der Kinder, die bis zum Erreichen des Erwachsenenalters mit ihren leiblichen Eltern zusammenleben, nimmt in der Tendenz ab, ist jedoch statistisch immer noch die Mehrheit. Daneben finden sich so genannte »Patchworkfamilien« oder Alleinerziehende mit Kindern. Hier wirkt sich die Tendenz, die Existenz von Kindern als private Angelegenheit der Eltern zu begreifen und weniger als gesellschaftliche Aufgabe, besonders problematisch aus. Nach wie vor kommt dabei in den gesellschaftlichen Erwartungen und größtenteils auch in der Realität die familiäre Hauptaufgabe den Frauen zu. Dies berührt die Identitätsfrage wie das Geschlechterverhältnis in erheblichem Maße. Das Verhältnis zwischen Erwerbsarbeit und Familienarbeit stellt – trotz der Diskussionen um den »neuen Mann« – daher für Frauen ein wesentlich schwierigeres Thema dar als für Männer. Nicht selten wird diese Frage auch einseitig von Frauen gelöst, während für Männer die Orientierung an einer durchgängigen Erwerbsbiografie in der Regel nach wie vor selbstverständlich ist.

Beruf

Die *berufliche Entwicklung* wird gegenwärtig als Teil der allgemeinen Lebensentwicklung betrachtet und nicht von der Frage nach persönlichem Lebensstil abgelöst. Konnte noch vor relativ kurzer Zeit der Berufswahlprozess zutreffend als eine Frage von Eignung und Neigung beschrieben werden, scheint sich dies gegenwärtig zu wandeln. Leitend scheint heute zu sein, »irgendeine Nische auszumachen und zu erobern« (Bittner 2001, 184), da sich mittlerweile alle bewusst sind, dass der Arbeitsmarkt große Risiken hat. Sofern eine persönliche Wahl noch möglich ist – oder man sich traut, diese zum leitenden Kriterium zu machen – scheint die Berufswahl stärker zur Frage nach einer Lebensform zu werden: Man stellt sich vor, ob man als Lehrerin leben möchte, also täglich mit potenziell schwierigen Kindern zu tun haben möchte, aber mit den Unterbrechungen durch lange Ferien oder ob man sich einen dauernden Kundenkontakt oder eine permanente Schreibtischtätigkeit vorstellen kann (vgl. Bittner 2001). Das Normalarbeitsverhältnis ist schon länger durch die hohe Arbeitslosigkeit in Frage gestellt. In jüngerer Zeit wird aber dazu eine Pluralität von Arbeitsverhältnisses »normal« wie befristete Verträge, Teilzeitarbeit, ungeschützte Arbeitsverhältnisse oder Selbstständigkeiten wie neuerdings das Modell der »Ich-AG«. Allmählich scheint es zur Ausnahme zu werden, als junge Erwachsene in einen Beruf oder gar eine Firma einzutreten und darin bis zum regulären Rentenalter zu verbleiben. Dass solche Umbruchs- und Veränderungsprozesse immer mehr zur Regel werden, bedeutet jedoch nicht, dass die Konsequenzen geringer würden oder auch nur leichter getragen werden könnten. Nach wie vor hat Arbeitslosigkeit erhebliche psychische und soziale Konsequenzen und viele Menschen sehen sich von den gegenwärtigen Anforderungen des Arbeitsmarktes überfordert. Zu lange hat die Erwerbsarbeit über Ansehen und Identität entschieden und ein Ersatz dafür ist gesellschaftlich noch nicht gefunden.

1. Wie leben Erwachsene in unserer Gesellschaft heute? Stellen Sie sich vor, ein Mensch aus einem früheren Jahrhundert kommt per Zeitreise ins 21. Jahrhundert und befragt Sie zu den Lebensbedingungen heute. Schildern Sie ihm anschaulich und mit Beispielen, unter welchen Bedingungen und mit welchen Chancen und Anforderungen Menschen heute leben.

2. In welchen Lebensbereichen erleben Sie vor allem die Chancen der gesellschaftlichen Entwicklungen, wo die Risiken, wo die Nachteile? Wo hatte die Anna von damals es leichter, wo die Anna von heute?

3. Was bedeutet die geschilderte Situation für die Arbeit der Kirchen? Vor welchen besonderen Schwierigkeiten stehen sie, wo liegen Chancen und Möglichkeiten?

6.2 Kirchliche bzw. religiöse Erwachsenenbildung

Die heutige Erwachsenenbildung im religiösen und kirchlichen Bereich muss vor dem Hintergrund dieser (☞ Kap. 6.1) gesellschaftlichen Entwicklungen gesehen werden. Diese Entwicklungen stellen der Erwachsenenbildung Aufgaben und bilden eine große Herausforderung für sie.
Gleichzeitig gehört die Bildungsarbeit zu den traditionellen Aufgaben der christlichen Kirche: Bildung war schon immer ein wichtiger Bestandteil des kirchlichen Handelns (ausführlicher zu den Vorläufern heutiger Erwachsenenbildung vgl. Grethlein 1994, 267-275). Mit seinem katechetischen Interesse kann das Christentum durchaus als »Bildungsreligion« und wenn man so will,

»Erwachsenenbildungsreligion« bezeichnet werden – es ist daran interessiert, dass die Gläubigen die Inhalte des Christentums wirklich verstehen und durchdringen. In den ersten Jahrhunderten wurden sowieso in erster Linie Erwachsene von diesen »Bildungsbemühungen« erreicht, da sie vor der Taufe in der christlichen Lehre und Lebensführung eingehend unterwiesen wurden. Die Katechumenatszeit mit dem Status der Lernenden wurde nach der Konstantinischen Wende sogar auf einige Jahre ausgedehnt. Aber auch nach der Einführung der Kindertaufe gab es in späteren Jahrhunderten immer wieder Phasen, in denen die religiöse Unterweisung Erwachsener als wichtige kirchliche Aufgabe gesehen wurde, so z. B. zur Zeit Karls des Großen nach der recht schnell erfolgten Missionierung der Germanen, bei der die inhaltliche Erfassung des Christentums sozusagen im Nachgang erfolgte. Ganz besonders bemühten sich die Reformatoren um eine lehrmäßige Verbreitung des neuen Glaubens an Erwachsene, wobei Katechismen und andere Schriften im Vordergrund standen.

»Bildung« Erwachsener

Was ist ein gebildeter Mensch?

Diese Formen christlicher Unterweisung sind jedoch in heutiger Perspektive nur in Anführungszeichen unter »Bildung« zu fassen, dem Bildungsbegriff heutiger Erwachsenenbildung entsprechen sie in vielen Aspekten wenig. Für diesen gilt in besonderer Weise das, was den Bildungsbegriff insgesamt ausmacht (☞ Kap. 2.1): den aufklärerischen Impetus, die Förderung von Subjektivität, Mündigkeit und Urteilsfähigkeit. Ein gebildeter Mensch ist in der Lage, Fakten einzuordnen, in Beziehung zu setzen und diese in konstruktives Handeln für sich und andere einzusetzen. Diese »Außenorientierung« von Bildung ist jedoch nicht zu denken ohne die Wendung nach innen, zum Individuum, die dem Bildungsgedanken ebenso eigen ist: Bildung möchte die jeweils individuellen Fähigkeiten des Menschen stärken und verfeinern. Bildung Erwachsener geht aus von dem jeweiligen Individuum mit seinen spezifischen Kompetenzen, baut auf diese auf und erweitert und ergänzt sie. Erwachsenenbildung umfasst dementsprechend alle Aspekte des Menschseins, also auch die emotionalen, sinnlichen Aspekte. Sie hat damit eine ästhetische Komponente und zielt nicht zuletzt auf die Schulung der Wahrnehmungsfähigkeit.

Bildung, Lernen und Leben

Damit ist auch deutlich, dass Bildung also nicht auf den Lernaspekt reduziert werden darf, wiewohl Lernen selbstverständlich ein Bestandteil von Bildung ist (☞ Kap 2.1 Zusammenhang von Bildung und Erziehung). In der Erwachsenenpädagogik ist – dementsprechend – gegenwärtig die Tendenz zu beobachten, statt »Lernen« als zentrale Kategorie der Erwachsenenbildung »Leben, das lediglich von Lernen ›begleitet‹ wird« (Bittner 2001, 12) einzuführen. Das Interesse der Erwachsenenbildung gilt dann dem gesamten Leben von Menschen, »ihren Konflikten, Nöten und Zielperspektiven (Bittner 2001, 226). Daraus können sich durchaus Lernmotivationen ergeben, aber es wird nicht zuerst nach dem, was Erwachsene zu lernen haben und wie sie dies tun können, gefragt, sondern nach ihrem gesamten Leben.

Bildung und Weiterbildung

Diese Überlegungen scheinen nun recht weit entfernt von den gesellschaftlich gängigen Formen der Erwachsenenbildung spätestens seit den 1960er Jahren, die meist mit Ausbildung, Fortbildung und Weiterbildung bezeichnet werden. In der Tat sind hier aus der Perspektive religiöser Erwachsenenbildung deutliche Akzentsetzungen vorzunehmen. Anders als die Aus-, Fort- und Weiterbildung unterliegt sie nicht bestimmten Zwecken und Nützlichkeitserwägungen. Besucht man einen Ausbildungsgang, eine Fortbildung oder Weiterbildung, so fragt man in der Regel danach, welche Qualifikation dies bringt, inwiefern es die beruflichen Chancen und Verdienstmöglichkeiten erhöht. Dies ist keinesfalls verwerflich und in der Gegenwart beruflich oft unabdingbar, aus der Perspektive der Erwachsenenbildung muss jedoch deutlich gemacht werden, dass dies zumindest eine sehr reduzierte Perspektive von Bildung ist und die Intentionen von Bildung manchmal geradezu konterkariert. In den seltensten Fällen nehmen Ausbildung, Fortbildung und Weiterbildung den ganzen Menschen in seiner Beziehung zu sich selbst, zu anderen und gar zu Gott wahr. Gerade in der gegenwärtigen Situation, wo die Bildungsanstrengungen sich stärker als in früheren Zeiten an den Erfordernissen der Arbeitswelt orientieren und sich vor operationalisierbaren Kriterien verantworten müssen, ist dies für die Erwachsenenbildung – und zwar nicht nur für die kirchliche bzw. religiöse – besonders zu betonen.

1. Was soll Erwachsenenbildung? Beschreiben Sie die Ziele von Bildungsarbeit mit Erwachsenen in eigenen Worten und nehmen Sie Ihre eigene Schwerpunktsetzung vor.

2. Inwiefern ist Bildung eine christliche bzw. kirchliche Aufgabe? Welche Gegenargumente dafür ließen sich nennen?

3. Wer nimmt Erwachsenenbildung in Anspruch? An welchen biografischen Punkten mit welche Fragen sind Menschen besonders motiviert, an Erwachsenenbildungsangeboten teilzunehmen? Überprüfen Sie dies anhand Ihrer eigenen Erfahrung und Beobachtung.

Der Boom der Erwachsenenbildung – die 1970er Jahre

Die kirchliche Erwachsenenbildung hat natürlich Teil an der allgemeinen Erwachsenenbildung und erlebt und erleidet daher auch die entsprechenden Booms und Schwierigkeiten. Der Beginn der allgemeinen Erwachsenenbildung kann in der Zeit der Aufklärung angesetzt werden (so z.B. Deresch 1973, 12-24), als mit dem Ideal des mündigen, kritischen Subjekts Lesegesellschaften und Diskussionszirkel entstanden, die als »Selbstbildungsorganisationen« (LexRP, 429) fungierten. Entscheidend für die Entwicklung der modernen Erwachsenenbildung war dann die Industrialisierung, die eine Erweiterung der Fähigkeiten und Kenntnisse vor allem der Arbeiter notwendig machten, damit sie den neuen Anforderungen der veränderten Wirtschaft und Gesellschaft hinterherkamen. Die »Arbeiterbildung« prägte die Bildungsarbeit des 19. Jahrhunderts. Die kirchliche Arbeit in dieser Zeit war ebenfalls von der Frage geprägt, wie man sinnvoll mit den Herausforderungen der gesellschaftlichen Situation umgehen könnte. Neben diversen weltlichen engagierten sich hier auch kirchliche Vereine, die die religiöse Bildung als grundlegend für die Bildung insgesamt ansahen. Diese traten in Konkurrenz zu sozialistischen Bildungsbestrebungen. Als diese staatlich zurückgedrängt und verboten wurden, kam es zu einem Aufschwung der kirchlichen Bildungsaktivitäten. In der Zeit der Weimarer Republik boten die evangelischen Heimvolkshochschulen einen Versuch, die Fähigkeiten zu vermitteln, die jetzt in der neuen Situation gebraucht wurden und gleichzeitig religiöse Fragen und Zeitgeschehen zu verbinden. Bereits hier verband sich damit der Versuch, die Kirche auf die Gesellschaft hin zu öffnen, wie es dann nach 1945 fortgesetzt wurde. Nach dem Nationalsozialismus und dem 2. Weltkrieg waren die großen Kirchen eine der wenigen funktionierenden Institutionen, die das Vertrauen der Alliierten genossen. Schon dies legte nahe, dass die Kirchen Erwachsenenbildungsaufgaben übernahmen, die über die religiöse Dimension im engeren Sinne hinausgingen. Aber auch theologisch wuchs die Überzeugung, dass sich die Kirche auf die Welt beziehen und einlassen und daher auch gesellschaftliche Aufgaben übernehmen muss. Institutionell ist diese Dimension vor allem in den Evangelischen und Katholischen Akademien sichtbar, die seit den 1950er Jahren Bildungsarbeit im gesellschaftlichen Horizont betreiben.
Aufschwung erhielt die Erwachsenenbildung insgesamt mit der Bildungseuphorie der 1970er Jahre. Die Erwachsenenbildung wurde in dieser Zeit bildungspolitisch anerkannt und finanziell gesichert, Ausbildungsgänge hauptberuflicher Erwachsenenbildnerinnen und -bildner wurden etabliert. Auch die kirchliche Erwachsenenbildung nahm in dieser Zeit rasanten Aufschwung. Sie ist seitdem ein Teil des öffentlichen Bildungssystems und wird

auf diesem Wege öffentlich gefördert, unterliegt dabei auch gewissen Anforderungen und Standards. Andererseits ist sie ein eigenes kirchliches Bildungssystem. Theologisch wurde diese Entwicklung begründet und vorangetrieben durch das Verständnis der Kirche als Lerngemeinschaft, die in ihren Strukturen und Aufgabenfeldern lebenslanges Lernen befördert und entfaltet. Die großen Kirchen haben jeweils eine Dachorganisation der kirchlichen Erwachsenenbildungsarbeit gegründet: Die Deutsche Evangelische Arbeitsgemeinschaft für Erwachsenenbildung (DEAE) sowie auf katholischer Seite die Katholische Bundesarbeitsgemeinschaft für Erwachsenenbildung (KBE) (zur Entwicklung der evangelischen Erwachsenenbildung vgl. Meier 1982, zur katholischen vgl. Englert 1992).

Die Etablierung der Erwachsenenbildung in der Kirche – die 1980er Jahre

Strukturell wurde die kirchliche Erwachsenenbildung einerseits immer mehr zum selbstverständlichen Bestandteil der ortsgemeindlichen Arbeit; Bildungsangebote für Erwachsene gehören in vielen Gemeinden zum Alltag. Insbesondere in den 1980er Jahren prägte der Bildungsaspekt vielerorts das gemeindliche Selbstverständnis. Unter dem Begriff der »Gemeindepädagogik« (☞ Kap. 1) wurden die kirchlichen Handlungsfelder von dem Aspekt des gemeinsamen Lernens her neu durchdacht.

Andererseits wurde kirchliche Bildungsarbeit zunehmend nichtparochial etabliert, beispielsweise in Bildungshäusern, im Kirchlichen Dienst in der Arbeitswelt, in Frauenwerken, in der Militärseelsorge etc. Viele kirchliche Institutionen sind erwachsenbildnerisch orientiert und richten sich dann auf bestimmte Zielgruppen (wie z. B. Frauen) oder bestimmte Themen (wie z. B. Zusammenhänge der Arbeitswelt). Die Landschaft der kirchlichen Erwachsenenbildung heute ist äußerst plural. Dies hat die Vorzüge, aber auch die Nachteile, die Pluralität im Allgemeinen hat: Es gibt ein beeindruckendes ausdifferenziertes Angebot in einer enormen Bandbreite für sehr unterschiedliche Menschen und Bedürfnisse, aber das Angebot ist auch unübersichtlich. Sowohl aufgrund der inhaltlichen als aufgrund der strukturellen Pluralität (und des Fehlens verbindlicher Kommunikationsstrukturen) ist gegenwärtig keine deutliche Orientierung und Aussage, was denn kirchliche Erwachsenenbildung eigentlich will und soll, zu erkennen.

Herausforderungen und Neuorientierungen – die 1990er Jahre und bis heute

Diese Unübersichtlichkeit wirkt sich in der jetzigen Situation besonders zum Nachteil der Erwachsenenbildung aus. Entsprechend ihrer gesellschaftlichen Verortung unterliegt die kirchliche Erwachsenenbildung auch den Schwierigkeiten, denen sich die allgemeine Erwachsenenbildung seit Ende der 1980er

Jahre verstärkt stellen muss. Zurückgehende Teilnahmezahlen, Akzeptanzschwierigkeiten und Fragen nach der eigenen Sinnhaftigkeit kreuzen sich mit sinkenden finanziellen Zuweisungen, von denen die Bildungsarbeit im gesellschaftlichen wie im kirchlichen Bereich nicht selten besonders betroffen ist. Im kirchlichen Bereich kommt erschwerend hinzu, dass in manchen kirchlichen Kreisen die Erwachsenenbildung immer noch dem Verdikt unterliegt, der Institution Kirche kritisch gegenüberzustehen und keine kirchliche Loyalität zu befördern. Hier wirkt sich das in den 1970er Jahren von Jochen Matthes formulierte »Bildungsdilemma der Kirche« aus. Dies beschreibt die Tatsache, dass empirisch gesehen mit dem Bildungsgrad eines Menschen die Distanz zur Kirche wächst. Kirchendistanz oder Kirchenaustritt ist also bei Menschen mit einem höheren Bildungsgrad wahrscheinlicher als mit einem niedrigen, weil der Kirchenaustritt hier eine Frage bewusster Entscheidung ist, für die ein gewisses Maß von Bildung Voraussetzung ist. Diese Perspektive ist mittlerweile allerdings zu relativieren; sie hatte Plausibilität, solange Kirchenmitgliedschaft und -bindung die Normalität für die deutsche Bevölkerung war und Distanzierung oder Austritt eine aktive Entscheidung erforderten. Für die neuen Bundesländer gilt dies eher umgekehrt und auch in den alten erfordert für die jüngeren Generationen oft eher die Hinwendung zur Kirche, manchmal (bei fehlender Kindertaufe) auch der Eintritt eher die selbstständige Entscheidung. Das Misstrauen von konservativ-kirchlicher Seite gegenüber der religiösen bzw. kirchlichen Erwachsenenbildung sieht jedoch bis heute etwas Wahres, als die Orientierung an Subjektivität und Mündigkeit durchaus Kritik gegenüber Religion und Kirche einschließt. Mit einem vordergründigen kirchlichen Interesse, das auf »Eingemeindung« und kritiklose Zustimmung zielt, kann die Erwachsenenbildung also in der Tat kollidieren. Die Erwachsenenbildung erinnert jedoch die Kirche als Institution gerade daran, dass sie aus inhaltlichen, theologischen Gründen in ihrem Handeln ein mündiges Christsein befördern muss, das durchaus kritisch mit Fragen des Glaubens und der Institution Kirche umgeht. Die Erwachsenenbildung ist also kein automatischer »Zubringer« für die Institution Kirche, der interessierte Distanzierte mit einem attraktiven Bildungsangebot wieder in den Schoß der Kirche zurückführt. Natürlich ist es durchaus möglich, dass Menschen über Bildungsarbeit einen neuen oder erstmalig einen Zugang zur Kirche finden – wenn dies jedoch vorrangiges Ziel der Bildungsarbeit ist, würde dies ihren eigenen Intentionen widersprechen.

Beschreiben Sie das Verhältnis zwischen Bildung und Kirche.

»Religiöse« und »kirchliche« Erwachsenenbildung

Damit ist auch die Frage nach dem Verhältnis von »kirchlicher« und/oder »religiöser« Erwachsenenbildung benannt. Der Begriff der kirchlichen Erwachsenenbildung denkt die Bildungsarbeit von ihrem institutionellen Rahmen aus. Dazu gehört dann jede Form von Bildungsangeboten für Erwachsene, die in der Kirche stattfindet bzw. von kirchlichen Trägern veranstaltet wird. In dieser Perspektive ist dann »religiöse Erwachsenenbildung« ein Teilbereich der »kirchlichen Erwachsenenbildung, die sich explizit mit Fragen von Religion und Glauben beschäftigt (so z.B. das Verständnis von Englert 1992). Einen anderen Ansatz wählen beispielsweise Wolfgang Lück und Friedrich Schweitzer (1999), die mit »religiöser Bildung« den umfassenderen Begriff bezeichnen. Sie beziehen sich auf die gesellschaftlichen Entwicklungen der letzten Jahrzehnte: Einerseits hat gesamtgesellschaftlich das Interesse an explizit religiösen Fragen zugenommen. Religion ist wieder zum Thema geworden, oft aus einer kirchlich distanzierten, durchaus auch skeptischen Haltung heraus. Hierfür sind die gesellschaftlichen Entwicklungen zumindest mitverantwortlich: Biografische Umbrüche werfen Sinnfragen auf, das Bedürfnis nach Spiritualität wächst nach der Entzauberung der Moderne, der Einfluss von Religion auf Politik wird in einer globalisierten Welt deutlicher etc. Die heutige Generation Erwachsener spürt vielerorts ein erhebliches Bildungsdefizit in Sachen Religion und Christentum. Andererseits haben aber die christlichen Kirchen ihr Monopol als »Anbieter« von Religion und damit auch von religiöser Bildung verloren. So behandeln beispielsweise Volkshochschulen durchaus religiöse und auch christliche Themen. Will eine theologische Bildungstheorie dieser Entwicklung gerecht werden, so Lück und Schweitzer, dann darf sie sich nicht auf den institutionell kirchlichen Rahmen beschränken, sondern muss jegliche Form von Erwachsenenbildung erfassen, die sich – durchaus im weiteren Sinne gedacht – mit religiösen Fragen beschäftigt. Religiöse Erwachsenenbildung distanziert sich erst recht davon, eine kirchliche Lehre vermitteln zu wollen. Sie setzt dezidiert ein bei den religiösen Fragen, die im Leben von Menschen häufig an bestimmten Lebenssituationen aufbrechen, beispielsweise in Krisen und Umbrüchen, in der Konfrontation mit Sterben und Tod, beim Leben mit Kindern etc. Der Ansatz bei der religiösen Bildung betont dabei besonders, dass Religion eine unverzichtbare Dimension jeder Form von Bildung ist, wenn diese den Anspruch hat, den ganzen Menschen in allen seinen Bezügen zu erfassen. Religion wird hier als ein wesentlicher Bereich des Lebens betont, der weit über eine konfessionelle Zugehörigkeit und ein christliches Bekenntnis hinausgeht.

Religiöse Bildung Erwachsener setzt ein bei den Fragen von Menschen nach Sinn, letzten Bedeutungen, Leben und Tod und versteht Religion als wichtige Dimension jeden Lebens, ohne diese auf den kirchlichen Rahmen zu beschränken.

»Religiöse Bildung« – »kirchliche Bildung« – diskutieren Sie die dahinter stehenden Konzepte und ihre Vor- und Nachteile.

Erwachsenenbildung konkret

Die Ansätze und Formen heutiger Erwachsenenbildung sind jeweils von den konkreten Kontexten und Erfordernissen abhängig. Dennoch lassen sich grob drei Kategorien kirchlicher bzw. religiöser Bildungsarbeit mit Erwachsenen unterscheiden (Lück/Schweitzer 1999, 19ff.):

1. Thematisch-sachbezogene Arbeit
2. Biografiebezogene Arbeit
3. Erfahrungsbetonte Arbeit

1. Thematisch-sachbezogene Arbeit

Beispiele für thematisch-sachbezogene Bildungsveranstaltungen:

- Jugendszenen heute
- Was sagen die Weltreligionen zum Frieden?
- Kinderbibeln – ein Überblick
- Grundfragen des Christentums
- Ethische Erziehung heute

Die thematisch orientierte Bildungsarbeit ist eher kognitiv, an der Vermittlung von Wissen und Zusammenhängen interessiert. Hier werden religiöse, ethische oder kirchlich relevante Themen vermittelt und diskutiert. Die »theologische Bildung« gehört in diese Kategorie, in der exegetische oder dogmatische Inhalte auf einer verständlichen und für Laiinnen und Laien interessanten Ebene und Sprache weitergegeben werden. Im Zuge des schwindenden Wissens über die Inhalte der christlichen Religion, aber auch im Zuge der zunehmenden religiösen Pluralität, in der das Zusammenleben mit Menschen anderer Religionen ein gewisses Maß an Kenntnis über diese erfordert, ist diese Form der Erwachsenenbildung nicht nur weiterhin unabdingbar, sie bekommt sogar eine neue Bedeutung. Ein Problem liegt jedoch darin, dass der Bezug zur persönlichen Lebenswelt und auch emotionalen Erfahrung nicht selbstverständlich gegeben ist. Dieser muss von den Einzelnen nachträglich erfolgen, nicht nur, um dem skizzierten Bildungsverständnis gerecht zu werden, sondern auch, um das erworbene Wissen wirklich zu verankern und lebens- und handlungsrelevant zu machen. Hier dürfte eine Herausforderung für die Bildungsarbeit der Zukunft liegen, Sachbezug und Verankerung im Lebenskontext stärker zu verflechten.

2. Biografiebezogene Arbeit

Beispiele für biografiebezogene Bildungsveranstaltungen:

- Hildegard von Bingen – ein Vorbild für Frauen heute?

- Paulus – seine Bekehrung und sein Leben
- Mein Weg mit der Religion
- Auf der Suche nach meinen Wurzeln
- »Bis hierher hat mich Gott gebracht …?« Glauben im Alter

Die biografiebezogene Arbeit nimmt Religion vor allem in ihrer Verwurzelung in der Lebensgeschichte von Menschen wahr, als biografisch bedingte Erfahrung, die es zu reflektieren und zu gestalten gilt. Sie kann sowohl von (religiösen) Biografien von Gestalten aus Geschichte und Gegenwart ausgehen als auch direkt bei der eigenen Biografie einsetzen. Sie nimmt Erkenntnisse der Religionspsychologie und der Theorien religiöser Entwicklung auf. Biografische Entwicklungen können dabei angeregt und unterstützt werden. Erwachsenenbildung wird auf diese Weise zur religiösen Lebensbegleitung, sie kann auch zur Begleitung in Lebenskrisen werden, ohne dass die Grenze zur Therapie unreflektiert überschritten werden darf. Bei den biografiebezogenen Ansätzen ist in besonderer Weise darauf zu achten, nicht in eine individualistische Engführung zu geraten und die sozialen und gesellschaftlichen Bezüge mitzubedenken.

3. Erfahrungsbezogene Arbeit

Beispiele für erfahrungsbezogene Bildungsveranstaltungen:

- Auf der Suche nach der Mitte – Meditation im Alltag
- Mütter und Töchter – ein Bibliodrama
- Ein Tag für mich
- Stille erleben
- Liturgischer Tanz

Die auf Erfahrung ausgerichteten Angebote der Erwachsenenbildung haben in den letzten Jahren deutlich an Bedeutung gewonnen. Sie gehen stärker als die anderen Ansätze von der körperlichen und emotionalen Dimension aus. Christliche Traditionen werden dabei oft neu entdeckt, manchmal auch mit Traditionen aus anderen Religionen verbunden. Hier besteht die Herausforderung darin, die Erlebnisse dann zu reflektieren und in eine bewusste Erfahrung zu überführen.

Konzeptionelle Überlegungen

Die Erwachsenenbildung ist trotz aller theologischen Begründbarkeit und Begründungen vom Vorrang der Praxis von der Theorie geprägt. In der Regel ist die konzeptionelle Arbeit daran orientiert, vorhandene Bildungspraxis wahrzunehmen, zu verbessern und weiterzuentwickeln. Dies kann auch kaum anders sein, wenn sie Wert darauf legt, dass die Inhalte des Lernens von den Bedürfnissen, Sorgen und Fragen der Menschen geprägt sind und nicht abstrakte Ziele jenseits der Lebensrealitäten verfolgen. Die Konzeptionen zur kirchlichen und religiösen Erwachsenenbildung sind daher oft von Menschen verfasst, die in der Erwachsenenbildung selbst tätig sind oder waren, so dass die Überlegungen als »Praxistheorie« entwickelt werden.

In der Gegenwart gibt es eine Vielzahl von Einzelkonzeptionen mit unterschiedlichen Ausrichtungen und Akzentsetzungen. Dennoch können Ausrichtungen, Begründungszusammenhänge und Anliegen identifiziert werden, die den meisten aktuellen Anliegen gemeinsam sind. Dies gilt auch zwischen den Konfessionen. Zwischen evangelischen und katholischen Erwachsenenbildungskonzeptionen sind heute kaum ganz grundlegende Unterschiede zu verzeichnen. Einige Linien sollen hier vorgestellt und jeweils anhand eines konzeptionellen Ansatzes konkretisiert werden.

Orientierung an der Lebenswelt heutigerer Erwachsener

Die gegenwärtigen Konzeptionen beziehen sich durchweg auf die Pluralisierung der gegenwärtigen Lebensverhältnisse (s. o.). Die Existenz unterschiedlicher Lebens- und Glaubensstile wird zumindest wahrgenommen, oft aber auch gerade als Chance für die Bildungsarbeit begriffen: diese Situation eröffnet die Möglichkeiten, sich mit Lebens- und Glaubensthemen wirklich auseinanderzusetzen und sich eine eigene Meinung zu bilden. In besonderer Weise gilt dies für den Ansatz von Thomas Bornhauser (2000). Bornhauser entwickelt seinen gesamten Bildungsansatz von der Situation radikaler Pluralität aus. Als Aufgabe von Bildung versteht Bornhauser, zu einem konstruktiven Umgang mit der Vielfalt von Weltanschauungen und Deutungsmustern zu verhelfen. Sein leitender Denkansatz ist das aus der Physik stammenden Komplementaritätskonzept, das das Denken in der Kategorie von entweder – oder zugunsten eines sowohl – als auch verlässt und darum weiß, dass eine Beschreibung nie die Wirklichkeit als solche trifft und damit der Pluralität der Weltanschauungen und Meinungen in besonderer Weise trifft.

Lesen und diskutieren Sie den Ansatz von Thomas Bornhauser (kurzgefasst finden Sie ihn in: Bornhauser, T.: Komplementaristische Erwachsenenbildung. Ein postmodernes Konzept, in: Pohl-Patalong, U. (Hg.)(2003): Religiöse Bildung im Plural. Konzeptionen und Perspektiven, Hamburg, 123-135). Leuchtet Ihnen der Ansatz ein? Setzen Sie den Wahrheitsanspruch des christlichen Glaubens dazu in Beziehung.

Gesellschaftsbezug und Förderung gesellschaftlicher Verantwortung

Erwachsenenbildung heute ist trotz ihrer Orientierung am Subjekt nicht einseitig auf das Individuum und seine Bedürfnisse bezogen, sondern hat die Gesellschaft und das gesellschaftliche Handeln mit im Blick. Dieser Aspekt wird als Tendenz von den katholischen Entwürfen stärker herausgearbeitet und betont als von den evangelischen (vgl. Martina Blasberg-Kuhnke, Gottfried Orth oder Berthold Uphoff). Die Konzepte nehmen einerseits die gesellschaftspolitischen Verhältnisse, meist in einer kritischen Grundhaltung, wahr. Andererseits möchten sie das gesellschaftliche Engagement der Subjekte fördern und sie befähigen und motivieren, ihre soziale Verantwortung wahrzunehmen. Häufig wird Bezug genommen auf die neuen sozialen Bewegungen und den konziliaren Prozess der Kirchen für Gerechtigkeit, Frieden und Bewahrung der Schöpfung. Der Ansatz von Martina Blasberg-Kuhnke legt einen besonderen Fokus auf die globale Perspektive, in deren Horizont sie eine Aufgabe von Erwachsenenbildung mit »Alphabetisierung in Sachen Solidarität« (Blasberg-Kuhnke 2003, 94) benennt. Erwachsenenbildung hat danach die Aufgabe, die Handlungsfähigkeit Erwachsener in globalen Krisen zu stärken. Das bedeutet konkret: »Auf der Ebene der Individuen ist vom Zeitungslesen mit den Augen der Armen bis zu Hunger und Durst nach Gerechtigkeit zu denken; auf der Ebene von Gruppen Erwachsener das Entdecken eigener, sekundärer Betroffenheit und das Einüben solidarischen Handelns.« (Blasberg-Kuhnke 2003, 95). Ziel ist die Ermöglichung von Zukunft für die eine Welt durch Gerechtigkeit, Frieden und Bewahrung der Schöpfung. Die religiöse Dimension des Lernens qualifiziert sich gerade durch die globale Dimension als Verantwortung für die Zukunft und für die Mitmenschen auf dieser Welt.

Lesen und diskutieren Sie den Ansatz von Martina Blasberg-Kuhnke. Kurzgefasst finden Sie ihn in: Blasberg-Kuhnke, M.: Bildung als Diakonie. Plädoyer für ein parteiisches Bildungskonzept, in: Pohl-Patalong, U. (Hg.)(2003): Religiöse Bildung im Plural. Konzeptionen und Perspektiven, Hamburg, 81-95). Leuchtet Ihnen der Ansatz ein? Was bedeutet dies für das Verständnis und die konkrete Umsetzung von Erwachsenenbildung? Was wird dabei gewonnen, was verloren?

Die religiöse Dimension als konstitutives Element von Bildung

Während die religiöse Dimension noch vor einigen Jahren eher implizit in den theologischen Entwürfen zur Erwachsenenbildung vorkam, wird sie gegenwärtig wieder stärker zum Thema. Einigkeit besteht darin, dass religiöse bzw. kirchliche Erwachsenenbildung nicht mehr von einer gemeinsamen, selbstverständlichen Glaubensgrundlage ausgehen kann, sondern sowohl christliche Inhalte thematisieren muss wie auch zur Auseinandersetzung mit religiösen Themen anregen soll. Dabei kann im Einzelnen unterschiedlich sein, was unter »Religion« genau verstanden wird und wie der Stellenwert dieses Themas definiert wird. Wolfgang Lück und Friedrich Schweitzer betiteln ihren Entwurf nicht nur dezidiert mit »Religiöse Bildung Erwachsener«, sondern räumen der Klärung ihres Religionsbegriffs auch breiten Raum ein. Religion, so betonen sie, stellt als wichtiger Bereich des menschlichen Lebens eine konstitutive Dimension von Bildung dar. Sie unterscheiden die »gelebte Religion« von einer theologischen Lehre und grenzen sich daher in ihrem Bildungsverständnis von der Vermittlung theologischer Inhalte ab (Lück/Schweitzer 1999). Sie setzen ein bei religiösen Fragen heutiger Menschen und verstehen diese in einem weiten Sinn als »Fragen von letzter Bedeutung bzw. letztem Sinn oder letzter Werterfahrung«, konkret also »Sinnfragen etwa angesichts existentieller Herausforderungen von Krankheit, Sterben und Tod; Fragen der Lebensdeutung und Lebensbewältigung angesichts von Fragen der Sinnlosigkeit; Probleme der ethischen Orientierung im persönlichen Leben und in dieser Gesellschaft, in der Ungerechtigkeit und ethisch fragwürdige Handlungsimperative den Alltag bestimmen« (Lück/Schweitzer 1999, 15).

1. Lesen und diskutieren Sie den Ansatz religiöser Bildung Erwachsener von Wolfgang Lück und Friedrich Schweitzer (kurzgefasst finden Sie ihn in Lück, W./ Schweitzer, F.: Religiöse Bildung Erwachsener, in: Pohl-Patalong, U. (Hg.)(2003): Religiöse Bildung im Plural. Konzeptionen und Perspektiven, Hamburg, 113-122).

2. Leuchtet Ihnen der Ansatz ein? Was bedeutet er für das Selbstverständnis der Kirche?

Bildung jenseits der kognitiven Dimension

Zumindest in einem Teil der gegenwärtigen Entwürfe wird betont, dass Bildung sich nicht auf die kognitive Dimension beschränkt, sondern ästhetische und emotionale Aspekte beinhaltet. So grenzt sich Joachim Kunstmann deutlich von einem rationalistischen Bildungsverständnis ab, das auf die Vermehrung von Wissen oder auch auf die Vermittlung christlicher Gehalte als Grundlage christlicher Sozialisation zielt. Im Rückgriff auf die Klassiker Herder, Schiller und Humboldt und nicht zuletzt auf Schleiermacher entwirft er Bildung gerade als Gegenbegriff gegen die rationale und moralische Erziehungs-Euphorie der Aufklärung. Bildung ist danach Entfaltung der »Aufnahmebereitschaft für die Welt und das Leben, das zu immer weiterer innerer Entfaltung führt« (Kunstmann 2003b, 58). Sie wird damit zu einem »Bezogensein, ein Sich-Aussetzen-Können, das immer wieder auf das sich bildende Subjekt zurückwirkt. Bildung ist dynamisch wachsende Empfänglichkeit, die man niemals ›besitzen‹ kann und mit der man sich ebenso wenig brüsten kann wie mit Sensibilität.« (Kunstmann 2003b, 58) In der Konsequenz kann Bildung damit als »Sinn für das Leben« verstanden werden.

6.3 Frauenbildung und Männerbildung

Eine Spezifizierung und Konkretisierung kirchlicher Bildungsarbeit ist die Geschlechterkategorie: Frauenbildungsarbeit und seit einiger Zeit auch vermehrt Männerbildungsarbeit bilden wesentliche Bestandteile der evangelischen wie der katholischen Erwachsenenbildung.

Bevor Sie weiterlesen: Welche Vorstellungen von »Frauenbildung« und »Männerbildung« haben Sie im Kopf? Woher kommen diese? Kontrastieren Sie sie mit anderen Bildern.

Widersprüchliche Wurzeln

Die geschlechtsspezifische Bildungsarbeit hat zwei verschiedene, inhaltlich in gewisser Weise sogar konträre Wurzeln, die bis heute in der Spannbreite kirchlicher Frauen- und Männerbildung sichtbar sind. Zum einen hat sich die kirchliche Arbeit seit Mitte des 19. Jahrhunderts grundsätzlich an Zielgruppen orientiert und neben dem Alter das Geschlecht zur wesentlichen Kategorie erhoben. Dies wirkt bis heute in der klassischen parochialen Arbeit nach, wenn sie Kinder-, Jugend-, Frauen- und Senioren (meist sind es eher Seniorinnen!)-arbeit anbietet. Hier waren die traditionellen gesellschaftlichen Überzeugungen über die Unterschiede zwischen den Geschlechtern entscheidend für den Charakter und die Inhalte von Frauenarbeit und Männerarbeit und sind es zum Teil – oft eher implizit als explizit – bis heute.
Zum anderen hat die kirchliche Bildungsarbeit aber auch Teil an der allgemeinen Frauenbildungsarbeit, die wiederum wichtige Impulse von der ersten Frauenbewegung (Anfang des 20. Jahrhunderts) und vor allem der zweiten Frauenbewegung erhielt. Mit der feministischen Theologie seit den 1970er Jahren hat die kirchliche Frauenarbeit gesellschaftskritische Impulse aufgenommen und in ihre Bildungsarbeit integriert. Grob schematisiert, lassen sich also für die Frauenbildung konservative und reformerische Impulse unterscheiden, wobei sich gerade in der Gegenwart die Grenzen zwischen diesen verlaufen und oft gar nicht mehr klar ist, welche Ansätze bewahrend und welche verändernd wirken (vgl. unten zur Gender-Debatte). In den letzten Jahren hat sich dazu – in der Regel sekundär – eine kirchliche Männerbildungsarbeit entwickelt und etabliert.

Frauenbildungsarbeit

Wie in fast allen gesellschaftlichen Bereichen setzen auch in der Bildungsarbeit geschlechtsdifferente Ansätze beim weiblichen Geschlecht ein. Dies ist in einer Gesellschaft, die dazu neigt, das Männliche als Normalität zu verstehen und das Weibliche als Abweichung oder Besonderheit, nicht erstaunlich. Hinzu kommt, dass Frauen bislang unter den gesellschaftlichen Geschlechterkonstruktionen und den entsprechenden Rollenzuweisungen in der Regel stärker gelitten haben als Männer und insofern das Bedürfnis nach Thematisierung der Geschlechtsthematik für Frauen näher lag.

Nicht zufällig haben sich sowohl die erste als auch die zweite Frauenbewegung durchgängig mit Bildung befasst. Die Frauenbewegung ist immer auch ein »Kampf um Bildung« (Dausien 2001, 109) gewesen. Zum einen versprach ein höherer Bildungsstandard von Frauen die Ziele der Frauenbewegung erfüllen zu helfen: Chancengleichheit im Beruf, gerechte Entlohnung, politische Mitbestimmung und Emanzipation aus männlicher Vorherrschaft. Zum anderen wurde schnell deutlich, dass traditionelle Bildungskonzepte keineswegs geschlechtsneutral waren, sondern Bilder von Frauen und Männern implizierten, die erheblichen Einfluss auf die Realität und die Realitätswahrnehmung von Frauen und Männern haben – was Frauen und Männer lernen sollen, wie dies begründet wird und auf welche Weise diese Fähigkeiten vermittelt werden, trägt zu den Lebensverhältnissen von Frauen und Männern nicht unerheblich bei! In der Frauenbildungsarbeit wurde der Slogan der Frauenbewegung »Das Private ist politisch« in besonderer Weise deutlich: wenn Frauen über Bildung erweiterte Fähigkeiten und Kenntnisse erlangen und zudem Zusammenhänge durchschauen, hat dies unmittelbar politische Auswirkungen.

Frauenbildung ist damit ein Ort, an dem Frauen die eigenen Lebensentwürfe und Lebenserfahrungen reflektieren und neu entwerfen. Sie stellt Hilfen für das berufliche Leben von Frauen zur Verfügung, aber auch für den familiären Bereich. Einen Schwerpunkt legt sie auf das Miteinander und die Vereinbarkeit von Familien- und Berufsleben, die bis heute erheblich stärker als Aufgabe von Frauen als von Männern verstanden wird. »Frauenbildung will Frauen darin bestärken, verinnerlichte Klischees aufzulösen, die sich immer in einer dem Zeitgeist entsprechenden Form zeigen und alte Hierarchien transportieren. Sie ist in diesem Sinne insofern interessengeleitet als es ihr um Aufklärung und Selbstreflexivität geht. Frauen sollen eigene, selbstständige, selbstverantwortliche Lebensentwürfe machen und deren Umsetzung erwirken.« (Gieseke 1999) Die Frauenbildung bekam wesentlichen Anschub durch die selbstorganisierten Initiativen von Frauen, für die Bildungsarbeit vielfach ein offener Raum war – nicht zuletzt in der Kirche als traditionell weibliche Domäne.

Widersprüche und Entwicklungen in der Frauenbildung

Den stärksten Anschub erhielt die Frauenbildungsarbeit in den 1970er Jahren im Kontext der emanzipatorisch orientierten Erwachsenenbildung. Ihr vorrangiges Ziel war, »dass die Teilnehmerinnen befähigt werden sollten (bzw. sich gegenseitig befähigen sollten), sich gegen die vielfältigen geschlechtsspezifischen Benachteiligungen zu wehren, denen sie in der Familie, im Beruf und in anderen gesellschaftlichen Bereichen ausgesetzt waren« (Derichs-Kunstmann 2001, 37). Als Ausgangspunkt diente die Erkenntnis über die vielgestaltigen Benachteiligungen und Ungerechtigkeiten von Frauen. Leitend war hier die Vorstellung der Gleichheit zwischen den Geschlechtern (Gleichheitsfeminismus); Frauen sollten die gleichen Chancen und Möglichkeiten eröffnet werden wie den Männern.

In den 1980er Jahren traten – nicht zuletzt durch die ersten erzielten Erfolge – die Unterschiede zwischen den Geschlechtern stärker in den Vordergrund. Jetzt ging es mehr um die Suche nach einer gemeinsamen weiblichen Identität auf dem Hintergrund der gemeinsamen Erfahrungen als Frauen. Frauenbildung verfolgte jetzt weniger das Ziel, es den Männern gleichzutun, sondern das Eigene, Weibliche zu entdecken und zu würdigen (Differenzfeminismus).

Differenzfeminismus

Der Differenzfeminismus betont die Unterschiede, eben die Differenz zwischen den Geschlechtern. Er bildete sich nach der Phase des so genannten ›Gleichheitsfeminismus‹, in dem die Gemeinsamkeiten zwischen Männern und Frauen betont wurden, um die rechtliche Gleichberechtigung zu erreichen. Als diese weitgehend durchgesetzt war, wurde vielen Frauen bewusst, dass sie sich im öffentlichen Leben in einer ›Männerwelt‹ bewegten. Die Unterschiede zwischen den Geschlechtern wurden jetzt wieder deutlicher. Frauen nahmen ihre so genannten »weiblichen« Eigenschaften wie Fürsorge, Emotionalität, Verantwortlichkeit etc. bewusster wahr, bewerteten sie jetzt aber im Gegensatz zur gesellschaftlichen Meinung positiv. Das Ziel war nun, die Gesellschaft insgesamt zu verändern: An die Stelle des »männlichen« konkurrenzorientierten und leistungsbezogenen Denkens sollte eine »weibliche« Weltanschauung treten, für die Gemeinschaft, Natur, Friedfertigkeit etc. charakteristisch sind.

Gleichzeitig erfolgte in der Frauenbildungsarbeit eine Differenzierung nach Themen und Zielgruppen. Sie ging den Weg der Institutionalisierung: aus ehemals autonomen Frauenbildungseinrichtungen wurden anerkannte Trägerinnen der Weiterbildung, zudem etablierte sich Frauenbildung bei den traditionellen Weiterbildungsträgern. Es entwickelte sich ein breites Spektrum differenzierter Angebote für unterschiedliche (Frauen-) Zielgruppen. Ende der 1980er Jahre waren Angebote zur Frauenbildungsarbeit bei fast allen Trägern von Bildungsarbeit selbstverständlich.

Kritik am Differenzfeminismus

Seit Mitte bis Ende der 1980er Jahre wird im Feminismus die Betonung des einen großen Unterschieds von männlich und weiblich kritisiert. Dem Differenzfeminismus wird vorgeworfen, dass er zwar das Denken in Gegensätzen und Unterschieden kritisiert, es aber gleichzeitig wiederholt – denn er beharrt ja darauf, dass Frauen und Männer fundamental unterschiedlich sind. Dies, so die Kritik, wirkt sich letztlich konservativ und antifeministisch aus, denn es stützt den Glauben an eine spezifische weibliche bzw. männliche Natur, die ja eine Grundlage des patriarchalen gesellschaftlichen Systems bildet. Zudem ignoriert der Differenzfeminismus die realen Frauen, die ja äußerst verschieden sind, sie verschwinden quasi in ihrer Vielfältigkeit. Die vielen Unterschiede zwischen Frauen werden verleugnet und Frauen damit wieder auf eine fixiertes Bild festgelegt.

Seit Mitte der 1990er Jahre ist eine spürbare Verunsicherung in der Frauenbildungsarbeit eingetreten. Ihre Plausibilitäten aus den 1970er und 1980er Jahren haben sich zum Teil überholt oder sind für die jetzige Generation besonders jüngerer Frauen nicht mehr unmittelbar einsichtig. Die Zahl der Veranstaltungen, die die Selbstentwürfe von Frauen thematisieren, reflektieren und Benachteiligungen abbauen wollten, wird mangels Interesse immer geringer. Im Vordergrund stehen heute eher alltags- und berufspraktische Kompetenzen wie Rhetorik und Selbstverteidigung, Entspannung und Körperarbeit oder der Wiedereinsteig in den Beruf. Konjunktur hat vor allem die Gesundheitsbildung mit einem Schwerpunkt auf dem Umgang mit Stress, die eher einen Ruhepol in der Hektik als eine politische Bewusstseinsbildung bietet.
Dies hat unterschiedliche Gründe, nicht zuletzt die vermehrte Berufstätigkeit von Frauen mit der oft damit verbundenen Dreifachbelastung. Zudem ist die Funktion von Frauenbildungsarbeit als »Ersatzöffentlichkeit« von wesentlich geringerer Bedeutung als noch in den 1970er und 1980er Jahren. Mittlerweile gibt es etliche sozial anerkannte öffentliche Räume für Frauen außerhalb der Familie, seien es Fitnessstudios oder diverse Freizeitangebote. Aber es ist auch ein Bewusstseinswandel zu verzeichnen: Besonders jüngere Frauen befürchten nicht selten, in der Frauenbildungsarbeit primär als durch ihr Geschlecht definierte Wesen wahrgenommen zu werden, als die sie sich nicht fühlen. Diese Erfahrung bildet auf der theoretischen Ebene des Feminismus einen wesentlichen Hintergrund der dritten feministischen Richtung nach Gleichheits- und Differenzfeminismus: den dekonstruktiven Feminismus.

Dekonstruktiver Feminismus

Der dekonstruktive Feminismus beschäftigt sich weniger mit der Frau im Unterschied zum Mann, sondern mit den unterschiedlichen konkreten Frauen in ihren vielfältigen Lebenszusammenhängen. Er geht davon aus, dass jede Kategorisierung mit der Höherwertung des einen Teils und damit mit Hierarchie verbunden ist. Deshalb stellt er die strikte Einteilung in zwei Geschlechter grundsätzlich in Frage. Statt von ›Weiblichkeit‹ und ›Männlichkeit‹ als Gegebenheiten auszugehen, fragt er daher, unter welchen Bedingungen sie entstehen und wem diese ›Konstruktion‹ nützt. Er destruiert also das, was selbstverständlich erscheint, und setzt die Elemente dann konstruktiv neu zusammen. Der dekonstruktive Feminismus hält nicht nur die soziale Ausprägung der ›Geschlechtsidentität‹ (engl. gender) für gesellschaftlich geprägt, sondern auch das biologische Geschlecht (engl. sex). Unterstützt wird der Ansatz von biologischen und ethnologischen Studien, die die Absolutheit der Zweigeschlechtlichkeit in Frage stellen (so kann das Geschlecht beispielsweise auf mehreren biologischen Ebenen bestimmt werden; Transvestiten und Homosexuelle stellen die Absolutheit der Zweigeschlechtlichkeit in Frage; manche Völker kennen ein drittes Geschlecht etc.). Dies bedeutet nicht, dass den Menschen in der Frage der Geschlechtsidentität prinzipiell jede Möglichkeit offen steht, wohl aber, dass die theoretisch vorhandenen Möglichkeiten gesellschaftlich erheblich beschränkt werden. Ist die Konstruktion der Geschlechter durchschaut, kann die Festlegung auf eine einheitliche ›weibliche‹ oder ›männliche‹ Identität durchbrochen werden. Die Möglichkeit einer flexibleren und offeneren Geschlechtsidentität mit unterschiedlichen Versatzstücken kann Freiräume eröffnen. Dies bedeutet nicht, völlig neue Identitäten erfinden zu müssen (oder dies überhaupt zu können), sondern innerhalb der gegebenen Möglichkeiten Veränderungen durch ihre Neukombination herbeizuführen. Dass die gesellschaftlichen Rollenerwartungen in der Gegenwart uneindeutiger und widersprüchlicher werden, kann einen praktischen Ansatzpunkt dafür bieten.

Der Ansatz des dekonstruktiven Feminismus findet bislang nur allmählich Einlass in die Theorie und Praxis der Frauenbildungsarbeit. Am deutlichsten schlägt er sich nieder in den Diskussionen um den Dialog zwischen den Geschlechtern und dem »Gender-Training« (☞ Kap. 2.4), das sich in der Frauenbildungsarbeit, nicht zuletzt auch in der kirchlichen, in den letzten Jahren etabliert hat. Aber auch die Tendenz, die Geschlechterfrage nicht auf die Frauenbildungsarbeit zu konzentrieren, sondern als Aufgabe für Männer wie für Frauen, sowohl gemeinsam als auch getrennt, zu betrachten, entspricht dem dekonstruktiven Ansatz und dem »Gender-Diskurs«, der mit ihm verbunden ist. Denn: »Setzt man am ›doing gender‹ an, an der Erkenntnis der Prozesshaftigkeit der sozialen Konstruktion von Zweigeschlechtlichkeit, so ergibt sich ein veränderter Ansatzpunkt für pädagogische Bemühungen: die Bearbeitung der Gender-Perspektive durch Frauen und Männer gemeinsam. Diese Diskussionen befinden sich in der Erwachsenenbildung noch in den Anfängen, aber der Perspektivwechsel hin zur ›Geschlechterperspektive‹ hat bereits begonnen« (Derichs-Kunstmann 2001, 43).

Das Ziel ist in dieser Perspektive eine »geschlechtsgerechte Didaktik« für die Bildungsarbeit mit Erwachsenen, die jegliche Erwachsenenbildungsarbeit umfasst. Das bedeutet dann, dass die Erwachsenenbildungsarbeit insgesamt von den Erkenntnissen der Frauenbildungsarbeit lernt und die Perspektive des Geschlechts auf die gesamte Arbeit überträgt (vgl. Herre 2003). So thematisiert der Geschlechterdialog in einer gemeinsamen Arbeit mit Frauen und Männern unterschiedliche Sichtweisen von Frauen und Männern, ordnet sie in ihre gesellschaftlichen Hintergründe ein und arbeitet daran, sie zu relativieren. Das »Gender-Training« sensibilisiert sowohl Männer als auch Frauen für die geschlechtsbezogenen Aspekte ihres Handelns, vor allem im beruflichen Bereich. Für die Erwachsenenbildung bedeutet dies, die Geschlechterthematik bei der Planung und der Gestaltung von Bildungsveranstaltungen auf allen Ebenen zu berücksichtigen. Das schließt die Inhalte ebenso ein wie ein mögliches geschlechtsbezogenes Verhalten der Unterrichtenden, die methodische Gestaltung der Seminare und ihre Rahmenbedingungen (zu den konkreten Aufgaben einer gendergerechten Erwachsenenbildung vgl. Herre 2003, 199 f.). Damit käme die Frauenbildungsarbeit endgültig aus der Gefahr heraus, als ein »Sonderprogramm« zu gelten, in dem Besonderheiten und vor allem Defizite von Frauen ausgeglichen werden sollen, Frauen also implizit als defiziente Wesen behandelt werden.

Gender

Für den englischen Ausdruck »gender« gibt es kein deutsches Wort als Pendant, man übersetzt es meist mit ›soziales‹ oder ›sozialkulturelles Geschlecht‹. Damit ist eine Unterscheidung benannt, die für den Feminismus grundlegend ist: das biologische Geschlecht (engl. sex) ist nicht identisch mit dem sozial und kulturell geprägten Geschlecht. Dies hat erhebliche Konsequenzen: das, was wir unter Weiblichkeit und Männlichkeit in unserer jeweiligen Kultur verstehen, ist dann nicht einfach biologisch gegeben, sondern gesellschaftlich geprägt. Was in unserer Wahrnehmung selbstverständlich und unveränderbar wirkt – die Existenz zweier Geschlechter, die sich in vielen, klar benennbaren Punkten unterscheiden – wird damit als Ergebnis eines kulturellen Prozesses erkannt, das nicht naturbedingt ›so ist‹, sondern geworden und damit veränderbar ist.

Andererseits zeigt sich in der Bildungsarbeit in besonderer Weise das Problem, das dem dekonstruktiven Feminismus insgesamt eigen ist: dass sich die Ziele und Inhalte der Frauenbildungsarbeit in der Pluralität auflösen und die politische Wirkung verpufft. Die Vorstellung der Verabschiedung von einer starren Zweigeschlechtlichkeit kann Freiheiten und Veränderungsspielräume eröffnen. Wird jedoch die Analyse der nach wie vor bestehenden Ungleichheiten und Ungerechtigkeiten übersprungen und damit nicht bearbeitet, steht auch der dekonstruktive Feminismus in Gefahr, die traditionellen Geschlechterverhältnisse mit ihren Problemen zu stabilisieren.

Insofern ist eine die Geschlechterdifferenzen wahrnehmende und auf ihre Überwindung zielende Bildungsarbeit nach wie vor sinnvoll, durchaus auch nach Geschlechtern getrennt. Gefragt ist gegenwärtig offensichtlich die »Gleichzeitigkeit des Ungleichzeitigen«: »Indem Frauenbildung oder eine geschlechtersensibilisierte Bildungsarbeit die Geschlechterposition kritisch zum Bezugspunkt macht und die De-Konstruktion des bestehenden Geschlechterverhältnisses anstrebt, muss sie doch zugleich die Geschlechterdimension markieren, hervorheben, relevant machen. Dieses Dilemma, das sich vergleichbar in Frauenforschung und -politik stellt, ist unvermeidlich.« (Dausien 2001, 110)

Kritik am dekonstruktiven Feminismus

Kritisiert wird gegenüber dem dekonstruktiven Feminismus vor allem, dass er politisch schwer umsetzbar ist. Die gemeinsame Identität von Frauen und die Analyse des Patriarchats als ihre Unterdrückung ist eine wichtige Basis des feministischen Handelns und der feministischen Forderungen. Der Theorie wird vorgeworfen, dass sie die politischen Ziele in die individuelle Vielfältigkeit auflöst – jede soll eben sein, wie sie will – und sich nicht mehr bemüht, die Strukturen zu verändern. Hier wird gegenwärtig daran gearbeitet, politische Strategien aus dekonstruktiver Sicht zu entwickeln.

1. Beschreiben Sie die Aufgaben und Ziele von Frauenbildungsarbeit im Wandel der Zeiten. Welche Formen von Frauenbildungsarbeit sind heute noch wichtig, welche nicht mehr?

2. Nehmen Sie Stellung zu der These: »Der Sinn von Frauenbildungsarbeit ist ihre Auflösung«.

3. Gleichheit – Differenz – Dekonstruktion: Erläutern Sie diese wesentlichen Stichpunkte für den feministischen Theoriediskurs und die dahinter stehenden Anliegen und Konzepte.

4. Frauenbildung oder Genderperspektive in der Bildung – diskutieren Sie die Vor- und die Nachteile der Ansätze.

Männerbildungsarbeit

Nachdem die Frauenbewegung und auch die Frauenbildungsarbeit schon lange eine Veränderung der Männer und des gesellschaftlichen Männlichkeitsbildes gefordert hatten, entwickelte sich (erst) seit Ende der 1980er Jahre eine neue Männerbildungsarbeit. Diese hatte – und hat – ihren Ort vor allem bei alternativen Bildungsträgern und in Volkshochschulen, durchaus aber auch in den Kirchen, da diese an die traditionellen Männerrunden anknüpfen konnten. Emanzipatorische Männerbildung hat zum Ziel, »sich kritisch mit der eigenen Rolle als Mann in dieser männerdominierten Gesellschaft zu beschäftigen« und dahingehend politisch zu handeln, dass die teilnehmenden Männer »aus einer kritischen Perspektive gegenüber dem tradierten Verständnis von Männlichkeit [...] eine andere, nicht-maskuline Männerposition vertreten (Lenz

1995, 110). Männerbildung nimmt also nicht dieselbe Perspektive auf die gesellschaftlichen Verhältnisse ein wie Frauenbildung, durchaus aber auch eine kritische.
Männerbildungsarbeit geht von der Lebenssituation heutiger Männer aus. Sie nimmt diese als in einem tiefgreifenden Umbruch befindlich und von Widersprüchen geprägt wahr. Viele Frauen haben die traditionelle Rollenaufteilung mehr oder weniger deutlich verlassen. Dem entspricht bislang auf Seiten der Männer eine wesentlich geringere Veränderung, was Spannungen in den Beziehungen zwischen Frauen und Männern, aber auch im Selbstverständnis von Männern hervorruft. Gleichzeitig empfinden immer mehr Männer die traditionell ihrem Geschlecht zugeschriebenen Aufgaben und Charaktereigenschaften als einlinig und gelegentlich auch einengend. Nicht selten macht sich dies fest an der Beziehung zu den eigenen Kindern bzw. an der Spannung zwischen dem Anspruch auf ein Engagement in der Familienarbeit und der nach wie vor dominanten Rollenaufteilung, die den Männern den beruflichen Bereich zuweist. Aber auch die Berufswelt ist tiefgreifenden Veränderungen unterworfen – Arbeitslosigkeit, Reduzierung von Arbeitszeit, Zwang zur beruflichen Neuorientierung etc. –, aus denen sich Fragen für die persönliche Identität und Lebensorientierung ergeben. Gleichzeitig haben Männer weniger als Frauen eine Kultur des Austausches, des Besprechens und Teilens von Fragen und Problemen entwickelt.
Hier setzt die Männerbildungsarbeit an und versucht einen Raum zu bieten, in dem Männer ihre Lebenssituation, ihre Fragen und Bedürfnisse, aber auch ihre Probleme wahrnehmen, austauschen und an ihnen arbeiten können.
Ihre Ziele sind, zu einem fairen und gelingenden Miteinander der Geschlechter beizutragen – wie immer dies dann in der konkreten Umsetzung jeweils aussieht. Sie orientiert sich an einem nicht festgelegten Bild »des Mannes« in der heutigen Gesellschaft, das sich weder traditionellen noch neuen Klischeebildungen unterwirft.
Männerbildungsarbeit geht also den Widersprüchen und Herausforderungen der gegenwärtigen Situation aus männlicher Perspektive nach und verständigt sich über die Wahrnehmungen und Handlungsperspektiven zunächst ohne das andere Geschlecht. Gemeinsamkeiten unter Männern werden oftmals erstmalig bewusst erlebt (ähnlich wie für Frauen in den 1980er Jahren).
Männerbildungsarbeit ist bislang ein eher kleiner Zweig der Erwachsenenbildung, und es ist gegenwärtig offen, wie er sich weiter entwickeln wird – erst recht unter den Bedingungen der gegenwärtigen finanziellen Kürzungen. Einerseits unterliegt er den gleichen Schwierigkeiten wie die Frauenbildungsarbeit: die Thematisierung des Geschlechts ist auch auf Männerseite gegenwärtig nicht »in«, und Männerbildung steht dann rasch unter dem Verdikt der Klischees, die den Feminismus trafen und bis heute treffen. Andererseits dürfte in der Tat zumindest unreflektiert der Eindruck zunehmen, dass die Situation

sich für Männer faktisch verändert hat und auf Seiten der Männern auch eine Veränderung erfordert, um unter diesen Umständen zufriedenstellend mit Familie und Beruf leben zu können.
Frauen-, Männer- und Genderbildungsarbeit stellen daher bleibende Aufgabenfelder auch für die kirchliche Erwachsenenbildung dar, wobei eine der wesentlichen Herausforderungen der Zukunft sein dürfte, ein angemessenes und weiterführendes Verhältnis zwischen der Wahrnehmung gegenwärtiger Unterschiede zwischen den Geschlechtern und der Überwindung von einengenden Klischees zu finden.

1. Braucht es heute Männerbildungsarbeit? Diskutieren Sie Sinn und Unsinn möglicher Formen von Männerbildung.

2. Lesen und diskutieren Sie den Ansatz von Joachim Kunstmann (kurzgefasst finden Sie ihn in: Kunstmann, J.: Selbstentfaltung und Sinn für das Leben. Was hat das Christentum mit Bildung zu tun?, in: Pohl-Patalong, U. (Hg.)(2003): Religiöse Bildung im Plural. Konzeptionen und Perspektiven, Hamburg, 49-64). Leuchtet Ihnen der Ansatz ein? Wo liegen die Chancen, wo die Gefahren dieses Bildungsverständnisses?

3. Setzen Sie sich kritisch mit den Grundlinien heutiger Erwachsenenbildungskonzeptionen auseinander. Sehen Sie die Schwerpunkte sinnvoll gesetzt? Welche fehlen? Wird die Orientierung den Herausforderungen der Gegenwart (☞ 6.1.) gerecht?

6.4 Bildung älterer Menschen

Renate W. ist 67 Jahre alt und pensionierte Lehrerin. Sie lebt nach ihrer Scheidung und dem Auszug ihrer Kinder allein. Sie hat jetzt Zeit und Interesse, sich Themen zu widmen, zu denen sie im Berufs- und Familienleben nicht kam: Kultur, Politik, Reisen etc. Gleichzeitig möchte sie gerne ihre Erfahrungen und Erkenntnisse, die sie in ihrem Leben gesammelt hat weitergeben: so hat sie z. B. in ihrer Schule Meditationstraining gegeben und den Schüleraustausch nach Frankreich organisiert. Und nicht zuletzt ist sie an einem Punkt des Lebens, in dem sie für ihr Leben einerseits eine Art bisherige Bilanz ziehen möchte und sich andererseits fragt, was ihr im Leben noch bleibt und wie sie dies gestalten möchte. Für diese Fragen und Themen braucht Renate W. Orte und Menschen.

Da ältere Menschen ebenfalls Erwachsene sind, gelten die Einsichten der Erwachsenenbildung selbstverständlich auch dann, wenn die Teilnehmerinnen und Teilnehmer eine 6, 7, 8 oder 9 als erste Zahl ihres Alters stehen haben. Dennoch ist es sinnvoll, Bildungsarbeit mit der älteren Generation gesondert zu reflektieren, weil hier noch einmal spezifische Aspekte für die kirchliche Bildungsarbeit von Bedeutung sind. Seit ca. 30 Jahren wird daher von Altenbildung als Bestandteil der Erwachsenenbildung mit spezifischen Aspekten gesprochen.

Traditionell nimmt die ältere Generation zahlenmäßig am aktivsten am kirchlichen Leben Teil. In vielen Gemeinden sind Menschen über 60, vorrangig weiblichen Geschlechts, eine selbstverständliche und treue Klientel der parochialen Arbeit, und auch in anderen Bereichen (beispielsweise in Akademien) sind sie stark vertreten. Deutlich ist jedoch bereits jetzt – und dies dürfte sich in den nächsten Jahren verstärken –, dass sich die Erwartungen dieser Zielgruppe wandeln und sich ihre Ansprüche erhöhen. Der klassische »Altenkaffee« mit sporadischen »Ausfahrten«, bei denen das Kaffeetrinken und die Geselligkeit sowie der Kontakt mit dem »Herrn Pfarrer« oder der »Frau Pfarrerin« im Vordergrund steht, spricht vielerorts nur noch die älteren Seniorinnen an. Auf der anderen Seite wächst gesellschaftlich die Konkurrenz zur kirchlichen Arbeit, die diese Zielgruppe im Blick hat. Dass diese Zielgruppe kommerziell so deutlich umworben wird, ist nicht verwunderlich. Die Bevölkerung Deutschlands wird statistisch gesehen immer älter, die Seniorinnen und Senioren machen einen immer größeren Prozentsatz der Bevölkerung aus: waren (nach Angaben des Statistischen Bundesamtes) im Jahre 1996 15,4% der Bevölkerung über 65 Jahre, werden es 2030 vermutlich 30% sein.

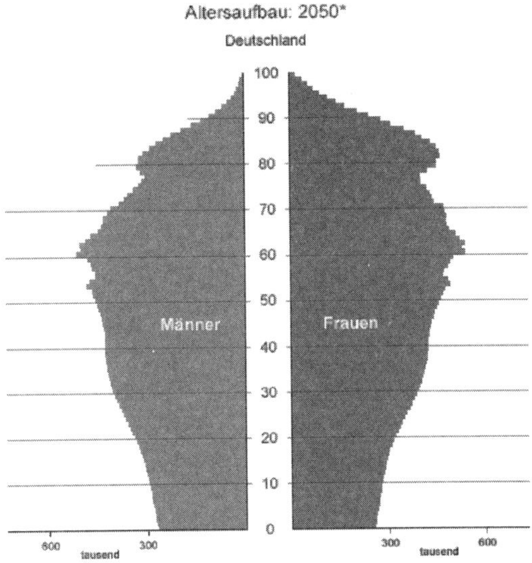

Für den Zeitraum von 2002 bis 2050 wurden die Ergebnisse der mittleren Variante der 10. koordinierten Bevölklerungsvorausberechnung herangezogen. Dieser Variante liegen folgende Annahmen zugrunde:
1) Die Geburtenhäufigkeit bleibt während des gesamten Zeitraums der Vorausberechnung bei 1,4 Kinder pro Frau;
2) Die Lebenserwartung bei Geburt steigt bis 2050 für Mädchen auf 86,6 Jahre und für Jungen auf 81,1 Jahre; die »fernere« Lebenserwartung beträgt 2050 für 60-Jährige Frauen 28 weitere Lebensjahre und für gleichaltrige Männer etwas 24 Lebensjahre;
3) Der Außenwanderungssaldo der ausländischen Bevölkerung beträgt 200.000 jährlich; die Nettozuwanderung der Deutschen geht von etwa 80.000 im Jahr 2002 schrittweise zurück bis zum Nullniveau im Jahr 2040
(Bundesamt für Statistik)

Mit diesen nüchternen Zahlen ist eine emotional geführte Diskussion um die »Überalterung der Gesellschaft«, um die zukünftige Alterssicherung, das Pflegerisiko etc. verbunden, die Verteilungskämpfe zwischen den Generationen sind längst im Gange. Schon jetzt klafft die »Vermögensschere« innerhalb der

älteren Generation besonders weit auseinander, wobei das Geschlecht hier eine entscheidende Rolle spielt: ein nicht unerheblicher Teil älterer Frauen muss mit einem sehr geringen Einkommen auskommen, andere und vor allem ältere Männer verfügen jedoch über große finanzielle Mittel, zumal ihre Ausgaben oft geringer sind als bei jüngeren Menschen. Hinzu kommt, dass zumindest im Moment noch die Seniorinnen und Senioren relativ früh ihr Erwerbsleben beenden und von den weitreichenden Vorruhestandsregelungen profitieren. Bedenkt man dazu noch, dass aufgrund der besseren Ernährung, der medizinischen Versorgung und des gewachsenen Informationsstandes die einschränkenden Alterserscheinungen im Durchschnitt immer später auftreten und Menschen sich länger »jung« und »fit« fühlen als in früheren Generationen, dann ist deutlich, dass die jetzigen »Alten« eine aktive, eigenständige Generation mit Erwartungen und Ansprüchen bilden, die in jeder Hinsicht eine wichtige Größe für die Gesamtgesellschaft darstellt. Mit herkömmlichen Bildern von vergreisten, gar verdummten Alten, die in der Wartezeit auf den Tod noch betreut werden müssten, hat dieses Bild wenig zu tun. Dabei ist es im Einzelnen sehr unterschiedlich, was »alt sein« bedeutet. Ein Versuch der Differenzierung wird mit der Unterscheidung zwischen »3.« und »4. Alter« vorgenommen (Laslett 1995). Diese werden nicht kalendarisch unterschieden, sondern nach Lebenslagen: während Menschen im »3. Alter« relativ gesund und sozial integriert sind und diverse Kompetenzen und Ressourcen innehaben, wird das »4. Alter« von Gebrechlichkeit, sozialen Verlusten und Abhängigkeit bestimmt. Diese strikte Einteilung wird der Realität jedoch kaum gerecht, Altern ist ein stetiger Prozess, der bei jedem Menschen anders verläuft und andere Schwierigkeiten und Chancen mit sich bringt. Wichtig sind hier besonders die geschlechtsspezifischen Unterschiede, die für die ältere Generation in noch größerem Maße als für die jüngeren gelten (vgl. Blome 1992).
Mittlerweile hat sich im Bildungsbereich für ältere Menschen bereits ein neuer »Markt« etabliert, der für die »neuen Alten« Computerkurse, Bildungsreisen, Fitnessangebote etc. kreiert. Neben kommerziellen Erwägungen wird dieser Markt häufig mit gesellschaftlichen Erfordernissen begründet. Danach ist Altenbildung ökonomisch und sozialpolitisch gefordert: Bildung im Alter erhält die physischen und psychischen Fähigkeiten länger und vermindert auf diese Weise die mögliche Pflegebedürftigkeit. Damit entlastet sie die öffentlichen Haushalte. Bildung fördere zudem eine altersspezifische Produktivität und begegne der Gefahr, dass alte Menschen vollständig den Anschluss an die Entwicklungen in der Technik und der Medienwelt verlieren, die vorhandenen Wissensbestände älterer Menschen würden dadurch weniger schnell »veralten«. Bei dieser Ausrichtung ist deutlich, dass Bildung bestimmten gesellschaftlichen Zwecken und Notwendigkeiten unterworfen wird. Fähigkeiten bzw. eben die Defizite an diesen Fähigkeiten sind im Blick, nicht die Menschen und ihr Leben. »Die kritische Weite von Bildung, ihr Bezug auf das Allgemeine und das

Werden der Subjekte, wird aufgegeben. Wo Subjektwerdung, Orientierung über die Mitwelt und das eigene Dasein, lernende Verarbeitung eigener Erfahrungen und nicht zweckgebundene Veranstaltungen aber keine umfassende Berücksichtigung beanspruchen können, droht Altenbildung inhuman zu werden.« (Evers 2003, 212)
Herausgefordert sind die Kirchen also durch die quantitative Vergrößerung ihrer »klassischen« Klientel, vor allem aber durch ihre qualitative Veränderung (wodurch sich die Frage ergibt, ob diese »kirchlich« bleiben wird) und auch durch die Weise, wie gesellschaftlich mit diesen Entwicklungen umgegangen wird. Damit werden grundlegende konzeptionelle Fragen der kirchlichen Arbeit angesprochen, die im Kern Fragen des christlichen Menschenbildes sind. Die traditionellen an Betreuung und Unterhaltung orientierten Formen der »Altenarbeit«, die zu der jetzigen Generation immer weniger passen, werden nämlich auch dem christlichen Menschenbild, das das Subjektsein des Menschen als Ebenbild Gottes betont, nicht gerecht. Auch mit fortgeschrittenem Alter bleibt der Mensch nach christlicher Überzeugung ein eigenständiges, selbstbewusstes Wesen, das sein Leben in Freiheit, Würde und Verantwortung für sich und andere gestalten darf und soll.
Die Herausforderungen, die sich der kirchlichen Arbeit in Hinblick auf die ältere Generation stellen, laufen auf die Bildungsthematik zu. In ihren Konzeptionen zur Arbeit mit Seniorinnen und Senioren muss sich die Kirche von den Überzeugungen, die sie mit dem Bildungsbegriff verbindet, leiten lassen. Die Herausforderung der Kirche durch die Veränderungen der älteren Menschen ist also eine Bildungsfrage! (vgl. Lämmermann 1994) Gleichzeitig muss es im Interesse einer zukunftsfähigen kirchlichen Arbeit sein, diesen Bereich mit wahrnehmungsstarken Konzepten und nicht zuletzt Stellen und Geld intensiv zu gestalten!

Betreuung versus Bildung älterer Menschen: welches Menschenbild steht dahinter? Verbinden Sie dies mit Ihren systematisch-theologischen Kenntnissen im Bereich der Anthropologie.

Subjekte von Bildung statt Objekte von Betreuung

Zentral für den Bildungsgedanken ist der Subjektgedanke (☞ Kap. 2.1). Bildung kann damit immer nur »Selbstbildung« sein – von außen können Impulse, Anregungen und auch inhaltliche Angebote kommen, aber der Bildungsprozess findet im Menschen selbst statt und ist als Eigentätigkeit zu verstehen. Dies gilt für jeden Bildungsvorgang (auch für Kinder!), ist aber gegenüber der traditionellen Betreuungshaltung im Hinblick auf ältere Menschen noch einmal besonders zu betonen. Damit ist auch eine Abgrenzung

der kirchlichen Arbeit markiert gegenüber dem Erwerb neuen Wissens z. B. in Fremdsprachen oder im EDV-Bereich, der beispielsweise in Volkshochschulen durchaus mit großem Zulauf angeboten wird. Diese Angebote fallen eher in den Bereich der »Weiterbildung«, auch wenn sie nicht mehr unbedingt auf Erwerbsarbeit ausgerichtet sind. Kirchliche Bildungsarbeit mit älteren Menschen muss jedoch den gesamten Menschen als Subjekt im Auge haben (vgl. Blasberg-Kuhnke 1985). Insofern hat sie nicht von der kirchlichen Institution und feststehenden Angeboten her zu denken, sondern vom alt gewordenen Menschen her (vgl. Schibilsky 2002, 25). Die soziale und gesellschaftliche Dimension des Bildungsbegriffs (s. o.) hilft jedoch dabei, die Perspektive nicht individualistisch auf den einzelnen Menschen zu verengen, sondern seine Einbettung in eine Generation und ihre gesellschaftlichen Rahmenbedingungen im Blick zu behalten. Konzeptionen von Bildung älterer Menschen können daher nicht ohne eine sensible Wahrnehmung der Lebensbedingungen älteren Menschen (durchaus auch in ihrer Pluralität!) und auch sozialwissenschaftliche Analysen und Erkenntnisse auskommen.
Strukturell bedeutet dies, sich in der Bildungsarbeit mit älteren Menschen vom »Betreuungsmodell«, das alte Menschen als hilfsbedürftig und gebrechlich und damit als Objekte der Betreuung wahrnimmt, zu verabschieden und diese Dimensionen statt dessen als diakonisch zu begreifen. Auch das »Angebotsmodell«, das Aktivitäten für ältere Menschen organisiert, an denen sie teilnehmen können, ist dann defizitär, weil es immer noch die Aktivität auf Seiten der Hauptamtlichen, »Bildenden« belässt. Das – in eher katholischer Terminologie – mit »basiskirchlich« bezeichnete Modell, das auf Selbstorganisation beruht, kommt dem Verständnis älterer Menschen als Subjekte ihrer Bildung am meisten entgegen (zu den drei Modellen vgl. Blasberg-Kuhnke 1985, 327-370).
Theologische, anthropologische und sozialwissenschaftliche Überzeugungen konvergieren also in gewisser Weise in der Frage der Bildung älterer Menschen. Auf der Grundlage einer Orientierung am Subjekt ist dann als nächster Schritt zu fragen, worin die Inhalte einer kirchlichen Bildung älterer Menschen liegen können, die diesen Überzeugungen entspricht.

Was bedeutet es für die konkrete kirchliche Arbeit, ältere Menschen als Subjekte von Bildung zu verstehen und die Bildungsarbeit als »Selbstbildung«?

Lesen Sie dazu: Evers, R. (1999): Alter – Bildung – Religion. Eine subjekt- und bildungstheoretische Untersuchung, Stuttgart u. a., 211 ff.

Inhalte von Bildungsarbeit mit älteren Menschen

Selbstverständigung: Wer bin ich?

Als erste Aufgabe der Bildungsarbeit mit älteren Menschen liegt nach den bisherigen Überlegungen die Selbstbesinnung und Selbstreflexion in dieser spezifischen biografischen Lebensphase nahe (vgl. Blasberg-Kuhnke in: Mette/Rickers 2001, 27 f.). Sie wird geprägt von Fragen wie: wer bin ich heute, wie bin ich geworden, was hat mich geprägt, aber auch: wie geht es mit mir weiter? Hier verschränken sich in besonderer Weise biografische mit religiösen Themen, denn gerade über den Zeitraum von einigen Jahrzehnten werden religiöse Fragen und Prägungen als lebensgeschichtliche deutlich.

Von besonderer Bedeutung in dieser Form der Bildungsarbeit ist dabei das lebensgeschichtliche Erzählen. Dies bedeutet nicht nur ein »Kramen« in der Vergangenheit, dem Klischee alter Menschen entsprechend, und schon gar keine Fixierung auf eine vermeintlich bessere, aber leider vergangene Zeit. Erzählen ist noch nicht einmal ein reines Bilanzieren vergangener Erfahrungen und Erlebnisse. Im Erzählen erfolgt vielmehr eine Selbstvorstellung des Menschen und auch ein Selbstentwurf. Wer erzählt, wählt aus aus vielen möglichen Erzählungen, verknüpft Ereignisse, deutet, stellt Sinn her und präsentiert sich als Subjekt in dem Erzählten. »Es ist das Besondere des Bildes, in dem das Subjekt sich erzählend darstellt und anderen begegnet, dass es als Antwort auf die Fragen »Wer bin ich?« und »Was hat es mit meinem Leben auf sich?« trägt und Orientierung bietet.« (vgl. Evers 2003, 205) Damit liegt es nahe, Erzählen zu einem grundlegenden Moment von Bildungsarbeit zu machen, besonders im Blick auf ältere Menschen, aber nicht nur auf diese.

Wichtig ist dabei, dass Erzählen nicht nur den Blick zurück richtet auf das Erzählte und auf die Gegenwart, auf die Situation, in der erzählt wird, sondern auch einen Zukunftsaspekt impliziert (Evers 2003, 209). Wenn jemand erzählt und andere dieser Erzählung zuhören, wird dieser Mensch in seinem Menschsein mit dem Gewesenen, aber auch den offenen Möglichkeiten begriffen und gewürdigt, unabhängig davon, wie viele Lebensjahre er noch vor sich hat. Im Erzählen zeigt sich die Perspektive der Hoffnung, des Kommenden. Darin wird es einem christlichen Bildungsverständnis in besonderer Weise gerecht. Bildung und christliche Religion sind beide davon überzeugt, dass Veränderung möglich und erforderlich ist, sowohl in Bezug auf den einzelnen Menschen als auch auf die gesellschaftlichen Verhältnisse. Beide wissen, dass in irdischen Verhältnissen es kein »Fertigsein«, keine Vollendung geben wird und dass es darum immer noch ausstehende Möglichkeiten von Subjekt und Gesellschaft gibt. Bildung hat immer auch die Perspektive, über das Gegenwärtige hinaus zu gelangen auf eine Zukunft hin. Für ältere Menschen heißt diese Perspektive im Besonderen, der Gefahr zu begegnen, aus der Gestaltung der Gegenwart in der

Erinnerung an die Vergangenheit zu fliehen, sondern aus ihrem Erzählen gerade Perspektiven für die Zukunft zu schöpfen.
Eine wichtige Aufgabe der Altenbildung ist es daher, zum Erzählen und Zuhören zu ermutigen und Bedingungen zu schaffen, unter denen gerne erzählt und zugehört wird. Möglichkeiten, die bereits praktiziert werden, sind so genannte »Erzählcafes«, bei denen sich Menschen dezidiert zum Erzählen und Zuhören treffen. Aber auch in der alltäglichen bzw. allwöchentlichen oder allmonatlichen Bildungsarbeit können Räume eröffnet werden, Lebensgeschichten zu erzählen und älteren Menschen dabei bei ihrer Selbstvergewisserung zu helfen.

Fähigkeiten entfalten: Was kann ich?

Neben der Reflexion der eigenen Lebensgeschichte und des eigenen Selbst kann und muss es aber auch um die Gestaltung des Lebens für sich und andere gehen. Hier geht es dann in der Tat auch um Kompetenzen und Fähigkeiten, um ihre Erweiterung und Verfeinerung, bei älteren Menschen aber auch ganz besonders um die Wahrnehmung ihres Erfahrungswissens und um dessen Aktivierung für die Gegenwart und Zukunft. Die kirchliche Arbeit kann hier lernen von Initiativen wie z.B. dem Verein »New Generation« in Hamburg, der sich an Menschen ab 50 wendet, die die vor ihnen liegenden Jahrzehnte gemeinsam und aktiv gestalten wollen. »Auf den Punkt gebracht lautet das Mut machende Motto von New Generation: neue Aufgaben wahrnehmen, positiv vorausschauen, Lebensfreude empfinden, beweglich bleiben und in Beziehungen glücklich leben.« (Keite 2003, 50) Der Verein stellt Kontaktstrukturen wie Treffen, Mitgliederzeitung etc. zur Verfügung, bietet aber vor allem die Möglichkeiten, dass sich ältere Menschen mit ihren Erfahrungen und Kompetenzen für andere einbringen können. Daraus sind viele Gruppen und gemeinsame Aktivitäten entstanden. Was in der Kirche unter Fragen der Veränderung im Ehrenamt oder unter Stichworten wie »Beteiligungskirche« erst als Vision entworfen wird, wird damit in Vereinen wie »New Generation« bereits umgesetzt.
Ein anderer Weg der Bildungsarbeit, der die Fähigkeiten älterer Menschen im Blick hat, besteht in dem gezielten Training von Kompetenzen wie Gedächtnisleistung und Bewegung, das dann verbunden wird mit Reflexionen über Leben und Glauben und insofern einem »ganzheitlichen« Bildungsanspruch gerecht wird (vgl. z.B. Kraus 2002).

Gemeinde gestalten: Wie lernen wir voneinander und miteinander?

Wenn es um Bildung mit älteren Menschen geht, so sollte diese Generation nicht nur als Empfangende im Blick sein, sondern auch als Gebende. Jüngere Menschen können von Älteren ebenso lernen ebenso wie umgekehrt. Dies gilt vor allem dann, wenn es eben nicht um Kompetenzen geht, die Menschen in der Gegenwart benötigen und die ältere Menschen daher »nachholen« müssen, sondern um die größeren Linien des Lebens. Vielleicht stehen dann überhaupt weniger Inhalte im Vordergrund, sondern eher der Umgang mit Erfahrungen und mit der eigenen Lebensgeschichte. Jüngere Menschen können von älteren lernen, wie man Erfahrungen in die Lebensgeschichte integriert, wie man mit Brüchen und Enttäuschungen umgeht, wie sich in all den Umbrüchen Linien und Kontinuitäten finden lassen und idealer Weise auch, wie der Blick auf die Zukunft, die sich nicht in Jahren bemisst, offen bleibt (vgl. dazu Modelle des generationenübergreifenden oder -verbindenden Lernens, z.B. in Becker/Rudolph 1994, 72-109). Daraus kann ein Austausch zwischen den Generationen entstehen, der in unserer Gesellschaft gegenwärtig nur selten stattfindet. Hier könnten sich in den Parochien gute Chancen eröffnen, denn diese sind zumindest nicht prinzipiell auf bestimmte Altersgruppen festgelegt, sondern für alle Generationen offen. Der Dialog zwischen den Generationen ergibt sich allerdings nicht von selbst, wie vielerorts die gegenwärtige Praxis zeigt, sondern muss bewusst gestaltet und inszeniert werden. Damit käme die Kirche auch über die Professionalisierung der Bildungsarbeit hinaus und würde diese stärker als Aufgabe der christlichen Gemeinde im Miteinander von Menschen und Generationen begreifen. Die Gemeinden würden auf diese Weise mehr Orte von Subjektwerdung für alle Menschen und für die Gesellschaft als Ganze. Damit wäre ein Modell von Altenarbeit, das sich auf Betreuung und Unterhaltung beschränkt und ältere Menschen primär unter dem Aspekt ihrer Defizite sieht, vollständig obsolet geworden.

1. Diskutieren Sie die vorgestellten Inhalte der Bildungsarbeit mit älteren Menschen! Wie würden Sie diese gewichten? Fallen Ihnen andere Aspekte ein?

2. Was verändert sich in den Leitbildern von Gemeinden, wenn Bildungsarbeit als eine generationenübergreifende Aufgabe der Gemeinde verstanden wird?

3. Wie verändert sich das Verhältnis zwischen Hauptamtlichen und Ehrenamtlichen? Was bedeutet das für das Verständnis des Pfarramtes?

7. Methoden und Medien

7.1 Methoden – das ›non plus ultra‹ des Unterrichtens?

Elisabeth Naurath

Kein Bereich religionspädagogischer Literatur erfreut sich so großer Nachfrage wie Methodikbücher oder Materialhilfen. Während zu Zeiten der Katechetik Bibel, Katechismus und Gesangbuch zur religiösen Erziehung ausreichen sollten oder zu Zeiten der Evangelischen Unterweisung die innere Haltung der Lehrperson weit vor der Methodenfrage rangierte, ist seit den 70er Jahren mit dem konzeptionellen Blickwechsel ›hin zum Kind‹ die Methodenfrage deutlich in den Vordergrund getreten.

Dabei bleibt die Frage nach der Gewichtung von Didaktik und Methodik durchaus strittig – eine Diskussion, die vor allem in der Allgemeinen Didaktik geführt wurde. So betonte Paul Heimann in der lerntheoretischen Didaktik, dass im Gefüge der rationalen Effektivitätskontrolle von Unterricht die Didaktik nicht ohne eine eingehende Reflexion der Methodik auskomme. Gemeint ist: wenn hier jeder seines Glückes Schmied sein kann, entsteht ein der wissenschaftlichen Reflexion völlig entzogener Bereich, verbunden mit drohender Willkür und Beliebigkeit! In der Folge ging Heimann vom *Interdependenzzusammenhang* (einem gegenseitigen Abhängigkeitsverhältnis) von Unterrichtsinhalten und -formen aus.

Demgegenüber wurde in der bildungstheoretischen Didaktik (Wolfgang Klafki) vom Implikationszusammenhang (einem gegenseitigen Begründungszusammenhang) gesprochen: Unterrichtsziele und -inhalte haben vor den Unterrichtsmethoden Vorrang! (☞ Kap. 4.2)

Auch in der Religionspädagogik wird im Anschluss an die Diskussion der Allgemeinen Didaktik die Notwendigkeit einer begründeten und reflektierten Methodik herausgestellt. So scheint – bedingt durch täglichen Zeitdruck der Unterrichtsvorbereitung – die Methode nicht selten vor der Reflexion der Lernziele zum Zuge zu kommen. Dies birgt die Gefahr in sich, dass die didaktische Frage hinter der kontinuierlichen Suche nach attraktiven Methoden in den Hintergrund tritt. Langfristig könnte dies dazu führen, dass religiöse Bildung, die weniger nach dem ›Was‹ als nach dem ›Wie der Vermittlung‹ fragt, nicht nur ihre inhaltliche Orientierung, sondern auch ihre Relevanz verliert – dann nämlich, wenn im Zuge eines Methodenfetischismus die SchülerInnen und die Inhalte aus dem Blick geraten.

Selbstverständlich schließt die Methodikfrage die Reflexion der Sozialformen des Unterrichts (Frontalunterricht, Lehrer-Schüler-Gespräch, Gruppenarbeit, Einzelarbeit etc.) ein. Erst dann können gruppendynamische Prozesse in den Blick kommen bzw. auch Führungsstile kritisch einbezogen werden.

Orientierung an den Subjekten religiöser Bildung

Die Methode (vom wörtlichen Sinn her: die Frage nach dem Weg) ist zielgerichtet auf ein gemeinsames Lehren und Lernen. Im Bereich religiöser Bildung ist die Subjektorientierung so legitimiert, dass die Selbstständigkeit und Mündigkeit der am Lernprozess Beteiligten gewährleistet sein muss: »Methoden sollen Lernenden und Lehrenden helfen, in der eigenen Religiosität und im eigenen Glauben zu wachsen, ihm Ausdruck zu geben und ihn zu reflektieren« (Hilger 2001, 203). Wichtig ist hierbei, dass die Methodik einerseits ziel-und sachgemäß, andererseits aber auch schüler- und lehrergemäß ist. Nur wenn diese Kriterien erfüllt sind, kann ein Lernprozess stimmig initiiert und durchgeführt werden. Was heißt das unter heutigen Bedingungen?
Im so genannten Zeitalter der Informationstechnologie, das von einer Dominanz audiovisueller Eindrücke geprägt wird, sind die Ansprüche an ein abwechslungsreiches und Spannung verheißendes Methodenrepertoire enorm gestiegen. Während Kinder vor dreißig Jahren begeistert auf ein paar Dias geschaut haben, kann heute schon ein Videofilm zu langweilig sein!
Innerhalb kürzester Zeit hat sich über die Medien der Alltag drastisch verändert: Handys, Computer (Internet, E-Mail, Spiele), Videos und DVD, Informationsüberschwemmung per Mausklick prägen das Lebensgefühl von Beschleunigung, Veränderung und Beliebigkeit. Nicht nur die Fülle der medialen Angebote, sondern auch ihr technisch versiertes Niveau führen zu einem gestiegenen Anspruchsdenken bei Kindern und Jugendlichen.
Einerseits liegt es in der Verantwortung der Instanzen religiöser Bildungseinrichtungen methodisch ›up to date‹ zu sein, d. h. an den Seh- und Hörgewohnheiten der SeminarteilnehmerInnen oder SchülerInnen orientiert für das jeweilige Thema die adäquate und anspruchsvolle Methodik zu finden. Andererseits ist es ein Anliegen und eine Chance religiöser Bildung, Kontrapunkte zu gesellschaftlichen Trends zu setzen, wenn um der Bildung willen ein kritisches Korrektiv notwendig erscheint. Um ein Beispiel zu nennen: Methoden sind nie wertneutral. Das bedeutet, dass über die Form der Inhalt mitbestimmt wird: So kann etwa Kommunikations- und Diskursfähigkeit nicht im Frontalunterricht angemessen vermittelt werden.
Es wäre also ein fataler Selbstwiderspruch, wenn religiöse Bildung, die auf Selbstbildung der Subjekte zielt, bedenkenlos auf einer Welle der Unterhal-

tungsindustrie mitschwimmen würde. Nicht der Jahrmarkt kurzlebigen Vergnügens durch attraktiven Methodengebrauch kann also religions- und gemeindepädagogisch stimmig sein, sondern vielmehr die gezielte Entgegensetzung: Wie kann eine subjektorientierte Methodik Selbst-Bewusstwerdung als Fähigkeit zur Selbstreflexivität in Gang setzen und fördern?
Diesen Blickwechsel intendiert die gegenwärtige Religionspädagogik, indem sie auf den fundamentalen Zusammenhang von religiöser und ästhetischer Bildung hinweist.
Im Dreischritt ›Wahrnehmen – Befragen – Gestalten‹ zeigt sich eine ästhetische Orientierung in folgenden Dimensionen (vgl. Bitter 2002, 236 ff.):
1) Wahrnehmungsschulung als elementare Förderung der sinnlichen Aufmerksamkeit kann im religiösen Sinn Zusammenhänge von Sinnlichkeit und Sinnhaftigkeit neu entdecken,
2) Deutung der Wahrnehmung fördert die Selbstreflexivität des/der Einzelnen und damit die Subjektorientierung religionspädagogischen Handelns und
3) Die Förderung von Wahrnehmungsfähigkeit und Deutungskompetenz setzt Impulse zur eigenständigen Gestaltung, aber auch die Bereitschaft zum interdisziplinären Dialog, vor allem mit der Kunst in Geschichte und Gegenwart, frei.
Die phänomenologische Dimension der Religionspädagogik wird ausgebaut, wenn die verstärkte Wahrnehmungsorientierung auf die Frage zielt, wie religiöse Alltagskultur (Kulturhermeneutik) und subjektive Religion heute aussehen. Dies führt letztlich zu einer – dringend notwendigen – »Pluralisierung von Rationalitätsfeldern« (Meyer-Drawe 1986, 508), wenn neben dem kognitiv-instrumentellen und dem moralisch-praktischen Bereich der ästhetische Rationalitätstyp aufgewertet wird. Ästhetische Bildung kann so nicht auf die künstlerische Dimension (Musik, gestaltende Kunst) eingeengt bleiben, sondern umfasst »als erkenntniskritische Bildung ein Herzstück bildungspraktischer Bemühungen« (ebd.).

Ästhetische Bildung und Methodenreflexion sind zwei verschiedene Ebenen, die nicht in eines gesetzt werden können. Und doch sollte Methodik unter dem Vorzeichen der religionspädagogischen Aufgabe ästhetischer Bildung reflektiert werden.

Das, was unter dem missverständlichen Begriff des ›ganzheitlichen Lernens‹ (Ganzheit suggeriert eine totalitäre Vorstellung, die das Fragmentarische als Unvollendetes im menschlichen Leben verschleiert) postuliert wurde, wird in neueren Konzepten auf der Basis eines leibseelischen Menschenbildes akzentuiert umgesetzt. Lernprozesse können dann gelingen, wenn alle Dimensionen des Menschseins integrativ einbezogen sind: kognitive, affektive und pragmatische Dimension, die nicht ohne die leiblich-sinnliche Wahrnehmungs- und Erfahrungsebene vorstellbar sind.
Dabei sollen neue Wahrnehmungsmöglichkeiten von Wirklichkeit initiiert werden: Durch Verlangsamung können beispielsweise Selbstverständlichkeiten

anders in den Blick kommen und Irritationen auslösen. Leib und Seele, Gestalt und Gehalt, Inhalt und Form bedingen dabei einander konstitutiv. Die Anknüpfungspunkte religiöser Bildung an ästhetische Erfahrungen liegen auf der Hand und spiegeln sich im gegenwärtigen Methodenspektrum deutlich wider.

Ästhetische Erfahrung

Ästhetik (aisthesis, griech. = Wahrnehmung) meint ganz elementar die ›sinnliche Wahrnehmung‹. U. a. Peter Biehl (1989 u. 1993) verknüpfte Religionsdidaktik mit ästhetischen Kategorien: Ästhetische Erfahrung bringe einen Komparativ ins Leben, denn sie lasse das Wirkliche intensiver erfahren und distanziere gleichzeitig von ihm. Ästhetische und religiöse Erfahrungen seien sich strukturell ähnlich, da es im Erleben von Unmittelbarkeit, Grenzerfahrung, Überraschendem um eine neue Erfahrung mit der Erfahrung gehe (vgl. Biehl [2]1991, 21), wobei die religiöse Erfahrung durch die Dimension des Heiligen charakterisiert ist. (☞ 4.1.2j)
Ästhetische Erfahrung wird in drei Dimensionen definiert: *Aisthesis* als Sinneswahrnehmung, *Poiesis* (poiein, griech. = handeln) im Sinn von Gestaltungs- und Handlungsfähigkeit und *Katharsis* (katharein, griech. = reinigen, klären, befreien) als Entscheidungsfähigkeit.

1. Wie beurteilen Sie das Verhältnis von Didaktik und Methodik? Wie würden Sie bei der Unterrichtsplanung vorgehen?

2. Diskutieren Sie Ihren Rationalitätsbegriff! Können Sie unabhängig von Ihren Gefühlen und Ihren körperlichen Zuständen denken? Würden Sie Leib und Seele unterscheiden, aber nicht trennen? Oder zeichnet es den Menschen gerade aus, dass seine ratio frei und unabhängig von allen ›niederen‹ Einflüssen ist? Versuchen Sie philosophische Positionen zu diesem Thema miteinzubeziehen.

3. Wenn Sie die Methoden in diesem Arbeitsbuch kurz ansehen, werden Sie merken, dass wir eine exemplarische Auswahl treffen mussten. Versuchen Sie weitere relevante, religions- und gemeindepädagogische Methoden (am besten mit Beispielen) zu benennen.

7.2 Texte

Elisabeth Naurath

In der christlichen Tradition hat das ›Wort‹ eine basale Bedeutung und so spielen auch Texte aller Art (wie Bibeltexte, Gedichte, Kurzgeschichten, Phantasieerzählungen, Sachtexte etc.) eine große Rolle. Die Begegnung mit Texten ist als

Kommunikationsgeschehen zwischen dem Gewebe (lat. textus) des Textes und dem Rezipienten/der Rezipientin zu verstehen (☞ Kap. 2.3.2): Beide Seiten bringen ihren Kon-text als lebensgeschichtliche und -situative Einbettung mit. Verstehen ist also immer als individueller und dynamischer Prozess der konstruktiven Aneignung einer Leserin oder eines Hörers zu sehen: »Texte werden in dem Maße bedeutsam, in dem sie von den Leser/-innen assimiliert werden. Dies geschieht in Abhängigkeit von ihrem Weltwissen und ihren kognitiven Strukturen, insofern sie bei der Rezeption aktiviert werden.« (Bucher 1999, 137). Im Sinne der kognitiven Entwicklung nach Piaget (☞ Kap. 2.3.2) setzt das Rezipieren von Texten also einen Lernprozess in Gang, der mit dem Ziel der Äquilibration (zur Herstellung eines Gleichgewichts) sowohl Neues den vorhandenen Wissensstrukturen einfügt (Assimilation) als auch diese verändert (Akkomodation).

Hierbei muss der Text letztlich immer ein fremdes Gegenüber bleiben. Im Bibliodrama (vgl. Bibliodrama/bibliodramatische Methoden ☞ Kap. 7.8) beispielsweise kann die Leitung ihre Aufgabe, Anwalt/Anwältin des Textes zu sein, so wahrnehmen, dass kontinuierlich während der kreativen Umsetzung der biblische Wortlaut gelesen wird. Dies als Indiz dafür, dass der Text trotz der spielerischen Aneignung und des ›Konzerts‹ von Deutungen in seiner Eigenständigkeit und Fremdheit zu wahren ist.

Im Religionsunterricht werden neben den Sachtexten (vorwiegend Schulbücher) biblische und literarische Texte behandelt. Diese sollten insofern identitätsstiftenden Charakter haben als sie die Fähigkeit zum individuellen Verstehen und Deuten (ob zustimmend oder ablehnend), aber auch zum Diskurs mit anderen Meinungen fördern. Neben der vorbereitenden Textarbeit der Lehrperson (vgl. Niehl 2002, 487), ist die didaktische Frage (was wird vermittelt? Welche Anknüpfungspunkte gibt es bei den SchülerInnen? Welche Lebensrelevanz hat der Text? etc.) und die organisatorische Dimension (wie viel Raum kann die Arbeit am Text im Unterrichtsprozess einnehmen?) zu bedenken.

Bildungsrelevant wird ein Text dann, wenn ein konstruktiver und kritischer Diskurs entsteht, der Assoziationen, Reaktionen und Resonanzen der SchülerInnen zum Text und zum eigenen Leben weckt. Die Atmosphäre hierzu bedarf der Schaffung eines offenen und möglichst wertfreien Klimas.

Möglichkeiten der kreativen und spielerischen Textauslegung erweisen sich hierbei nicht selten als Brücke vom fremden Text zum eigenen Leben. Dies wiederum verstärkt das Interesse der Einzelnen und damit das Engagement der Gruppe: Beides hängt entscheidend an der Öffnung der Zugangswege. Weniger die Sachanalyse und kognitive Durchdringung ermöglichen Anknüpfungspunkte an eigene Fragen, Wünsche, Ängste und Visionen, sondern vielmehr die erfahrungsbezogene Ebene, die Sinnlichkeit, Reflexion und kreative Gestaltung gleichermaßen umfasst.

Hierzu sind beispielsweise die Möglichkeiten der gestaltenden Textauslegung

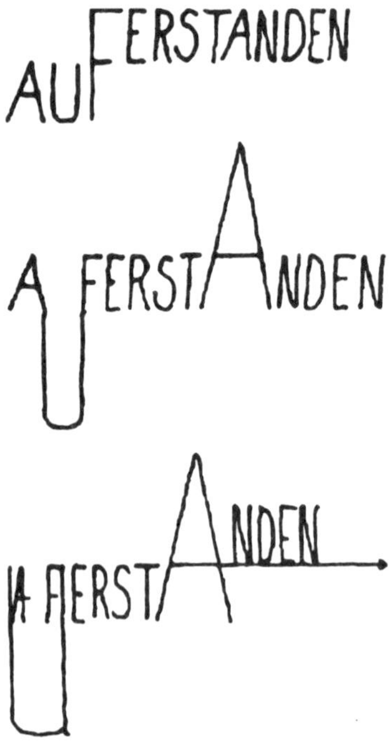

Als *Ideogramme* werden Schreibbilder bezeichnet, die einzelne Buchstaben grafisch so anordnen, dass Form und Inhalt in einen kreativen Dialog treten.

(wie Kreatives Schreiben) geeignet, da sie auf dem Weg der Phantasie zu einem tieferen Verstehen von Text und Selbst führen. Die ›leeren‹ Stellen, die jeder literarische und biblische Text als Freiraum des individuellen Deutungshorizontes in sich birgt, beinhalten – vergleichbar einem Kunstwerk – die visionäre, über das Vordergründige und Reale hinausweisende Dimension: »Das Mögliche umfasst [...] die noch nicht erwachten Absichten Gottes« (Musil [17]2003, 16). Wenn Texte im Denken, Fühlen und Gestalten einen Resonanzboden finden, kann dies zur Klärung des Selbstverständnisses und des Weltbildes beitragen. Ästhetisch und spielerisch können sich so Räume eröffnen, die zwar sprachlich angeregt, aber letztlich als Sinnzusammenhänge hinter allen Worten liegen.

1. Erstellen Sie zu den Worten ›Gerechtigkeit‹ und ›Segnen‹ ein Wortbild (vgl. oben zu ›Auferstanden‹). Spielen Sie mit Sprache und Form und reflektieren Sie die Zusammenhänge.

2. Wählen Sie in Ihrer Arbeitsgruppe einen biblischen Text mit der Aufgabe , dass jede/r einer beliebigen Figur einen Brief aus heutiger Perspektive schreibt. Lesen Sie sich Ihre Briefe vor und diskutieren Sie anhand der Unterschiede die Theorie der Rezeptionsästhetik.

- *Lesen Sie: Bucher, Anton A.: Verstehen postmoderne Kinder die Bibel anders?, in: Lämmermann, G. u. a. (Hg.)(1999): Bibeldidaktik in der Postmoderne, Stuttgart u. a., 135-147.*
- *Anregungen zum Kreativen Schreiben im Religionsunterricht finden Sie bei: Rendle, H. u. a. (Hg.)([2]1997): Ganzheitliche Methoden im Religionsunterricht. Ein Praxisbuch, München, 156-185.*

7.3 Erzählen

Elisabeth Naurath

Bei einem lockeren Gespräch in meiner Klasse (3. Jahrgangsstufe) frage ich die Kinder, was sie eigentlich bisher am spannendsten im Religionsunterricht fanden und erwarte eigentlich Antworten wie ›der Videofilm von neulich‹ oder ›das Basteln der Kirchen aus Pappe‹ oder unser gemeinsam gestaltetes Fest. Statt dessen nennen die Kinder verschiedene Geschichten, die ich ihnen erzählt habe. Am spannendsten war für die Mehrzahl eine biblische Erzählung, die mit Handpuppen gespielt wurde.

Entwicklungspsychologisch ist die Begeisterung der Grundschulkinder für das Erzählen von Geschichten nicht erstaunlich: Die Kinder befinden sich nach Fowler (☞ Kap. 2.3.2) auf der Stufe des mythisch-wörtlichen Glaubens und haben eine Vorliebe für Erzählungen, die ihnen Einblick in fremde Perspektiven und Möglichkeiten zum Ausleben ihrer phantasievollen Vorstellungen anderer Lebenswelten geben.
Doch darüber hinaus ist es eine anthropologische Grundkonstante, im Hören, Lesen oder Erzählen von Geschichten Identität zu bilden, sei es in Entgegensetzung oder in Identifikation zum Erzählten. Paul Ricoeur hat von der ›narrativen Identität‹ des Menschen gesprochen, die sich lebensgeschichtlich begleitend durch persönlichkeitsbildende Erzählungen nährt, aber auch eigene Lebenserfahrungen im Erzählen zu verarbeiten sucht.
Auch in soziohistorischer Perspektive haben Geschichten, Legenden, Märchen etc. erwiesenermaßen identitätsstiftende Funktion für die Herausbildung von Nationen, Kulturen und nicht zuletzt Religionen und Konfessionen. So gilt das Judentum wie das Christentum als Geschichtsreligion, die von dem Erzählen der Geschichte(n) Gottes mit seinem Volk lebt.
Biblische Texte sind in erster Linie Erzählungen vom mit-gehenden Gott, der sich auf die Lebensgeschichten der Menschen einlässt. Jüdische und christliche Glaubensvermittlung ist narrativ geprägt, d.h. es geht in der Tradierung immer auch um Erinnerung der Taten Gottes, d.h. um die Anbindung an den sich geschichtlich offenbarenden Gott!
Diese narrative Grundstruktur des Glaubens spiegelt sich auch im kommunikativen Handeln der Religionspädagogik wieder: Zentral ist beispielsweise im Religionsunterricht das Lehrer-Schüler-Gespräch als Zeit für das Erzählen von Lebensgeschichten, das die Kinder und Jugendlichen in ihren Erfahrungen und Fragen ernst nimmt und sie begleitet (seelsorgerliche Dimension).
Neben den themen- und problemorientierten Geschichten kommt natürlich dem Erzählen biblischer Texte besondere Bedeutung zu. Hier lassen sich zwei idealtypische Positionen unterscheiden: Nach Dietrich Steinwede muss die Text-

reue gegenüber der biblischen Vorlage gewahrt werden. Nur Passagen, die den Kindern unverständlich sind, dürfen verändert werden, während Erzählduktus, sprachlicher Stil und Atmosphäre ganz dem Bibeltext verpflichtet bleiben.
Demgegenüber sollen nach Walter Neidhart Nacherzählungen Transformationsprozesse sein. In seinem Konzept einer fantasierenden Erzählung geht es darum, gegenwärtig relevante Aussagen der biblischen Vorlage kindgerecht umzusetzen und so auch Spannung zu erzeugen. Relevant ist hierfür zum einen die historisch-kritische Arbeit am Bibeltext, die Integration persönlicher Überzeugungen, und die Kindgemäßheit, die beispielsweise dazu führen kann, Identifikationsfiguren in die Erzählung einzufügen.
In wachsendem Maß wird gegenwärtig erkannt und betont, dass auch das Erzählen im Religionsunterricht nicht allein am Wort, sondern an der nonverbalen Kommunikation bzw. Interaktion zwischen LehrerInnen und SchülerInnen hängt. Während die Sprache eine inhaltlich-sachbezogene Kommunikation intendiert, liegt die Hauptfunktion der Körpersprache auf der Beziehungsebene in der Mitteilung emotionaler Botschaften.
Die Kommunikationswissenschaft hat die Relevanz der Körpersprache für die Pädagogik empirisch erwiesen: so hängt die Effektivität der Vermittlung – auch und gerade theologischer Inhalte – entscheidend an der Kongruenz von Wort und nonverbalem Verhalten der Lehrperson. Des Weiteren hat auch ein variantenreiches Einsetzen von Mimik, Gestik und Stimme eine höhere Aufmerksamkeit der SchülerInnen zur Folge. Besonders direkter Blickkontakt, eine offene und illustrierende Gestik sowie eine lebendige Intonation dienen der didaktischen Vermittlung.

Körpersprache

Dieser aus der Sozialpsychologie stammende Fachbegriff meint den Bereich zwischenmenschlicher Kommunikation, der alle nonverbalen Ebenen des Kontaktes umfasst. Die Differenzierung in visuelle Sinneseindrücke wie Mimik (Gesichtsausdruck und Blickverhalten), Gestik (Körperausdruck und Gebärden), Proxemik (räumliche Aspekte des Körperkontaktes wie Nähe-Distanz-Verhalten, Sitzordnung etc.), äußere Erscheinung (Körperbau, Körperpflege, Kleidung, Schmuck) und auditive Sinneseindrücke wie Sprechpausen, Betonung, Sprachrhythmik, paralinguistische Merkmale (Lachen, Husten etc.) sowie haptisch-taktile (Berührung), olfaktorische (Geruch), gustatorische (Geschmack) und thermische (das Wärmeempfinden betreffende) Sinneswahrnehmungen zeigen die Komplexität nonverbaler Interaktion.

1. Schreiben Sie zum so genannten Kinderevangelium ›Jesus segnet die Kinder‹ (Mk 10,13-16) eine kurze Erzählung für Grundschulkinder. Reflektieren Sie anschließend, an welchen Punkten die Nähe zum biblischen Text und an welchen Punkten die Nähe zu den Kindern besonders deutlich werden.

2. Wenn Sie die Möglichkeit haben: Versuchen Sie, Ihre Erzählung einem Kinderpublikum vorzutragen. Was ändert sich, wenn Sie dazu Finger- oder Handpuppen benutzen?

3. Lassen Sie die Kinder die Geschichte nachspielen. Welche Rückschlüsse ziehen Sie für Ihre Erzählung und Erzählweise?

Lesen Sie den Artikel ›Körpersprache‹ von Rainer Lachmann, in: Adam, G./Lachmann, R. (Hg.)(⁴2002): Methodisches Kompendium für den Religionsunterricht, Bd. 2 (Aufbaukurs), Göttingen, 30-40.

7.4 Bilder und kreatives Gestalten

Elisabeth Naurath

Die christliche Geschichte mit der Kunst ist lang, obwohl doch theologisch das Wort immer vor dem Bild stand und das Bilderverbot im Dekalog grundlegende Vorbehalte gegen die Ikonographie begründete. Doch die Entscheidung des Bilderstreits auf dem Konzil von Nicäa (im Jahr 787) zu Gunsten des Bildes hat nicht zuletzt katechetische Vorteile mit sich gebracht: So konnten sich über weite Teile der Christentumsgeschichte hinweg auch analphabetische Bevölkerungsmehrheiten Vorstellungen zu biblischen Geschichten machen.
Über viele Jahrhunderte war Kirche die Auftraggeberin und zugleich Zensorin der künstlerischen Umsetzung biblischer oder theologischer Themen. Heute liegt der Reiz der Verknüpfung ›Kunst und Kirche‹ gerade in der Freiheit der Kunst. Zum Teil wird ihr in Ausstellungen und Führungen im Kirchenraum oder in Predigten zu einzelnen Kunstwerken als kritische Gesprächspartnerin Wertschätzung entgegengebracht, zum Teil begegnet man ihr mit einem Aufschrei der Entrüstung und dem Vorwurf einer als blasphemisch anzusehenden Provokation.
Bilder der Kunst, Plakate, Fotos, aber auch Karikaturen werden gern als stummer Impuls zu Beginn eines Seminars oder einer Unterrichtsstunde eingesetzt: Auf dem Weg der Selbstdistanzierung helfen sie, ins Thema einzusteigen und Assoziationen frei zu setzen. Über das Medium Bild als Weg der Verfremdung ist es möglich, Gefühle und Ängste etc. zum Ausdruck zu bringen ohne die eigene Person bloß zu stellen.

Zeichnung von Werner Küstenmacher, aus: A. Ebert (Hg.), Das Kindergesangbuch, S. 190, Claudius Verlag München

Karikaturen und Cartoons sprechen aufgrund der Elementarität ihrer skizzenhaften Darstellung an und ermöglichen zugleich inhaltlichen Freiraum, weil die humorige Ebene immer Möglichkeiten zur Selbstdistanzierung und Projektion bietet. Wichtig ist die bilddidaktische Umsetzung, die sich künstlerischer Darstellungen nicht als Mittel zum Zweck bedient, sondern die Vieldeutigkeit, Uneindeutigkeit bzw. Freiheit des Kunstwerks im Gespräch gelten lässt und damit Fähigkeiten zur Multiperspektivität schult.
Denn eine künstlerische Darstellung ist immer mehr als die Summe ihrer beschreibbaren Teile – die weißen Stellen auf einem Aquarell beispielsweise sind die Lichtpunkte, die die Wirkung des Bildes ausmachen – so dass der Blickwechsel vom Vorfindlichen zum Unsichtbaren, von der Detailanalyse zur Gesamtkomposition gerade für religiöse Bildung zentral ist. Hier wird ein Raum eröffnet, der über sich selbst hinausweist, der der Phantasie Impulse gibt und zum subjektiven Bezug einlädt. Auf diese Weise ist der Schritt zur Ermutigung eigener Kreativität nicht mehr schwer!

Kreatives Gestalten

Der bildnerische Ausdruck zu religiösen Themen oder biblischen Geschichten scheint zumindest zweierlei bedingt: Zum einen ist der Mensch als Ebenbild Gottes schöpferisch veranlagt und zum anderen scheint gerade die Offenheit eines Bildes dem religiösen Ausdruck als Annäherung an das Transzendente und Numinose gerecht zu werden. Nicht nur phylogenetisch (also die Entwicklung der Menschheitsgeschichte betreffend), sondern auch ontogenetisch (die Entwicklung des einzelnen Menschen betreffend) ist der Sinnesausdruck in Bildern genuin menschliches Anliegen.
In der religiösen Bildung hat das Zeichnen oder Malen von Bildern, das Kleben

von Collagen, Faden- oder Stoffbildern, das Gestalten selbstgemachter Bücher und Hefte, aber auch Basteln, Töpfern und Schreinern bis ins Jugendalter eine hohe Wertigkeit. Phantasie, Reflexionsfähigkeit, Kreativität und handwerkliche Ausdruckskraft werden hierbei gefördert und einer Wortlastigkeit des Unterrichts entgegengesteuert. In der bildnerischen Umsetzung einer biblischen Geschichte kommen beispielsweise auch unbewusste, affektive Reflexionen zum Ausdruck. Im kreativen Zusammenspiel kognitiver, emotionaler und pragmatischer Dimensionen können religiöse Gefühle und Vorstellungen zum Vorschein kommen, die sonst – besonders bei kleinen Kindern – verborgen geblieben wären. Die empirische Forschung in der Religionspädagogik hat hier in den letzten Jahren wichtige Erkenntnisse zur Gottesbildentwicklung bei Kindern gewinnen können (Hanisch 1996; Klein 2000).

Als weiterer klassischer Bereich der ästhetischen Bildung ist die *Musik* zu nennen. Auch hier ist vergleichbar der bildnerischen Kunst die anthropologische Dimension für die Verbindung Religion und Musik zentral. Religiöse Sozialisation wurde jahrhundertelang von kirchlichen Liedern und liturgischen Gesängen getragen. Es gibt eine materialreiche Reflexion zum Einsatz von Musik (Klassische Musik, Popmusik, religiöse (Pop-)Musik etc.) im Religionsunterricht und ein breites Methodenrepertoire zur kreativen Umsetzung vorgegebener Musik, aber auch zum eigenen Musizieren, Singen und vielfältigen Arten des Vertonens von Texten.

Lesetipp: Kögler, I.: Umgang mit Lied und Musik, in: Bitter, G. u.a. (Hg.) (2002): Neues Handbuch religionspädagogischer Grundbegriffe, München, 493-496.

1. Bringen Sie in Ihre Arbeitsgruppe zu einem spezifischen Thema ein Bild aus der Kunst mit, das Sie im Blick auf Ihre SchülerInnen für adäquat halten. Stellen Sie der Gruppe Ihre Bilddidaktik und methodische Ideen vor und geben Sie sich gegenseitig ein kritisches Feedback.

2. Stellen Sie sich vor, Sie unterrichten eine biblische Geschichte in einer Grundschule. Damit die Kinder nicht schon wieder die Geschichte malen müssen, suchen Sie nach alternativen kreativen Gestaltungsmöglichkeiten. Welche Ideen entwickeln Sie und wo sehen Sie Vor- bzw. Nachteile bei der Umsetzung?

3. Welche Gestaltungsmöglichkeiten empfehlen Sie für die Sekundarstufe?

- *Lesen Sie begleitend: Lange, G. (1991): Zum religionspädagogischen Umgang mit modernen Kunstwerken, in: KatBl 116, 116-122.*
- *Für den Religionsunterricht in der Grundschule können Sie Anregungen finden in: Goecke-Seischab, M./Harz, F. (1994): Bilder zu neutestamentlichen Geschichten im Religionsunterricht. Einführung in die Bilddidaktik und Ikonographie christlicher Kunst mit acht ausführlich kommentierten Bildbeispielen für Sechs- bis Zwölfjährige, Lahr.*

Alexej Jawlensky, Meditation IV/3, 1936, © VG Bild-Kunst, Bonn 2004

7.5 Stille und Meditation

Elisabeth Naurath

Wenige prägnante Pinselstriche – einfache Form – zurückhaltender Ausdruck – Innehalten – ein Gesicht mit geschlossenen Augen? – in sich selbst versunken – sprachlos – farblos – fallende Linien – ganz bei sich – ganz im Leiden – Gesicht und Kreuz untrennbar! (E. N.)

Wenn Wolfgang Welsch von der gegenwärtigen ›Anästhetik‹ (Welsch 1993) spricht, kann sich wohl jede und jeder vorstellen, was gemeint ist: Empfindungs- und Gefühllosigkeit angesichts von Reizüberflutung und konsumierender Fülle. Sinn-verlust durch Sinn-überfluss ist eine bewusst doppeldeutige Charakterisierung unserer Zeit! Demgegenüber setzt sich religiöse Bildung zum Ziel, Sinn zu stiften – und dies auf dem Wege ästhetischer Bildung als Wiederentdeckung von Sinn-lichkeit und Wahrnehmungsfähigkeit.

Stille, Schweigen, ein leerer Raum, geschlossene Augen, die Hände im Schoß: ist das sinnlos, da ziellos und sprachlos? »Im Gegenteil!«, behaupten Seminarleiterinnen und Lehrer, die in ihren Gruppen mit Stilleübungen und Meditationen arbeiten: Es bedarf der Leere und der Stille, um Wahrnehmungskompetenz zu entwickeln. Aus der Achtsamkeit auf den eigenen Leib (als beseeltem Körper) entsteht eine neue Sensibilität gegenüber den kleinen und großen Zusammenhängen, die eine religiöse Affinität haben.

Die ästhetische Wahrnehmung ist charakterisiert durch eine Aufmerksamkeit für das Wahrgenommene, das in seiner Besonderheit fasziniert und zugleich auf etwas Allgemeines und Existenzielles verweist. Eng damit verbunden ist das Staunen als eine subjektive Reaktion auf ein Phänomen, das über die rationale Erkenntnis hinaus letztlich nicht zu beschreiben ist: und sei es auch noch so selbstverständlich wie der fließende Atem oder das leise Fallen von Schneeflocken im Winter. Die Fähigkeit des Menschen zum Staunen ist nicht

nur der Beginn aller Philosophie, sondern eng verbunden mit religiösen Gefühlen als ›Sinn und Geschmack fürs Unendliche‹ (Schleiermacher).
Religionspädagogik als Wahrnehmungslehre meint nicht unreflektiertes Spüren und Fühlen, sondern einen integrativen Prozess von Leib und Seele: »Wahrnehmung als Sinnenschulung, als Erkenntnis, als Wertschätzung« (Menzel 1999, 210). Erst die Reflexion der Sinneseindrücke ermöglicht eine Strukturierung der Wirklichkeit und damit Erkenntnis, erst das Erkennen und Anerkennen anderer Wirklichkeit(swahrnehmung)en ermöglicht *Wertschätzung*. Einen Wert erhält das, was dem/der Einzelnen als erlebte Erfahrung nahe gekommen ist, reflektiert wurde und damit bildungsrelevant als Erschließung des Selbst für die Welt und der Welt für das Selbst wurde (vgl. Naurath 2003, 73).
Religionsdidaktik kann über Stille- und Meditationsübungen eine Chance nutzen, die zum traditionellen Gut christlicher Frömmigkeitspraxis und Mystik gehört und anderen Fächern weitgehend vorenthalten ist. Der Blick auf sich selbst schließt den Blick auf das Ganze ein, verlangsamt Zeitabläufe, lässt Kleinigkeiten zu Großartigkeiten wachsen, relativiert Wichtiges. Meditation kann zu einem Perspektivenwechsel führen, »das Entwickeln von Aufmerksamkeit und von Interesse für das, was außen und innen das Leben ausmacht, was es fördert und hindert, für das, was gegeben ist und was aufgegeben, was zu bejahen und verändern ist« (Hilger 2001, 310).
Eine gängige Form der Stille- bzw. Meditationsübung sind Phantasiereisen bzw. Imaginationen. Beide Begriffe werden meist synonym gebraucht, zum Teil werden die Imaginationen als freie Variante, die Phantasiereise als gelenkte Übung gesehen.
Im Unterricht können Phantasiereisen einen Kontrapunkt zum üblichen Unterrichtsgeschehen darstellen, da sie weniger kognitiv als affektiv, weniger faktenorientiert als subjektorientiert sind. Sie sperren sich gegen den Schulalltag, weil sie nicht korrigierbar und schon gar nicht als Leistung messbar sind.
»Als intermediärer Bereich, der das Innen und Außen verbindet, ist die Phantasie zugleich die Quelle von Kunst und Religion und bildet ebenso die Basis für komplexe Wahrnehmungs- und Denkfähigkeit« (Szagun 2002, 246). Religionsunterricht ist geradezu prädisponiert dazu, Freiraum für innere Bilder, Wünsche, Visionen zu geben und Potenziale freizusetzen, die Wirklichkeiten transzendieren. Bedingung hierfür ist nicht nur die Kompetenz der Leitung, sondern auch die didaktische Reflexion und die methodische Einführung bzw. Übung. So ist zum einen nach dem Freiwilligkeitsprinzip die Möglichkeit zur Distanz zu schaffen: Kinder sollten zur freien Entscheidung über ihr Mitmachen-wollen ermutigt und Alternativen angeboten werden. Des Weiteren benötigen Phantasiereisen vorbereitende Sequenzen der Stille-Übung: Kinder, Jugendliche oder Erwachsene sollten Zeit haben, sich auf das Setting (Raum, evtl. Musik, Körperhaltung) einzulassen und zunächst nur kurze Anleitungen zur Imagination mit ausführlichen Reflexionen erleben.

Kompetenz im Sinne eigener Erfahrungen, aber auch methodisches Basiswissen sind für die LeiterInnen unabdingbar: So ist zum Beispiel darauf zu achten, dass nicht durch die falsche Wortwahl in einer Phantasiereise dunkle Bilder bzw. verdrängte Leiderfahrungen hochkommen, die dann nicht aufgearbeitet bzw. begleitet werden können.

1. Welche Stilleübungen haben Sie schon erlebt? Sammeln Sie methodische Ideen und Kompetenzanforderungen an die Leitung.

2. Kennen Sie Entspannungstechniken, die sich für die Schule bzw. für die Erwachsenenbildung besonders eignen? Tauschen Sie Ihre Erfahrungen in einer Gruppe aus.

7.6 Bewegung

Elisabeth Naurath

Ach, was muss man oft von bösen
Kindern hören oder lesen!
Wie zum Beispiel hier von diesen,
welche Max und Moritz hießen,
die, anstatt durch weise Lehren
sich zum Guten zu bekehren,
oftmals noch darüber lachten
und sich heimlich lustig machten.

Ja, zur Übeltätigkeit,
ja, dazu ist man bereit!
Menschen necken, Tiere quälen,
Äpfel, Birnen, Zwetschgen stehlen,
das ist freilich angenehmer
und dazu auch viel bequemer,
als in Kirche oder Schule
festzusitzen auf dem Stuhle.

Aus: Wilhelm Busch, Max und Moritz

Selbstverständlich ist Bewegung ein zentraler Teil religionspädagogischer Praxis: ob der Morgensegen in der Schule von ritualisierten Bewegungen begleitet wird, ob man ein Kennenlernspiel mit Ball durchführt, meditativ tanzt, eine soziometrische Übung Unterschiede und Zusammenhänge der Gruppe veranschaulichen oder ein Rollenspiel zu einem biblischen Text inszeniert wird … Neu und im Alltag des Religionsunterrichts (vor allem der Grundschule) mittlerweile stark rezipiert ist das Konzept ›Bewegter Religionsunterricht‹ von Elisabeth Buck. Grundlage für Bucks Ansatz (vgl. Buck 1997, 2001a/b, 2002) ist das kommunikationstheoretische Lernmodell, das die drei Informationsstufen sinnlich-unmittelbares Erleben, Sprache und Schrift gleichberechtigt zur Geltung bringt. Hierbei werden keine Lernziele vorgegeben, sondern die Inhalte so angeboten, dass sich die drei Ebenen in einen kommunikativen Zusammenhang zu den Inhalten stellen.

Inhalte des Religionsunterrichts werden durch Wahrnehmungs- und Bewegungsspiele erlebnishaft angeboten. Die Erlebnisse werden im Unterricht, durch die Erzählung oder durch eine abschließende besondere Heftgestaltung eingeordnet, reflektiert und bewertet und somit in persönliche, soziale, kirchliche und religiöse Zusammenhänge gestellt. (Buck 1999, 9)

Anthropologischer Hintergrund des 1992 entstandenen Konzepts ist die psychophysische Einheit des Menschen, die dem biblischen Menschenbild entsprechen will.

Nur das Zusammenspiel von leiblichen und geistig-seelischen Erfahrungen kann der Begegnung Gottes mit den Menschen in biblischen Geschichten gerecht werden. Die Verbindung von äußerer und innerer Bewegung kommt hierbei zum Tragen, so dass Respekt vor dem individuellen Erleben im Vordergrund steht, während Möglichkeiten der Objektivierung oder Lernzielüberprüfung diesem Ansatz entgegenstehen. Organisatorische Bedingung ist, dass die ganze Gruppe sich gleichermaßen dem Erleben als psychosomatische Erfahrungen stellt, denn ZuschauerInnen wären für den Prozess destruktiv. Inwiefern dies im Alltag machbar ist – dies gilt vor allem für Raumprobleme bzw. große Lerngruppen –, bleibt allerdings weitgehend offen.

Bewegung verknüpft das kinästhetische Sinnessystem (Muskeln, Sehnen, Gelenke) mit der vestibulären Wahrnehmung (Gleichgewichtssinn) und dem taktilen Sinn (Hautwahrnehmung).

Bewährte Methoden sind nach Buck insbesondere Symbolspiel, Pantomime, Tanz, aktives Musizieren, Wahrnehmungs- und Rollenspiele, die in sprachliches Handeln (Gespräch, Erzählung) und textliches Umsetzen (z.B. Heftgestaltung) eingebunden sind.

Der Erfolg dieses Ansatzes begründet sich vor allem durch die Stimmigkeit seiner Grundannahmen: Kinder lieben die Möglichkeit zur Bewegung und so ist die religionsdidaktische Verknüpfung von religiösen Inhalten und sinnlich-motorischen Methoden attraktiv. Des Weiteren entspricht diese Verknüpfung nicht nur dem biblischen Menschenbild als leibseelischer Einheit und den meisten biblischen Texten, die Körperbilder bzw. Bewegungsgeschichten enthalten. Bemerkenswert sind – neben dem musikdidaktischen Schwerpunkt – die methodischen Hinweise Bucks zur ›sinnorientierten Heftgestaltung‹ (Buck 1997,

45 ff.). Neben wenigen Kernsätzen sollen zum einen Tasterlebnissse als Anziehungspunkte für Kinderhände fungieren (so werden vorwiegend Naturmaterialien ins Heft geklebt), zum anderen soll der Aspekt der Bewegung in dynamisch-taktilen Effekten gestalterisch umgesetzt werden: Menschen bekommen zum Beispiel Arme und Hände, die nicht festgeklebt sind und so zum Spiel einladen.

In welcher Hinsicht finden Sie den ›Bewegten Religionsunterricht‹ überzeugend, wo haben Sie Fragen bzw. kritische Einwände? Inwiefern lässt sich dieser Ansatz in die Perspektive ›ästhetische Bildung‹ einordnen?

Buck, E.: Bewegter Religionsunterricht: Bewegung/Pantomime/Tanz/Symbolspiel, in: Adam, G./Lachmann, R. (2002): Methodisches Kompendium für den Religionsunterricht, Bd. 2, Göttingen, 209-223.

7.7 Spiel

Uta Pohl-Patalong

Gespielt wurde in der Praxis der religionspädagogischen Handlungsfelder schon lange. In den letzten Jahren und Jahrzehnten wurde das Spiel in seinem Wert für Inhalte und Personen, jedoch auch in der religionspädagogischen und praktisch-theologischen Theorie verstärkt gewürdigt. Eine »Theologie des Spiels« (Martin 1971) ist entstanden, die mit Rückgriff auf christliche Traditionen und theologische Einsichten die ästhetische Dimension des Christentums betont. Sie zeichnet sich in einen Perspektivenwechsel ein, der in der Religionspädagogik als praktisch-theologischer Wissenschaft geradezu als »Wende« bezeichnet wird: »Eine Wende von der Ethik zur Ästhetik, vom Guten zum Schönen, von der Säkularität zur Religion, vom Aktionismus zu Spiel und Feier, vom Wort zum Tanz, von der Nüchternheit zur Phantasie, von der Pflichtgebundenheit zur Freiheit« (Wolf-Withöft 2002, 48, hier auch insgesamt zur Spieltheorie und ihren Entwicklungen).
Damit wird eine Öffnung der Theologie zur Kultur angezeigt, die die Erfahrung von Menschen ernst nimmt und ihr theologische Erkenntnisfähigkeit zutraut. Neben der religiösen Dimension von Spiel »als Spiel der Erinnerung, als Ausdruck der Freude und als Phantasie der Hoffnung« (Moltmann 1971, 127) kann dies für die religionspädagogische Praxis verbunden werden mit pädagogischen Einsichten zur Bedeutung des Spiels für die Entwicklung des Menschen, nicht zuletzt für seine soziale und emotionale Intelligenz.
Das Spiel in den religionspädagogischen Handlungsfeldern kann andererseits

nicht losgelöst von den Entwicklungen betrachtet werden, die das Spiel gesellschaftlich genommen hat und weiter nehmen wird: hier ist eine Tendenz zu beobachten zu konkurrenz- und wettkampforientierten Spielen auf Kosten der auf gemeinsames Erleben hin orientierten Spielen (z.B. Seilhüpfen, Himmel und Hölle etc.). Dies müssen Lehrende und Leitende als Erfahrungshintergrund der Kinder und Jugendlichen, aber auch Erwachsener berücksichtigen. Sie können und sollen hier aber durchaus auch Kontrapunkte setzen. In jedem Fall gehören zum Spiel bestimmte Regeln und ein klarer Rahmen, der von der Leitung gesetzt und garantiert werden muss. Innerhalb dieses Rahmens kann sich umso besser der Freiraum ausbreiten, den das Spiel anbietet: für Entdeckungen und Erfahrungen, für das versuchsweise Übernehmen ungewohnter Rollen, für das Ausprobieren neuer Verhaltensweisen in geschütztem Rahmen, für ein gemeinsames Erleben. Dies erfordert Erfahrung und Kompetenz, nicht zuletzt eigene Spielerfahrungen der Lehrenden bzw. Leitenden. Spielen ist damit keinesfalls ein Lückenbüßer für unvorbereitete Stunden, sondern erfordert im Gegenteil eine sorgfältige didaktische und theologische Reflexion im Vor- und im Nachhinein.

Die Ausführungen zeigen schon, dass das Spiel ein weites Feld ist – entsprechend vielfältig sind auch die konkreten Gestalten dessen, was alles mit »Spiel« und »Spielen« in der religionspädagogischen Arbeit bezeichnet wird. Die Einteilung in einige Kategorien kann hier nur ansatzweise einen Überblick ermöglichen (zu den Kategorien vgl. Müller 2003, 250f.):

1. *Interaktionsspiele* im Sinne von Lernspielen, Denkspielen, Gesellschaftsspielen und auch Mannschaftsspielen. Beispiele dafür sind ein Würfelspiel zur Entwicklungshilfe, einen Bibelquiz oder eine Rallye durch den Bezirk der Gemeinde.

2. *Rollenspiele:* Die Kinder, Jugendlichen oder Erwachsenen übernehmen bestimmte Rollen und spielen in diesen eine Szene, oft einen Konflikt nach. So kann beispielsweise die Konstellation einer Klassengemeinschaft gespielt werden, in der es um die Integration einer Außenseiterin geht oder es wird ein Konflikt zwischen Eltern und Kindern dargestellt. Die besondere Chance dabei ist, dass der Rollenwechsel ermöglicht, die Situation mit anderem Ausgang wahrzunehmen. Dabei wird deutlich, wie relativ und interessengebunden die eigene Position ist und zudem das Verständnis für andere Sichtweisen geschult. Die komplexere Variante des Rollenspiels ist das Planspiel, in dem gesellschaftliche Realitäten simuliert werden, für die Entscheidungen getroffen und Konflikte ausgehandelt werden müssen (vgl. Kliemann ²2003, 98ff.).

3. Das *darstellende Spiel* unterscheidet sich von dem Rollenspiel dadurch, dass es Zuschauerinnen und Zuschauer gibt, die sich mit dem Gespielten identifizieren, es kommentieren und die Außensicht einführen. Das darstellende Spiel kann schlicht Lese- und Spielszenen umfassen (vgl. z.B. Laubi/Dirnbeck ²1991), aber auch Pantomimen oder Standbilder. Sofern es dabei um biblische Szenen geht, ist der Übergang zu den bibliodramatischen Methoden fließend.

4. Die so genannten *»ernsten Spiele«* sind besonders auf die Förderung sozialer Intelligenz und Gruppenbildung ausgerichtet. Bekannt sind hier vor allem Kennenlern-, Vertrauens-, Kooperations- und Kommunikationsspiele (vgl. Gudjons 1998).
Welche Art von Spiel man auch immer wählt: in jedem Fall sollte es Spaß machen – den Teilnehmenden und den Leitenden!

1. Eine biblische Geschichte hören – eine biblische Geschichte spielen: Was verändert sich jeweils im Zugang und im Verständnis der Handlung und der Personen?

2. »Das ist ja nur ein Spiel« – beziehen Sie Stellung zu diesem Satz.

7.8 Bibliodrama

Uta Pohl-Patalong

Mit dem Begriff Bibliodrama wird ein spielerischer und kreativer Umgang mit biblischen Texten bezeichnet, der biblische Texte lebendig werden lässt und einen persönlichen Zugang zu ihnen ermöglicht. Bibeltext und Lebensgeschichte können sich dabei verweben und sich wechselseitig auslegen, so dass einerseits vertiefte Texterkenntnis, andererseits vertiefte Selbsterkenntnis möglich wird.
Dies wird als hilfreich für die eigene Lebens- und Glaubensgeschichte erfahren, so dass die Bibel für viele eine neue Bedeutung gewinnt. »Ziel des Prozesses ist es, dass Situationen/Personen der Bibel in den einzelnen TeilnehmerInnen und der Gruppe als Ganzer herausfinden aus positiv oder negativ besetzten emotionalen Klischees[…] und in eine neue lebendige Bewegung kommen« (Martin 1995, 9). Mittlerweile hat sich geradezu eine ›Bibliodrama-Szene‹ entwickelt mit Menschen, für die Bibliodrama ein zentraler Zugang zu biblischen Texten geworden ist.
Entstanden ist das Bibliodrama aus Experimenten mit dem Spiel biblischer Texte in den 1960er und 1970er Jahren in unterschiedlichen Bereichen, vor allem im Psychodrama und in der Theaterpädagogik. Die vielfältigen Wurzeln dieser Bewegung spiegeln sich bis heute in unterschiedlichen Richtungen und Möglichkeiten, bibliodramatisch zu arbeiten, wider.
Gemeinsam sind diesen als konstitutives Merkmal für das Bibliodrama:
1. die Bedeutung von Körpererfahrung und Körperbewusstsein
2. unterschiedliche Mittel der Gestaltung des Textes
3. eine methodische Verlangsamung von Erfahrungs- und Erkenntnisprozessen

4. das Ernstnehmen subjektiver Erfahrungen und Einsichten
5. die Bedeutung des Gruppenprozesses.

In der Regel lassen sich drei Arbeitsschritte unterscheiden, die sich an die Sequenzen im Psychodrama anlehnen:

1. Erwärmungsphase
Hier geht es um den Schritt von der Alltagssituation in die bibliodramatische Situation, für den die Wahrnehmung des Körpers auf der Grundlage entsprechender Körperübungen wesentlich ist. Die Gruppe soll sich in dieser Phase finden und soweit Vertrauen untereinander und zur Leitung aufbauen, dass das Einlassen auf persönliche Prozesse möglich wird. In dieser Phase wird der Bibeltext von der Gruppe ausgewählt oder (wenn er von der Leitung vorgegeben wird), an ihn herangeführt.

2. Kreative Phase
Diese Phase bedeutet die eigentliche bibliodramatische Arbeit mit unterschiedlichen Zugängen zum biblischen Text. Solche können zum Beispiel sein:
- den biblischen Text mit Gesten verlebendigen
- Standbilder zu bestimmten Begriffen des Textes bauen
- bestimmte Worte oder Sätze des Textes mit ästhetischen Mitteln (Malen, Tonen etc.) gestalten
- den Text in eine Szene aus dem Alltagsleben übertragen (»Vignetten«)
- den Text wie einen Film auf sich wirken lassen und einzelne Szenen daraus gestalten (»Imagination«)

Häufig münden diese Methoden in ein Gruppenspiel, in dem der gesamte Text mit verteilten Rollen gespielt wird. Dabei sind die Teilnehmenden nicht notwendig an die Handlungen im biblischen Text gebunden, sondern auf dem Hintergrund der eigenen Lebensgeschichte können sich auch überraschende Wendungen und Konstellationen ergeben (so dass beispielsweise der Sohn in der Erzählung vom »verlorenen Sohn« Lk 15 seine Heimat nicht verlässt, aber seine Schwester auszieht …). Solche Wendungen müssen dann in der anschließenden Reflexion wieder an den Text zurückgebunden werden.

3. Reflexion
Die Reflexionsphase umfasst erneut unterschiedliche Schritte:
- das Rollenfeedback, in dem die Teilnehmenden mitteilen, was sie im Spiel erlebt haben
- den Bezug des Erlebten zum Alltagsleben, sowohl individuell wie auch zu sozialen und gesellschaftlichen Zusammenhängen
- den Bezug zum Text mit der Überlegung, was sich an Erkenntnissen über den biblischen Text ergeben hat, was die Gruppe nicht gespielt hat (und

warum), wie sich das Erlebte zu exegetischen Erkenntnissen verhält und welche theologischen Folgerungen zu ziehen sind.

Das Leiten von Bibliodramaprozessen erfordert eine mehrjährige Ausbildung, in der nicht nur die unterschiedlichen Methoden erlernt werden, sondern vor allem der Umgang mit bibliodramatischen Prozessen, die die Einzelnen und die Gruppe bewegen. Voraussetzung dafür sind Erfahrungen mit dem Bibliodrama als Teilnehmerin oder Teilnehmer, die gründlich reflektiert und auf die persönliche Lebens- und Glaubensentwicklung sowie auf das Leitungsverhalten bezogen werden. Die Leitung hat eine initiierende und moderierende Funktion, die einerseits einen größtmöglichen inhaltlichen Freiraum eröffnet, andererseits auch Sicherheit vermittelt und einen klaren Rahmen bereitstellt. Sie ist Anwältin des Textes, des Prozesses und der Einzelnen und ist für ein ausgewogenes Verhältnis zwischen diesen Komponenten wichtig.
Ein Bibliodrama erfordert eine Gruppe zwischen 6 und 20 Teilnehmenden, die sich für einen bestimmten Zeitraum mit dem Ziel und Zweck, gemeinsam bibliodramatisch zu arbeiten, treffen. In der Regel ist dies ein Wochenende oder eine Woche, denn bibliodramatische Prozesse erfordern Zeit und ein inneres Sich-Einlassen auf den Text und die persönliche Begegnung mit ihm. Es ist jedoch auch möglich, in kürzeren Zeiträumen bzw. in anderen kirchlichen oder schulischen Handlungsfeldern bibliodramatische Methoden einzusetzen. Mit den so genannten »kleinen Formen« des Bibliodramas ist in den letzten Jahren vermehrt experimentiert worden, da sie sich für eine Begegnung mit der Bibel und einem Heranführen an die Bedeutung der biblischen Geschichten für heute gut eignen, auch wenn der zeitliche Rahmen kürzer ist.

Naurath, E./Pohl-Patalong, U. (Hg.)(2002): Bibliodrama. Theorie – Praxis – Reflexion, Stuttgart/Berlin/Köln.

1. Welche Textgattungen dürften sich besonders gut für eine bibliodramatische Gestaltung eignen? Können Sie sich vorstellen, wie sich auch auf den ersten Blick weniger geeignete Texte bibliodramatisch umsetzen lassen?

2. Was könnte gegen bibliodramatisches Arbeiten sprechen? Diskutieren Sie Einwände und Gegenargumente.

7.9 Bibeltheater

Uta Pohl-Patalong

Das Bibeltheater unterscheidet sich vom Bibliodrama im wesentlichen dadurch, dass die inhaltliche Arbeit an dem Bibeltext in der Regel zu einer Präsentation führt. Einzelne szenische Darstellungen und Bilder des biblischen Textes werden also anschließend einem Publikum gezeigt. Das Bibeltheater folgt einem theaterpädagogischen Ansatz und bezieht in seine Arbeit häufig unterschiedliche ästhetische Medien – z. B. Masken – ein.
Dennoch ist das Bibeltheater nicht rein ergebnisorientiert, im Vordergrund steht ebenso wie beim Bibliodrama die Begegnung zwischen den Teilnehmenden und dem biblischen Text. Im Spiel, in der Entwicklung von Statuengruppen, in bewegten Bildern und unterschiedlichen Szenen können die Beteiligten den Bibeltext neu entdecken. Das Bibeltheater dient aber auch der Entdeckung neuer Seiten der eigenen Person, indem beispielsweise ungewohnte Rollen übernommen, andere Seiten ausprobiert und neue Kommunikationsmöglichkeiten geübt werden.
Nach dieser Auseinandersetzung folgt im Bibeltheater – anders als im Bibliodrama – eine intensive Arbeit an der Gestaltung. Darin geht es dann nicht mehr nur um die Begegnung mit dem Text, sondern um eine »Präzision und Klarheit des Ausdrucks, der Haltungen, der Bewegungen, der Blicke, der Beziehungen« (Langbein 1999, 40). Oft wird die Erfahrung mit dem biblischen Text dabei noch einmal vertieft und geklärt.
Die Voraussetzungen für das Bibeltheater sind ähnlich wie die für bibliodramatisches Arbeiten. Es muss ein entsprechender Raum und ein entsprechender zeitlicher Rahmen vorhanden sein, der eine Atmosphäre ermöglicht, in der sich die Teilnehmenden auf den Text und die Auseinandersetzung mit ihm einlassen können. Bewegung, Körperarbeit und kreative Einheiten sind die Voraussetzung dafür, mit dem Körper als »Instrument« Entdeckungen am biblischen Text zu machen.

Der wesentliche Unterschied zwischen Bibliodrama und Bibeltheater ist die anschließende Aufführung der Gestaltung im Bibeltheater, für die noch einmal intensiv an den Details der Darstellung gefeilt wird.

Eine typische Methode für das Bibeltheater ist beispielsweise der Bau von und das Spiel mit Statuen. Damit ist gemeint, dass die Teilnehmenden in einer bestimmten Körperhaltung eine Weile verharren und so eine Statue oder ein »Denkmal« darstellen. Auf diese Weise lässt sich besonders gut am präzisen Körperausdruck arbeiten. Eine Statue kann aus einer Person oder aber aus einer ganzen Gruppe bestehen. Die Statue kann sich spontan aus dem Gehen heraus

bilden, auf ein Stichwort hin. In der Geschichte von der Sturmstillung beispielsweise (Mk 4,35-41) könnte solch ein Stichwort sein: »in Ängsten« oder »die Hilfe«. Ebenso können sich die Teilnehmenden gegenseitig zu einer Statue bauen.
Erst nach der eigenen Auseinandersetzung erfolgt der Schritt, zu überlegen, was von dem Erarbeiteten einem Publikum präsentiert werden soll und auf welche Weise dies so geschehen kann, dass Außenstehende in das Erarbeitete mit hineingenommen werden. Hier wird die Leitung dann zum Regisseur oder zur Regisseurin und bezieht die Gruppe in die Überlegungen ein. Aspekte und Kriterien der Theaterpädagogik sind in dieser Phase besonders wichtig.

1. In welchen Kontexten würden Sie mit dem Ansatz des Bibeltheaters, in welchem mit dem des Bibliodramas arbeiten? Warum?

2. Überlegen Sie weitere methodische Elemente, die im Bibeltheater eingesetzt werden können.

7.10 Bibliolog

Uta Pohl-Patalong

Bibliolog ist eine dem Bibliodrama verwandte, aber doch von dieser in manchem abweichende Methode. Sie verwebt ebenfalls eine biblische Geschichte mit der Lebensgeschichte von Menschen heute, indem sie Identifikationen mit biblischen Gestalten ermöglicht. Sie ist jedoch strukturierter, leitungsorientierter und damit auch kürzer und weniger aufwändig zu gestalten als ein Bibliodrama. Damit lässt sie sich sehr gut in bestehenden Strukturen und Gruppen einsetzen, im Religionsunterricht ebenso wie in der Arbeit mit Konfirmandinnen und Konfirmanden, in Gemeindegruppen oder auch im Gottesdienst an Stelle der Predigt.
Entwickelt wurde dieser Zugang von dem nordamerikanischen Juden Peter Pitzele, der Bibliolog als eine moderne Form der jüdischen Bibelauslegung als »Midrasch« – die Auslegung durch phantasievolle Füllung der »Leerstellen« des Textes – versteht. Unter Berufung auf Rabbiner der Antike nennt er dies das »weiße Feuer«, das zwischen dem »schwarzen Feuer« der Buchstaben lodert. Gerade die Begegnung mit dem »weißen Feuer« der Zwischenräume lässt die Geschichten der Bibel für heute lebendig und spannend werden (vgl. Pitzele 1998).

Im Bibliolog werden die »Leerstellen« des biblischen Textes mit den eigenen Erfahrungen gefüllt. Biblische Geschichte und Lebensgeschichte verweben sich ineinander.

Praktisch sieht dies so aus: Die Leitung führt in eine biblische Geschichte ein, erzählt die Situation und regt die Fantasie zu dieser Szene an. An eine Stelle, wo der Text nicht alles sagt, was von Interesse sein kann, wo also »weißes Feuer« lodert, schlägt sie die Bibel auf und liest einen Satz oder einen kurzen Abschnitt. Den Teilnehmenden wird eine Rolle zugewiesen und sie werden in dieser Rolle angesprochen.

In der Geschichte von der Kindersegnung (Markus 10, 13-16) könnte dies z.B. so aussehen: »Ihr seid Kinder und werdet von euren Eltern zu Jesus gebracht, damit er euch segnet. Wie ist das für euch?«

Wer möchte, äußert sich dazu (nacheinander) in dieser Rolle. Aber auch wer nichts laut sagen möchte, kann die Identifikation für sich still vollziehen und dabei die eigenen Entdeckungen machen. Dabei füllen alle die Rolle mit ihren persönlichen Erfahrungen und Zugängen. Der biblische Text und das persönliche Leben von Menschen verflechten sich miteinander, da jede Äußerung in einer biblischen Rolle etwas mit der jeweiligen Person und ihren Erfahrungen zu tun hat. Ganz unterschiedliche Äußerungen sind möglich und erwünscht.

So mag das eine »Kind« sagen: »Endlich sind wir mal dran! Wurde auch Zeit, dass die Großen uns mal bemerken«. Ein anderes könnte äußern: »Was soll das denn jetzt? Ich kenne den Menschen gar nicht und ich bin mal wieder nicht gefragt worden, ob ich überhaupt da hin will!« Ein drittes sagt vielleicht: »So ganz verstehe ich das hier ja alles nicht, aber der Typ hat etwas. Wie der mich anguckt …«

Die Äußerungen werden von der Leitung sprachlich aufgenommen und verstärkt. Mit dieser Technik des »echoing« werden eher leise Aussagen für alle hörbar, und nur angedeutete emotionale Gehalte werden hervorgehoben. Damit wird einerseits jede Äußerung als wertvolle, subjektive Aussage gewürdigt. Andererseits bekommen diejenigen, die sich äußern, die Chance, sich selbst noch ein wenig besser zu verstehen und noch tiefer in die Rolle hineinzukommen.

Das »Echoing« verlangt von der Leitung neben der Fähigkeit zur Empathie und einem guten Kontakt zu den Einzelnen ein hohes Maß an Übung, denn Missverstehen und Fehlinterpretationen entmutigen und verkehren die Chance des Bibliologs in ihr Gegenteil. Wichtig ist zudem, dass von der Leitung die Rolle nicht ›besser‹ ausgefüllt wird, sondern die Identifikation der jeweiligen Person das Entscheidende bleibt. Dabei kann auch nachgefragt werden, z.B. wenn Inhalte nur angedeutet werden. Nach einigen Äußerungen lenkt die Leitung zum Text zurück. Ein nächster Satz oder Abschnitt wird gelesen und erneut da innegehalten, wo Fragen an den Text offen bleiben. Die Teilnehmenden bekommen erneut eine Rolle zugewiesen – entweder eine andere Person oder auch die gleiche Person in einer späteren Situation.

Die nächste Rolle könnte in diesem Text z.B. die der Jünger sein: »Ihr seid ein Jünger, eine Jüngerin. Jünger, Jüngerin, warum fährst du die Leute an, die die Kinder bringen?«
Oder die Kinder könnten später noch einmal gefragt werden, wie sie die ganze Begegnung mit Jesus und den Jüngern erlebt haben.
Nach einigen Szenen wird der Bibliolog abgeschlossen. Die Leitung entlässt die Teilnehmenden aus den Rollen und führt in die Gegenwart zurück. Die unterschiedlichen Aussagen und damit auch die unterschiedlichen Zugänge zum biblischen Text bleiben nebeneinander stehen und werden nicht in eine einheitliche Botschaft aufgelöst. Die Teilnehmenden werden damit selbst zu Auslegerinnen und Auslegern der Bibel.

1. Welches Verständnis des biblischen Textes setzt die Methode des Bibliologs? Formulieren Sie dazu ein Kurzreferat! Setzen Sie dies in Beziehung zu dem Textverständnis der Exegese.

2. Der Bibliolog lässt sich auch als Predigt der ganzen Gemeinde verstehen und im Gottesdienst an Stelle der Predigt einsetzen. Was bedeutet dies für das Verständnis
a. der Predigt
b. der Gemeinde
c. des Amtes der Verkündigung?

7.11 Filme

Uta Pohl-Patalong

Filme werden im Religionsunterricht und in der Arbeit mit Konfirmandinnen und Konfirmanden gegenwärtig immer häufiger eingesetzt – kein Wunder, sind sie doch besonders in der Lebenswelt von Jugendlichen eine Art »Leitmedium«. Sie können das Interesse für bestimmte Themen besonders von Jugendlichen, aber auch von Erwachsenen wecken.
Aufgrund der emotionalen Qualität und ihrer Eigenschaft, ganz unterschiedliche Sinne anzusprechen, können sie in besonderem Maße Leidenschaft und Engagement für Themen hervorrufen. Entscheidend dabei ist, dass sie nicht als Freizeitübergang in den Stunden vor den Ferien oder als sonstiger Lückenbüßer eingesetzt werden, sondern als Medium, mit dem Inhalte erarbeitet, reflektiert und vertieft werden können. Da Filme nicht von vornherein auf Reflexion angelegt sind, sondern zunächst als Erlebnis an sich rezipiert werden, ist eine sorgfältige didaktische Planung besonders wichtig, die den Film in die gegenwärtige Arbeit einbettet, ihm hierin aber auch ein eigenes Gewicht zugesteht.

Voraussetzung für die Arbeit mit Filmen sind fundierte Kenntnisse und Erfahrungen auf mehreren Ebenen (vgl. Kroll 2003, 497 f.):

- kommunikative Kompetenz, einschließlich der Fähigkeit, verschiedene Gesprächsformen kompetent einsetzen zu können, um mit Wirkungen des Films umgehen zu können
- mediendidaktische Fähigkeiten und medienpädagogische Kenntnisse, um Filme didaktisch an geeigneter Stelle und geeigneter Weise in Lernprozessen einsetzen zu können
- Filmkenntnisse, um die komplexe Gestaltung des Films zu verstehen (z. B. Komposition der Bilder, Erzählperspektiven, Genreregeln …)
- ästhetische Bildung, um die Bedürfnisse und Sehnsüchte der gegenwärtigen Kultur wahrzunehmen
- technisches Können, um die Filme angemessen zu präsentieren
- Fähigkeit, die eigene Rolle zu klären und durchzuhalten: ist die Leitung Moderatorin des anschließenden Gesprächs, theologische Expertin, Filmkritikerin …?

Ein Klassiker im Religionsunterricht sind mittlerweile Jesusfilme (vgl. dazu Tiemann 2002). Kirchengeschichtliche Epochen lassen sich ebenfalls mit Filmen nahebringen (z. B. Der Name der Rose, Franz von Assisi, Schindlers Liste). Verwendung finden Filme ebenso in ethischen Fragestellungen wie Rassismus, Gentechnik, die Lebenssituation behinderter Menschen etc.

In den letzten Jahren hat in der religionspädagogischen Theorie, ansatzweise auch in der Praxis, die Arbeit mit Filmen, in denen religiöse Traditionen im säkularen Bereich aufgegriffen und verarbeitet werden, verstärkt Beachtung gefunden (vgl. z. B. Kirsner/Wermke, 2000). Besonders Heilssuche, Messianismus und Apokalyptik sind Motive, die in Filmen aufgegriffen werden (vgl. Gutmann [3]2002, 123 ff.). Um nur ein Beispiel zu nennen: Die Eingangssequenz im Film ›König der Löwen‹ beginnt mit einer Fülle religiöser Bilder, die an die Geburt des Weltenretters erinnern.

Zur Thematisierung des Bösen bzw. der Frage von Gut und Böse eignen sich Filme besonders. Diese Form der Arbeit mit Filmen ist in religionspädagogischer Perspektive besonders spannend, weil es die Tendenz der Religionspädagogik, sich von der Wahrnehmung religiöser Dimensionen von der Kultur her zu verstehen, sozusagen methodisch umsetzt. Bei dieser Form ist eine sorgfältige Reflexion der Zuordnung von Film und christlicher Tradition wichtig, denn »letztlich geht es bei der Auseinandersetzung mit Filmen in den genannten Kontexten um einen wechselseitig symbolisch-kritischen Dialog zwischen der Ästhetik des Kinos und der Ästhetik des Glaubens« (Kroll 2003, 499). Nimmt man dies ernst, darf weder der Film christlich vereinnahmt noch als unantastbar angesehen werden, sondern christliche Tradition und Film müssen in einen wechselseitigen Dialog mit gegenseitigem Voneinander-Lernen und gegenseitiger Kritikmöglichkeit treten.

Ein Beispiel (vgl. Kirsner 2002, 51 f.):

›**Das Experiment**‹ (Oliver Hirschbiegel, D 2000, 120 min)
Die Einschränkung gleich zu Anfang: Der Film »Das Experiment« ist frei ab 16, also nur für «junge Erwachsene« geeignet. Will man mit jüngeren Jugendlichen an einer ähnlichen Thematik arbeiten – die Erfahrungen des Milgram-Experimentes aus den 1960er Jahren werden hier umgesetzt – so empfiehlt sich der Dokumentarfilm »Gehorsam und Verweigerung« von Egon Humer (Österreich 1994, 43 min. FSK:12) oder der Spielfilm »I wie Ikarus« (Henri Verneuil, Frankreich 1979, 115 min, ebenfalls frei ab 12), wobei auch lediglich der 16minütige Ausschnitt (in der Mitte des Films, nach 63 min.) gezeigt werden kann, in dem das Experiment nachgestellt wird.
»Das Experiment« ist die filmische Umsetzung des Stanford-Prison-Experimentes, das Professor Zimbardo an der Universität Stanford 1971 startete. Der Regisseur verlegt die Handlung nach Deutschland, mit einer ähnlichen Versuchsanordnung. Ausgangspunkt für »Das Experiment« ist das Forschungsinteresse des Versuchsleiters Prof. Dr. Thon, der das Aggressionsverhalten der Menschen testen möchte.
Von den Bewerbern für die von Prof. Thon ausgeschriebene Versuchsreihe werden insgesamt 21 Personen (alles Männer aus unterschiedlichen Schichten) ausgewählt und in zwei Gruppen geteilt: 9 Wärter und 12 Gefangene. Die Gefangenen verzichten für 14 Tage auf wesentliche Grundrechte und werden rund um die Uhr von den Wächtern, die sich in drei Schichten teilen, beaufsichtigt. Die Anwendung von unmittelbarer Gewalt ist untersagt. Die Projektleitung hat Zugriff auf ein System aus Überwachungskameras, das (fast) keinen Winkel unbeobachtet lässt. Als sich Prof. Thon eines Tages auf einer Tagung befindet (wie die Wärter mitkriegen), eskaliert die Situation. Das Experiment muss abgebrochen werden, weil das Spiel Ernst geworden ist und die Gewalttätigkeit keine Grenzen mehr kennt.
»Das Böse« erscheint hier nicht als metaphysische Größe, sondern ist gebunden an die konkreten Handlungen von Personen, die durch ein Rollenspiel unter Druck geraten. Das Spiel wird zum Ernstfall und offenbart eine biblische Weisheit: »Das Trachten des menschlichen Herzens ist böse von Jugend auf« (Gen 8, 21). Die Linie zwischen Gut und Böse geht mitten durch jedes menschliche Herz – nicht in einer abstrakten Moralvorstellung, in irgendwelchen himmlischen Sphären, sondern genau hier, in jedem menschlichen Wesen. Das Erschreckendste am Ergebnis des »Experimentes« ist, dass das Gute wie das Böse je nach Rahmenbedingung zutage kommen – ein Abgrund tut sich auf, und es ist reine Gnade, dort nicht hineinzufallen, wo man sich wie ein Handlungsautomat jenseits von Gut und Böse befindet (von einem gewissen «Spielraum« abgesehen). »Ich glaube, das ist auch das Verstörende an dem Film – die Leute merken, dass der Abgrund, den wir alle in uns haben, nicht weit weg ist«, befindet Regisseur Hirschbiegel.
Der Film wirkt sehr suggestiv, und man wird als Zuschauende selbst in das »Spiel« des Films hineingezogen. Die Frage »Wie hätte ich gehandelt?« wird schon während des Films andeutungsweise beantwortet, etwa wenn man dem «Bösen« des Rollenspiels beim Showdown auch den Tod wünscht …

Es gibt die Möglichkeit, nach der Rezeption des ganzen Filmes miteinander ins Gespräch zu kommen oder aber den zweistündigen Film nach etwa einer Stunde abzubrechen (als die Frage der Assistentin, ob man das Experiment nicht lieber an diesem kritischen Punkt abbrechen wollte, an den es gelangt sei, noch offen ist). In der Filmpause könnte man sich über Fragen unterhalten wie:
- Hältst du die gesehenen Ereignisse/Entwicklungen für »realistisch«? (Also: Glaubst du, was du gesehen hast, würde sich in Wirklichkeit so abspielen? Oder ist es übertrieben?)

– Achte auf die Entwicklungen der einzelnen Figuren: Vor allem die »Selbstvorstellung« der einzelnen Kandidaten vor dem eigentlichen Spielbeginn ist interessant (stand nicht im Drehbuch, war improvisiert). Wie schätzt du die folgende Entwicklung der Personen ein?
– Wie kommt «das Böse« zum Ausdruck, wann kommt es zum Ausbruch? Wie wird das Böse begrenzt, gestoppt? Gibt es «das Böse« als Abstraktion hier überhaupt?
– Welche Emotionen beobachtest du an dir selbst während der Filmrezeption?
– Welche filmische Situation empfindest du als die gewaltsamste/beklemmendste?

Nach dem Film können eingehendere Infos (historischer Hintergrund) gegeben und dann Situationen aus dem Alltag besprochen werden, in denen man unter Entscheidungsdruck gerät und die Grenzen zwischen «gutem« und «bösem« Handeln oft verschwimmen bzw. irrelevant werden.

Konzipieren Sie eine Unterrichtseinheit zum Thema »Gewalt« unter Einsatz eines oder mehrerer Filme und begründen Sie, warum und in welcher Funktion Sie mit diesem Medium arbeiten.

Kirsner, I./Wermke, M. (2000): Religion im Kino. Religionspädagogisches Arbeiten mit Filmen, Göttingen.

7.12 Computer und Internet

Uta Pohl-Patalong

Computer und Internet sind in der Alltagswelt von Erwachsenen, Jugendlichen und zunehmend auch Kindern ein selbstverständliches Medium geworden. Aus diversen Arbeitsprozessen, aber auch in der alltäglichen Kommunikation sind sie nicht mehr wegzudenken. Selbstverständlich sind mit dieser Entwicklung auch Risiken und Gefahren verbunden, zunächst einmal aber muss wahrgenommen und nüchtern überlegt werden, in welcher Weise die religionspädagogischen Handlungsfelder dem Umgang mit dem Computer und dem Internet gerecht werden können. Diese Medien zu ignorieren, ist dabei sicher nicht die gelungenste Lösung, wiewohl es in weiten Bereichen immer noch geschieht. Ein sinnvoller Umgang des Menschen mit der Maschine gehört zu den großen sozialen und ethischen Herausforderungen der Gegenwart, die auch religiöse Fragen tangieren. »Gefragt ist eine bewusste, aktive medien- und religionspädagogische Deutung« (Heinrich 2002, 147).
Auch der christliche Glaube verortet sich in einer vom Computer immer mehr geprägten Welt. Informationen sind selbstverständlich aus dem Internet zu bekommen, Kommunikation läuft darüber. Es geht darum, nicht nur passiv zu

konsumieren, sondern einen verantwortlichen Umgang mit dem Computer und dem Internet einzuüben. Insofern muss das Thema »Religionspädagogik und Internet« beides umfassen: Den Einsatz des Mediums in religionspädagogischen Handlungsfeldern und die religionspädagogische Reflexion der Medien, ihrer Konsequenzen und ihrer sinnvollen Nutzung. Das gilt vor allem für den schulischen Religionsunterricht, für den die Thematik bereits relativ gut reflektiert ist (vgl. z.B. Mertin 2000; Schubeck 2001; oder Brenner 2003) wie auch für die gemeindlichen Handlungsfelder, wo sich die Reflexion weitgehend auf den Bereich Jugendarbeit beschränkt. In der Praxis werden die Medien im kirchlichen Bereich noch eher selten verwendet. Fortbildungen für Mitarbeiterinnen und Mitarbeiter in der kirchlichen Jugendarbeit wie im Studienzentrum für Ev. Jugendarbeit Josefstal in Bayern sind bislang eher die Ausnahmen. Dies ist umso bedauerlicher, als sich an dem Einsatz von Computer und Internet grundlegende Fragen des Verhältnisses von Theologie und Medien konkretisieren.

Lässt man sich auf das Medium ein, bietet es vielfältige Möglichkeiten. Um nur einige zu nennen (vgl. Angel 2003):

- Informationsbeschaffung zu religiösen Fragen einzuüben
- neue Lern- und Interaktionsformen sowie Spiel- und Gestaltungsräume in Gruppen zu etablieren
- Diskussionen über religiöse Themen in chatrooms zu initiieren und zu begleiten
- schulübergreifend und auch länderübergreifend an Projekten zu arbeiten
- Interesse zu wecken und Verantwortung zu übernehmen in sozialen oder ethischen Fragen in globalen Zusammenhängen (z.B. Amnesty International, Entwicklungshilfeorganisationen etc.).

Als ein Beispiel eines Internetprojektes im Religionsunterricht sei hier das Projekt www.religionsbuch.at genannt. Dies ist ein digitales Religionsbuch für Schülerinnen und Schüler der Sekundarstufe II, das im Internet publiziert wird. Autorinnen und Autoren wie auch das Zielpublikum sind ausschließlich Schülerinnen und Schüler.

Dem Buch liegen folgende Überlegungen zu Grunde:

Das Digitale Religionsbuch ist

- aktuell: Es veraltet nicht wie gedruckte Bücher, weil es ständig aktualisiert wird.
- schülerinnen- und schülergerecht: Die Texte werden von der Altersgruppe selbst erstellt.
- für den Religionsunterricht konzipiert: Es ist sowohl ein Unterrichtsbehelf für Lehrerinnen und Lehrer als auch eine Möglichkeit für Schülerinnen und Schüler, eigene Arbeiten zu veröffentlichen.
- ein Weg, für Religion zu motivieren: Die Möglichkeit, die Themen selbst-

ständig zu wählen und Ergebnisse im Internet zu veröffentlichen, erhöht die Motivation.
- umfangreich: Zu jedem Thema kann es ganz unterschiedliche und vielfältige Texte, Arbeitsmaterialien, Bilder, Audio- und Videobeispiele usw. geben.
- kommunikativ-vernetzt: Wer das digitale Religionsbuch nutzt, kann mit den Autorinnen und Autoren in Kontakt treten, diskutieren und chatten.
- regional spezifiziert: Schülerinnen und Schüler können im digitalen Religionsbuch zu bestimmten Themen Beispiele aus ihrer Region finden.

Die praktische Mitarbeit am digitalen Religionsbuch geschieht so, dass sich die Schülerinnen und Schüler in jeder Klasse Themen suchen, zu denen sie ein »Schulbuchkapitel« schreiben möchten. Die Themengebiete werden gesammelt und koordiniert. Die Arbeit besteht dann aus drei Teilen:
- Die Klasse schreibt zu ihrem Thema Informationstexte, mit deren Hilfe andere Schulklassen, die sich mit diesem Thema beschäftigen, einen Überblick zur Fragestellung, zu den Problemen und den Lösungsansätzen bekommen.
- Sie wählen Medien dazu aus oder entwickeln diese, um sie im Unterricht anderer Schulklassen einzusetzen (Arbeitsblätter, Impulsgeschichten, Bilder, Lieder, Gedichte, Meditationstexte usw.).
- Sie leiten Diskussionsgruppen im Internet zu »ihrem« Thema, sammeln andere Meinungen dazu etc.

Als konkretes Beispiel nenne ich einen kontinentübergreifenden Chat zum Thema »Schöpfung« (vgl. www.religionsbuch.at): Am 17. November 1999 gab es im Netburger-Chatroom einen moderierten Chat zum Thema »Schöpfung«, an dem StudentInnen, SchülerInnen und Schulklassen aus sieben Ländern und drei Kontinenten (Indien, Peru, Irland, Bolivien, Kolumbien, Deutschland und Österreich im Alter zwischen 11 und 22 Jahren) teilnahmen. Die teilnehmenden Klassen erarbeiteten im Religionsunterricht das Thema »Schöpfung« in herkömmlicher Form. Die Ergebnisse ihrer Arbeit dokumentierten kurz (z. B. »Was der Schöpfungsbericht MIR HEUTE sagt!«). Diese Texte und Bilder wurden in einem Diskussionsforum gepostet, so dass bereits vor dem Chat eine Diskussion darüber in Gang kam. Es war die Aufgabe der einzelnen ReligionslehrerInnen, dafür zu sorgen, dass die Texte und Gedanken der anderen Schülerinnen und Schüler zur Kenntnis genommen wurden. Auf diese Weise war gewährleistet, dass einerseits diejenigen Aspekte der Schöpfungsthematik diskutiert werden, von denen die Schülerinnen unmittelbar betroffen bzw. berührt sind. Andererseits führte die Beschäftigung mit den anderen Beiträgen dazu, dass für den Chat Fragen und Gesprächsimpulse vorformuliert wurden, und die Diskussion rascher in Gang gekommen ist. Der Chat vom 17. November 1999 dauerte eine Stunde (ab 18.00 Uhr MEZ), und es wurde über die vorgegebenen Themen diskutiert und so beidseitig die Sichtweise von Personen eines anderen Kontinents und eines viel ärmeren bzw. reicheren Landes dargelegt (»Was ist für UNS die Schöpfung?«, »Wie stehen wir zu ökologischen Fragen?« usw.). Chatsprachen waren Deutsch, Englisch und Spanisch – letztere Beiträge wurden übersetzt. Für die SchülerInnen war es jedoch möglich, in ihrer Mut-

tersprache zu chatten. In den einzelnen Schulklassen wurde im Anschluss an die Diskussion das Thema individuell nachbearbeitet, und vereinzelt kam es auch nach dem Chat noch zu E-Mail-Kontakten zwischen SchülerInnen unterschiedlicher Länder.

1. Reflektieren Sie Ihr eigenes Verhältnis zum Computer und zum Internet. Was möchten Sie davon weitergeben, was nicht?

2. Computer und Internet im Religionsunterricht und in der Jugendarbeit – sammeln Sie Argumente dafür und dagegen.

Brenner, Chr. (2003): Der Computer als Medium im Religionsunterricht, Münster u. a.

Glossar

Godwin Lämmermann

Adoleszenz bezeichnet die gesamte Jugendzeit und unterscheidet sich von der primär auf die Sexualentwicklung bezogenen Pubertät. Häufig wird die Adoleszenz auch als die Zeit nach der unmittelbaren Pubertät charakterisiert. Während die Pubertät primär durch den Hypothalamus (Teil des Zwischenhirns; Steuerzentrale vieler Körperfunktionen, z. B. den sexuellen) und die damit bewirkten hormonellen Umstellungen verursacht ist, gilt die Adoleszenz vielmehr als ein soziales und kulturelles Phänomen.

Aggiornamento: Leitsatz von Papst Johannes XXIII. für das Zweite Vatikanische Konzil; meint Modernisierung und damit die Öffnung der Kirche für die moderne Welt und für die Ökumene.

Allgemeine Pädagogik: Als wissenschaftliche Disziplin konstituierte sich die Pädagogik im 18. Jahrhundert; ihre ersten Vertreter versuchten ein in sich geschlossenes System der Pädagogik zu entwerfen. Aus dieser Tradition heraus ist es die Aufgabe der Allgemeinen Pädagogik die übergeordneten Grundsätze für Erziehungs- und Bildungstheorien systematisch zu entwickeln; sie kann deshalb auch als »Systematische Pädagogik« bezeichnet werden. Zu unterscheiden ist sie von den so genannten »Bindestrich-Pädagogiken« (z. B. Behinderten-Pädagogik, Sozialpädagogik usw.) und von den »Adjektiv-Pädagogiken« (Historische Pädagogik, Philosophische Pädagogik).

Altruismus ist das abstrakte Gegenteil des Egoismus und bezeichnet eine absolute Selbstlosigkeit, die sich ganz an dem Wohl des Anderen (z. B. des Ehepartners, eines Kranken usw.) ausrichtet.

Animismus: Eine Vorstellung, die der Natur und ihren Kräften Beseeltheit zuschreibt. Der Animismus ist sowohl ein religionsgeschichtliches Phänomen (Naturvölker) als auch ein entwicklungspsychologisches (Glaube der Kleinkinder).

Anthropomorphismus bezeichnet die Übertragung menschlicher (anthropogener) Eigenschaften auf andere Dinge.

Apodiktisch: Ein Urteil, das von vornherein jeden Widerspruch ausschließt und von zwingender logischer Notwendigkeit ist.

Apriorisch (wörtlich: vom Früheren her): Vor jeder Erfahrung; z. B. angeboren.

Artifizialismus: Begriff aus der kognitiv-strukturalen Entwicklungspsychologie Piagets, der unter dem kindlichen Artifizialismus die Neigung des Kindes versteht, die Abstammung der Natur oder von Gegenständen usw. aus einer (handwerklichen) Erzeugung durch ein anthropomorph gedachtes Wesen abzuleiten, wobei es annimmt, dass der Erzeuger dabei ganz konkrete Zwecke verfolgt habe.

Behaviorismus ist eine – unter anderem gegen die Psychoanalyse gerichtete – psychologische Richtung, die menschliches Verhalten beschreiben, aber nicht – spekulativ – interpretieren will. Menschliches Verhalten wird dabei als Reaktion auf Reize verstanden, durch sie kann Verhalten auch verändert werden. Ein pädagogisch bedeutsamer Reiz ist die (positive) Verstärkung. Die durch Reize (z. B. Unterricht) bewirkte Verhaltensänderung wird als Lernen bezeichnet.

Berliner Didaktik, auch lerntheoretische Didaktik genannt. Eine Strukturtheorie des Unterrichts und des Lernens, die für die Unterrichtsplanung und -analyse Entscheidungs- und Bedingungsfelder nennt: Bedingungsfelder des Unterrichts sind hiernach die anthropogenen und sozio-kulturellen; zu den Entscheidungsfeldern zählen Lernziele, Lerninhalte, Methoden und Medien. Zwischen den Entscheidungsfeldern besteht ein Interdependenzverhältnis.

Bildung meint einen Prozess und ein Resultat. Als Prozess bezeichnet Bildung eine durch Auseinandersetzung mit den Objektivationen ihrer Umwelt sich vollziehende Entwicklung einer Person; als Ziel versteht man unter Bildung das verantwortungs- und reflexionsfähige Subjekt. Von echter Bildung ist die so genannte Halbbildung zu unterscheiden, die in der Anhäufung von Wissen ohne Ausgestaltung einer unverwechselbaren Persönlichkeit besteht. Zwischen Bildung als Prozess und Bildung als Resultat besteht ein enger Zusammenhang; auf allen Stufen des Bildungsprozesses muss das Ziel von Bildung antizipiert werden. Theologisch besteht ein enger Zusammenhang zwischen dem Bildungsgedanken und der Rechtfertigungslehre.

Bildungstheoretische Didaktik signalisiert in ihrem Namen, dass in dieser didaktischen Konzeption der Bildungsbegriff ein regulatives Prinzip bei der Auswahl von Unterrichtszielen und -inhalten ist. Ein wichtiges Element ihrer Unterrichtsplanung ist die Didaktische Analyse, die den Bildungsgehalt und -wert von Unterrichtsthemen erfassen will. Dazu fragt sie nach der Zukunfts- und Gegenwartsbedeutung des Inhalts, nach seiner Struktur, nach seiner Zugänglichkeit und nach dem, was sich in ihm als ein übergeordneter allgemeiner Sinnzusammenhang erschließen lässt.

Chi-quadrat-Test ist ein am häufigsten angewendetes statistisches Prüfverfahren, mit dem sich z. B. Häufigkeitsunterschiede auf signifikante Differenzen überprüfen lassen. Im Chi-quadrat-Test werden also zwei Häufigkeitsverteilungen und ihre Mittelwerte miteinander verglichen.

Comenius, Johann Amos (1592-1670): Bischof der Böhmisch-Mährischen Brüder, hat unter Aufnahme von reformatorischen und mystischen Gedanken eine umfassende Theorie des Schulwesens, der Didaktik und der Bildung entwickelt.

Comenius-Institut: Erziehungswissenschaftliche Arbeitsstelle der EKD in Münster.

Curriculum/Curriculumstheorie will eine rationale, auf Zukunft bezogene Konstruktion von Lehrplänen. Ausgang dabei sind zukünftige Lebenssituationen der heutigen Schüler und die für die Bewältigung dieser Situationen notwendigen Qualifikationen. Aus ihnen ergeben sich die Lernziele, denen dann Lerninhalte zugeordnet werden können. Im Unterschied zu Stofflehrplänen sind curriculare Lehrpläne lernzielorientiert. Man unterscheidet zwischen Curriculumsdeterminanten und Curriculumselementen: Curriculumsdeterminanten sind die Faktoren, die bei der Formulierung von Lernzielen berücksichtigt werden müssen: Gesellschaft, Wissenschaft, SchülerInnen (in der Religionspädagogik auch: Kirche); Curriculumselemente stellen das Binnencurriculum dar: Lernziele, -inhalte, Methoden, Medien, Lernzielkontrollen.

Deduktiv/Deduktion: ableitend, Ableitung. Beweise, die von etwas übergeordnetem Allgemeinen (Prinzipien, Normen etc.) auf das Besondere, Einzelne (z.B. Schüler, Unterrichtssituationen) geführt werden. So können aus allgemeinen theologischen Grundsätzen konkrete Erziehungsmaßnahmen abgeleitet werden (Gegenteil: induktiv/Induktion).

Didaktik: Teil der auf schulische Unterrichtsprozesse bezogenen Pädagogik, also: Unterrichtslehre. Ihre Aufgabe ist die Planung und Analyse von Lehr-Lern-Prozessen. Innerhalb der Didaktik gibt es unterschiedliche Positionen; zwischen ihnen ist strittig, ob es die Didaktik nur mit dem »Wie« des Unterrichts oder auch mit dem »Was« des Unterrichts zu tun hat.

Diesterweg, Friedrich Adolf Wilhelm (1790-1866): nach Hauslehrer- und Gymnasiallehrerzeit Leiter eines Lehrerseminars, aktiv in Politik und Schulpolitik, nach der Revolution 1847 aus dem Dienst entlassen; liberaler Aufklärungspädagoge, der für eine wissenschaftlich-orientierte, einheitliche Lehrerbildung und für eine allgemeine Volksbildung mit den dazugehörigen Institutionen kämpfte.

Eklektizismus: Eine Haltung, die aus bereits Vorhandenem beliebig auswählt und übernimmt. Im religiösen Bereich führt Eklektizismus zum Synkretismus; gemeint ist damit eine Verschmelzung von Vorstellungen, Bildern und Ideen aus unterschiedlichen Religionen.

Elementarisierung: Vereinfachung im Sinne einer Konzentration auf das Wesentliche (das Elementare), durch das fundamentale Sachverhalte zugänglich werden. Das Elementare deutet und führt so auf etwas Fundamentales hin, ohne mit ihm identisch zu sein. Es ist nur eine Erscheinungsweise oder eine »Besonderung« des Fundamentalen (s.u.). Durch die Bestimmung des Elementaren soll ein Zugang zu dem dahinter liegenden Allgemeinen ermöglicht werden. Unmittelbare Zugänge sind – abgesehen vom so genannten »fruchtbaren Moment« – selten; es bedarf also der didaktischen Vermittlung. Dies soll durch »Elementarisierung« als Unterrichtsvorbereitung ermöglicht werden. Dazu bedarf es Auswahlkriterien. Im Sinne einer pädagogischen Elementarisierung sind die Kriterien dafür didaktischer Natur (z.B. Verstehensvoraussetzung der Schüler, ihre Lebenswelt usw.); durch die Einbeziehung der Unterrichtswirklichkeit unterscheiden sich religionsdidaktische Elementarisierungen von dogmatischen. Eine dogmatisch verfasste »Fundamentaltheologie« umfasst die theologieimmanent für unaufgebbar und konstitutiv gehaltenen Glaubensaussagen; sozusagen eine »Summe« des Glaubens.

Emanzipatorische Pädagogik: Pädagogik, die auf die Selbstbestimmungsfähigkeit der SchülerInnen abzielt und ihnen hilft, sich aus Abhängigkeiten und Unselbstständigkeiten zu befreien. Die emanzipatorische Pädagogik geht davon aus, dass die Menschen in unserer Gesellschaft durch Strukturen, Sozialisationsinstanzen und andere Bedingungen geprägt werden und dass diese Prägungen unbewusst in ihr Selbstverständnis eingegangen sind. Die von der emanzipatorischen Pädagogik beabsichtigte kritische Reflexion dieser Prägungen kann zu deren Ablehnung aber auch zu deren bewusster Aufnahme oder zu deren Modifikation führen. Die emanzipatorische Pädagogik versteht sich als Element einer demokratischen Erziehung.

Empirische Forschung (empirische Pädagogik) versucht von beobacht- und messbaren Phänomenen aus allgemeinere Aussagen über Lernen, Unterricht, Erziehung usw. zu machen (induktives Verfahren). Dabei stellt sie Hypothesen über mögliche Zusammenhänge zwischen Variablen auf, die dann mit den Methoden der empirischen Forschung überprüft werden. Wissenschaftstheoretisch wird dabei davon ausgegangen, dass solche Hypothesen nicht verifizierbar, sondern nur falsifizierbar sind; Hypothesen gelten so lange als Wahrheitsaussagen, wie kein widersprechender Fall beobachtet werden kann (Falsifikationsprinzip). Empirische Untersuchungsinstrumente sind Beobachtungen, Befragungen, Experimente, Inhaltsanalyse u.ä. Die durch diese Methoden erhobenen Daten werden statistisch ausgewertet (Häufigkeit, Mittelwerte, Korrelationen, Faktorenanalyse usw.).

Eodem actu (wörtlich: im gleichen Akt): unmittelbar.

Epigone: Jemand, der ein Vorbild unmittelbar nachahmt ohne eigene charakteristische Merkmale. Der Begriff geht auf die griechische Mythologie zurück.

Erschließung, wechselseitige: Begriff aus der kategorialen Bildungstheorie, der besagt, dass die im Bildungsprozess angelegte Beziehungnahme zwischen Subjekt und Objekt nicht einseitig sein darf: Die Präformation eines Subjekts durch seine objektive Umwelt (Kultur, Gesellschaft, Werte, Normen, Kirche usw.) ist ebenso wenig als Bildung zu bezeichnen wie der subjektivistische, willkürliche Umgang des Individuums mit seiner Umwelt. Bildung vollzieht sich vielmehr nur so, dass das Individuum durch die Auseinandersetzung mit Objektivationen sich selbst verändert und zugleich – indem es die Kategorien und Möglichkeiten für seinen Weltumgang gewonnen hat – auch seine Umwelt verändert. Durch den Prozess der wechselseitigen Erschließung wird das Subjekt Moment seiner objektiven Umwelt und zugleich werden die kulturellen Objektivationen Elemente der Selbstinterpretation des Subjekts.

Erziehung kommt ethymologisch vom Wort »Zucht«. Im allgemeinen Sprachgebrauch wird es synonym mit Bildung verwendet, kann aber von diesem Begriff systematisch unterschieden werden: Während »Bildung« das Subjekt in den Vordergrund rückt, geht der Erziehungsgedanke von der prägenden Kraft der objektiven Umwelt aus und ist insofern eher mit dem Begriff »Sozialisation« parallel zu setzen. Durch Erziehung versucht die ältere Generation auf die jüngere einzuwirken und durch Gewöhnung, Übung oder Unterweisung wichtige Werte, Normen, Verhaltensweisen usw. weiterzugeben. In diesem Sinne spricht man auch von der erzieherischen Funktion des (Religions-)Unterrichts: Jenseits der Vermittlung von Kenntnissen und Fähigkeiten wirkt der Unterricht auch auf die Einstellungen und Verhaltensweisen der Schüler ein.

Ethik: Theorie sittlichen Handelns. Von der Moral, die auf Übernahme tradierter Werte und Tugenden beruht, fordert die Ethik eine reflektierende Auseinandersetzung des Subjekts mit den Strukturen und Bedingungen innerhalb derer subjektiv überzeugende und allgemein plausible Werte und Normen für die individuelle und soziale Praxis (Individual- bzw. Sozialethik) gefunden werden sollen. Theologisch ist eine Ethik dann, wenn sie in ihrer Reflexion theologische Kriterien und die biblisch-christliche Tradition berücksichtigt; als solche ist sie Teilgebiet der Systematischen Theologie, während die allgemeine Ethik Teilgebiet der Philosophie ist. Durch Schleiermacher und Herbart wurde die Ethik zur Grundlage für die Pädagogik überhaupt erklärt.

Extra nos: außerhalb unser.

Faktorenanalyse ist eine statistische Verfahrensweise, um gemeinsame Dimensionen hinter einzelnen Verhaltensäußerungen oder Items zu erfassen; die Faktorenanalyse arbeitet mit Korrelationen.

Formale Bildung wird unterschieden von der materialen und der kategorialen Bildung und meint den Vorgang, durch den die inneren Kräfte des Individuums gefördert und entfaltet werden; die Unterrichtsinhalte sind dabei beliebig und nur in ihrer Bildungsfunktion für die Kräfte- und Denkschulung relevant. Die Theorie der formalen Bildung geht von der Annahme aus, dass in jedem Menschen bestimmte Fähigkeiten und Kräfte ruhen, die zur Entfaltung gebracht werden können.

Fundamentale, das: Im Fundamentalen geht es um die Erfahrung von Grundrichtungen, Grunderlebnissen oder Grundbereichen; es meint also das, was Religion oder Glaube an sich, in ihrem Wesenskern sind. Der als »fundamental« gekennzeichnete allgemeine Sachverhalt ist vorstellungsmäßig schwer fassbar; es wird oft als »Geist« oder »Ethos« des betreffenden Lebensgebietes oder Lebensverhältnisses bezeichnet. Auf der Ebene des Fundamentalen geht es um den Zugang zum Wesen des jeweiligen Gebietes, also etwa um eine religiöse Gesinnung, um ein Kulturverständnis, um Kunstsinn oder Ähnliches. Religiöse Gesinnung manifestiert sich zwar in bestimmten Inhalten oder Verhaltensweisen, ist aber mehr als dieser Inhalt oder dieses Verhalten. Sie ist vielmehr für diese begründend, vorausgesetzt, mithin fundamental. Das Fundamentale vermittelt also einen Zugang zum Wesen eines Lebensbereichs.

Geisteswissenschaftliche Pädagogik ist eine sich historisch von Schleiermacher und Dilthey herleitende Position. Als Philosoph und Bildungstheoretiker entwickelte der Schleiermacherschüler Dilthey (1833-1911) den uns geläufigen Begriff der »Geisteswissenschaften« im Unterschied zu den Naturwissenschaften. Danach geht es in den Geisteswissenschaften nicht um den Erkenntnismodus des Erklärens, sondern um ein Verstehen und ein Erleben. Durch Dilthey wird die Psychologie eine wichtige Teildisziplin der Pädagogik. Die geisteswissenschaftliche Pädagogik wurde durch Herman Nohl, Erich Weniger, Wolfgang Klafki und andere fortgesetzt (siehe auch: Bildungstheoretische Didaktik); sie will die die Erziehungswirklichkeit nicht empirisch-analytisch, sondern hermeneutisch von ihrer historischen Genese und von den an ihr beteiligten Bildungsmächten her verstehen. Diese Bildungsmächte gelten als Objektivationen des menschlichen Geistes; im Unterricht werden sie repräsentiert einmal durch den Unterrichtsstoff und zum anderen durch die Lehrkraft. In der kommunikativen Auseinandersetzung mit beidem erlangen SchülerInnen Bildung. Weil Bildung letztlich als Kommunikationsprozess verstanden wird, gewinnt der pädagogische Bezug oder das Erziehungsverhältnis große Bedeutung.

Gruppenpädagogik/Gruppenunterricht: eine Sozialform des Unterrichts, in dem Kleingruppen mit parallelen oder unterschiedlichen Arbeitsaufträgen gebildet werden. Das Arbeiten in Gruppen muss erlernt werden, weil idealiter die Gruppen selbst ihre Arbeit organisieren sollen (Informationsbeschaffung, Strukturierung der Aufgabe, Arbeitsteilung usw.). Die Gruppenpädagogik möchte neben den affektiven und kognitiven Fähigkeiten auch das soziale Lernen durch Kooperation fördern.

Haufen: Ursprünglich eigentlich ein Begriff aus dem Militär; später übertragen auf die Einteilung in der Schule. Die klassische Dorfschule des 19. Jahrhunderts kannte drei Haufen: den Haufen der ABC-Schützen, den der Buchstabierkinder und den der Lesekinder. Das Haufenprinzip wurde später von den Jahrgangsstufen abgelöst.

Hedonismus ist eine Form des Eudämonismus und meint das Streben nach unmittelbarem Lustgewinn; Eudämonismus ist eine Lehre, nach der das Glückstreben höchste ethische Zielsetzung sei.

Hermeneutisch ist ein wissenschaftliches Verfahren, das in gegenwärtigen oder geschichtlichen Äußerungen von Menschen (im weitesten Sinn) den dahinter liegenden Sinnzusammenhang rekonstruieren will. Im Unterschied zum empirischen Verfahren, das eine objektive Erklärung anstrebt, unterstellt die Hermeneutik ein Verstehen, das das Subjekt der/s WissenschaftlerIn ins Spiel bringt. Hermeneutik hat es immer mit der Auslegung von menschlichen Zeugnissen, vor allem von Texten zu tun, die aus ihrer scheinbaren Objektivität befreit und – unter Berücksichtigung der objektiven Lebensumstände – als subjektive Aussagen von Menschen begriffen werden.

Hidden-Curriculum (heimlicher Lehrplan) meint die ungewollten Nebenwirkungen von

Unterricht; so kann z.B. andauernder Frontalunterricht zu einem autoritären Bewusstsein der SchülerInnen führen, permanente Erfolglosigkeit, Resignation und ein negatives Selbstbild erzeugen, Monotonie und Strenge aggressive Impulse auslösen, Leistungsorientierung zu Konkurrenzverhalten und Strebertum führen usw. Durch den in der Organisation des Unterrichts begründeten heimlichen Lehrplan kann die eigentliche Lernabsicht konterkariert werden.

Hierarchisierung (von Lernzielen) ist der Versuch, Lernziele nach dem Grad ihrer Abstraktheit bzw. Konkretheit in eine lineare und eindeutige Ordnung zu bringen. Man unterscheidet dabei Global-, Richt-, Grob- und Feinziele.

Katechetik: ältere Bezeichnung für die Theorie religiöser Erziehung; zumeist verstanden in einem engeren kirchlichen Bezugsrahmen. Der Begriff wurde durch den der »Religionspädagogik« zunächst abgelöst, um den pädagogischen und insgesamt wissenschaftlichen Charakter der Disziplin zu unterstreichen, dann aber – in der dialektischen Religionspädagogik – wieder programmatisch favorisiert. Diese Art der Katechetik wird heute unter dem Stichwort »Gemeindepädagogik« fortgeführt.

Kategoriale Bildung will den Widerspruch zwischen formaler und materialer Bildung überwinden. Der materiale Aspekt besteht darin, dass SchülerInnen sich durch den Umgang mit Unterrichtsinhalten Kategorien aneignen; der formale Aspekt darin, dass sie durch diese Aneignung eine erhöhte Fähigkeit zum Weltumgang erwerben. Kategorien stammen also aus der objektiven Umwelt einerseits und setzen andererseits die SchülerInnen in die Lage, die sie umgebende Wirklichkeit mit Hilfe der Kategorien wahrzunehmen und in ihr tätig zu sein (vgl. Erschließung, wechselseitige).

Konkordat: der Vatikan als Staat hat mit zahlreichen anderen Staaten oder Bundesländern völkerrechtliche Vereinbarungen getroffen. Das Reichskonkordat vom Juli 1933 zwischen dem Heiligen Stuhl und dem Deutschen Reich regelt die Rechtsstellung des Klerus, den Bestand der katholischen Fakultäten u.v.a.m. Durch dieses Reichskonkordat wurden die Länderkonkordate erneut abgesichert und konkretisiert. Die Verträge zwischen den Bundesländern und der evangelischen Kirche nennt man Staatskirchenverträge.

Konstruktiv-kritische Didaktik ist eine modifizierte Weiterführung der bildungstheoretischen Didaktik durch Wolfgang Klafki. Stärker als diese berücksichtigt sie das Methodenproblem, den gesellschaftlichen Bedingungs- und Verwertungszusammenhang von Unterricht und das in der Lernzielbestimmung konkretisierte Primat der Didaktik gegenüber der Fachwissenschaft. Einem kritischen Bildungsbegriff verpflichtet schließt sie sich der emanzipatorischen Pädagogik an.

Kontext(-modell) will den lebenspraktischen Zusammenhang von Aussagen bewahren, um diese nicht zu isolieren und als übergeschichtlich wahr zu mystifizieren. Die Rekonstruktion und Berücksichtigung des Kontextes ist sowohl eine exegetische wie auch eine didaktische Aufgabe.

Konvergenz(-modell) meint Ähnlichkeiten und Vergleichbarkeiten zwischen zwei zu unterscheidenden Gesichtspunkten. Um Konvergenzen zwischen theologischen und pädagogischen Überlegungen zu konstatieren, reicht eine bloße assoziative Stichwortverknüpfung nicht aus; es muss vielmehr gefragt werden, welcher vergleichbare Sachverhalt hinter den unterschiedlichen Begrifflichkeiten und Theoriebildungen steht und ob die konvergenten Elemente die divergenten übertreffen. Wissenschaftstheoretisch betrachtet kann eine Konvergenz zwischen Pädagogik und Theologie nur auf einer metatheoretischen Ebene reflektiert werden.

Kritische Theorie ist eine wissenschaftstheoretische und sozialphilosophische Richtung, die auf Theodor W. Adorno und Max Horkheimer zurückgeht; sie wird auch als »Frankfurter Schule« bezeichnet. Sie nimmt Impulse der praktischen Philosophie des Junghegelianismus auf, indem sie eine enge Verklammerung von Theorie und Praxis beabsichtigt: Wissenschaftliche Erkenntnisse haben der Humanisierung der Welt zu dienen, die Entfremdung der Menschen aufzuheben und die Abhängigkeit von strukturellen Vorgaben zu reduzieren. Ein wichtiges Moment dabei ist die Ideologiekritik; sie will hinter den scheinbaren Plausibilitäten des gesellschaftlich vorgegebenen Weltverständnisses die tieferliegenden Interessen und Bedingungen analysieren. Mit ihrer Absicht, durch wissenschaftliche Erkenntnisse selbst die Praxis zu verändern, geht sie über den erklärenden Ansatz der eher positivistisch bestimmten empirischen Sozialforschung ebenso hinaus wie über die verstehende Verfahrensweise der Hermeneutik.

Lernen, Lerntheorie: als Lernen bezeichnet man in der Regel jenen Prozess einer nicht auf endogenen Bedingungen beruhenden, relativ stabilen Verhaltensänderung. Die Lerntheorien gehen davon aus, dass menschliches Verhalten in der Regel erlernt und nicht andersartig erworben wurde. Was gelernt wurde, kann auch wieder verlernt werden; darauf basieren die lerntheoretisch orientierten Therapieansätze (Verhaltenstherapie). Lerntheorien versuchen, die Momente des Lernprozesses und die Bedingungen für seine Effektivierung zu erforschen wie z. B. Motivation und Motivlernen, die Strukturierung von Lernmitteln usw.

Lernziele definieren die Qualifikation, über die ein/e Schüler/in nach Abschluss eines Lernprozesses verfügen soll. Lernziele müssen operationalisiert (s. u.) und hierarchisiert (s. o.) werden. Man unterscheidet zwischen kognitiven, pragmatischen und affektiven Lernzielen.

Mäeutik (wörtlich: Hebammenkunst): eine auf Sokrates zurückgehende pädagogische Methode, durch Fragen die SchülerInnen zur eigenen Erkenntnis zu führen.

Materiale Bildung unterscheidet sich von der formalen (s. o.) und setzt voraus, dass der Mensch durch die Rezeption von Inhalten gebildet wird. Im Prozess einer Übernahme der tradierten Bildungs- und Kulturgüter eignet sich das Individuum sittliche Werte, wissenschaftliche Erkenntnisse, religiöse Verhaltensweisen usw. an und gilt deshalb als gebildet.

Menarche: erste Regelblutung (Menstruation). Der Zeitpunkt der Menarche ist nicht rein biologisch, sondern durch Klima, Lebensstandard, Ernährung u. ä. bedingt und verändert sich dementsprechend.

Methodik ist die Lehre von den Methoden, in pädagogischer Hinsicht also von den Unterrichtsverfahren, Sozialformen, Aktionsformen der SchülerInnen und LehrerInnen usw. Die Methodik wird mit der Didaktik dort gleichgesetzt, wo diese nur als Reflexion von Unterrichtsprozessen betrachtet wird; ein Gegensatz zwischen Didaktik und Methodik wird dort vertreten, wo Didaktik ausschließlich als eine pädagogische Inhaltsbestimmung des Unterrichts verstanden wird.

Motivation: ohne Motivation kann nicht gelernt werden. Man unterscheidet zwischen der extrinsischen und intrinsischen Motivation. Die von außen kommende extrinsische Motivation beruht z. B. auf Lob und Tadel, die von innen kommende intrinsische Motivation beruht auf Neugier, Interesse usw. Pädagogisch sinnvoll ist es, extrinsische Motivation in intrinsische überzuführen. In der Anfangsphase des Unterrichts spielt die Motivierung zwar eine besondere Rolle, Motivation ist aber auch in den späteren Lernphasen notwendig.

Mythos versucht, die in einer bestimmten Kultur tradierten Sinnstiftungen und Wertvorgaben zu begründen; er verfährt dabei nicht logisch-argumentativ und begrifflich, sondern erzählend und bildhaft-anschaulich, wobei er häufig Allgemeines in individuelle Geschichten verdichtet. Der Mythos speist sich aus dem kollektiven Erfahrungsschatz einer Gruppe und setzt eine grundsätzliche Vergleichbarkeit von Erfahrungen voraus. Ursprünglich ist der Mythos an eine mündliche Tradierung gebunden.

Neologie: eine aufklärerische Richtung der protestantischen Theologie des ausgehenden 18. Jahrhunderts.

Nervus (lateinisch für Nerv): Sprichwörtlich ist der Nervus rerum, der »Nerv aller Dinge«; gemeint ist damit, dass hierin das Entscheidende eines Problems liegt.

Normativ: Setzung von übergeordneten Prinzipien, die die pädagogischen, theologischen oder didaktischen Entscheidungen normieren (vgl. deduktiv).

Das *Numinose* bezeichnet das Heilige (Rudolf Otto). Das Numinose ist ganz unbestimmt; es hat ursprünglich keinen personalen Charakter. In der religionsgeschichtlichen Entwicklung wird es dann später durch Dämonen und Geister personalisiert, letztendlich durch die Vorstellung einer Gottheit.

Objektivationen: Lebensäußerungen von einzelnen Individuen oder Gruppen, die als Kulturleistungen im weitesten Sinne in den Traditionskontext einer Kultur eingegangen sind. Nach Dilthey können sie die geistigen Fähigkeiten des/r Einzelnen fördern, weil sie selbst Resultate des menschlichen Geistes sind. Im Sinne eines kritischen Bildungsverständnisses können Objektivationen aus diesem Lebenszusammenhang nicht herausgelöst werden; werden sie als übergeschichtliche Kulturgüter fixiert, dann müssen sie als verdinglicht gelten.

Objektivität gehört zu den Gütekriterien der empirischen Forschung; in ihrem Sinn wird Objektivität durch Intersubjektivität gewährleistet; sie ist also gegeben, wenn unterschiedliche Personen bei Anwendung der gleichen Methoden und unter gleichen Bedingungen zu gleichen Aussagen kommen. Im Sinne der kritischen Theorie kann Objektivität niemals gewährleistet werden, weil bereits bei der Auswahl der Methoden, des Untersuchungsgegenstands und seiner Isolierung von intervenierenden Rahmenbedingungen das Interesse des Forschers maßgeblichen Einfluss hat; zudem sei Objektivität nicht wünschenswert, weil Forschung nicht wertfrei, sondern im Interesse einer Humanisierung der Welt betrieben werden sollte.

Ödipaler Konflikt: Mit den Begriffen der griechischen Mythologie beschreibt die Psychoanalyse einen Konflikt in der phallischen Phase, nach dem durch die Entdeckung des eigenen Geschlechts das Verlangen des Kindes auf den gegengeschlechtlichen Elternteil bezogen wird. Diese libidinöse Regung wird vom gleichgeschlechtlichen Elternteil allerdings bestraft (Kastrationskomplex); dementsprechend geht – so Sigmund Freud – der Ödipuskonflikt am Kastrationskomplex zu Grunde: Statt den gleichgeschlechtlichen Partner verdrängen zu wollen, kommt es zu einer Identifizierung mit diesem und dadurch zu einer Weiterbildung der eigenen Geschlechteridentität. Nach Auffassung der Psychoanalyse gehen viele Neurosen auf die unzureichende Bewältigung des ödipalen Konfliktes zurück.

Operationalisierung: Umwandlung von hypothetischen Aussagen in beobachtbare Einzelphänomene; Indikationsbildung. Beispiel: Weil Religion als solche nicht beobachtbar ist, muss angegeben werden, durch welche empirisch erhebbaren Verhaltensweisen diese eindeutig gemessen werden kann. Die Operationalisierung von Lernzielen fordert die Beschreibung von Zielvorgaben durch eindeutig identifizierbare Verhaltensweisen.

Pädagogische Differenz: Unterschied zwischen dem gegebenen Bildungs- bzw. Entwicklungsstand von Kindern und dem beabsichtigten Bildungsziel, das durch pädagogische Maßnahmen erreicht werden soll; der Begriff bezeichnet den notwendigen Effekt, durch den sich Unterricht von Unterhaltung unterscheidet; er ist ein rein formaler Begriff und gibt nicht an, wer nach welchen Kriterien welche Bildungsziele setzt.

Pädagogische Psychologie: Teilgebiet der Psychologie in Kooperation mit der Pädagogik; sie fragt nach den Zuständen und Vorgängen in Menschen während sie lernen oder erzogen werden. Die pädagogische Psychologie hat eine diagnostische, eine therapeutische und eine methodologische Aufgabe. Diagnostisch fragt sie z.B. nach den Entwicklungsständen von Kindern, therapeutisch interveniert sie beispielsweise bei Lernstörungen, in methodologischer Hinsicht zielt sie auf Maßnahmen, die ein effektiveres, kinderförderndes Erziehen und Unterrichten bezwecken.

Philantropen (wörtlich: Menschenfreunde): pädagogische Reformbewegung Ende des 18. Jahrhunderts. Hauptvertreter: Joachim Heinrich Campe, Christian Gotthilf Salzmann, Ernst Christian Trapp, Johann Bernhard Basedow. Pädagogische Ziele: Entfaltung der Kräfte des Kindes, Vernunftausübung, praktisches Handeln. Zentrum war das von Basedow 1774 gegründete »Philantropien« in Dessau. Bereits die Philantropen forderten einen überkonfessionellen Religionsunterricht.

Pietismus ist die Bezeichnung einer Frömmigkeitsbewegung des 17./18. Jahrhunderts, die sich gegen ein erstarrtes Kirchentum auf der einen und gegen die zeitgenössische theologische Orthodoxie auf der anderen Seite richtete. Ihr Ziel war die Hinführung des/r Einzelnen zu einer persönlichen Frömmigkeit und zur »wahren Gottseligkeit«. Neben einer religiösen Erziehung förderte der Pietismus aber auch die so genannte »Realbildung«, weil der bekehrte Mensch zur Ehre Gottes und deshalb sachgerecht leben soll (praxis pietatis). Hauptvertreter des Pietismus sind Philipp Jakob Spener (1635-1705), August Hermann Franke (1663-1727) und Nikolaus Ludwig von Zinzendorf (1700-1760).

Promiskuität: Geschlechtsverkehr mit häufig wechselnden PartnerInnen.

Reformpädagogik ist die zusammenfassende Beschreibung für eine differenzierte pädagogische Bewegung vom Ende des 19. Jahrhunderts bis zur Naziherrschaft. Gemeinsame Kennzeichen sind: der Versuch einer »Pädagogik vom Kinde aus« (Ellen Key), die Betonung von Gemeinschaftlichkeit und Natürlichkeit, die Kritik am bestehenden, autoritär strukturierten Schulsystem, die Berücksichtigung der Ganzheitlichkeit des Menschen und des Lernens sowie die Forderung nach Selbstständigkeit als Methode und Ziel des Unterrichts. Impulse der Reformpädagogik werden in der neueren erziehungswissenschaftlichen Diskussion wieder positiv gewürdigt.

Reliabilität ist die Genauigkeit oder Zuverlässigkeit einer Messung. Es gibt verschiedene Verfahren, um die Zuverlässigkeit zu überprüfen: etwa durch Wiederholung oder durch die Halbierung eines Testes.

Religionssoziologie untersucht den Bedingungs- und Verwertungszusammenhang zwischen Religion und Gesellschaft, wobei man religionstheoretische und empirische Ansätze unterscheiden kann. Die empirische Religionssoziologie untersucht mit den Methoden der empirischen Sozialforschung die religiösen Einstellungen und Verhaltensweisen der Menschen; sofern diese im engeren Sinne kirchlich definiert sind, wird die Religionssoziologie zur Kirchensoziologie. Während die empirische Religionssoziologie Einzelphänomene analysiert, versuchen die soziologischen Religionstheorien generelle Zusammenhänge herzustellen; klassische Thesen sind dabei die von der Integrationsfunktion und von der Kompensationsfunktion der Religion; eine weitere historisch argumentierende Hypothese ist die Säkularisierungsthese. Einmütigkeit besteht unter den gegenwärtigen Religionssoziologen, dass die Religion eine notwendige innere Funktion im Sozialsystem hat und dass dort, wo die explizite Religion ausfällt, funktionale Äquivalente auftreten.

Restringierter Code ist ein Begriff aus der Soziolinguistik und bezeichnet die nach Meinung der Linguistik reduzierten sprachlichen Mittel unterer sozialer Schichten. Kriterium dabei ist sein Gegenteil, nämlich der elaborierte Code, der von höherer Differenziertheit ist und eher die Mittelschicht charakterisiert.

Schulstufendidaktik greift die Tatsache auf, dass in jeder Alters- und Schulstufe anders und anderes gelernt wird und gelehrt werden muss. Dabei berücksichtigt sie die entwicklungspsychologischen Vorgaben nicht nur in methodischer, sondern auch in inhaltlicher Hinsicht: Auch der Unterrichtsinhalt muss kindgemäß sein; demgemäß haben bei seiner Wahl didaktische Gesichtspunkte Vorrang vor theologischen. Ein Problem der Stufendidaktik ist die Kontinuität des über mehrere Schulstufen verlaufenden Bildungsgangs eines Kindes. Daraus erwächst die Forderung, dass das Lernen auf unteren Stufen perspektivisch bereits das gewünschte Ende des gesamten Bildungsprozesses aufgreifen muss.

Schwarze Pädagogik (im Unterschied zur »weißen Pädagogik«): beinhaltet zum einen ein pessimistisches Menschenbild, das das Individuum als unperfekt oder sündhaft bzw. von Natur aus inkompetent beschreibt und deshalb zum anderen eine Verhaltensänderung ohne konstruktives Zutun der Betroffenen selbst bewirken möchte.

Solipsismus/solipsistisch ist ein Standpunkt, der das eigene Ich als die einzige Wirklichkeit gelten lässt. Im ethischen Sinn lautet der solipsistische Standpunkt: nur das hat Wert, was man meinem eigenen Selbst zugute kommt. Man könnte auch sagen, dass der Solipsismus die erkenntnistheoretische Ebene des Egoismus ist.

Sozialethik, theologische, unterscheidet man in der Regel von der »Individualethik« oder der »Moraltheologie«; sie versucht die gesellschaftliche Dimension ethischen Handelns und Entscheidens zu reflektieren. Wirtschaftliche, politische u. ä. Entscheidungen sind ja nicht rein privater Natur, sie haben vielmehr strukturelle, d. h. geschichtlich gegebene und gesellschaftlich wirksame Voraussetzungen. Um diese angemessen erfassen zu können, ist die theologische Sozialethik auf Kooperation mit den Sozial- und Humanwissenschaften angewiesen.

Sozialisation bezeichnet den Prozess, in dem die Gesellschaft über unterschiedliche Sozialisationsinstanzen prägend und integrierend auf das heranwachsende Individuum einwirkt. Man unterscheidet zwischen der primären, in der Familie vollzogenen Sozialisation, der sekundären, vor allen Dingen schulischen und der tertiären, im weiteren Berufsleben vollzogenen. Durch Sozialisation werden die als verbindlich erklärten Werte, Normen, Verhaltensprinzipien usw. weitergegeben; sofern es sich dabei um religiös bestimmte Phänomene handelt, spricht man von *religiöser Sozialisation*.

Sublimation ist ein psychoanalytischer Begriff; er besagt, dass die ursprüngliche Energie der Libido abgelenkt wird auf andere nicht libidinöse Ziele. Das Schlagwort der Sublimation lautet: »Kulturleistung durch Triebverzicht«. Neben der Libido können aber auch andere Triebe sublimiert werden, z. B. die Aggression.

Surplus: Mehrwert.

Surrogat: Ersatz.

Symbole sind mehr als Zeichen, weil sie in einem engeren Entsprechungsverhältnis zum Bezeichneten stehen: Einerseits sind sie Hinweis auf das Symbolisierte und andererseits haben sie direkten Anteil an diesem. Symbole sind Chiffren für Bedeutungen, die als solche unbegreifbar blieben, weil sie transzendenter, metaphysischer oder tiefenpsychologischer Natur sind.

Validität ist ein Gütekriterium für empirische Messinstrumente und gibt den Grad der Genauigkeit an, mit dem ein Messinstrument den zu untersuchenden Gegenstand misst.

Vermittlungstheologie: Richtung der evangelischen Theologie des 19. Jahrhunderts zwischen Orthodoxie und Liberaler Theologie; sucht einen Zwischenweg zwischen Modernität und Konfessionalität, zwischen Wissenschaftlichkeit und Kirchlichkeit, zwischen Glaube und Wissen. Wichtige Vertreter: Carl Immanuel Nitzsch, Alexander Schweizer, Richard Rothe; Vorgänger: Friedrich Daniel Ernst Schleiermacher.

Zweites Vatikanisches Konzil (von 1962 bis 1965): Ziel war eine grundlegende Reform des kirchlichen Lebens, vor allen Dingen der Liturgie und die Stellung der Laien sowie das Verhältnis der katholischen Kirche zu den anderen christlichen und nichtchristlichen Religionen.

Literatur

Adam, G./Lachmann, R. (Hg.) (1984): Religionspädagogisches Kompendium, Göttingen.

Adam, G./Lachmann, R. (Hg.) (1987): Gemeindepädagogisches Kompendium, Göttingen.

Adam, G./Lachmann, R. (Hg.) (2002): Methodisches Kompendium für den Religionsunterricht, 2 Bde., Göttingen.

Adam, G./Fähndrich, G./Nicol, M./Ulrich, H. G. (1986): Kirche in der Gegenwart des Geistes, Arbeiten zum Konfirmandenunterricht 2, Hannover.

Adl-Amini, B./Künzli, R. (Hg.) (1980): Didaktische Modelle und Unterrichtsplanung, München.

Affolderbach, M. (Hg.) (1977): Kirchliche Jugendarbeit im Wandel. Analysen zur Bibelfrömmigkeit, München.

Affolderbach, M. (1978): Praxisfeld: Kirchliche Jugendarbeit. Soziales Umfeld, Arbeits- und Lebensformen, Gütersloh.

Affolderbach, M. (Hg.) (1980): Evangelische Jugendarbeit. Ziele, Arbeitsfelder, Strukturen, Stuttgart.

Affolderbach, M. (Hg.) ([2]1982): Grundsatztexte zur Evangelischen Jugendarbeit, Gelnhausen

Affolderbach, M./Steinkamp, H. (Hg.) (1985): Kirchliche Jugendarbeit in Grundbegriffen, München u. a.

Ahrens, S./Pithan, A. (Hg.) (1999): KU – weil ich ein Mädchen bin. Ideen – Konzeptionen – Modelle für mädchengerechten KU, Gütersloh.

Albers, B./Kiefer, R. (Hg.) (1978): Problem- oder bibelorientierter Religionsunterricht? Aachen.

Angel, H.-F. (2003): Art. Computer, in: Neues Handbuch religionspädagogischer Grundbegriffe, München.

Angermeyer, H. (1965): Didaktik und Methodik der Evangelischen Unterweisung, München.

Angermeyer, H. (1973): Der thematisch-problemorientierte Religionsunterricht, Gütersloh.

Arbeitsgemeinschaft Katholischer Katechetik-Dozenten (Hg.) (1999): Religionspädagogik feministisch, in: RpB 43.

Aries, P. (1975): Geschichte der Kindheit, hg. v. H. v. Hentig, München u. a.

Baacke, D. ([5]1991): Die 13 bis 18jährigen. Einführung in das Problem des Jugendalters, Weinheim u. a.

Baacke, D. ([2]1999): Die 0-5Jährigen. Einführung in die Probleme der Kindheit, Weinheim u. a.

Bader, R./Eckmann, B./Schindler, W. (2001): Bildung in virtuellen Welten – Praxis und Theorie außerschulischer Arbeit mit Internet und Computer (Beiträge zur Medienpädagogik Bd. 6), Frankfurt a. M.

Baer, U. (Hg.) (1981): Wörterbuch zur Spielpädagogik, Basel.

Baethge, M. u. a. (1988): Jugend: Arbeit und Identität. Lebensperspektive und Interessenorientierungen von Jugendlichen, Eine Studie des soziologischen Forschungsinstituts Göttingen, Opladen.

Bailer, A. (1980): Profile des Religionsunterrichts. Orientierungshilfe zu fachdidaktischen Konzepten der Gegenwart, Stuttgart.
Baldermann, I./Kittel, G (1975): Die Sache des RU zwischen Curriculum und Biblizismus, Göttingen.
Baldermann, I./Nipkow, K. E./Stock, H. (1979a): Bibel und Elementarisierung, Frankfurt a. M.
Baldermann, I. u. a. (1979b): Bibel und Elementarisierung, Frankfurt a. M.
Baldermann, I. (1980): Die Bibel – Buch des Lernens, Göttingen.
Baldermann, I. (1989): Erzählen als Notwendigkeit. Zum Verhältnis von Erzählung und Erfahrung, in: JRP 6, 93-110.
Barz, H. (1992/93): Jugend und Religion, 3. Bde., Opladen.
Baudler, G. (1980): Erfahrung – Symbol – Glauben. Grundfragen des Religionsunterrichts, Frankfurt a. M.
Baudler, G. (1984): Korrelationsdidaktik: Leben durch Glauben erschließen, Paderborn.
Bäumler, Chr./Luther, H. (1982): Konfirmandenunterricht und Konfirmation. Texte zu einer Praxistheorie im zwanzigsten Jahrhundert, München.
Beck, U. (1986): Risikogesellschaft. Auf dem Weg in eine andere Moderne, Frankfurt a. M.
Beck, U./Beck-Gernsheim, E. (1994): Riskante Freiheiten. Individualisierung in modernen Gesellschaften, Frankfurt a. M.
Becker, S./Rudolph, W. (1994): Handlungsorientierte Seniorenbildung. Modellprojekte: Konzeptionelle Überlegungen – praktische Beispiele, Opladen.
Becker, S./Nord, I. (Hg.) (1995): Religiöse Sozialisation von Mädchen und Frauen, Stuttgart u. a.
Beckmann, H-K. u. a. (1972): Modelle grundlegender didaktischer Theorien, Hannover.
Beckmann, H-K. (Hg.) (1981): Schulpädagogik und Fachdidaktik, Stuttgart.
Bedford-Strohm, H. (2003): Religion unterrichten. Aktuelle Standortbestimmung im Schnittfeld zwischen Kirche und Staat, Neukirchen.
Belschner, W. u. a. (1991): Was meinen Jugendliche über Liebe und Sexualität, Oldenburg.
Berger, P. L./Luckmann, Th. (1982): Die gesellschaftliche Konstruktion der Wirklichkeit. Eine Theorie der Wissenssoziologie, Frankfurt a. M.
Bering, K. u. a. (1990): Wie postmodern ist die Postmoderne? Essen.
Bertram, H. (1987): Jugend heute. Die Einstellungen der Jugend zu Familie, Beruf und Gesellschaft, München.
Bertram, H. u. a. (Hg.) (1989): Blickpunkt Jugend und Familie. Internationale Beiträge zum Wandel der Generationen, München u. a.
Bertram, H./Gille, M. (1990): Datenhandbuch. Zur Situation von Familien, Kindern und Jugendlichen in der Bundesrepublik Deutschland, München.
Beuscher, B./Zilleßen D. (1998): Religion und Profanität: Entwurf einer profanen Religionspädagogik, Weinheim.
Beuscher B./Schroeter, H./Sistermann, R. (Hg.) (1996): Prozesse postmoderner Wahrnehmung. Kunst – Religion – Pädagogik, Wien.
Biehl, P./Baudler, G. (1980): Erfahrung – Symbol – Glaube. Grundfragen des Religionsunterrichts, Frankfurt a. M.
Biehl, P. (1988): Religionspädagogik und Ästhetik, in: JRP 5, Neukirchen, 3-44.
Biehl, P. ([2]1991): Symbole geben zu lernen. Einführung in die Symboldidaktik anhand der Symbole Hand, Haus und Weg, Neukirchen.

Biehl, P. (1993): Symbole geben zu lernen II, Neukirchen.
Biehl, P. (1998): Wohnen – Raumerfahrungen von Kindern. Eine phänomenologische Beschreibung, in: Heimbrock, H.-G., Religionspädagogik und Phänomenologie, Weinheim, 203-216.
Bitter, G./Englert, R./Miller, G./Nipkow, K. E. (Hg.) (2002): Neues Handbuch religionspädagogischer Grundbegriffe, München.
Bittner, G. (2001): Der Erwachsene. Multiples Ich in multipler Welt (Pädagogik der Lebensalter Bd. 5), Stuttgart u. a.
Blankertz, H. (1970): Theorien und Modelle der Didaktik, München.
Blasberg-Kuhnke, M. (1985): Gerontologie und Praktische Theologie. Studien zu einer Neuorientierung der Altenpastoral (Themen und Thesen der Theologie), Düsseldorf.
Blasberg-Kuhnke, M. (1992): Erwachsene glauben. Voraussetzungen und Bedingungen des Glaubens und Glaubenlernens Erwachsener im Horizont globaler Krisen, St. Ottilien.
Blasberg-Kuhnke, M. (2003): Bildung als Diakonie. Plädoyer für ein parteiisches Bildungskonzept, in: Pohl-Patalong, U. (Hg.): Religiöse Bildung im Plural. Konzeptionen und Perspektiven, Hamburg, 81-95.
Blohm, J. (Hg.) (1994): Gemeinsam feiern, singen und spielen: Kinderbibeltag – Kinderkirchentag, München.
Blome, A. (1994): Frau und Alter. »Alter« als eine Kategorie feministischer Befreiungstheologie, Gütersloh.
Bochinger, E./Paul, E. (1979): Einführung in die Religionspädagogik, München.
Bockwoldt, G. (1976): Richard Kabisch. Religionspädagogik zwischen Revolution und Restauration, Berlin.
Bockwoldt, G. (1977): Religionspädagogik. Eine Problemgeschichte, Stuttgart u. a.
Bode, J. u. a. (Hg.) (1985): Konfirmandenunterricht von 11-15? Praxisberichte – Modelle – Perspektiven, Gütersloh.
Böhme-Lischewski, T. (1995): Konfirmandenunterricht zwischen Motivation und Ernüchterung. Ergebnisse aus der Befragung von westfälischen Pfarrerinnen und Pfarrern, in: ders./Lübking, H.-M.: Engagement und Ratlosigkeit. Konfirmandenunterricht heute, Bielefeld, 39-136.
Bohne, G. (1922): Die religiöse Entwicklung der Jugend in der Reifezeit, Leipzig.
Bohne, G. (1953): Grundlagen der Erziehung, 2 Bde., Hamburg.
Bohne, G. ([13]1964): Das Wort Gottes und der Unterricht, Berlin.
Böhnke, M./Reich, K./Ridez, L. (Hg.) (1992): Erwachsen im Glauben. Beiträge zum Verhältnis von Entwicklungspsychologie und religiöser Erwachsenenbildung, Stuttgart.
Bönsch, M. (1975): Beiträge zu einer kritischen und instrumentellen Didaktik, München.
Born, W./Otto, G. (1978): Didaktische Trends, München u. a.
Bornhauser, T. (2000): Gott für Erwachsene, Ein Konzept kirchlicher Erwachsenenbildung im Zeichen postmoderner Vielfalt, Stuttgart.
Bornhauser, T. (2003): Komplementaristische Erwachsenenbildung. Ein postmodernes Konzept, in: Pohl-Patalong, U. (Hg.): Religiöse Bildung im Plural. Konzeptionen und Perspektiven, Hamburg, 123-135.
Borowski, G./Hielscher, H./Schwab, M. ([3]1976): Einführung in die allgemeine Didaktik, Heidelberg.
Brehmer, I. (1982): Sexismus in der Schule. Der heimliche Lehrplan der Frauendiskriminierung, Weinheim/Basel.
Brenner, C. (2003): Der Computer als Medium im Religionsunterricht, Münster.

Brinkmann, W. (Hg.) (1980): Erziehung – Schule – Gesellschaft, Bad Heilbrunn.
Brockmann, G./Veit, R. (1981/1982): Mit Kurzfilmen arbeiten, 2 Teile, Zürich.
Bronfenbrenner, U. (1977): Die Ökologische Sozialisationsforschung, Stuttgart.
Bucher, A. A./Oser, F. (1987a): »Wenn zwei das gleiche Gleichnis hören ...«. Theoretische und empirische Aspekte einer struktur-genetischen Religionsdidaktik, in: ZfPäd 33, 167ff.
Bucher, A. A. (1987b): Gleichnisse – schon in der Grundschule? Ein kognitiv-entwicklungspsychologischer Beitrag zur Frage der altersgerechten Behandlung neutestamentlicher Gleichnisse, in: KatBl 112, Heft 3, 194ff.
Bucher, A. A./Reich, H. (Hg.) (1989): Entwicklung von Religiosität. Grundlagen – Theorieprobleme – Praktische Anwendung, Freiburg.
Bucher, A. A. (1995a): Religionspädagogik und empirische Entwicklungspsychologie, in: Ziebertz, H.-G./Simon, W. (Hg.): Bilanz der Religionspädagogik, Düsseldorf, 28-46.
Bucher, A. A. (1995b): Die Kindheit Jesu im Wandel der Geschichte und in der Sicht heutiger Kinder, in: RpädB 35, 169-189.
Bucher, A. A. (1999): Verstehen postmoderne Kinder die Bibel anders?, in: Lämmermann, G. u.a. (Hg.): Bibeldidaktik in der Postmoderne, Stuttgart u.a., 135-147.
Bucher, A. A. (2001): Was Kinder glücklich macht. Historische, psychologische und empirische Annäherungen an Kindheitsglück, Weinheim/München.
Bucher, A. A./Büttner, G./Freudenberger-Lötz, P./Schreiner, M. (Hg.) (2002/2003): Jahrbuch für Kindertheologie, Bd. 1 und 2, Stuttgart.
Buck, E. (1997): Bewegter Religionsunterricht: theoretische Grundlagen und 45 kreative Unterrichtsentwürfe für die Grundschule, Göttingen.
Buck, E. (²2001a): Kommt und spielt 1. Bewegter Religionsunterricht im ersten und zweiten Schuljahr, Göttingen.
Buck, E. (2001b): Kommt und spielt 2. Bewegter Religionsunterricht im dritten und vierten Schuljahr, Göttingen.
Buck, E. (2002): Bewegter Religionsunterricht: Bewegung/Pantomime/Tanz/Symbolspiel, in: Adam, G./Lachmann, R. (Hg.): Methodisches Kompendium für den Religionsunterricht, Bd. 2, Göttingen, 209-223.
Büttner, G./Dieterich, V. -J. (Hg.) (2000): Die religiöse Entwicklung des Menschen. Ein Grundkurs, Stuttgart.
Büttner, G./Thierfelder, J. (Hg.) (2001): Trug Jesus Sandalen? Kinder und Jugendliche sehen Jesus Christus, Göttingen.
Buggle, F. (1985): Die Entwicklungspsychologie Jean Piagets, Stuttgart u.a.
Buse, G. (1995): Weibliche Moral – feministische Ethik? Zur Bedeutung von Carol Gilligans Thesen über die Moral von Frauen für die aktuelle Debatte um eine feministische Ethik, in: EvErz 47, 262-270.
Busslinger, H./Merz, V./Oser, G. (1982): Mit dem Kleinkind Gott erfahren. Anregungen und Gespräche zur christlichen Erziehung von 3-6 jährigen, Olten.
Buttler, G./Failing, W. E. (1979): Didaktik der Mitarbeiterbildung, Beiträge zur Gemeindepädagogik I, Gelnhausen/Zürich.
Buttler, G. u.a. (Hg.) (1980): Lernen und Handeln. Bausteine zu einer Konzeption evangelischer Erwachsenenbildung, Gelnhausen.
Butterwegge, C. (Hg.) (2000): Kinderarmut in Deutschland. Ursachen, Erscheinungsformen und Gegenmaßnahmen, Frankfurt u.a.
Chodorow, N. (1985): Das Erbe der Mütter. Psychoanalyse und Soziologie der Geschlechter, München.

Comenius-Institut (Hg.) (1983): Abendmahl mit Kindern. Dokumentation 4, Münster.
Comenius-Institut (Hg.) (²1985a): Handbuch der Konfirmandenarbeit, Gütersloh.
Comenius-Institut (Hg.) (1985b): Bildung und Kirche. Herausforderungen des gesellschaftlichen Wandels für das pädagogische Handeln der Kirche, Münster.
Cordier, L.: Evangelische Jugendkunde, Bd. I (1926a): Quellenbuch zur Geschichte der evangelischen Jugend, Bd. II (1926b): Die evangelische Jugend und ihre Bünde, Bd. III (1929): Evangelische Jugendwohlfahrt, Schwerin.
Cube, F. v. (1977): Erziehungswissenschaft, Stuttgart.
Cube, F. v./Alshuth, D. (1986): Fordern statt Verwöhnen. Die Erkenntnis der Verhaltensbiologie in Erziehung und Führung, München.
Dähler, M./Henning, P./Meyer-Blanck, M./Schröer, H. (1992): Treffpunkt Konfirmandenunterricht. Konfirmandenunterricht vor neuen Herausforderungen, Arbeiten zum Konfirmandenunterricht 3, Hannover.
Dahm, K. W./Drehsen, V./Kehrer, G. (1975): Das Jenseits der Gesellschaft. Religion im Prozeß sozialwissenschaftlicher Kritik, München.
Dausien, B. (2001): Bildungsprozesse in Lebensläufen von Frauen. Ein biographietheoretisches Bildungskonzept, in: Gieseke, W.: Handbuch zur Frauenbildung, Opladen, 101-114.
de Mause, L. (1977): Hört ihr die Kinder weinen. Eine psychogenetische Geschichte der Kindheit, Frankfurt a.M.
DEAE (Deutsche Evangelische Arbeitsgemeinschaft für Erwachsenenbildung) (Hg.) (²1979): Die Erwachsenenbildung als evangelische Aufgabe, Gelnhausen.
DEAE (Hg.) (1980a): Lernen und Handeln. Bausteine zu einer Konzeption Evangelischer Erwachsenenbildung, Gelnhausen.
DEAE (Hg.) (1980b): Bestand und Perspektiven der Erwachsenenbildung in kirchlicher Trägerschaft, Gelnhausen.
DEAE (Hg.) (1983): Evangelische Erwachsenenbildung – ein Auftrag der Kirche, Karlsruhe.
Degen, R./Elsenbast, V. (1986): Konfirmieren – Aspekte und Perspektive in Ostdeutschland, Münster.
Der Evangelische Erzieher (1993): Frauen: Religion und Sozialisation, EvErz 45.
Deresch, W. (1973): Handbuch für kirchliche Erwachsenenbildung, Hamburg.
Deresch, W. (1984): Kirchliche Jugendarbeit. Wege zur personalen, sozialen und religiösen Identität, München.
Derichs-Kunstmann, K. (1999): Geschlechterverhältnis in der Bildungsarbeit, in: »Anleitungen zum ungetrübten Blick.« Frauenbildung auf dem Prüfstand. Tagungsdokumentation, Salzburg; veröffentlicht unter www.salzburg.gv.at/doc-frauenbildung.doc.
Derichs-Kunstmann, K. (2001): Zum Verhältnis von Frauenbildungsarbeit und Frauenbewegung, in: Gieseke, W.: Handbuch zur Frauenbildung, Opladen, 35-45.
Deutscher Bildungsrat (1970): Empfehlungen der Bildungskommission: Strukturplan für das Bildungswesen, Stuttgart.
Deutscher Ausschuß für das Erziehungs- und Bildungswesen (1960): Zur Situation und Aufgabe der deutschen Erwachsenenbildung, Stuttgart.
Deutsches Zentrum für Altenfragen (Hg.) (1988): Hilfsbedürftigkeit und Autonomie – Zur Flankierung von Altenproblemen durch kooperationsorientierte Hilfe, Berlin.
Dienst, K. (1973a): Moderne Formen des Konfirmandenunterrichts, Gütersloh.
Dienst, K. u.a. (Hg.) (1973b): KU-Praxis 1-29, Gütersloh.
Doedens F. (2001): Gemeinsame Grundsätze der Religionsgemeinschaften für einen in-

terreligiösen Religionsunterricht? Der Hamburger Weg: Religionsunterricht für alle, in: Lähnemann, J. (Hg.): Spiritualität und ethische Erziehung (Referate und Ergebnisse des Nürnberger Forums 2000), Hamburg, 352-372.
Doerne, M. (1936): Neubau der Konfirmation. Grundzüge einer Erneuerung kirchlichen Katechumenats, Gütersloh.
Döhnert, A. (2000): Jugendweihe zwischen Familie, Politik und Religion, Leipzig.
Döhnert, A. (2002): Kein Grund zu überlegenem Lächeln. Jugendweihe und Konfirmation zwischen Konkurrenz- und Lernverhältnis, Lernort Gemeinde 20 (2002/2), 23-27.
Dörger, H. J./Lott, J./Otto, G. (1972): Neues Handbuch des Religionsunterrichts, Hamburg.
Dörger, H. J. (1976): Religionsunterricht in der Schule, Stuttgart.
Dörger, H. J./Lott, J./Otto, G. (1977): Einführung in die Religionspädagogik, Stuttgart.
Dorgerloh, S./Hentschel, M. (Hg.) (1997): Knockin' on heaven's door. Mit Jugendlichen die Religion ihrer Lebenswelt entdecken. Praxismodell für KU-RU-Jugendarbeit, Gütersloh.
Dreher, B./Lang, K. (1969): Theologische Erwachsenenbildung. Didaktisch-methodische Einführung, Graz.
Dressler, B./Klie, T./Mork, C. (Hg.) (2001): Konfirmandenunterricht. Didaktik und Inszenierung, Hannover.
Dross, R. (1981): Kompendium Didaktik: Evangelische Religion, München.
du Bois-Reymond, M./Oechle, M. (Hg.) (1990): Neue Jugendbiographie? Zum Strukturwandel der Jugendphase, Opladen.
Duncker, L./Maurer, F./Schäfer, G. E. (Hg.) (1990): Kindliche Phantasie und ästhetische Erfahrung. Wirklichkeiten zwischen Ich und Welt, Ulm.
Durkheim, E. (1964): Die Grundformen des religiösen Lebens, in: Fürstenberg, F.: Religionssoziologie, Neuwied, 35 ff.
Durkheim, E. (1969): Zur Definition religiöser Phänomene, in: Matthes, J.: Religion und Gesellschaft, Reinbek bei Hamburg, 120 ff.
Eagleton, T. (1996): Die Illusion der Postmoderne, Stuttgart.
Ebert, J. (1986): Kategoriale Bildung. Zur Interpretation der Bildungstheorie Wolfgang Klafkis, Frankfurt a. M.
Eckert, R./Drieseberg, Th./Willems, H. (1990): Sinnwelt Freizeit. Jugendliche zwischen Märkten und Verbänden, Opladen.
Eckert, R. u. a. (1990): Lebensverhältnisse Jugendlicher. Zur Pluralisierung und Individualisierung der Jugendphase, München.
Einsiedler, W. (1991): Das Spiel der Kinder. Zur Pädagogik und Psychologie des Kinderspiels, Bad Heilbrunn.
EKD-Kirchenkanzlei (Hg.) (1979): Leben und Erziehen – wozu?, Gütersloh.
EKD (1994): Idendität und Verständigung, Gütersloh.
EKD-Kirchenamt (Hg.) (2003): Maße des Menschlichen. Evangelische Perspektiven zur Bildung in der Wissens- und Lerngesellschaft. Eine Denkschrift, Gütersloh.
EKU – Religionspädagogische Studiengruppe (1983): Leitlinien für das pädagogische Handeln der Kirche, in: EvErz 35, 169-181.
Elsenbast, V. (2002): Religion lernen für das eigene Leben. Ziele in der Konfirmandenarbeit, in: Lernort Gemeinde 20 (2002/2), 14-17.
Elsenbast, V./Goßmann, K. (2002): Zielfindung in der Konfirmandenarbeit im Spannungsfeld von Erwartungen und gemeindlichem Selbstverständnis, in: Comenius-In-

stitut, Handbuch für die Arbeit mit Konfirmandinnen und Konfirmanden, Münster, 146-162.
Engel, Ä. (2002): Neue Medien, neue Methoden, in: JRP 18, 205-215.
Engelbert, A./Herlth, A. (1993): Sozialökologie der Kindheit. Wohnung, Spielplatz und Straße, in: Markefka, M./Nauck, B. (Hg.): Handbuch der Kindheitsforschung, Berlin, 403-415.
Englhart, S. (1997): Modelle und Perspektiven der Kinderphilosophie, Heinsberg.
Englert, R. (1985): Glaubensgeschichte und Bildungsprozeß. Versuch einer religionspädagogischen Kairologie, München.
Englert, R. (1992): Religiöse Erwachsenenbildung. Situation – Problem – Handlungsorientierung, PTh 7, Stuttgart.
Erikson, E. H. ([4]1971): Identität und Lebenszyklus. Drei Aufsätze, Frankfurt a. M.
Erikson, E. H. (1977): Lebensgeschichte und historischer Augenblick, Frankfurt a. M.
Erikson, E. H. (1988): Der vollständige Lebenszyklus, Frankfurt a. M.
Evers, R. (1999): Alter – Bildung – Religion. Eine subjekt- und bildungstheoretische Untersuchung, Stuttgart u. a.
Evers, R. (2003): Alphabetisierung in einer Sprache der Hoffnung. Erwägungen zur Altenbildung, in: Pohl-Patalong, U. (Hg.): Religiöse Bildung im Plural. Konzeptionen und Perspektiven, Hamburg, 203-219.
Exeler, A./Emeis, D. (1970): Reflektierter Glaube. Perspektiven, Methoden und Modelle der theologischen Erwachsenenbildung, Freiburg.
Faber, H. (1983): Älterwerden können. Anstöße für neue Erfahrungen, München.
Failing, W.-E./Heimbrock, H.-G. (1998): Gelebte Religion wahrnehmen. Lebenswelt – Alltagskultur – Religionspraxis, Stuttgart.
Faltermaier, T./Mayring, P./Saup, W./Stehmel, P. ([2]2002): Entwicklungspsychologie des Erwachsenenalters (Grundriss der Psychologie Bd. 14), Stuttgart/Berlin/Köln.
Feifel, E. (1975): Konzeptionen kirchlicher Erwachsenenbildung, in: ders. u. a. (Hg.): Handbuch der Religionspädagogik, Bd. 3, Gütersloh/Zürich, 347-360.
Feifel, E. u. a. (Hg.) (1978): Handbuch der Religionspädagogik, Bd. 2, Köln.
Fend, H. ([2]1981): Theorie der Schule, München.
Fend, H. (1991): Entwicklungspsychologie der Adoleszenz in der Moderne, Bern u. a.
Ferchhoff, W. (Hg.)(1988): Jugend im internationalen Vergleich. Sozialhistorische und sozialkulturelle Perspektiven, Weinheim u. a.
Ferchhoff, W./Neubauer, G. (1989): Jugend und Postmoderne. Analysen und Reflexionen über die Suche nach neuen Lebensorientierungen, München u. a.
Fetz, R./Bucher, A. A. (1987): Stufen religiöser Entwicklung, in: JRP 3, 217 ff.
Fetz, R. L./Reich, K. H./Valentin P. (1992): Weltbildentwicklung und Gottesvorstellung. Eine strukturgenetische Untersuchung bei Kindern und Jugendlichen, in: Schmitz, E. (Hg.): Religionspsychologie. Eine Bestandsaufnahme gegenwärtiger Forschung, Göttingen u. a., 101-130.
Fischer, D./Schöll, A. (Hg.) (2000): Religiöse Vorstellungen bilden. Erkundungen zur Religion von Kindern über Bilder, Comenius-Institut, Münster.
Fowler, J. W. (1981): Stages of Faith. The Psychology of Human Development and the Quest for Meaning, San Francisco.
Fowler, J. W. (1989): Glaubensentwicklung. Perspektiven für Seelsorge und kirchliche Bildungsarbeit, Gütersloh.
Fox, H. (1986): Kompendium Didaktik. Katholische Religion, München.
Fraas, H.-J. (1973): Religiöse Erziehung und Sozialisation im Kindesalter, Göttingen.

Fraas, H.-J. (1983): Glaube und Identität. Grundlegung einer Didaktik religiöser Lernprozesse, Göttingen.
Fraas, H.-J./Heimbrock, H.-G. (Hg.) (1986): Religiöse Erziehung und Glaubensentwicklung. Zur Auseinandersetzung mit der kognitiven Psychologie, Mühlheim/Ruhr.
Frank, H. (1971): Kybernetische Grundlagen der Pädagogik, Stuttgart.
Franke, H./Hanisch, H. (2000): Religiöse Erziehung im Vorschulalter. Grundlagen und praktische Hinweise, Stuttgart.
Freud, S. (1966): Gesammelte Werke, Bd. 7, Frankfurt a.M.
Freud, S. (1970): Der Mann Moses und die monotheistische Religion, Frankfurt a.M.
Friedenthal-Haase, M. u.a. (1991): Erwachsenenbildung im Kontext. Beiträge zur grenzüberschreitenden Konstituierung einer Disziplin. Günther Dohmen zum 65. Geburtstag, Bad Heilbrunn.
Fritz, J. (1986): Vom Verständnis des Spiels zum Spielen mit Gruppen, Mainz.
Frör, K. (Hg.) (1959): Confirmatio. Forschungen zur Geschichte und Praxis der Konfirmation, München.
Frör, K. (Hg.) (1962): Zur Geschichte und Ordnung der Konfirmation in den lutherischen Kirchen, München.
Früchtel, H. (1985): Auf dem Weg. Kurs für zwei Jahre Konfirmandenunterricht, Göttingen.
Fürstenberg, F. (1964): Religionssoziologie, Neuwied.
Gagné, R. M. ([4]1982): Die Bedingungen des menschlichen Lernens, Hannover.
Geulen, D. (Hg.) (1989): Kindheit. Neue Realitäten und Aspekte, Weinheim.
Giddens, A. (1996): Konsequenzen der Moderne, Frankfurt a.M.
Giesecke, H. (1971): Die Jugendarbeit, München.
Gieseke, W. (1999): Ausblicke und Visionen. Neue Dimensionen für die Frauenbildung, in: »Anleitungen zum ungetrübten Blick.« Frauenbildung auf dem Prüfstand. Tagungsdokumentation, Salzburg, veröffentlicht unter www.salzburg.gv.at/doc-frauenbildung.doc.
Gilligan, C. (1984): Die andere Stimme – Lebenskonflikte und Moral der Frau, München/Zürich
Gilligan, C. (1991): Moralische Orientierung und moralische Entwicklung, in: Nunner-Winkler, G. (Hg.): Weibliche Moral. Die Kontroverse um eine geschlechtsspezifische Ethik, Frankfurt a.M., 81-87.
Gilligan, C. (2000): Moralische Orientierung und moralische Entwicklung, in: Büttner, G./Dieterich, V. -J. (Hg.): Die religiöse Entwicklung des Menschen. Ein Grundkurs, 79-100.
Goecke-Seischab, M. L./Harz, F. (1994): Bilder zu neutestamentlichen Geschichten im Religionsunterricht. Einführung in die Bilddidaktik und Ikonographie christlicher Kunst mit acht ausführlich kommentierten Bildbeispielen für Sechs- bis Zwölfjährige, Lahr.
Gräb, W. (1998): Lebensgeschichten – Lebensentwürfe – Sinndeutungen. Eine praktische Theologie gelebter Religion, Gütersloh.
Grethlein, Chr. (1994): Gemeindepädagogik. Berlin/New York.
Grethlein, Chr. (1998): Religionspädagogik, Berlin.
Grom, B. ([4]1976): Methoden für Religionsunterricht, Jugendarbeit und Erwachsenenbildung, Düsseldorf/Göttingen.
Grom, B. (1981): Religionspädagogische Psychologie. Kleinkind, Schüler, Jugendlicher, Düsseldorf.

Grom, B. (1992): Religionspsychologie, München/Göttingen.
Groothoff, H. H. (1976): Erwachsenenbildung und Industriegesellschaft. Eine Einführung in Geschichte, Theorie und Praxis der Erwachsenenbildung in der Bundesrepublik Deutschland, Paderborn.
Gross, P. (1999): Ich-Jagd im Unabhängigkeitsjahrhundert, Frankfurt a. M.
Groß, E. (Hg.) (1979): Alternativen zum vertexteten Religionsunterricht. Methodische Maßnahmen, Düsseldorf.
Grözinger, A./Luther, H. (Hg.) (1987): Religion und Biographie. Perspektiven zur gelebten Religion, München.
Grözinger, A. (1991): Die Sprache des Menschen: ein Handbuch, München.
Grözinger, A. (1995): Praktische Theologie als Kunst der Wahrnehmung, Gütersloh.
Grünberg, W./Slabaugh, D./Meister-Karanikas, R. (Hg.) ([2]1995): Lexikon der Hamburger Religionsgemeinschaften, Hamburg.
Gudjons, H./Teske, R./Winkel, R. (Hg.) (1980): Didaktische Theorien. Aufsätze aus der Zeitschrift Westermanns Pädagogische Beiträge, Braunschweig.
Gudjons, H. (1986): Didaktische Theorien, Hamburg.
Gudjons, H. (1998): Ernste Spiele. Über Möglichkeiten und Grenzen von Interaktionsspielen, Pädagogik 1.
Guski, R. (1989): Wahrnehmung, Stuttgart.
Gutmann, H.-M. (1998): Der Herr der Heerscharen, die Prinzessin der Herzen und der König der Löwen. Religion lernen zwischen Kirche, Schule und populärer Kultur, Gütersloh.
Haas, D./Bätz, K. (1984): Ratgeber Religionsunterricht, Zürich.
Hagemann-White, C. (1988): Geschlecht und Erziehung, in: Pfister, G. (Hg.): Zurück zur Mädchenschule?, Pfaffenweiler, 41-60.
Halbfas, H. (1968): Fundamentalkatechetik. Sprache und Erfahrung im Religionsunterricht, Düsseldorf.
Halbfas, H. (1976): Religion, Stuttgart.
Halbfas, H. (1982): Das dritte Auge. Religionsdidaktische Anstöße, Düsseldorf.
Hanisch, H. (1996): Die zeichnerische Entwicklung des Gottesbildes bei Kindern und Jugendlichen: eine empirische Vergleichsuntersuchung mit religiös und nichtreligiös Erzogenen im Alter von 7-16 Jahren, Stuttgart.
Hanisch, H./Bucher, A. A. (2002): Da waren die Netze randvoll. Was Kinder von der Bibel wissen, Göttingen.
Hanselmann, J. (Hg.) (1984): Was wird aus der Kirche?, Gütersloh.
Hanusch, R./Lämmermann, G. (1987): Jugend in der Kirche zur Sprache bringen. Anstöße zur Theorie und Praxis kirchlicher Jugendarbeit, München.
Harz, F./Schreiner, M. (Hg.) (1994): Glauben im Lebenszyklus, München.
Hauschildt, E. (1994): Der Konfirmationsglaube. Zur Wahrnehmung seiner Komplexität, in: Harz, F./Schreiner, M. (Hg.): Glauben im Lebenszyklus (FS Hans-Jürgen Fraas zum 60. Geb.), München, 213-227.
Heimann, P./Otto, G./Schulz, W. (1965): Unterricht – Analyse und Planung, Hannover.
Heimann, P. (1976): Didaktik als Unterrichtswissenschaft, Stuttgart.
Heimbrock, H.-G. (1983): Erfahrungen in religiösen Lernprozessen, Göttingen.
Heimbrock, H.-G. (1984): Lern-Wege religiöser Erziehung, Göttingen.
Heinrich, R. (2003): Computer, in: Bosold, I./Kliemann, P. (Hg.): Ach, Sie unterrichten Religion? Methoden, Tipps und Trend, Stuttgart/München, 147-152.

Hemel, U. (1986): Religionspädagogik im Kontext von Theologie und Kirche, Düsseldorf.
Herre, P. (2003): Die Genderperspektive in der Bildung, in: Pohl-Patalong, U. (Hg.): Religiöse Bildung im Plural. Konzeptionen und Perspektiven, Hamburg, 183-201.
Heumann, J. (1983): Symbol – Sprache der Religion, Stuttgart.
Heydorn, H.-J. (1919/80): Bildungstheoretische Schriften, 3 Bde., Frankfurt a. M.
Hilger, G./Leimgruber, S./Ziebertz, H.-G. (Hg.) (2001): Religionsdidaktik. Ein Leitfaden für Studium, Ausbildung und Beruf, München.
Hilger, G. (2001): Ästhetisches Lernen, in: Hilger, G./Leimgruber, S./Ziebertz, H.-G. (Hg.): Religionsdidaktik. Ein Leitfaden für Studium, Ausbildung und Beruf, München, 303-318.
Hofmann, R. (2003): Geschlechtergerecht denken und leben lernen. Religionspädagogische Impulse, in: Forum Theologie und Pädagogik 5, Münster.
Hofmeier, J. (1983): Kleine Fachdidaktik Katholische Religion, München.
Hofmeier, J. (1995): Religiöse Erziehung im Elementarbereich, in: Ziebertz, H.-G./Simon, W. (Hg.): Bilanz der Religionspädagogik, Düsseldorf, 383-395.
Holzapfel, I. (1990): Auf weiten Raum gestellt. Bericht über die Lage der jungen Generation und die evangelische Jugendarbeit, Stuttgart.
Holzapfel, I. (2001): Bindung und Freiheit: die Arbeitsgemeinschaft der evangelischen Jugend Deutschlands, von 1949-1969, Wuppertal.
Honig, M.-S. (1999): Entwurf einer Theorie der Kindheit, Frankfurt a. M.
Huizing, K./Körtner, U. H. J./Müller, P. (Hg.) (1997): Lesen und Leben. Drei Essays zur Grundlegung einer Lesetheologie, Bielefeld.
Hull, J. M. (1997): Wie Kinder über Gott reden. Ein Ratgeber für Eltern und Erziehende, Gütersloh.
Hungs, F.-J. (1991): Handbuch der theologischen Erwachsenenbildung, München.
Hurrelmann, K. (1975): Erziehungssystem und Gesellschaft, Reinbek.
Jakobs, M. (2003): Feminismus, Geschlechtergerechtigkeit und Gender in der Religionspädagogik, in: Theoweb. Zeitschrift für Religionspädagogik 2. H. 2, 74-94 (http://theo-web.de/).
James, W. (1979): Die Vielfalt religiöser Erfahrung. Eine Studie über die menschliche Natur; übersetzt und herausgegeben von E. Herms, Olten.
Jürgensen, J. (1980): Vom Jünglingsverein zur Aktionsgruppe. Kleine Geschichte der evangelischen Jugendarbeit, Gütersloh.
Jugend '92. Lebenslagen, Orientierungen und Entwicklungsperspektiven im vereinigten Deutschland (1992), hg. v. Jugendwerk der Deutschen Shell, 4 Bde., Opladen.
Kabisch, R. (1910): Wie lehren wir Religion?, Göttingen.
Kabisch, R./Tögel, H. ([7]1931): Wie lehren wir Religion?, Göttingen.
Kade, S. (1992): Arbeitsplananalyse: Altenbildung, Frankfurt a. M.
Kaufmann, H. B. (Hg.) (1973): Der Streit um den problemorientierten Religionsunterricht in Schule und Kirche, Frankfurt a. M. u. a.
Keck, R./Köhnlein, W./Sandfuchs U. (Hg.) (1990): Fachdidaktik zwischen Allgemeiner Didaktik und Fachwissenschaft, Bad Heilbrunn.
Keite, U. (2002): Noch einmal durchstarten. Auf neuen Wegen ehrenamtlich aktiv bei NEW GENERATION, in: Lernort Gemeinde 20 (2002/1), 50-54.
Kerber, W./Khoury A. T. (Hg.) (1995): Religion und prosoziales Verhalten, München.
Keupp, H. (1988): Auf der Suche nach der verlorenen Identität, in: ders.: Riskante Chancen. Das Subjekt zwischen Psychokultur und Selbstorganisation. Sozialpsychologische Studien, Heidelberg, 131-151.

Keupp, H. (1990): Identitäten im Umbruch. Das Subjekt in der Postmoderne, Initial 7, 698-710.
Keupp, H. (1994): Grundzüge einer reflexiven Sozialpsychologie. Postmoderne Perspektiven, in: ders. (Hg.): Zugänge zum Subjekt. Perspektiven einer reflexiven Sozialpsychologie, Frankfurt a.M., 226-274.
Kindt, W. (1963): Grundschriften der deutschen Jugendbewegung, Düsseldorf.
Kirchenamt der EKD (Hg.) (1983a): Erwachsenenbildung als Aufgabe der Evangelischen Kirche, Gütersloh.
Kirchenamt der EKD (Hg.) (²1983b): Zusammenhang von Leben, Glauben und Lernen. Empfehlungen zur Gemeindepädagogik, Gütersloh.
Kirchenamt der EKD (Hg.) (1986): Christsein gestalten. Eine Studie zum Weg der Kirche, Gütersloh.
Kirchenamt der EKD (Hg.) (1995): Aufwachsen in schwieriger Zeit. Kinder in Gemeinde und Gesellschaft, Gütersloh.
Kirsner, I. (2003): Das Böse im Film. Anregungen für die Jugendarbeit, in: Lernort Gemeinde, 20 (2003/1), 50-53.
Kirsner, I./Wermke, M. (2000): Religion im Kino. Religionspädagogisches Arbeiten mit Filmen, Göttingen.
Kittel, H. (1947): Vom Religionsunterricht zur Evangelischen Unterweisung, Hannover.
Kittel, H. (1970): Evangelische Religionspädagogik, Berlin.
Klafki, W. (1964): Das pädagogische Problem des Elementaren und die Theorie der kategorialen Bildung, Weinheim.
Klafki, W. (1975): Studien zur Bildungstheorie und Didaktik, Weinheim.
Klafki, W. (1976): Aspekte kritisch-konstruktiver Erziehungswissenschaft, Weinheim.
Klafki, W./Otto, G./Schulz, W. (1977): Didaktik und Praxis, Weinheim.
Klafki, W. (1980): Untemchtsplanung im Sinne kritisch-konstruktiver Didaktik, Düsseldorf.
Klawe, W. (²1991): Arbeit mit Jugendlichen. Einführung in Bedingungen, Ziele, Methoden und Sozialformen der Jugendarbeit, Weinheim u.a.
Klees, R./Marburger, H./Schumacher, M. (1989): Praxishandbuch für die Jugendarbeit. Bd. 1: Mädchenarbeit, Weinheim u.a.
Klein, S. (1999): Religiöse Tradierungsprozesse in Familien und Religiosität von Männern und Frauen, in: RpB 43, 25-40.
Klein, S. (2000a): Gottesbilder von Mädchen. Bilder und Gespräche als Zugänge zur kindlichen religiösen Vorstellungswelt, Stuttgart.
Klein, S. (2000b): Gottesbilder von Mädchen als Zugang zu ihrer religiösen Vorstellungswelt. Methodische Überlegungen zum Erheben und Verstehen von Kinderbildern, in: Fischer, D./Schöll, A. (Hg.): Religiöse Vorstellungen bilden. Erkundungen zur Religion von Kindern über Bilder, Münster, 97-128.
Klessmann, M. (2004): Pastoralpsychologie. Ein Lehrbuch, Neukirchen.
Kliemann, P. (²2003): Impulse und Methoden. Anregungen für die Praxis des Religionsunterrichts, Stuttgart.
Kluge, N. (1998): Sexualverhalten Jugendlicher heute: Ergebnisse einer repräsentativen Jugend- und Elternstudie über Verhalten und Einstellungen zur Sexualität, Weinheim u.a.
Knauth, T. (1996): Religionsunterricht und Dialog. Empirische Untersuchungen, systematische Überlegungen und didaktische Perspektiven eines Religionsunterrichts im

Horizont religiöser und kultureller Pluralisierung (Jugend – Religion – Unterricht, Bd. 2), Münster u. a.
Knauth, T./Bräsen, F./Langbein, E./Schroeder, J. (Hg.) (2002): KU – weil ich ein Junge bin. Ideen – Konzeptionen – Modelle für einen jungengerechten KU, Gütersloh.
Knecht, L./Knecht, M. (1992): Lebendige Bibelarbeit. Beispiele für Schule und Gemeinde, Freiburg u. a.
Kögler, I. (2002): Umgang mit Lied und Musik, in: Bitter, G. u. a. (Hg.), Neues Handbuch religionspädagogischer Grundbegriffe, München, 493-496.
Koerrenz, R. (2003): Evangelium und Schule, Leipzig.
Kohler-Spiegel, H./Schachl-Raber, U. (1991): Wut und Mut. Feministisches Materialbuch für Religionsunterricht und Gemeindearbeit, München.
Kohler-Spiegel, H. (1995): Religionspädagogik im Kontext feministischer Theologie, in: Ziebertz, H.-G./Simon, W. (Hg.): Bilanz der Religionspädagogik, Düsseldorf, 204-221.
Kohler-Spiegel, H. (2002): Gender im Religionsunterricht – Mädchen/Jungen im Religionsunterricht, in: JRP 18, 157-170.
Kollmann, B. (2002): Neutestamentliche Wundergeschichten: biblisch-theologische Zugänge und Impulse für die Praxis, Stuttgart u. a.
Koslowski, P. (1987): Die postmoderne Kultur. Gesellschaftlich-kulturelle Konsequenzen der technischen Entwicklung, München.
Kramp, W. (1969): Hinweise zur Unterrichtsvorbereitung für Anfänger, in: Roth, H./Blumenthal, A. (Hg.): Auswahl 1, Hannover, 35 ff.
Kraus, B. (2002): Lebensqualität fürs Alter. Ein neuer Ansatz in der Seniorenbildung, Lebendige Seelsorge 5 (1002), 260-263.
Kreienbaum, M. A. (1992): Erfahrungsfeld Schule: Koedukation als Kristallisationspunkt, Weinheim.
Kroll, T. (2000): Art. Filme, in: Neues Handbuch religionspädagogischer Grundbegriffe, München, 497-501.
Kumlehn, M. (2001): Vom Lesetext zum Lebenstext. Bibeldidaktik im Konfirmandenunterricht, in: Dressler, B./Klie, T./Mork, C. (Hg.): Konfirmandenunterricht. Didaktik und Inszenierung, Hannover, 59-72.
Kunstmann, J. (2002): Religion und Bildung. Zur ästhetischen Signatur religiöser Bildungsprozesse (RPG Bd. 2), Gütersloh.
Kunstmann, J. (2003): Selbstentfaltung und Sinn für das Leben. Was hat das Christentum mit Bildung zu tun?, in: Pohl-Patalong, U. (Hg.): Religiöse Bildung im Plural. Konzeptionen und Perspektiven, Hamburg, 49-64.
Lähnemann, J. (1998): Evangelische Religionspädagogik in interreligiöser Perspektive, Göttingen.
Lämmermann, G. (1981): Praktische Theologie als kritische oder empirisch-funktionale Handlungstheorie. Zur theologiegeschichtlichen Ortung und Weiterführung einer aktuellen Kontroverse, München.
Lämmermann, G. (1982a): Kirche – Arbeit – Arbeiterjugend. Plädoyer für eine Offene Arbeit mit jungen Arbeitern (aej-Studienband 4), Stuttgart.
Lämmermann, G. (1982b): Ethische Implikationen und sozialethische Themen in der kirchlichen Erwachsenenbildung, in: ZEE 26, 366 ff.
Lämmermann, G. (1985): Religion in der Schule als Beruf. Der Religionslehrer zwischen institutioneller Erziehung und Persönlichkeitsbildung, München.
Lämmermann, G. (1994): Die Altersgesellschaft als Herausforderung an kirchliche Bil-

dungsarbeit, in: Harz, F./Schreiner, M. (Hg.): Glauben im Lebenszyklus, München, 241-252.
Lämmermann, G ([2]1998a): Grundriss der Religionsdidaktik, Stuttgart.
Lämmermann, G. (1998b): Religionspädagogik und Praktische Theologie, in: Ritter, W./ Rothgangel, M. (Hg.): Religionspädagogik und Theologie. Enzyklopädische Aspekte, Stuttgart u. a., 81 ff.
Lämmermann, G. u. a. (Hg.) (1999): Bibeldidaktik in der Postmoderne, Stuttgart.
Lämmermann, G. (2001): Einleitung in die Praktische Theologie. Handlungstheorien und Handlungsfelder, Stuttgart.
Langbein, E. (1993): Bibeltheater – eine Grundlage für gemeindepädagogisches Arbeiten, Lernort Gemeinde 17 (1999/3), 40-45.
Langbein, E./Hübner, R. (2003): Biblische Geschichten in der Konfirmandenarbeit. Leibhaft glauben lernen. Modelle mit Ansätzen des Bibliodramas und des Bibeltheaters (Gemeinde gestalten Bd. 2), Hamburg.
Lange, E. (1980): Sprachschule für die Freiheit. Bildung als Problem und Funktion der Kirche, München.
Lange, G. (1991): Zum religionspädagogischen Umgang mit modernen Kunstwerken, in: KatBl 116, 116-122.
Laslett, P. (1995): Das dritte Alter. Historische Soziologie des Alterns, München.
Laubi, W./Dirnbeck, J. ([2]1991): Lese- und Spielszenen zur Bibel, Düsseldorf/Lahr.
Lee, J. A. (1985): Kindheit: drei begriffliche Modelle, in: Büttner C./Ende, A. (Hg.), Jahrbuch der Kindheit, Bd. 2, Weinheim u. a., 237-249.
Lehmann, C. (2003): Heranwachsende fragen neu nach Gott. Anstöße zum Dialog zwischen Religionspädagogik und Feministischer Theologie, Neukirchen.
Leicht, I./Rakel, C./Rieger-Goertz, S. (Hg.) (2003): Arbeitsbuch Feministische Theologie, Inhalte, Methoden und Materialien für Hochschule, Erwachsenenbildung und Gemeinde, Gütersloh.
Leimgruber, S. (2003): Interreligiöse Bildung, in: Pohl-Patalong, U. (Hg.): Religiöse Bildung im Plural. Konzeptionen und Perspektiven, Hamburg, 157-170.
Lenhard, H. ([3]1996): Arbeitsbuch Religionsunterricht. Überblicke – Impulse – Beispiele, Gütersloh.
Lenz, H.-J. (1995): Geschlechtsspezifische Bildungsarbeit am Beispiel des Nürnberger Männerprogramms, in: Schacht, K. (Hg.): Männerbildung – Ein Thema für die politische Bildung, Wiesbaden, 109-127.
Lenzen, D. (1973): Didaktik und Kommunikation, Frankfurt a. M.
Linz, J./Puzberg, G. (1988): Konfirmanden-Eltern. Ansätze zur Erwachsenenbildung in der Ortsgemeinde. Materialien zur Elternbildung 3 (Comenius-Institut), Münster.
Loch, W. (1964): Die Verleugnung des Kindes in der Evangelischen Pädagogik, Essen.
Lott, J. (Hg.) (1977): Kirchliche Erwachsenenarbeit, Stuttgart.
Lott, J. (Hg.) (1983): Religionsunterricht, Frankfurt a. M.
Lott, J. (1984): Handbuch Religion II. Erwachsenenbildung, Stuttgart.
Lott, J. (1991): Erfahrung – Religion – Glaube. Probleme, Konzepte und Perspektiven religionspädagogischen Handelns in Schule und Gemeinde. Ein Handbuch, Weinheim.
Lott, J. (Hg.) (1992a): Religion – warum und wozu in der Schule, Weinheim.
Lott, J. (1992b): Interkulturelles Lernen und das Studium der Religionen, in: JRP 8, Neukirchen-Vluyn 1992, 71-85.
Lübking, H.-M. (1995): Der Konfirmandenunterricht in einer Umbruchssituation, in:

Böhme-Lischewski, T./ders.: Engagement und Ratlosigkeit. Konfirmandenunterricht heute, Bielefeld, 11-38.
Lück, W./Schweitzer, F. (1999): Religiöse Bildung Erwachsener, Stuttgart u.a.
Lück, W./Schweitzer, F. (2003): Religiöse Bildung Erwachsener, in: Pohl-Patalong, U. (Hg.): Religiöse Bildung im Plural. Konzeptionen und Perspektiven, Hamburg, 113-122.
Luhmann, N. (1977): Funktion der Religion, Frankfurt a.M.
Luther, H. (1984): Religion, Subjekt, Erziehung. Grundbegriff der Erwachsenenbildung am Beispiel der Theologie Friedrich Niebergalls, München.
Mader, W. u.a. (1991): Zehn Jahre Erwachsenenbildungswissenschaft, Bad Heilbrunn.
Manow, S. (1998): Textpläne für Kindergottesdienste – entwicklungspsychologische und soziologische Kritik, Münster.
Martin, G. M. (1971): Eine neue Genitiv-Theologie? Gibt es so etwas wie eine ›Theologie des Spiels‹? Wissenschaft und Praxis in Kirche und Gesellschaft 60, 516-523.
Martin, G. M. (1995): Sachbuch Bibliodrama. Praxis und Theorie, Stuttgart u.a.
Meier, C. (1979): Kirchliche Erwachsenenbildung. Ein Beitrag zu ihrer Begründung, Stuttgart.
Menzel, B. (1999): Spurensuche: Ästhetische und interreligiöse Bildung als Wahr-Nehmung, in: RpädB 43, 207-216.
Merkert, R./Simon, E. (1979): Didaktik und Fachdidaktik Religion. Didaktische Grundpositionen und ihre Rezeption durch die Religionspädagogik, Zürich.
Mertin, A. (^{2}2001): Internet im Religionsunterricht, Göttingen.
Mette, N. (1983): Voraussetzungen christlicher Elementarerziehung, Düsseldorf.
Mette, N. (1992): Macht Sozialisation Sinn? – Kindheit in der Risikogesellschaft. EvErz 44, 199-210.
Mette, N./Rickers, F. (Hg.) (2001): Lexikon der Religionspädagogik, 2 Bde., Neukirchen.
Mette, N. (2002): Religiöser Wandel als Herausforderung für die Religionspädagogik, in: Blum, M./Hölscher, A. (Hg.), Die Kunst der Glaubensvermittlung. Perspektiven zeitgemäßer Religionspädagogik, Berlin, 53-82.
Meyer-Blanck, M. (1992): Treffpunkt KU. Über die Chancen des Pluralismus und die Notwendigkeit theologischer Konzentration in der Konfirmandenarbeit, in: Dähler., M./Hennig, P./ders./Schröer, H.: Treffpunkt KU. Konfirmandenunterricht in der Volkskirche vor neuen Herausforderungen (Arbeiten zum Konfirmandenunterricht Bd. 3), Hannover, 7-23.
Meyer-Blanck, M. (Hg.) (1993): Zwischenbilanz Hoyaer Modell. Erfahrungen – Impulse – Perspektiven, Arbeiten zum Konfirmandenunterricht 4, Hannover.
Meyer-Blanck, M./Kuhl, L. (1994): Konfirmandenunterricht mit 9/10jährigen. Planung und praktische Gestaltung, Göttingen.
Meyer-Blanck, M./Weyel, B. (1999): Arbeitsbuch Praktische Theologie. Ein Begleitbuch zu Studium und Examen in 25 Einheiten, Gütersloh.
Meyer-Drawe, K. (1986): Lebenswelt, in: Enzyklopädie Erziehungswissenschaft 3, Stuttgart 505-511.
Miller, P. H. (1993): Piagets Theorie der kognitiven Stadien, in: dies. (Hg.): Theorien der Entwicklungspsychologie. Heidelberg, 45 – 111.
Mokrosch, R./Schmidt H. P./Stoodt, D. (1980): Ethik und religiöse Erziehung, Stuttgart.
Mollenhauer, K./Kasakos, G./Ortmann, H./Bathke, U. (1969): Evangelische Jugendarbeit in Deutschland. Materialien und Analysen, München.

Mollenhauer, K./Rittelmeyer, Chr. (1977): Methoden der Erziehungswissenschaft, München.
Moltmann, J. (1971): Die ersten Freigelassenen der Schöpfung. Versuche über die Freude an der Freiheit und das Wohlgefallen am Spiel, München.
Moran, G. (2000): Alternative Bilder der Entwicklung zur religiösen Lebensgeschichte des Individuums, in: Büttner, G./Dieterich, V.-J. (Hg.), Die religiöse Entwicklung des Menschen. Ein Grundkurs, Stuttgart, 159-174.
Morgenthaler, Chr. (1977): Sozialisation und Religion, Gütersloh.
Müller, W. (1989): Gemeinsam wachsen in Gruppen, Mainz.
Müller, P. (1992): In der Mitte der Gemeinde. Kinder im Neuen Testament, Neukirchen.
Müller, C. W./Kentler, H./Mollenhauer, K./Giesecke, H. (1964): Was ist Jugendarbeit?, München.
Müller, C. (2003): Spiele, in: Bosold, I./Kliemann, P. (Hg.): Ach, Sie unterrichten Religion? Methoden, Tipps und Trend, Stuttgart/München, 249-252.
Musil, R. (172003): Der Mann ohne Eigenschaften, Hamburg.
Naurath, E./Pohl-Patalong, U. (Hg.) (2002): Bibliodrama. Theorie – Praxis – Reflexion, Stuttgart/Berlin/Köln.
Naurath, E. (2003): Von der Bilderflut zum Bildungsprozess. Perspektiven einer wahrnehmungsorientierten religiösen Bildung, in: Pohl-Patalong, U. (Hg.): Religiöse Bildung im Plural, Hamburg, 65-79.
Neidhart, W. (1964): Konfirmandenunterricht in der Volkskirche, Zürich.
Neidhart, W./Eggenberger, H. (1975): Erzählbuch zur Bibel. Theorie und Beispiel, Zürich u. a.
Neubauer, G./Olk, T. (Hg.) (1987): Clique, Mädchen, Arbeit. Jugend im Brennpunkt von Jugendarbeit und Jugendforschung, München u. a.
Neumann, K. (1993): Zum Wandel der Kindheit vom Ausgang des Mittelalters bis an die Schwelle des 20. Jahrhunderts, in: Markefka, M./Nauck, B. (Hg.), Handbuch der Kindheitsforschung, Berlin, 191-205.
Nickel, B. F. (1995): Einfluß neuer gesetzlicher Regelungen auf das Verhütungsverhalten Jugendlicher und junger Erwachsener: eine repräsentative Studie, im Auftrag der Bundeszentrale für gesundheitliche Aufklärung (BzgA). Abteilung Sexualaufklärung, Verhütung und Familienplanung, Forschung und Praxis der Sexualaufklärung und Familienplanung, Bd. 3, Köln.
Niehl, F./Thömmes, A. (1998): 212 Methoden für den Religionsunterricht, München.
Nipkow, K. E. (21963): Evangelische Unterweisung oder Evangelischer Religionsunterricht, Essen.
Nipkow, K. E. (1975/1982): Grundfragen der Religionspädagogik, Bd. 1: Gesellschaftliche Herausforderungen und theoretische Ausgangspunkte Gütersloh 1975; Bd. 2: Das pädagogische Handeln der Kirche, Gütersloh 1975; Bd. 3: Gemeinsam leben und glauben lernen, Gütersloh 1982.
Nipkow, K. E. (1983): Wachstum des Glaubens – Stufen des Glaubens, in: Müller, H. M./Rössler, D. (Hg.): Reformation und Praktische Theologie, Göttingen, 161-189.
Nipkow, K. E. (1986): Elementarisierung als Kern der Unterrichtsvorbereitung. KatBl 111, 600ff.
Nipkow, K. E. (1987): Erwachsenwerden ohne Gott? Gotteserfahrung im Lebenslauf, München.
Nipkow, K. E. (1990): Bildung als Lebensbegleitung und Erneuerung, Gütersloh.

Nittel, D. (1989): Report: Altersforschung. Pädagogische Arbeitsstelle Deutscher Volkshochschul-Verband, Bonn.
Noormann, H./Becker, U./Trochlepczy, B. (Hg.) (2000): Ökumenisches Arbeitsbuch Religionspädagogik, Stuttgart u. a.
Nüchtern, M. (1991): Kirche bei Gelegenheit. Kausalien – Akademiearbeit – Erwachsenenbildung (PTh 4), Stuttgart.
Nyssen, F. (1989): Lieben Eltern ihre Kinder? Quellendiskussion zur Geschichte der Kindheit. Frankfurt a. M. u. a.
Oberthür, R. (1995): Kinder und die großen Fragen. Ein Praxisbuch für den Religionsunterricht, München.
Oerter, R./Weber, E. (1975): Der Aspekt des Emotionalen in Unterricht und Erziehung, Donauwörth.
Oerter, R./Montada, L. (1982): Entwicklungspsychologie, München.
Ohlemacher, J./Schmidt, H. (Hg.) (1988): Grundlagen der evangelischen Religionspädagogik, Gütersloh.
Orth, G. (1990): Erwachsenenbildung zwischen Parteilichkeit und Verständigung. Zur Theorie theologischer Erwachsenenbildung, Göttingen.
Oser, F./Gmünder, P. (1984): Der Mensch – Stufen seiner religiösen Entwicklung. (Reihe: Religion und Entwicklung, Bd. 1), Zürich u. a.
Oser, F./Althof, W./Garz, D. (Hg.) (1986): Moralische Zugänge zum Menschen – Zugänge zum moralischen Menschen, München.
Oser, F. (²1990): Wieviel Religion braucht der Mensch? Studien zur Entwicklung religiöser Autonomie, Gütersloh.
Otto, G. (1957): Verkündigung und Erziehung, Göttingen.
Otto, G. (³1968): Schule – Religionsunterricht – Kirche. Stellung und Aufgabe des Religionsunterrichts in der Volksschule, Gymnasium und Berufsschule, Göttingen.
Otto, G. u. a. (1972): Neues Handbuch des Religionsunterrichts, Hamburg.
Otto, G. (1974): Was heißt Religionspädagogik? in: ThPr 9, 156 ff.
Otto, G. (1986): Religion contra Ethik?, Neukirchen.
Otto, G. (1988): Handlungsfelder der Praktischen Theologie (Praktische Theologie Bd. 2), München.
Paul, E./Stock, A. (Hg.) (1975): Glauben ermöglichen. Zum gegenwärtigen Stand der Religionspädagogik, Mainz.
Peltzer, U. (1986): Lawrence Kohlbergs Theorie des moralischen Urteilens, Opladen.
Peterßen, W. H. (1973): Didaktik als Strukturtheorie des Lehrens und Lernens, Ratingen.
Peterßen, W. H. (1983): Lehrbuch Allgemeine Didaktik, München.
Peterßen, W. (⁶2001): Lehrbuch allgemeine Didaktik, völlig veränderte, aktualisierte und stark erw. Aufl., München.
Piaget, J. (²1954): Das moralische Urteil beim Kinde, Zürich.
Piaget, J. (1972): Theorien und Methoden der modernen Erziehung, Wien.
Piaget, J. (1981): Jean Piaget über Jean Piaget. Sein Werk aus seiner Sicht, München.
Piper, A. (2002): Muss es denn immer mittwochs sein? Organisationsformen in der Konfirmandenarbeit, in: Lernort Gemeinde 20 (2/2002), 30-32.
Pissarek-Hudelist, H. (1989): Feministische Theologie und Religionspädagogik, in: JRP 6, 153-173.
Pithan, A. (1993): Religionsbücher geschlechtsspezifisch betrachtet. Ein Beitrag zur Religionsbuchforschung, in: EvErz 45, 421-435.
Pitzele, P. (1998): Scripture Windows. Toward a Practice of Bibliodrama, Los Angeles.

Pohl-Patalong, U. (2003a): Die Bibel im Konfirmationsunterricht – rezeptionsästhetische Erwägungen und methodische Konsequenzen, in: EvTh 63, 296-310.
Pohl-Patalong, U. (2003b): Bibliolog. Predigen mit der ganzen Gemeinde, in: DtPfBl 103 (2003/1), 33-35.
Popp, W. (1976): Kommunikative Didaktik. Soziale Dimensionen des didaktischen Feldes, Weinheim.
Portele, G. (Hg.) (1978): Sozialisation und Moral, Weinheim.
Prengel, A. (²1995): Pädagogik der Vielfalt, Opladen.
Prengel, A. (²1996): Perspektive der feministischen Pädagogik in der Erziehung von Mädchen und Jungen, in: Glücks, E./Ottemeyer-Glücks, F.-G. (Hg.): Geschlechtsbezogene Pädagogik, Münster, 70-91.
Preul, R. (1973): Kategoriale Bildung im Religionsunterricht, Heidelberg.
Preul, R. (1980): Religion – Bildung – Sozialisation. Studien zur Grundlegung einer religionspädagogischen Bildungstheorie, Gütersloh.
Preul, R. u. a. (1989): Bildung – Glaube – Aufklärung. Zur Wiedergewinnung des Bildungsbegriffs in Pädagogik und Theologie, Gütersloh.
Randak, O. (1980): Therapeutisch orientierte Religionspädagogik, Düsseldorf.
Reller, H./Grohmann, R. (1985): Lernen um zu lehren. Eltern geben Vorkonfirmandenunterricht, Gütersloh.
Remschmidt, H. (1992): Adoleszenz. Entwicklung und Entwicklungskrisen im Jugendalter, Stuttgart u. a.
Rendle, L./Kuld, L. u. a. (Hg.) (1996): Ganzheitliche Methoden im Religionsunterricht. Ein Praxisbuch, München.
Rickers, F. (2001): Art. Interreligiöses Lernen, in: LexRP, Neukirchen-Vluyn, 874-881.
Riegger, M. (2002): Erfahrung und Glaube ins Spiel bringen. Das Sozialtherapeutische Rollenspiel als Methode erfahrungsbezogenen Glauben-Lernens, Stuttgart.
Ritter, W. H. (1982): Religion in nachchristlicher Zeit, Frankfurt a. M.
Ritter, W. H. (1985): Erfahrung. Plädoyer für einen anderen Stil theologischen Denkens und Redens, in: ThPr 20, 339-343.
Ritter, W. H. (1989): Glaube und Erfahrung im religionspädagogischen Kontext, Göttingen.
Ritter, W./Rothgangel, M. (Hg.) (1998): Religionspädagogik und Theologie. Enzyklopädische Aspekte, Stuttgart u. a.
Ritz-Fröhlich, G. (1992): Kinderfragen im Unterricht. Bad Heilbrunn.
Rolff, H.-G./Zimmermann, P. (1985): Kindheit im Wandel. Eine Einführung in die Sozialisation im Kindesalter, Weinheim u. a.
Roosenboom, E. (1962): Gemeindeaufbau durch Konfirmandenunterricht (Handbuch für Gemeindearbeit Bd. 22), Gütersloh.
Ruddat, G. (1988): Kindergottesdienst elementar. Eine Bilanz zwischen Isolation und Integration, in: JRP 5, 115-134.
Rupp, H. (1994): Religion – Bildung – Schule: Studien zur Geschichte und Theorie einer komplexen Beziehung, Frankfurt a. M.
Ruprecht, H./Beckmann, H-K./von Cube, F./Schulz, W. (1972): Modelle grundlegender didaktischer Theorien, Hannover u. a.
Sanders, W./Wegenast, K. (1983): Erzählen für Kinder – Erzählen von Gott, Stuttgart.
Schäfer, K.-H./Schaller, K. (1973): Kritische Erziehungswissenschaft und kommunikative Didaktik, Heidelberg.
Schaller, K. (1974): Einführung in die kritische Erziehungswissenschaft, Darmstadt.

Schaller, K. (1978): Einführung in die Kommunikative Pädagogik, Freiburg i. Br.
Scheilke, C./Schweitzer, F. (Hg.) (1999): Kinder brauchen Hoffnung. Religion im Alltag des Kindergartens. 4 Bde., Gütersloh.
Schibilsky, M. (2002): Bildung – am Beispiel Altenarbeit, in: ZPT 54 (2002), 25-32.
Schiller, E. (1984): Theoriediskussion in der Evangelischen Erwachsenenbildung in der Bundesrepublik Deutschland, Frankfurt a. M.
Schirr, J. (2002): Überlegungen zur Zukunft von Konfirmation und konfirmierendem Handeln in einer säkularen Gesellschaft, in: Lernort Gemeinde 20 (2002/2), 17-22.
Schleiermacher, F. D. E. (1957): Pädagogische Schriften. Die Vorlesung aus dem Jahre 1826 (hg. v. E. Weniger), Düsseldorf.
Schleiermacher, F. D. E. (1958): Über die Religion. Reden an die Gebildeten unter ihren Verächtern (1799), Hamburg.
Schmidt, G. u. a. (1993): Jugendsexualität: sozialer Wandel, Gruppenunterschiede, Konfliktfelder, in: Schmidt, G. (Hg.): Beiträge zur Sexualforschung, Bd. 69, Stuttgart.
Schmidt, H. (1982/1984): Religionsdidaktik. Ziele, Inhalte und Methoden religiöser Erziehung in Schule und Unterricht, Bd. I, Stuttgart 1982; Bd. II: Der Unterricht in Klasse 1-13, Stuttgart.
Schmidt, H. (1977): Religionspädagogische Rekonstruktionen, Stuttgart.
Schmidt, R.-B./Schetsche, M. (1998): Jugendsexualität und Schulalltag, Opladen.
Schnell, R. (1989): Mit Kleinkindern Gottesdienst feiern, Limburg.
Schori, K. (1998): Religiöses Lernen und kindliches Erleben. Eine empirische Untersuchung religiöser Lernprozesse bei Kindern im Alter von vier bis acht Jahren, Stuttgart u. a.
Schreiner, M. (1998): Gottesbilder im Vorschulalter. Eine empirische Studie mit enzyklopädischen Aspekten für den Elementarbereich, in: Ritter, W./Rothgangel, M. (Hg.): Religionspädagogik und Theologie, Stuttgart u. a., 264-279.
Schröder, H. (Hg.) (1995): Studienbuch Allgemeine Didaktik. Grund- und Aufbauwissen zu Lernen und Lehren im Unterricht (Wissenschaft und Schule, Bd. 8), München.
Schubeck, S. (2001): Am Anfang war das Word, Freiburg.
Schulz, W. (1970): Aufgaben der Didaktik – Eine Darstellung aus lerntheoretischer Sicht, Berlin.
Schulze, G. (1993): Die Erlebnisgesellschaft. Kultursoziologie der Gegenwart, Frankfurt a. M./New York.
Schuster, P. (1988): Theorieansätze zur Motivgenese prosozialen Verhaltens, München.
Schwab, U. (1995): Familienreligiosität. Religiöse Traditionen im Prozeß der Generationen, Stuttgart.
Schwab, U. (1998): Der Ort der Konfirmandenarbeit – die Kirchengemeinde in sozialräumlicher Perspektive, in: Comenius-Institut: Handbuch für die Arbeit mit Konfirmandinnen und Konfirmanden, Gütersloh, 135-145.
Schweitzer, F. (1985a): Identität und Erziehung. Was kann der Identitätsbegriff für die Pädagogik leisten? Weinheim.
Schweitzer, F. (1985b): Religion und Entwicklung. Bemerkungen zur kognitiv-strukturellen Religionspsychologie, in: WzM 37 (1985), 316-325
Schweitzer, F. (1988): Lebensgeschichte und religiöse Entwicklung als Horizont der Unterrichtsplanung, in: EvErz 40 (1988), 532-551.
Schweitzer, F. (^{2}1991): Lebensgeschichte und Religion. Religiöse Entwicklung und Erziehung im Kindes- und Jugendalter, München.

Schweitzer, F. (1992): Die Religion des Kindes. Zur Problemgeschichte einer religionspädagogischen Grundfrage, Gütersloh.
Schweitzer, F. (1993): Wer sind die Konfirmanden? Neuere Forschungsergebnisse zur Persönlichkeitsentwicklung und zur religiösen Entwicklung im Konfirmandenalter, in: PTh 82, 113-136.
Schweitzer, F./Nipkow, K. E./Faust-Siehl, G./Krupka, B. (1995): Religionsunterricht und Entwicklungspsychologie. Elementarisierung in der Praxis, Gütersloh.
Schweitzer, F. (1996): Die Suche nach eigenem Glauben. Einführung in die Religionspädagogik des Jugendalters, Gütersloh.
Schweitzer, F. (2000): Das Recht des Kindes auf Religion. Ermutigungen für Eltern und Erzieher, Gütersloh.
Schweitzer, F. (2003a): Postmoderner Lebenszyklus und Religion. Eine Herausforderung für Theologie und Kirche, Gütersloh.
Schweitzer, F. (2003b): Was ist und wozu Kindertheologie?, in: Bucher, A. A. u. a. (Hg.): ›Im Himmelreich ist keiner sauer‹. Kinder als Exegeten, in: Jahrbuch für Kindertheologie 2, 9-18.
Schwidler, L. (1992): Die Zukunft der Theologie. Im Dialog der Religionen und Weltanschauungen, Regensburg/München.
Skowronek, H. (1969): Lernen und Lernfähigkeit, München.
Sommer, R. (1998): Lebensgeschichte und gelebte Religion von Frauen. Eine qualitativ-empirische Studie über den Zusammenhang von biographischer Struktur und religiöser Orientierung, Stuttgart u. a.
Spinner, K. H. (Hg.) (2002): SynÄsthetische Bildung in der Grundschule. Eine Handreichung für den Unterricht. Donauwörth.
Spitz, R. A. (1972): Vom Säugling zum Kleinkind. Naturgeschichte der Mutter-Kind-Beziehung im ersten Lebensjahr, Stuttgart.
Stachel, G. (1971): Curriculum und Religionsunterricht, Zürich.
Stallmann, M. (1958): Christentum und Schule, Stuttgart.
Stallmann, M. (1968): Evangelischer Religionsunterricht, Düsseldorf.
Steck, W. (^{5}1997): Konfirmandenunterricht und Konfirmation, in: Wintzer, F. u. a.: Praktische Theologie (Neukirchener Arbeitsbücher), Neukirchen-Vluyn, 204-225.
Steiner, G. (Hg.) (1984): Entwicklungspsychologie 2 Bde., in: Kindlers Psychologie des 20. Jahrhunderts, Weinheim-Basel.
Stierlin, H, (1977): Eltern und Kinder. Das Drama von Trennung und Versöhnung im Jugendalter, Frankfurt a. M.
Stock, H. (^{2}1960): Studien zur Auslegung der synoptischen Evangelien im Unterricht, Gütersloh.
Stock, H. (1969a): Beiträge zur Religionspädagogik, Gütersloh.
Stock, H. (1969b): Religionsunterricht in der kritischen Schule, Gütersloh.
Stock, H. (1981): Evangeliumstexte in elementarer Auslegung, Göttingen.
Stoodt, D. (1973): Kirchliche Begleitung Jugendlicher in der puberalen Ablösungsphase durch den Konfirmandenunterricht, in: WPKG 62, 375-389.
Stoodt, D. (1975): Religionsunterricht als Interaktion. Grundsätze und Materialien zum evangelischen Religionsunterricht der Sekundarstufe I, Düsseldorf.
Stoodt, D. (1985): Arbeitsbuch zur Geschichte des evangelischen Religionsunterrichts in Deutschland, Münster.
Strunk, G. (1988): Bildung zwischen Qualifizierung und Aufklärung. Zur Rolle der Erwachsenenbildung im Prozeß gesellschaftlichen Umbaus, Bad Heilbrunn.

Sunnus, S. (1979): Bauplatz Gemeinde. Leitung, Pfarrerrolle, Konfirmandenarbeit, München.
Tausch, A./Tausch, R. (81977): Erziehungspsychologie. Begegnung von Person zu Person, Göttingen u.a.
Szagun, A.-K. (2002): Phantasiereisen, in: Adam, G./Lachmann, R. (Hg): Methodisches Kompendium für den Religionsunterricht 2, Göttingen, 244-258.
Thierfelder, C. (1998): Gottes-Repräsentanz. Kritische Interpretation des religionspsychologischen Ansatzes von Ana-Maria Rizzuto, Stuttgart.
Tiemann, M. (2002): Jesus comes from Hollywood. Religionspädagogisches Arbeiten mit Jesus-Filmen, Göttingen.
Tietgens, H. (1986): Erwachsenenbildung als Suchbewegung. Annäherung an eine Wissenschaft von der Erwachsenenbildung, Bad Heilbrunn.
Tschirch, R. (1997): Biblische Geschichten erzählen, Stuttgart u.a.
Ulich, D. (1989): Einführung in die Psychologie, Stuttgart u.a.
Ullrich, H. (1999): Das Kind als schöpferischer Ursprung. Studien zur Genese des romantischen Kindbildes und zu seiner Wirkung auf das pädagogische Denken, Bad Heilbrunn.
Uphoff, B. (1991): Kirchliche Erwachsenenbildung. Befreiung und Mündigkeit im Spannungsfeld von Kirche und Welt (PTh 3), Stuttgart.
Urban, M. (1986): Zum psychologischen Verständnis des Alterns, in: Marcea, J. T. (Hg.): Das späte Alter und seine häufigsten Erkrankungen, Heidelberg.
Veelken, L. (1988): Seniorenstudium – ein Modell nachberuflicher wissenschaftlicher Weiterbildung für ältere Erwachsene, in: Zeitschrift für Gerontologie 21/4, 198-205.
Veelken, L. (1990): Neues Lernen im Alter. Bildungs- und Kulturarbeit mit »jungen Alten«, Heidelberg.
Veraguth, H. P. (1976): Erwachsenenbildung zwischen Religion und Politik. Die protestantische Erwachsenenbildungsarbeit in und außerhalb der freien Volksbildung in Deutschland von 1919-1948, Stuttgart.
Vierzig, S. u.a. (Hg.) (1971): Lernziele und RU, Zürich.
Vierzig, S. (1975): Ideologiekritik und Religionsunterricht, Zürich.
Vischer, L. (1958): Die Geschichte der Konfirmation, Zollikofen.
Wacker, B. (1977): Narrative Theologie, München.
Wagner, F. (1986): Was ist Religion? Studien zu ihrem Begriff und Thema in Geschichte und Gegenwart, Gütersloh.
Walter, U. (1999): Kinder erleben Kirche. Werkbuch Kindergottesdienst, Gütersloh.
Walter, U. (2000): Kindergottesdienst plus, Gütersloh.
Warning, R. (Hg.) (31988): Rezeptionsästhetik: Theorie und Praxis, München.
Watzlawick, P. (1967): Menschliche Kommunikation. Formen, Störungen, Paradoxien, Bern u.a.
Wegenast, K./Grosch, H. (1970): Religionsunterricht unterwegs. Zu Theorie und Praxis eines umstrittenen Faches, Hamburg.
Wegenast, K. (1970): Glaube – Schule – Wirklichkeit, Gütersloh.
Wegenast, K. (1980): Der RU in der Sekundarstufe 1, Gütersloh.
Wegenast, K. (1983): Religionsdidaktik Grundschule, Stuttgart u.a.
Wegenast, K./Lämmermann, G. (1994): Gemeindepädagogik. Kirchliche Bildungsarbeit als Herausforderung, Stuttgart.
Weidmann, F. (Hg.) (1979): Didaktik des Religionsunterrichts, Donauwörth.
Welsch, W. (1988): Unsere postmoderne Moderne, Weinheim.

Welsch, W. (1990): Ästhetisches Denken, Stuttgart.
Wiater, W. (1993): Unterrichten und Lernen in der Schule, Donauwörth.
Wink, W. (1976): Bibelauslegung als Interaktion, Stuttgart.
Winkel, R. (1975): Unterrichtsstörungen. Grundlegung und Beispiele, Düsseldorf.
Wolf-Withöft, S. (2000): Predigen Lernen. Homiletische Konturen einer praktisch-theologischen Spieltheorie, Bonn.
Wuckelt, A. (1998): Gender als Konzept religionspädagogischen Handelns. Impulse für Theorie und Praxis, in: KatBl 123, 370-373.
Zehner, Joachim (1998): Arbeitsbuch Systematische Thologie. Eine Methodenhilfe für Studium und Praxis, Gütersloh.
Ziebertz, H.-G./Leimgruber, S. (2001): Interreligiöses Lernen, in: G. Hilger/S. Leimgruber/H.-G. Ziebertz: Religionsdidaktik. Ein Leitfaden für Studium, Ausbildung und Beruf, München, 433-442.
Ziebertz, H.-G. (2002): Interreligiöses Lernen und die Pluralität der Religionen, in: Schweitzer, F./Englert, R./Schwab, U./ders.: Entwurf einer pluralitätsfähigen Religionspädagogik, Gütersloh/Freiburg, 121-143.
Zilleßen, D. (Hg.) (1970): Religionsunterricht und Gesellschaft. Plädoyer für die Freiheit, Düsseldorf.
Zilleßen D. (Hg.) (1991): Praktisch-theologische Hermeneutik. Ansätze – Anregungen – Aufgaben, Reinbach-Merzbach.
Zwerschke, M. (1963): Jugendverbände und Sozialpolitik. Zur Geschichte der deutschen Jugendverbände, München.